Mediensoziologie

Hanno Scholtz

Mediensoziologie

Eine systematische Einführung

Dr. Hanno Scholtz
DCM, Universität Fribourg
Zürich, Schweiz

Soziologisches Institut,
Universität Zürich
Zürich, Schweiz

ISBN 978-3-658-26010-1   ISBN 978-3-658-26011-8 (eBook)
https://doi.org/10.1007/978-3-658-26011-8

Die Deutsche Nationalbibliothek verzeichnet diese Publikation in der Deutschen Nationalbibliografie; detaillierte bibliografische Daten sind im Internet über http://dnb.d-nb.de abrufbar.

Springer VS
© Springer Fachmedien Wiesbaden GmbH, ein Teil von Springer Nature 2020
Das Werk einschließlich aller seiner Teile ist urheberrechtlich geschützt. Jede Verwertung, die nicht ausdrücklich vom Urheberrechtsgesetz zugelassen ist, bedarf der vorherigen Zustimmung des Verlags. Das gilt insbesondere für Vervielfältigungen, Bearbeitungen, Übersetzungen, Mikroverfilmungen und die Einspeicherung und Verarbeitung in elektronischen Systemen.
Die Wiedergabe von allgemein beschreibenden Bezeichnungen, Marken, Unternehmensnamen etc. in diesem Werk bedeutet nicht, dass diese frei durch jedermann benutzt werden dürfen. Die Berechtigung zur Benutzung unterliegt, auch ohne gesonderten Hinweis hierzu, den Regeln des Markenrechts. Die Rechte des jeweiligen Zeicheninhabers sind zu beachten.
Der Verlag, die Autoren und die Herausgeber gehen davon aus, dass die Angaben und Informationen in diesem Werk zum Zeitpunkt der Veröffentlichung vollständig und korrekt sind. Weder der Verlag, noch die Autoren oder die Herausgeber übernehmen, ausdrücklich oder implizit, Gewähr für den Inhalt des Werkes, etwaige Fehler oder Äußerungen. Der Verlag bleibt im Hinblick auf geografische Zuordnungen und Gebietsbezeichnungen in veröffentlichten Karten und Institutionsadressen neutral.

Verantwortlich im Verlag: Barbara Emig-Roller

Springer VS ist ein Imprint der eingetragenen Gesellschaft Springer Fachmedien Wiesbaden GmbH und ist ein Teil von Springer Nature.
Die Anschrift der Gesellschaft ist: Abraham-Lincoln-Str. 46, 65189 Wiesbaden, Germany

Danksagung

Dieses Buch wäre nicht entstanden, wenn nicht Markus Zürcher mich als Nachfolger für den Lehrauftrag in Soziologie vorgeschlagen hätte, wenn nicht Louis Bosshart mich vor acht Jahren dafür angerufen hätte, und wenn nicht die Kollegen des Departments bei mir geblieben wären und meinen Lehrauftrag verteidigt hätten, auch als meine Vorlesung in der neuen Studienordnung explizit in Mediensoziologie umbenannt wurde.

Es wäre auch nicht entstanden, wenn nicht 2001–2009 Volker Bornschier und später Claudia Honegger, Thomas Voss, Christiane Gross und Monika Jungbauer-Gans, sowie insbesondere mehrfach Thomas Hinz mich bei der Erlangung von (stets befristeten) Positionen unterstützt hätten, die mich Soziologe werden und sein ließen, und dies ohne den heute für solche Positionen notwendigen Nachweis ausreichender Veröffentlichungen in begutachteten Fachzeitschriften.

Es wäre nicht entstanden, wenn nicht inzwischen schon acht Generationen von Studierenden es ertragen hätten, Mediensoziologie in einer Form vorgestellt zu bekommen, die offen damit umging, immer wieder ein wenig neu und ungetestet und immer wieder noch unabgeschlossen zu sein – und das ja auch jetzt weiter bleibt.

Es würde nicht in der vorliegenden Form erscheinen, wenn nicht Manuel Puppis und insbesondere Otfried Jarren mir dazu verholfen hätten, es im Springerschen Programm unterzubringen.

Einer ausführlichen Diskussion mit Otfried Jarren verdankt die vorliegende Fassung auch inhaltlich viel. In der Schlussbearbeitung habe ich hilfreiche Kommentare durch Simone Hupfer, Chiara Bovigny und Denis Sorie sowie durch meine großartige und außerordentlich hilfreiche Lektorin Barbara Emig-Roller erhalten, bleibe aber natürlich für alle verbleibenden Fehler und Irrtümer selbst verantwortlich.

Ihnen allen gilt mein herzlicher Dank, dazu und noch viel mehr meiner Frau Mara, der dieses Buch in Dankbarkeit und Liebe gewidmet ist.

Inhaltsüberblick

1	**Einführung**..	1
Teil I	**Medien und Akteure**	
2	**Handeln und Struktur**..................................	21
3	**Erwartungen**...	43
4	**Ressourcen**...	63
5	**Motivationen**..	89
Teil II	**Die Realität der Medien**	
6	**Soziale Strukturen**.......................................	115
7	**Sozialstruktur und Lebensstile**......................	135
8	**Diskurse**..	159
9	**Sozialer Wandel**..	179
10	**Methoden**..	203
Teil III	**Mediale Produktion**	
11	**Beeinflussung**...	225
12	**Die Rolle der Technik**..................................	245
13	**Vernetzte Öffentlichkeit**...............................	267
14	**Massenmediale Öffentlichkeit**.......................	287

Abschluss 309

Musterlösungen 311

Hinweise für Lehrende 329

Inhaltsverzeichnis

1	**Einführung**	1
1.1	Das Feld mediensoziologischer Debatten	3
1.2	Was ist Soziologie?	5
1.3	Was sind Medien?	8
1.4	Die Struktur des Buches	11
	Literatur	17

Teil I Medien und Akteure

2	**Handeln und Struktur**	21
2.1	Die Handlung-Struktur-Differenz	22
2.2	Konventionen	23
2.3	Mediale Konstruktionen	27
2.4	Soziale Situationen als Spiele	31
	Literatur	41
3	**Erwartungen**	43
3.1	Information	43
3.2	Redundanz und Form	48
3.3	Framing	52
	Literatur	60
4	**Ressourcen**	63
4.1	Ressourcen und Kapital	64
4.2	Sozialkapital und Individualisierung	73
	Literatur	87

5	**Motivationen**	89
	5.1 Motivation	90
	5.2 Inhaltliche Theorien der Motivation	91
	5.3 Motivationen der Mediennutzung	97
	5.4 Werte und Wertewandel	102
	Literatur	110

Teil II Die Realität der Medien

6	**Soziale Strukturen**	115
	6.1 Soziologische Erklärung	115
	6.2 Institutionen und Organisationen	119
	6.3 Differenzierungs- und Systemtheorien	125
	Literatur	131

7	**Sozialstruktur und Lebensstile**	135
	7.1 Mediensoziologie und Lebensstilforschung (1)	136
	7.2 Klassen und Schichten	139
	7.3 Sozialer Raum und Lebensstile	146
	7.4 Gender	151
	7.5 Medien und Lebensstile (2)	153
	Literatur	156

8	**Diskurse**	159
	8.1 Das Konzept der Moral Panic	160
	8.2 Michel Foucault	163
	8.3 Der Begriff des Diskurses	165
	8.4 Diskursanalyse als Methode	169
	8.5 Relativismus vs. Universalismus im Diskursbegriff	172
	Literatur	176

9	**Sozialer Wandel**	179
	9.1 Phasen der Sozial- und Mediengeschichte	179
	9.2 Die Debatte über die Zweite Moderne	181
	9.3 Modernisierung	187
	9.4 Die Zweistufigkeit der europäischen Moderne	191
	9.5 Mediensoziologie und sozialer Wandel	194
	Literatur	198

10	**Methoden**	**203**
10.1	Phasen methodologischer Orientierung	204
10.2	Soziologie als empirische Sozialwissenschaft	207
10.3	Qualitative Methoden	209
10.4	Der Nachweis empirischer Zusammenhänge	214
	Literatur	220

Teil III Mediale Produktion

11	**Beeinflussung**	**225**
11.1	Kritische Theorie	226
11.2	Mediale Produktion und Beeinflussung	230
11.3	Kommunikatives Handeln	235
11.4	Öffentlichkeit und Politik	238
	Literatur	243
12	**Die Rolle der Technik**	**245**
12.1	Technische Beeinflussung in der (medien-)soziologischen Theorie	246
12.2	Drei Aspekte des Internet	253
	12.2.1 Prosumption/Produsage	253
	12.2.2 Soziale Netzwerke und Isolation vs. Sozialkapital	256
	12.2.3 Anonymität	259
	Literatur	263
13	**Vernetzte Öffentlichkeit**	**267**
13.1	Partizipation und Aufmerksamkeit	268
13.2	Kollektives Handeln	271
13.3	Das Framing sozialer Bewegungen	278
13.4	Fragmentierung und Destabilisierung?	282
	Literatur	285
14	**Massenmediale Öffentlichkeit**	**287**
14.1	Beeinflussung durch Massenmedien	288
14.2	Diskurse medialer Produktion	294
	Literatur	303

Abschluss 309

Musterlösungen 311

Hinweise für Lehrende 329

Abbildungsverzeichnis

Abb. 1.1	Das Schema der Makro-Mikro-Makro-Beziehungen von James S. Coleman (1986, S. 1322, bearb.)	7
Abb. 1.2	Mediensoziologie: Eine systematische Struktur	14
Abb. 2.1	Die Konstruktion der Normalität von Verkehrsopfern (Vardi 2014)	28
Abb. 3.1	Die erwartete Temperaturveretilung an einem Apriltag vor und nach Lektüre des Wetterberichts	45
Abb. 3.2	Probematische Redundanz	49
Abb. 4.1	Erster Kuznets-Prozess steigender und fallender Ungleichheit (Lindert und Williamson 1985)	68
Abb. 4.2	Entwicklung sozialer Ungleichheiten in 16 Industriegesellschaften, 1968–2005	72
Abb. 4.3	Eulers Graphik zum Brückenproblem (1736)	74
Abb. 4.4	Die ‚Runaway Chain' in Moreno 1934	75
Abb. 4.5	Illustration zu Burts Begriff des strukturellen Loches	81
Abb. 4.6	Individualisierung als Verschiebung sozialer Kreise bei Georg Simmel	82
Abb. 5.1	Maslows Bedürfnispyramide	96
Abb. 5.2	Die ‚Cultural map' der Werte mit sechs kulturellen Traditionen	107
Abb. 5.3	Veränderungen auf der ‚Cultural map' (Inglehart und Baker 2000, fig. 6)	108

Abb. 7.1	Determinanten unterschiedlicher Hörweisen in der Oper	136
Abb. 7.2	Bourdieus Konzept des sozialen Feldes	147
Abb. 7.3	Bourdieus empirische Füllung des sozialen Feldes in *Distinction* (Bourdieu 1979)	148
Abb. 10.1	Attraktivität und Mediennutzung (Allbus 2012)	217
Abb. 13.1	Ergebnistabelle aus Snow et al. (2007)	281

Tabellenverzeichnis

Tab. 1.1	Debatten der Mediensoziologie.	4
Tab. 1.2	Der Ablauf von Kommunikation.	11
Tab. 1.3	Debatten der Mediensoziologie und ihre Position im Buch.	15
Tab. 2.1	Spielematrix für das Battle of the Sexes.	33
Tab. 2.2	Spielematrix für das Gefangenendilemma.	35
Tab. 2.3	Aspekte der Handlungssituation in Spieltheorie und allgemeiner Handlungstheorie.	40
Tab. 3.1	Framing: Das Urnenbeispiel von Tversky und Kahneman (1986).	52
Tab. 4.1	Vier Arten von Ressourcen.	66
Tab. 4.2	Die Enführung verschiedener Kapitalbegriffe.	70
Tab. 4.3	Kapitalbegriffe der Handlungstheorie und bei Pierre Bourdieu im Vergleich.	70
Tab. 4.4	Die vier Arten von Sozialkapital.	79
Tab. 5.1	Abgrenzung Präferenzen, Ziele, Motivation.	90
Tab. 5.2	Vier Motivationshormone.	93
Tab. 5.3	Charakteristiken guter Stories (Schudson 1989).	99
Tab. 5.4	Zwei Dimensionen des Wertwandels bei Inglehart und Baker (2000).	105
Tab. 6.1	Termini zum Schema der soziologischen Erklärung.	117
Tab. 6.2	Spielematrix für das Gefangenendilemma mit Mafia.	120
Tab. 6.3	Aspekte von Organisationen verschiedener Bereiche.	125
Tab. 6.4	Parsons Entwicklung der vier Systemfunktionen in Structure of Social Action und The Social System.	127
Tab. 6.5	Differenzierungsformen nach Niklas Luhmann.	128

Tab. 6.6	Systemspezifische Codes und generalisierte Kommunikationsmedien bei Niklas Luhmann	129
Tab. 7.1	Erikson-Goldthorpe-Portocarero-Klassenschema (Erikson et al. 1979)	145
Tab. 7.2	Die beiden Hauptdimensionen im EGP-Klassenschema (teils mit Beispielen)	146
Tab. 7.3	Vier Milieus und ihr soziales Feld bei Schulze (1992)	151
Tab. 7.4	Innovationsschübe der Sozialstrukturanalyse	153
Tab. 8.1	Fragestellungen der Diskursanalyse	171
Tab. 8.2	Jürgen Habermas' normative Anforderungen: Die Diskursethik in Faktizität und Geltung im Vergleich mit der Theorie des kommunikativen Handelns	174
Tab. 9.1	Phasen der Menschheits- und Mediengeschichte	180
Tab. 9.2	Gegenüberstellung von Postmoderne und Radikalisierter Moderne bei Anthony Giddens (1990)	184
Tab. 9.3	Gegenüberstellung von Heavy modernity und Liquid modernity bei Bauman (2000)	185
Tab. 9.4	Entwicklung des globalen Pro-Kopf-Einkommens, 1-2008 (Maddison 2010)	188
Tab. 9.5	Vier zentrale Autoren der Zweite-Moderne-Debatte, nach wesentlichem geographischem und temporalem Analysehorizont	196
Tab. 10.1	Entwicklung moderner Wissenschaftskonzeptionen	206
Tab. 10.2	Die Struktur sozialwissenschaftlichen Arbeitens	209
Tab. 10.3	Sicherstellung von Offenheit und Reflexivität in vier qualitativen Methoden	214
Tab. 10.4	Attraktivität und Medienkonsum, Regressionstabelle	219
Tab. 11.1	Gegenüberstellung der kulturellen Produktion in Liberalismus und Spätkapitalismus bei Horkheimer/Adorno	229
Tab. 11.2	Die Kritische Theorie innerhalb der Soziologie (Burawoy 2005)	231
Tab. 11.3	Vier zentrale Problemfelder medialer Produktion, plus die Impulse der Kritischen Theorie	235
Tab. 11.4	Kommuikatives Handeln (Habermas 1981)	237
Tab. 12.1	‚Heiße' und ‚kalte' Medien bei McLuhan	250
Tab. 12.2	Einige Begriffe der Akteur-Netzwerk-Theorie	252
Tab. 12.3	Typen von Internetunternehmen	254

Tab. 12.4	Probleme vernetzter Produktion und Lösungen durch SNS-Plattformen	257
Tab. 13.1	Kennzeichen erfolgreich zur Weitergabe animierender Inhalte	271
Tab. 13.2	Definitionsaspekte sozialer Bewegungen bei McAdam/Snow	273
Tab. 13.3	Entwicklungsstadien sozialer Bewegungen (Tilly 1978)	274
Tab. 13.4	Drei Typen kollektiven Handelns	277
Tab. 14.1	Rangreihenfolgen in Arrows Paradox of Social Choice	291
Tab. 14.2	Drei Systeme der Massenkommunikation	299

Beispiele

Fallbeispiel 1	Die mediale Konstruktion von Verkehrsrisiken	29
Fallbeispiel 2	Konstruktion von Identität in Kroatien	30
Beispiel 3	Der Wetterbericht	44
Fallbeispiel 4	Framing im Urnenproblem	53
Fallbeispiel 5	Asean desease (Tversky und Kahneman 1986)	54
Fallbeispiel 6	Harvey Weinstein	56
Fallbeispiel 7	Netzwerke und Flucht aus einem Kinderheim	74
Beispiele 8	Beispiele für Werte	102
Fallbeispiel 9	Max Webers Protestantismus-These	117
Fallbeispiel 10	Weltwirtschaftskrise, Arbeitslosigkeit und Wahl der NSDAP 1932	118
Fallbeispiel 11	Klientelismus und journalistische Professionalität	119
Beispiel 12	Von der Freundesgruppe zur Organisation	122
Fallbeispiel 13	Determinanten des Opernbesuches	136
Fallbeispiel 14	Jane Goody	154
Fallbeispiel 15	Mods und Rockers, die erste analysierte Moral Panic	160
Fallbeispiel 16	Die Darstellung von Vietnamesen in der australischen Presse	171
Fallbeispiel 17	Durkheims Selbstmordstudie	207
Fallbeispiel 18	Attraktivität und Mediennutzung	216
Fallbeispiele 19	Die mediensoziologische Wirkung des Öffentlichkeitskonzepts	241
Fallbeispiele 20	Beispiele der Akteur-Netzwerk-Theorie	251
Fallbeispiele 21	Beispiele für Prosumption	255

Fallbeispiele 22	Das Spannungsfeld zwischen Anonymität und Normgeltung	260
Fallbeispiel 23	Die Internationale Kampagne für einen Bann von Landminen.	275
Wdh. Fallbeispiel 6	Frame amplification im Fall Weinstein	279
Fallbeispiel 24	Das Framing von Banlieue-Krawallen 2005	280
Beispiel 25	Einfache zirkuläre Präferenz als Grundlage für Agenda setting	291
Fallbeispiel 26	#iranianrevolution und der Tod von Michael Jackson.	292
Fallbeispiel 27	Alfred Hugenberg und die Presse der Weimarer Republik.	294

Einführung 1

Willkommen zu dieser Einführung in die Mediensoziologie!

Mediensoziologie ist in der Gegenwart eines der spannendsten Wissenschaftsfelder überhaupt. Denn unsere Gesellschaft ist einem tiefgreifenden Wandel unterworfen, und Medien spielen darin eine große Rolle.

Das zeigt sich in den Debatten, die in der Mediensoziologie geführt werden. Ein paar Gegenstände dieser Debatten mögen als Einstieg und Anschauungsmaterial dienen:

- Ein aktuelles Thema der Mediensoziologie sind sogenannte *„networked identies"*, die Identitäten, die wir uns in sozialen Netzwerken geben. Das ist viel Selbst-Inszenierung. Es ist ein neues Phänomen, dass da auf einmal viele und ganz besonders junge Menschen sich medial produzieren und dafür ein riesiges Publikum finden können. Was passiert da? Was machen die? Was macht es mit ihnen? Was mit den Konsumenten? Und allgemeiner: Was machen wir alle auf sozialen Netzwerken im Internet? Wie stellen wir uns dar? Was nehmen wir auf? Was macht das mit uns?
- Dieses sehr spezifische Thema ist ein Beispiel dafür, wie sich die Mediensoziologie allgemein mit dem *Internet* und seinen Auswirkungen beschäftigt. Das Internet ist jetzt gut 35 Jahre alt und seine Anwendung außerhalb der universitären Forschung ungefähr 30 Jahre. Das ist für ein Medium noch recht neu, schließlich kennen wir Bilder seit mindestens 30.000 Jahren, die Schrift mindestens 4000 Jahre, den Buchdruck über 500 Jahre und selbst Radio 110 und das Fernsehen über 80 Jahre. Da gibt es also noch viel zu untersuchen, zu erklären und zu verstehen.

- Dieses Thema ist nicht nur ein Beispiel dafür, wie sich die Mediensoziologie mit dem Internet beschäftigt, sondern auch dafür, wie sie die sozialen Situationen der Medienproduktion untersucht. Das gilt natürlich auch für ältere Medien. Mediensoziologen gehen in Redaktionen und zu anderen Akteuren des *Journalismus* oder generell Medienakteuren und versuchen zu verstehen, was warum wie produziert wird.
- Es ist auch ein Beispiel dafür, wie sich die Mediensoziologie damit beschäftigt, wie Medien mit individuellen Ressourcen zusammenhängen. Einerseits dafür, welche Positionen in der *Sozialstruktur* der Gesellschaft Menschen einnehmen und wie ihre *Lebensstile* mit ihrem Medienkonsum zusammenhängt, oder neuerdings eben auch ihrer Medienproduktion.
- Andererseits ist es gerade in den letzten drei Jahrzehnten ein großes Thema der Mediensoziologie gewesen (und ist es immer noch), wie wir da im „richtigen Leben" und per Internet Beziehungen aufbauen und pflegen, das, was die Sozialwissenschaften *Sozialkapital* nennen, und wie das mit Medien zusammenhängt, individuell und kollektiv gutes zu bewirken – oder eben auch Ambivalentes und weniger Gutes.
- Und darüber, wie durch soziale Netzwerke Meinungen gebildet werden zum Beispiel durch Fake News, drehen sich diese Zusammenhänge noch einmal auf andere Weise auf die Ebene gesamtgesellschaftlicher und politischer Relevanz. Wie kann es passieren, dass Falschmeldungen ein Publikum erreichen, das größer ist als dasjenige von richtigen Meldungen? Was bewirkt das? Wodurch ist es entstanden? Und das ist wiederum ein Beispiel dafür, wie die Mediensoziologie sich mit dem beschäftigt, was in der *Öffentlichkeit* debattiert wird. Was ist Öffentlichkeit überhaupt? Wie entsteht das, was wir als Öffentlichkeit bezeichnen? Wie wandelt es sich? Was beeinflusst seinen Wandel, und was könnte ihn beeinflussen?
- Insbesondere gibt es ein großes Forschungsfeld, das sich damit beschäftigt, wie sich Medien auf die Erfolgschancen von politischen Akteuren und *sozialen Bewegungen* auswirkt, die gesamtgesellschaftliche Veränderungen bewirken oder bewirken wollen. Ein beeindruckendes, aber auch trauriges Beispiel ist hier der sogenannte Arabische Frühling, der ab Dezember 2010 einige Länder der arabischen Welt erschütterte und der sehr stark von Mobilisierung über das Internet und soziale Netzwerke getragen war, aber nur in seinem Ursprungsland Tunesien über 2012 hinaus eine Verbesserung der politischen Situation zu bewirken vermochte, während in anderen Ländern teilweise massive Verschlechterungen eingetreten sind.

1.1 Das Feld mediensoziologischer Debatten

Diese sieben Beispiele sind nicht zufällig gewählt. Sie stehen für wissenschaftliche Diskussionsfelder oder Debatten, die in der Mediensoziologie bearbeitet werden.

Um einen Überblick über solche Debatten zu gewinnen, habe ich mittels des statistischen Verfahrens der sogenannten Faktoren- oder genauer Hauptkomponentenanalyse[1] gesucht, welche der in der Mediensoziologie meistzitierten Autoren und Texte in Artikeln gemeinsam zitiert werden. Grundlage hierfür war ein Datensatz von etwa mediensoziologischen 9600 Artikeln, der sich mittels einiger mediensoziologischer Suchbegriffe[2] und der Beschränkung auf das Fach Soziologie aus dem *Web of Knowledge* gewonnen wurde.

Die faktoranalytische Vorgehensweise hat folgenden Sinn: Wenn in wissenschaftlichen Studien Autoren und Texte gemeinsam zitiert werden, bedeutet das, dass diese Studien auf gemeinsame Wissensbestände zurückgreifen. Das muss nicht heißen, dass die Autoren der verschiedenen zitierten und zitierenden Texte einer Meinung sind – sie werden das oft gerade nicht sein. Aber sie werden miteinander streiten können, weil sie eine ähnliche Sicht auf ähnliche Probleme haben und ähnliche Begriffe, Konzepte und Theorien verwenden. Und solche Begriffe, Konzepte und Theorien sind es ja, die Ihnen ein Einführungsbuch vermitteln soll, damit Sie die geführten Diskussionen verstehen und sich an ihnen beteiligen können.

Debatten sind also Gruppen oder Cluster von zusammengehörenden zitierenden Artikeln, deren Begriffe, Konzepte und Theorien einen Ort in einem Lehrbuch der Mediensoziologie verdient haben. Tab. 1.1 zeigt eine Reihe dieser Debatten, zur besseren Übersichtlichkeit etwas inhaltlich zusammengefasst. Die sieben oben genannten Beispiele sind jeweils mit einem Stern* markiert. Die Zahlen geben jeweils die Anzahl der Artikel an, die sich auf Basis des statistischen Verfahrens der jeweiligen Debatte zurechnen lassen. Die Debatten kommen dabei aus zwei verschiedenen Analysen, einerseits dem genannten großen

---

[1]Hier zur Kozitationsanalyse verwendet (Gmür 2003).
[2]Der Suchterm war: (media or ict or information* or communicat* or tv or television* or (radio* not radioactiv*) or news* or journal* or internet* or web* or facebook* or broadcast*). Datum für Suche und Download des in der Grafik dargestellten Datensatzes: 13.02.2018.

Tab. 1.1 Debatten der Mediensoziologie

Konstruktion von Realität	Gruppenidentitäten (267); Konstruktivismus (d:42)
Soziale Bewegungen*	140/d:29; Connective action (217/d:23); Rahmung sozialer Bewegungen (200)
Sozialkapital und soziale Netzwerke	Sozialkapital* (158); Netzwerke (263); d: beides zusammen (d:42); Einfluss in Netzwerken (d:32)
Soziologische Theorie	Klassische soziol. Theorie (286) Systeme; Differenzierung (263; d:65) Relationale Soziologie (d:19)
Sozialstruktur/Lebensstile*	230/d:24
Diskurs	287; Moral Panic (196); Mediale Diskurse über Einwanderung (d:10)
Zweite Moderne	334/d:34
Qualitative Methoden	Grounded theory (310); Sprache (215); d: Qualitative Methoden allgemein (d:41)
Medienproduktion	Kritische Medienstudien (288); Journalismus (220*)
Öffentlichkeit*	288; Öffentliche Meinung (412); Aufmerksamkeit (72)
Internet	228*/d:29; Digital divide (166); Prosumption/Produsage (248); Networked Identities* (220)

internationalen Datensatz[3] mit 24 identifizierten Debatten, andererseits einem zweiten, in dem nur die deutschsprachige bzw. in den deutschsprachigen Ländern betriebene Soziologie berücksichtigt wurde; die entsprechenden (kleineren) Fallzahlen für in diesem Fall nur 12 identifizierten Debatten sind mit einem vorgestellten „d:" gekennzeichnet.[4]

---

[3]Fallzahlen: im ersten Fall n = 9603, davon 8514 in der Faktoranalyse, und n = 757/701 im zweiten Fall. Die beiden Datensätze überschneiden sich, weswegen keine Summen der Fallzahlen gebildet werden sollten, aber es erschien nicht sinnvoll die deutschsprachige Mediensoziologie bei der Extraktion der internationalen Debatten einfach auszuschließen.

[4]Wenn für ein Thema keine deutschsprachige Debatte ausgewiesen ist, heißt das nicht unbedingt, dass keine existiert, sondern nur, dass sie zu klein ist, um in diesem kleinen Datensatz eigens ausgewiesen zu werden.

Dabei kann die Darstellung aktueller Debatten nie der einzige Gegenstand eines Lehrbuchs sein, zumindest nicht einer solchen Einführung, wie sie hier vor Ihnen liegt. Denn in Forschungsfeldern wie der Mediensoziologie wird immer auch auf Begriffe, Konzepte und Theorien zurückgegriffen, die substanziell oder zeitlich von außerhalb der aktuellen Diskussion kommen, also keine eigenen Debatten mehr ausbilden. Zum Beispiel zeigen die Zitationsdaten eine oder mehrere Debatten zur Verwendung von Methoden der qualitativen empirischen Sozialforschung, während die Methoden der quantitativen empirischen Sozialforschung einfach angewandt (und mit lauter unterschiedlichen Lehrbüchern und methodologischen Artikeln belegt) werden, ohne dass das eine eigene Debatte ergäbe. Ein Lehrbuch muss also, insbesondere in seinen Anfangskapiteln, immer auch vieles erklären, was nicht zu auf diese Weise sichtbaren Debatten gehört.

Aber solche Debatten geben doch einen Anhaltspunkt, was in einem Lehrbuch verhandelt werden soll. Und für ein für Sie hilfreiches Lehrbuch, das Ihnen nicht nur Stoff zum Auswendiglernen vorsetzen will, sondern den Anspruch hat, Ihnen ein systematisches kognitives Konzept zu liefern, in dem Sie erst einmal alles einordnen können, stellen sie ein Puzzle dar, das zu lösen ist. Wie bekommt man diese Debatten in eine sinnvolle Struktur?

Um dieses Puzzle zu lösen, brauchen wir zunächst ein Verständnis des Faches Soziologie und seiner Grundkonzepte, um damit den Gegenstand der Medien so beschreiben zu können, dass sich eine Struktur der Darstellung daraus ableiten lässt – und dann werden wir sehen, ob sich darin die in Tab. 1.1 enthaltenen Debatten unterbringen lassen.

Also erst einmal: Was ist Soziologie?

1.2 Was ist Soziologie?

Lassen Sie uns hierauf gleich zwei Definitionen anschauen. Das eine ist die bekannteste Definition der Soziologie überhaupt, nämlich diejenige, die Max Weber am Anfang seines Hauptwerkes „Wirtschaft und Gesellschaft" gibt:

▶ **Soziologie** „soll heißen: eine Wissenschaft, welche soziales Handeln deutend verstehen und dadurch in seinem Ablauf und seinen Wirkungen ursächlich erklären will." (Weber 1985, S. 1)

Es hat viele Soziologen gegeben, die sich an anderen Definitionen versucht haben, und eine von diesen Definitionen, die im deutschen Sprachraum im Augenblick auch noch einigermaßen verbreitet ist, stammt von Heinz Abels:

▶ **Soziologie** „befasst sich mit gesellschaftlichen Verhältnissen und dem Handeln zwischen Individuen in [ihnen]." (Abels 2001, S. 7)

Auf den allerersten Blick scheinen diese beiden Definitionen den schönen, Raymond Aron zugeschriebenen Spruch zu bestätigen, Soziologen würden [nur] „in einem Punkt übereinstimmen: in der Schwierigkeit, die Soziologie zu definieren." (Raymond Aron, zit. nach Boudon 1980, S. 13)

Tatsächlich findet man aber doch schnell eine erste Gemeinsamkeit: Das Handeln von Individuen, auf das in beiden Definitionen begrifflich verwiesen wird. Dieses soziale Handeln wird auch als „Mikroebene" der Gesellschaft bezeichnet. Und wenn man es einmal festgehalten hat, mag einem auffallen, dass dieser Mikroebene in beiden Definitionen eine „Makroebene" der Gesamtgesellschaft gegenübergestellt wird. Bei Abels sind das die „gesellschaftlichen Verhältnisse", die bei Weber ein wenig nebulös nur als „Wirkungen" des sozialen Handelns vorkommen, aber eben doch auch benannt sind.

Auf der Grundlage dieser Gemeinsamkeit kann man die Differenzen zwischen den beiden Definitionen genauer benennen. Die beiden Definitionen sind nicht einfach nur anders oder womöglich unvergleichbar. Sie unterscheiden sich vielmehr in der Reihenfolge der Ebenen: Bei Abels stehen die gesellschaftlichen Verhältnisse an erster Stelle, bei Weber das individuelle Handeln. Das sagt schon viel über den analytischen Fokus der beiden aus! Sie unterscheiden sich auch in der Klarheit der Beziehung zwischen den beiden Ebenen. Hier haben wir bei Weber gleich drei Teile. Wie die gesellschaftliche Ebene auf das individuelle Handeln wirkt, fasst Weber in dem Begriff „deutend verstehen"; wie eine individuelle Handlungssituation zu einen tatsächlichen individuellen Handlung führt, im Begriff des „Ablaufes", und was daraus dann wiederum auf der gesellschaftlichen Ebene resultiert, im Begriff der „Wirkungen". Im Vergleich dazu widmet sich Abels zwar der gesellschaftlichen Ebene ein wenig expliziter, aber der Rest des Verhältnisses bleibt ziemlich unspezifisch. Trotz der merkwürdigen Zurückhaltung bezüglich der Makro-Ebene ist es also vielleicht kein Zufall, dass Webers Definition nach fast 100 Jahren immer noch die meistverwendete überhaupt ist.[5]

---

[5]Zumindest hat dies eine vergleichende Google-Suche so ergeben, die ich 2014 durchgeführt habe, und ich sehe wenig Anlass anzunehmen, dass es nicht immer noch so wäre.

1.2 Was ist Soziologie?

Diese Struktur der Begriffe und Ebenen haben 60 Jahre nach Webers Tod die beiden deutschen Kollegen Linderberg und Wippler in eine Grafik gebracht, in der sich die drei Begriffe von Weber einfach eintragen lassen, (Lindenberg und Wippler 1978) und die durch den amerikanischen Soziologen James Coleman vielleicht noch einmal erfunden, auf jeden Fall aber popularisiert worden ist (Coleman 1986). Wegen ihrer Form bezeichnet man dieses Schema auch als *Coleman-boat* oder etwas despektierlich als Colemansche Badewanne (Abb. 1.1).

Die beiden Definitionen sind in den unterschiedlichen Sichtweisen, die sie anwenden, ganz beispielhaft für die Soziologie und eben auch für die Debatten der Mediensoziologie. Soziologie bearbeitet ein analytisches Feld zwischen Individuen und Strukturen. Auf dieses Feld kann man aus zwei Richtungen blicken, entweder von den Individuen her, oder eben von den Strukturen her. Diese zwei Richtungen machen eine Spannung aus, die die heutige Soziologie entscheidend prägt.

Die Spannung wird dadurch akzentuiert, dass sie über die Soziologie hinaus geht und eigentlich das gesamte Feld der Wissenschaft prägt. Die Blickweise von den Individuen her weist auf die Psychologie, die Ökonomie und weiter zu den Naturwissenschaften. Die Blickweise von den Strukturen her weist auf die Kultur- und Geisteswissenschaften. Und die Soziologie bekommt dadurch eine privilegierte und extrem herausforderungsreiche Position an der Nahtstelle zwischen diesen „zwei Kulturen" (Snow 1959), die sie teils fast zerreißt, aber teils auch ganz besonders interessant macht.

Innerhalb dieses Spannungsfeldes macht dieses Lehrbuch eine Annahme, die für die Mediensoziologie eher ungewöhnlich ist: Es setzt, so wie Max Weber, beim sozialen Handeln an, kommt also von der Seite der „sciences" und nicht von derjenigen der „humanities". Diesem Feld nähern wir uns von der handlungsorientierten und eher theoretischen Seite.

Eher ungewöhnlich für die Mediensoziologie ist das deshalb, weil viele theoretische und qualitativ-empirische Arbeiten der Mediensoziologie sich selbst im

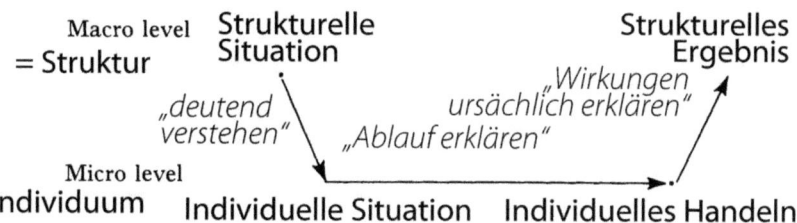

Abb. 1.1 Das Schema der Makro-Mikro-Makro-Beziehungen von James S. Coleman (1986, S. 1322, bearb.)

Strukturprimat verorten. Sie setzen an Kommunikationen an und gehen von interpretativen Beschreibungen sozialer Phänomene aus.

Das Vorgehen einer vom sozialen Handeln her vorgehenden Beschreibung der Mediensoziologie hat aber einiges für sich:

- Strukturen sind aus Handlungen, jedenfalls aus einem adäquaten Verständnis von Handlungen, wesentlich leichter herzuleiten als umgekehrt.
- Handlungstheorien sind systematischer. Innerhalb der Handlungstheorie bauen Beiträge verschiedener Autoren, wie schon bei Coleman und Weber gesehen, aufeinander auf.
- Auch Nicht-Akteurstheorien können eingeordnet und mit ihren spezifischen Leistungsfähigkeiten gesehen werden.
- Der zugegeben größere Reichtum der Ergebnisse strukturorientierter Arbeit lässt sich so in diese Systematik hinein übersetzen.
- Und dazu sind handlungstheoretische Texte m. E. schlichtweg weniger voraussetzungsreich und damit einfacher und leichter lesbar.

1.3 Was sind Medien?

Was sind in einer solchen Herangehensweise Medien?

Wenn wir von Handlungen ausgehen, dann liegt die Basis einer solchen handlungsorientierten Herangehensweise in denjenigen, die handeln können, und das sind allgemein Akteure (über den Unterschied zwischen Akteur und Individuum mehr im nächsten Abschnitt).

Akteure nehmen ihre strukturelle Situation auf durch ihre Wahrnehmung. Ich gehe hier einmal davon aus, dass es eine solche strukturelle Realität gibt – eine Annahme, in der Sie mir hoffentlich folgen, die aber nicht ganz selbstverständlich ist und uns noch beschäftigen wird. Sie sei aber hier einmal gesetzt. Es gibt also eine strukturelle Situation, und es gibt eine Wahrnehmung von ihr. Und diese beiden sind nicht immer deckungsgleich. Wahrscheinlich sind sie sogar generell nicht deckungsgleich, das ist auch eine Frage, zu der es unterschiedliche Positionen gibt. Wichtig ist, dass es zwischen Situation und Wahrnehmung Differenzen gibt.

Diese Differenzen liegen einerseits in spezifischen Aspekten der Wahrnehmung des jeweiligen Akteurs begründet. Aber andererseits gibt es auch Differenzen, die in der Art und Weise begründet sind, durch welche Medien außerhalb seiner selbst ein Akteur seine Situation wahrnimmt. Und diese Differenz, dass da eine Wahrnehmung erzeugt wird, die auf eine Realität verweist, mit der sie ver-

1.3 Was sind Medien?

glichen werden kann, mit der sie aber sicherlich nicht identisch ist, die interessiert uns in der Mediensoziologie.

Wir können also sehr knapp definieren:

▶ **Medien** sind Produzenten abgeleiteter Wahrnehmungen.

Der Begriff der Ableitung reicht aus, um auf eine wie auch immer geartete dahinter stehende Realität zu verweisen. Zum Medienbegriff gehören in dieser Sichtweise Akteure, und zwar zunächst einmal als Rezipienten, eine Realität, die abgebildet wird, und ein Transport- oder Übermittlungsprozess, mit dem das Medium beides verbindet.

Innerhalb dieses Medienbegriffes kann man die Produzenten dann weiter unterscheiden. Man kann insbesondere technische Medien, Medienakteure und systemische Medien unterscheiden und damit auch alle drei einschließen:

- *Technische Medien* sind Medien, die ohne die Beteiligungen eigener Akteure abgeleitete Wahrnehmungen produzieren: Die Luft, durch die wir etwas sehen, aber im Extremfall einer Fata Morgana auch sehr verzerrt wahrnehmen. Die Glühbirnen, die am Abend Lichtinseln im Wohnzimmer oder entlang eines Weges durch die Dunkelheit setzen. Das Fernsehen, das zwischen 1930 und 2000 die Familien der westlichen Welt auf eine sehr spezifische Weise abends zusammenführte. In allen Fällen haben wir einen Einfluss, aber einen, dem nicht eine spezifische Intention zugrunde liegt.
- Auf der anderen Seite haben wir die *Medienakteure,* also diejenigen Akteure mit eigenen Intentionen, die mediale Leistungen erbringen: Organisationen und Individuen.
- Und zwischen ihnen liegen die *systemischen Medien,* die u. a. aus intentionalen Akteuren zusammengesetzt sind, denen aber nicht selbst Intentionen zugerechnet werden können.

Medien vermitteln also einmal zwischen Akteuren und ihrem gesamten situativen, gesellschaftlich geschaffenen Umfeld. Aber natürlich vermitteln sie auch einfach zwischen Akteuren und Akteuren. Dann sind sie Teil eines Kommunikationsprozesses, in dem irgendwelche Informationen von einem Akteur, dem Sender, zu einem anderen Akteur, dem Empfänger, übertragen werden.

In einem berühmten Modell hat der amerikanische Mathematiker Claude Shannon 1948 beschrieben, was dabei passiert (Shannon 1948):

- Bildung einer Absicht, zu kommunizieren.
- Bildung der Nachricht
- Codierung der Nachricht, etwa in digitale Daten, geschriebenen Text, Sprache, Bilder, Gesten o. ä.
- Übertragung der codierten Nachricht durch ein Medium als Sequenz von Signalen.
- Fehlerquellen natürlicher oder menschlicher Art, absichtlich oder unbeabsichtigt, die die Qualität der Signale beeinflussen.
- Empfang der Signale und Wiederzusammensetzen der codierten Nachricht.
- Decodierung der neu zusammengesetzten codierten Nachricht.
- Rezeption der ursprünglichen Nachricht.
- Interpretation und Sinn der ursprünglichen Nachricht.

Diese Schritte sind in insgesamt vier Schichten angeordnet, die u-förmig durchlaufen werden. Am Ende steht die Interpretation einer Nachricht, die im besten Fall eine Absicht, etwas zu kommunizieren, die am Anfang stand, relativ gut zu entschlüsseln in der Lage ist. In beiden Fällen geht es um Erwartungen, die kommuniziert und rezipiert werden, mithin im Erfolgsfalle um Information. Die zweite Schicht wird von der Nachricht selbst gebildet, einer konkreten Handlung, die dritte Schicht von ihrer Umsetzung in übermittelbare Signale, und die vierte von der technischen Übertragung, auf der zudem auf dem Weg vom Sender zum Empfänger äußere Störungen auftreten können. Sonst ist die Analyse auf Sender und Empfänger beschränkt und auf ihre Erwartungen, die eigentliche Kommunikationshandlung und die technische Umsetzung und Übertragung (Tab. 1.2).

Bei direkter zwischenmenschlicher Kommunikation ist die Grenze zwischen Nachricht und Codierung sehr schmal, etwa wenn es um gesprochene Sprache geht, wo der Satz, den der Sender aussprechen will, die Nachricht, und seine ausgesprochene Form bereits die Codierung ist. Bei Kommunikation mittels technischer Medien ist die Grenze klarer, aber sie besteht in beiden Fällen. In jedem Fall wirkt das gewählte Medium sich auf die Menge der verwendbaren Codes aus: Technische Medien ebenso wie systemische Medien verlangen, dass die Nachricht in die entsprechend zur Verfügung gestellten Formate hinein codiert wird, sei es eine Übersetzung in das Morsealphabet, in eine Mitteilung am Frühstückstisch, in eine 5-Zeilen-Meldung oder in das 3-min-Format für die Fernsehnachrichten oder den Youtube-Kanal.

Tab. 1.2 Der Ablauf von Kommunikation

	Sender	Übertragungsweg = **Medium**	Empfänger
Absicht	Kommunikationsabsicht		Interpretation und Sinn
Nachricht	Bildung der Nachricht		Rezeption
Codierung	Codierung		Decodierung
Übertragung	(Absenden der Signale)	Übertragung	Empfang, Zusammensetzung der Signale
Äußere Einflüsse		Fehlerquellen	

Hier ist der Medienbegriff also ein anderer:

▶ **Medien** sind bei Shannon die Übertragungskanäle, über die codierte Signale von Sendern zu Empfängern gelangen.

Hier stehen Medien also zwischen Sender und Empfänger statt zwischen Akteur und sozialer Realität. Aber auch hier sind Medien Produzenten abgeleiteter Wahrnehmung. Denn medialer Zwang zur Codierung und in der Übertragung löst wiederum Produktionsprozesse aus, die den schlussendlich rezipierten, verstandenen und damit wahrgenommenen Sinn nur noch eine Ableitung einer dahinterstehenden Realität sein lässt, nämlich der Kommunikationsabsicht des Senders und gegebenenfalls der sachlichen Realität, über die er berichten will. Shannons Verständnis schließt aber alle Fälle aus, in denen es keinen sendenden Akteur gibt, und das ist heutzutage nicht mehr so hilfreich. Wir behalten sein Verständnis im Hinterkopf, bleiben aber für die Struktur des Buches bei der kürzeren, zuerst gegebenen.

1.4 Die Struktur des Buches

Mit diesen Vorüberlegungen lässt sich auch schon die Struktur dieses Textes herleiten. Wenn man Medien betrachtet als Produzenten abgeleiteter Wahrnehmungen, dann muss ein Einführungstext in die Mediensoziologie sich a) die Akteure anschauen, die da wahrnehmen, b) die soziale Realität erfassen, von der Wahrnehmungen abgeleitet sind, und c) anschauen, welche Produktionsprozesse es gibt und wie diese sich auswirken.

Dementsprechend sind Akteure, Realität und Produktion die drei Teile des Buches. Innerhalb dieser drei großen Themen gibt es jeweils ein Tripel (d. h. eine Menge von drei Elementen) von Aspekten, die zu untersuchen sind.

Innerhalb jedes dieser drei Teile haben wir jeweils die Struktur eines Tripels, das jeweils eingangs motiviert wird:

In *Teil I: Akteure* ist das das Tripel der drei Aspekte Motivationen, Ressourcen und Erwartungen, die Handlungssituationen haben. Die Situation von Handelnden lässt sich nämlich immer analysieren über das Tripel der Motivationen, der Ressourcen und der Erwartungen, die sie haben:

- Was will jemand? *(Kap. 5: Motivationen)*
- Über welche Handlungsoptionen verfügt er oder sie? *(Kap. 4: Ressourcen)*
- Und was nimmt er oder sie an, dass es seitens der Umwelt und der anderen Mitakteure auf ihn zukommt? *(Kap. 3: Erwartungen)*
- Und dazu braucht man erst einmal ein Kapitel, an dessen Ende klar ist, warum es gerade diese drei Aspekte sind, die die Handlungssituation definieren. *(Kap. 2: Handlung und Struktur)*

In *Teil II: Realität* geht es um die Welt, von der Medien ein Abbild vermitteln. Auch wenn heutzutage im Zuge des Klimawandels wieder vermehrt die objektiven Aspekte dieser Realität in den Blick kommen, ist es doch immer eine soziale und sozial konstruierte Welt, und daraus folgt auch die Struktur, in der wir sie untersuchen.

- Erstens geht es dabei um den relationalen Aspekt: Individuen stehen in dieser sozialen Welt in bewerteten Relationen zueinander, und das strukturiert die Gesellschaft, und Medien und Mediennutzung werden durch diese Sozialstruktur der Gesellschaft beeinflusst *(Kap. 7: Sozialstruktur/Lebensstile)*.
- Zweitens geht es um einen inhaltlichen Aspekt: Denn die soziale Konstruktion der Realität produziert bestimmte Sichtweisen auf die Welt, und Medien nehmen solche Sichtweisen auf und tragen zu ihnen bei *(Kap. 8: Diskurse)*.
- Drittens geht es um einen zeitvergleichenden Aspekt: Von der Logik der theoretischen Systematik müsste es hier eigentlich generell um Komparatistik gehen, also den Vergleich verschiedener Arten, wie die Welt sozial konstruiert wird. Aber die relativ wenigen gesellschaftsvergleichenden Arbeiten, die es in der Mediensoziologie gibt, sind immer bestimmten inhaltlichen Theorien gewidmet und bilden deshalb keine eigene Debatte aus. Sehr wohl eine eigene Debatte gibt es allerdings zum Vergleich dessen, wie sich die soziale Konstruktion der Welt im Zeitverlauf ändert *(Kap. 9: Sozialer Wandel)*.

1.4 Die Struktur des Buches

- Im Gegensatz zu den anderen Teilen führen in diesen Teil gleich zwei Wege. Der eine enthält die theoretische Herleitung *(Kap. 6: Soziale Strukturen)*.
- Der andere enthält einen sehr kurz gefassten Einblick in das Handwerkszeug, das die Mediensoziologie zur empirischen Bearbeitung ihrer Gegenstände verwendet *(Kap. 10: Methoden)*.

Im letzten *Teil III: Produktion* wird die Produktion medialer Signale thematisiert.

- Einführend geht es um die Frage der Bedeutung, die diese Produktion überhaupt hat, indem sie Akteure beeinflusst (oder das vielleicht auch gar nicht so sehr tut). Wir schauen uns dazu die sogenannte Kritische Theorie an, die dabei hilft, diesen Teil sinnvoll zu strukturieren *(Kap. 11: Beeinflussung)*.
- Dann untersuchen wir die Rolle von Techniken, allgemein, speziell der medialen Technologien und noch spezifischer andererseits das Internet in seinen Auswirkungen auf Veränderung und Gestaltung sozialer Beziehungen *(Kap. 12: Die Rolle der Technik)*.
- Dann schauen wir uns die neuen Auswirkungen der Tatsache, dass jetzt jeder medial produzieren kann, individuell, in Bewegungen und Organisationen sowie auf der gesellschaftlichen Makroebene auf Öffentlichkeit und Öffentlichkeiten genauer an *(Kap. 13: Vernetzte Öffentlichkeit)*.
- Weil sie auch in Zeiten des Internet bedeutsam bleiben, sich aber durch es wesentlich verändern, kommen wir erst zum Schluss zu den guten alten Massenmedien, die eine 1:n-Kommunikationsform haben und spezifische inhaltliche und diskursive Beeinflussungen ausprägen *(Kap. 14: Massenkommunikation)*.

Insgesamt ergibt sich damit die in Abb. 1.2 grafisch festgehaltene Struktur.

Man kann erwarten, dass die Mediensoziologie auf keinem dieser Augen blind sein sollte, dass aber auch jeder dieser Gesichtspunkte so sehr für sich stehen sollte, dass er (abgesehen von den Unschärfen, mit denen bei empirischen Gegenständen immer zu rechnen ist) Fragestellungen ausprägt, innerhalb derer die Begriffe, Theorien und Konzepte soweit zueinander passen, dass wir jeweils eine eigene Debatte empirisch vorfinden können. Tab. 1.3 zeigt, dass sich diese Erwartung tatsächlich auch recht gut erfüllt und die Struktur erlaubt, jede der genannten Debatten anzusprechen.

Umgekehrt zeigt sich, dass einige Dinge schon so selbstverständlich sind, dass sie keine Debatten (mehr) ausprägen oder zumindest keine innerhalb der Mediensoziologie. Die Begriffe Information (Kap. 3), Erzählung (Kap. 5) oder Organisation (Kap. 6), oder eben quantitative Methoden (Kap. 10) werden zum Beispiel

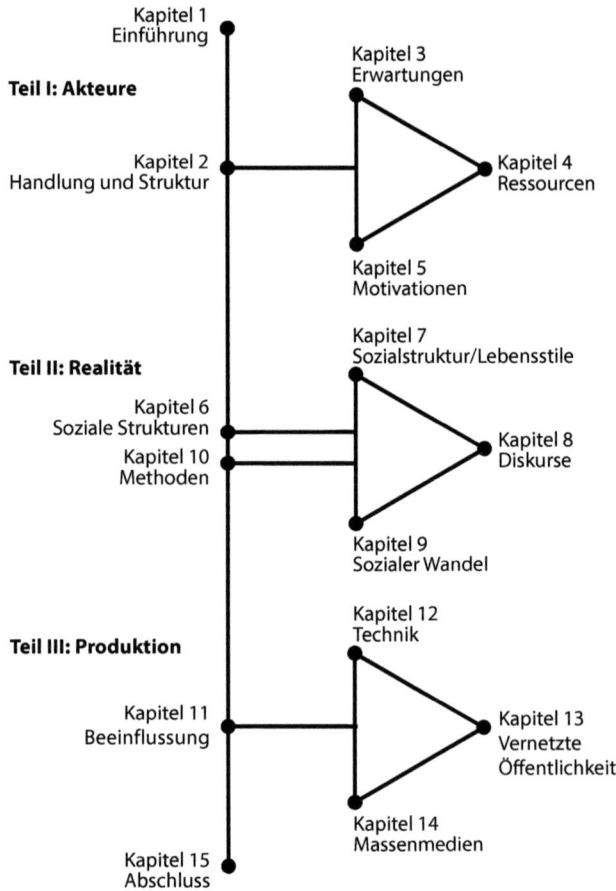

Abb. 1.2 Mediensoziologie: Eine systematische Struktur

in der Mediensoziologie an allen möglichen Stellen verwendet, und dennoch gehören sie in einen solchen Einführungstext selbstverständlich hinein.

Dies ist ein Grundlagentext, gedacht für eine (und entstanden aus einer) Vorlesung im ersten Jahr eines Bachelor-Studienganges Medien- und Kommunikationswissenschaft. Das ist eine Veranstaltung, die in erster Linie Wissen vermittelt, dieses Wissen soll zu Verständnis führen und weiter zu eigener

1.4 Die Struktur des Buches

Tab. 1.3 Debatten der Mediensoziologie und ihre Position im Buch

Konstruktion von Realität	Kap. 2
Soziale Bewegungen	Kap. 13 (Framing: Kap. 3)
Sozialkapital und soziale Netzwerke	Kap. 4
Soziologische Theorie	Durchgängig, v. a. aber in Kap. 2 und 6
Sozialstruktur/Lebensstile	Kap. 7
Diskurs	Kap. 8
Zweite Moderne	Kap. 9
Qualitative Methoden	Kap. 10
Medienproduktion	Kritische Medienstudien: Kap. 11; Journalismus: Kap. 12 (Werte im Journalismus: Kap. 5)
Öffentlichkeit	Kap. 13 (Aufmerksamkeit: Kap. 12)
Internet	Kap. 14 (Networked Identities: Kap. 5)

kompetenter praktischer Anwendung. Die Zwänge und Ressourcenausstattung von Bologna-Studiengängen bringen es mit sich, dass solche Veranstaltungen am Ende mit einer schriftlichen Prüfung abgeschlossen werden. Damit Sie sich auf solch eine Klausur vorbereiten oder im Eigenstudium Ihr Wissen überprüfen können, enthält jedes Kapitel eine Reihe von Kontrollfragen, deren Musterlösungen am Ende des Textes gegeben werden.

Neben diesem Text gibt es sehr viele Lehrbücher der Soziologie und inzwischen einige Lehrbücher der Mediensoziologie:

- Lehrbücher der Mediensoziologie sind Jäckel (2005); Ziemann (2012); Wagner (2014), und auf Englisch Barrat (1986); O'Shaughnessy (2012); Croteau (2014); Waisbord (2014); Hodkinson (2017); Lindgren (2017).
- Unter den allgemeinen Soziologielehrbüchern sind Dimbath (2016) und Meulemann (2013) noch relativ nah dran an dem hier verfolgten Plan einer systematischen Aufbereitung. Coleman (1990) und Esser (1993) sind zwei Klassiker der handlungstheoretischen Herangehensweise; Giddens (2009) und Joas (2007) sind zwei pluralistische Texte, die einen guten Überblick, aber wenig Systematik bieten.

Das sind gute Bücher, und die Beschäftigung mit ihnen lohnt sich sehr. Die Abfassung des vorliegenden Textes ergab sich daraus, dass keines von ihnen die hier verwendete Logik mit dem Medienbezug kombiniert und von den mediensoziologischen Lehrtexten keiner den hier unternommenen Versuch an Systematik und Vollständigkeit teilt.

Andererseits ist ein Wort der Vorsicht angebracht: Obwohl dies Buch von der Struktur der Soziologie als Gesamtfach ausgeht, ist seine systematische Vorgehensweise nicht unter allen Soziologen gleichermaßen anerkannt. Die Soziologie ist ein multiparadigmatisches Fach, in dem sehr viele Herangehensweisen nebeneinander existieren. Auf die Existenz sozialer Strukturen können sich heutzutage (das war wohl nicht immer so) sicher alle einigen, aber diese mit Handlungen in Verbindung zu setzen und sogar von Handlungen auszugehen, ist trotz des Auftretens des Handlungsbegriffs in den beiden genannten (und vielen anderen) Soziologiedefinitionen durchaus nicht gesichert. Gerade Mediensoziologen gehen gerne vom Kommunikationsbegriff aus, und wieder andere finden, dass die Verunsicherung, die aus einer ungeschützten Konfrontation mit einer scheinbar zusammenhanglosen Vielfalt von Paradigmen entspringt, gerade ein produktives Moment in sich birgt. Das mag sein. In dieser Situation wird die Gestaltung eines Lehrtextes auch zu einer Abfolge persönlicher Entscheidungen: Ich persönlich wäre einfach nicht in der Lage gewesen, eine gleichermaßen systematische und überblicksorientierte Einführung aus dem Kommunikationsbegriff herzuleiten, und ich bin sehr gespannt darauf, eine Einführung zu sehen, die das hinbekommt. Und vor allem halte ich es für legitim, Ihnen nicht nur Überblick, sondern eben auch einen systematischen Zugriff bieten zu wollen, gerade wenn diese Systematik Sie befähigt, die Buntheit der Welt besser verstehen zu können.

Falls Sie das Buch als Begleittext zu einer Lehrveranstaltung verwenden, erlauben Sie mir abschließend noch den altmodischen Hinweis, die mnemotechnische Bedeutung von Präsenzveranstaltungen und kontinuierlicher Mitarbeit nicht zu unterschätzen. Seien Sie froh, wenn Ihnen jemand eine Lehrveranstaltung anbietet, nutzen Sie das Angebot, malen Sie in einer Papierausgabe des Buches herum (Mueller und Oppenheimer 2018), und bearbeiten Sie die Übungsaufgaben in einer Übungsgruppe möglichst bald nach der Veranstaltungssitzung. Auch das sind mediale Qualitäten, die Sie am Ende der Veranstaltung vielleicht ein wenig besser verstehen werden.

Kontrollfragen
1. Welche drei Untersuchungsrichtungen benennt Webers Definition der Soziologie, und wie beziehen diese sich auf die Mikro- und Makro-Ebene der Gesellschaft?
2. Inwiefern ist eine Weltkarte ein Medium? Nennen Sie die Definition für ein Medium, recherchieren Sie, was die Mercator-Projektion von der Gall-Peters-Projektion unterscheidet, und begründen Sie, wieso die auf der Merca-

tor-Projektion basierenden Weltkarten als „eurozentrische Medien" kritisiert wurde! (Hinweis: In einer Klausur würde eine solche Recherche-Aufgabe natürlich nicht gestellt, stattdessen würden in diesem Fall Informationen zu den beiden Projektionsarten zur Verfügung gestellt.)

Literatur

Zentrale Referenzen

Coleman, James S. 1986. Social theory, social research, and a theory of action. *American Journal of Sociology* 91:1309–1335.
Coleman, James S. 1990. *Foundations of social theory*. Cambridge: Belknap.
Lindenberg, Siegwart, und Reinhard Wippler. 1978. Theorienvergleich: Elemente der Rekonstruktion. In *Theorienvergleich in den Sozialwissenschaften*, Hrsg. Karl Otto Hondrich und G. Matthes, 219–223. Darmstadt: Luchterhand.
Shannon, Claude E. 1948. A mathematical theory of communication. *Bell System Technical Journal* 27:379–423, 625–656.
Snow, Charles Percy. 1959. *The two cultures and the scientific revolution*. Cambridge: Cambridge University Press.
Weber, Max. 1985. *Wirtschaft und Gesellschaft*. Tübingen: Mohr (Siebeck). (Erstveröffentlichung 1922).

Lehrbücher

Abels, Heinz. 2001. *Einführung in die Soziologie: Bd. 1. Der Blick auf die Gesellschaft*. Wiesbaden: VS Verlag.
Barrat, David. 1986. *Media sociology*. London: Tavistock Publications.
Croteau, David. 2014. *Media/society: Industries, images, and audiences*. Thousand Oaks: SAGE.
Dimbath, Oliver. 2016. *Einführung in die Soziologie*. Paderborn: Fink.
Esser, Hartmut. 1993. *Soziologie: Allgemeine Grundlagen*. Frankfurt: Campus.
Giddens, Anthony. 2009. *Sociology*. Cambridge: Polity.
Hodkinson, Paul. 2017. *Media, culture and society: An introduction*. Los Angeles: SAGE.
Jäckel, Michael, Hrsg. 2005. *Mediensoziologie: Grundfragen und Forschungsfelder*. Wiesbaden: VS Verlag.
Joas, Hans. 2007. *Lehrbuch der Soziologie*. Frankfurt a. M.: Campus.
Lindgren, Simon. 2017. *Digital media & society*. Los Angeles: SAGE.
Meulemann, Heiner. 2013. *Soziologie von Anfang an: Eine Einführung in Themen, Ergebnisse und Literatur*. Wiesbaden: VS Verlag.
O'Shaughnessy, Michael. 2012. *Media and society*. South Melbourne: Oxford University Press.

Wagner, Elke. 2014. *Mediensoziologie*. Konstanz: UVK.
Waisbord, Silvio. 2014. *Media sociology: A reappraisal*. Cambridge: Polity.
Ziemann, Andreas. 2012. *Soziologie der Medien*. Bielefeld: Transcript.

Weitere Referenzen

Boudon, Raymond. 1980. *Die Logik des gesellschaftlichen Handelns: Eine Einführung in die soziologische Denk- und Arbeitsweise*. Neuwied: Luchterhand.

Gmür, Markus. 2003. Co-citation analysis and the search for invisible colleges: A methodological evaluation. *Scientometrics* 57:27–57.

Mueller, P.A., und D.M. Oppenheimer. 2018. The pen is mightier than the keyboard: Advantages of longhand over laptop note taking (vol 25, pg 1159, 2014). *Psychological Science* 29:1565–1568.

Teil I
Medien und Akteure

Medien produzieren Wahrnehmungen für Akteure, und Akteure sind daran beteiligt, dass Medien Wahrnehmungen produzieren. Als Teil der Soziologie, wie Sie sie im Eingangskapitel kennengelernt haben, muss Mediensoziologie also ein Verständnis davon haben, wie sich Strukturen und Handlungen aufeinander beziehen, und sie muss die Situation von Akteuren auf eine systematische Weise erfassen, um verstehen zu können, wie sich ihre Handlungen hieraus ergeben.

Kap. 2 „Handeln und Struktur" beginnt mit einem Blick auf das spannungsreiche Verhältnis, in dem Handlungen und Strukturen in der Soziologie stehen, und verwendet das Beispiel der Konventionen, um dieses Verhältnis zu klären und handhabbar zu machen. die wir in Abschn. 2.2 genauer anschauen – mediensoziologisch spricht man eher von der sozialen Konstruktion von Realität, aber es geht dabei um dasselbe. Wir verwenden dazu die Methode der Spieltheorie. Sie erlaubt auch die Herleitung der Struktur des restlichen Kapitels, in dem die Situation von Akteuren in Erwartungen, Ressourcen und Motivationen analysiert wird.

Kap. 3 „Erwartungen" untersucht den Aspekt der Handlungssituation, der am stärksten durch Medien beeinflusst wird. Dies geschieht vor allem durch die Vermittlung von Information, die Erwartungen im Wesentlichen präzisiert, die man aber nur mithilfe ihres Gegenstücks, der Redundanz, überhaupt aufnehmen kann. Aufgrund der Art, wie das menschliche Gehirn funktioniert, steht daneben das sogenannte Framing, nämlich die momentane Verfügbarkeit kognitiver Strukturen, die beeinflusst, welche Erwartungen verwendet werden.

Kap. 4 „Ressourcen" diskutiert die Ressourcen, die Akteure haben, weil sie sowohl die Rezeption beeinflusst als auch umgekehrt durch Mediennutzung beeinflusst wird. Es befasst sich einerseits mit allgemeinen Grundlagen wie nötigen Begriffsklärungen und die Entwicklung der sozialen Ungleichheit in der Verfügung über Ressourcen. Andererseits studiert es ausführlich das sogenannte

Sozialkapital, bei dem die Interaktion mit Mediennutzung in beiden Kausalrichtungen besonders ausgeprägt ist.

Kap. 5 „Motivationen" schaut sich, nach den notwendigen fundierenden Begriffsklärungen, an, wieso Menschen welche Ziele verfolgen. Die verwendete allgemeine Perspektive lässt sich nutzen, um Motivationen der Mediennutzung und die Bedeutung von Storys, Prominenz, allgemein kulturellen Erfolg und eine spezifische Spannung zu verstehen, in der Medien immer stehen. Schließlich schauen wir uns noch an, wie sich Motivationen mit Wertewandel über die Zeit entwickelt haben.

Handeln und Struktur 2

Überblick

Dieses Kapitel verfolgt vier Lernziele:

- Auf der Ebene des ganzen Buches soll es deutlich machen, in welchem spannungsreichen Verhältnis Handlungen und Strukturen in der Soziologie stehen. Wir schauen diese Spannung in Abschn. 2.1 an und lösen sie in Abschn. 2.2 auf.
- Auf der Ebene der mediensoziologischen Debatten hilft uns, dass wir dafür ein Beispiel nutzen, das es ermöglicht, eine erste dieser Debatten genauer anzuschauen, nämlich den sogenannten Konstruktivismus, in Abschn. 2.3.
- Auf der Ebene des ersten Teils, den es eröffnet, soll es deutlich machen, warum der Rest dieses Akteursteils in das Tripel aus Motivationen, Ressourcen und Erwartungen gegliedert ist. Sie lernen in Abschn. 2.4 die Spieltheorie als theoretische Methode kennen, die mediensoziologisch zum Beispiel innerhalb der Netzwerkanalyse verwendet wird (z. B. Diekmann et al. 2014), und die wir noch als Grundlage verwenden zum Verständnis von Normen und später von Institutionen (Kap. 6) und sozialem Wandel (Kap. 9).
- Für all dies verwenden wir in erster Linie das Beispiel der Konvention, die wir in Abschn. 2.2 genauer anschauen.

2.1 Die Handlung-Struktur-Differenz

Im ersten Abschnitt sind wir unter anderem darauf gestoßen, dass in der Soziologie zwei unterschiedliche Perspektiven existieren, die sogenannte Handlung-Struktur-Differenz. Hierbei ist der eine Pol mit dem Begriff der Handlung (oder des Akteurs, aber der verweist ja auf die Handlung) hinreichend präzise beschrieben, während es für den anderen Pol mindestens noch die Begriffe Kommunikation oder Interpretation gibt.

Diese Differenz setzt die Soziologie unter eine große Spannung. Sie weist weit über die Soziologie hinaus. Schauen wir uns einige Differenzen zwischen den beiden Perspektiven an:

Handlungstheorien (im folgenden „hier") und Strukturtheorien („dort") gehen von unterschiedlichen sogenannten *Basiseinheiten der Analyse* aus: hier sind es Handlungen, dort Kommunikationen.

Jede Richtung schließt an eine eigene *Philosophie* an: hier an den Individualismus, und zwar insbesondere dessen methodologische Position, nach der sich soziale Strukturen als Ergebnisse von Individualmerkmalen einordnen lassen, dort an die holistische Position, die der Aristoteles stammende Satz ausdrückt „Das Ganze ist mehr als die Summe seiner Teile." (Aristoteles [ca. 330v] 1984).

Beide haben unterschiedliche *Methodologien,* sowohl theoretisch als auch empirisch. Hier sind dies quantitativ-statistische Methoden wie Spieltheorie, Rational-Choice-Theorie oder Netzwerkanalyse, dort qualitativ-hermeneutische Methoden wie Grounded Theory, Systemtheorie oder Kultursoziologie.

Beide haben unterschiedliche *zentrale Autoren,* hier James S. Coleman, Ronald Burt, Mark Granovetter, Gary Becker, Hartmut Esser, Robert Merton, Raymond Boudon, dort Émile Durkheim, Erving Goffman, Michel Foucault, Ulrich Beck, George Herbert Mead, Harold Garfinkel, Zygmunt Bauman, Niklas Luhmann, Peter Berger. Max Weber wird von beiden Seiten für sich beansprucht.

Sie haben zwei unterschiedliche *wissenschaftliche Orientierungen.* Hier ist es die des Erklärens, die Gesellschaft als gesetzmäßiges Handlungsgefüge sieht und nach Strukturmerkmalen, Messbarkeiten und Gesetzmäßigkeiten. Dort geht es um Verstehen, und Gesellschaft wird in dieser Perspektive als etwas historisch prozessual Gewordenes gesehen, das einmalig und unwiederholbar ist.

Sie haben unterschiedliche *Sichtweisen auf Differenz,* auch wenn hier vielleicht noch mehr als bei den vorgenannten Unterschieden eine gewisse Unübersichtlichkeit eingetreten ist. Handlungstheorien setzen eher Konsens voraus, wie er über Austausch und Verträge hergestellt wird, selbst wenn diese zwischen Ungleichen stattfinden. Strukturtheorien schauen tendenziell eher auf Konflikte und betonen Machtdifferenzen und Auseinandersetzungen.

Schließlich haben sie auch unterschiedliche *methodologische Vorgehensweisen:* Handlungstheorien sind eher deduktiv angelegt und schließen von allgemeinen Annahmen Überlegungen auf den Einzelfall, während strukturorientierte Positionen eher induktiv von Einzelbeobachtungen auf das Allgemeine schließen.

Jede einzelne dieser Zuordnungen ist eine unscharfe, und man findet immer wieder Autoren, Texte und ganze Forschungsprogramme oder Debatten, die in einzelnen dieser Punkte nicht in diese Polarität hineinpassen. Im Ganzen kann man aber schon sagen, dass sie eine große Prägekraft für die Soziologie besitzt, so sehr, dass man manchmal den Eindruck haben kann, Soziologen von den unterschiedlichen Polen dieser Differenz würden von ganz unterschiedlichen Welten reden.

Aber ist das wirklich so? Heißt es, dass diese beiden Positionen überhaupt nichts miteinander zu tun haben? Stehen die beiden Positionen der Handlung-Struktur-Differenz einander unversöhnlich gegenüber oder lassen sie sich verbinden?

Überlegen Sie einmal still für sich: Wo würden Sie sich einordnen?

2.2 Konventionen

Machen wir einmal ein Gedankenexperiment:

Beispiel

Wo gehen Sie hin in einer überfüllten Mensa mit einem vollen und schweren Mensatablett plus Tasche, wenn Sie alleine angekommen sind (oder unterwegs Ihre Begleiter verloren haben) und nicht alleine essen wollen?

Ich weiß natürlich nicht, wo Sie genau hingehen. Aber als Soziologe erwarte ich folgendes: Wenn es einen Ort gibt, wo Sie sich normalerweise mit Ihren Freunden treffen, dann werden Sie dort wieder hingehen, weil die Wahrscheinlichkeit groß ist, dass Ihre Freunde Sie dort auch erwarten und deshalb dorthin kommen werden.

Ein anderes sogenanntes „Konventionalspiel"[1]:

---

[1] Die folgenden Beispiele sind, teils in etwas abgewandelter Form, Schelling (1960) entnommen.

> **Beispiel**
> Jemand macht Ihnen und einem Freund von Ihnen ein Angebot: Sie müssen unabhängig voneinander „Kopf" oder „Zahl" sagen, so als ob Sie eine Münze werfen würden. Wenn Sie beide unterschiedliche Dinge sagen, bekommen Sie nichts. Wenn Sie aber dasselbe sagen, bekommen Sie irgendetwas Nettes, zum Beispiel jeder 100 Franken. Natürlich dürfen Sie sich nicht absprechen. Was sagen Sie?

Die allermeisten Menschen im deutschen Sprachraum sagen in diesem Spiel „Kopf" und gewinnen damit die 100 Franken, weil die entsprechende sprachliche Wendung halt „Kopf oder Zahl" ist. Im Englischen wäre es mit „head or tail" analog. Wenn Sie die Frage jetzt im Kopf ins Französische übersetzt hätten, dann hätten Sie vielleicht Zahl gesagt, weil es da ja „pile ou face" heißt.

Noch ein Konventionalspiel:

> **Beispiel**
> Ein ähnliches Angebot an die drei entfernten Bekannten Anne, Beate und Christiane: Sie müssen unabhängig voneinander die Buchstaben A, B und C auf einen Zettel schreiben. Wenn Sie alle drei dieselbe Reihenfolge aufschreiben, bekommt diejenige, deren Anfangsbuchstabe an erste Stelle steht, 60 Franken, diejenige, deren Buchstabe an zweiter Stelle steht, 40 Franken, und diejenige, deren Buchstabe an letzter Stelle steht, 20 Franken. Wenn nicht alle übereinstimmen, bekommen alle gar nichts. Und natürlich dürfen die drei sich wieder nicht absprechen. Was wird Christiane auf ihren Zettel schreiben?

Natürlich wird auch Christiane die Reihenfolge „A, B, C" auf ihren Zettel schreiben, auch wenn sie dadurch am wenigsten Geld bekommt. Aber die Reihenfolge, in der die Buchstaben im Alphabet vorkommen, ist nun einmal diejenige, die einem zuerst in den Sinn kommt. Für Xavier, Yasemin und Zelda und die Buchstaben X, Y und Z wird dasselbe herauskommen.

> **Beispiel**
> Aber was, wenn sie alle drei Griechen sind?

In Griechenland steht das Z an sechster, dass Y an 22. und das X an 24. Stelle. Ganz abgesehen davon, dass das X auch für einen anderen Laut steht (weiches Ch), käme also unter Griechen eine andere Reihenfolge heraus, und in einem gemischten Team wäre die Gefahr groß, dass die Teilnehmer keine übereinstimmende Position finden würden.

2.2 Konventionen

Noch ein Konventionalspiel:

> **Beispiel**
> Sie wollen einen Raum betreten, zum selben Zeitpunkt kommt Ihnen (durch eine normale Tür, die immer nur für eine Person zu einem Zeitpunkt breit genug ist) eine Person des anderen Geschlechts entgegen, die heraus will. Sie können vorangehen oder sich zurückhalten, wenn Sie beide vorangehen, stoßen Sie zusammen, wenn Sie aber beide sich zurückhalten, kommen Sie zunächst einmal gar nicht durch die Tür und müssen dann auf irgendeine Weise kommunizieren, wer zuerst durchgeht, und verlieren dadurch Zeit. Was tun Sie?

Wahrscheinlich hätten Sie erst einmal gewartet und lieber den kleinen Zeitverlust durch die Kommunikation in Kauf genommen, weil unsere Gesellschaft für diese Situation keine verbindlichen Konventionen mehr kennt. Aber alternativ:

> **Beispiel**
> Wie hätten Sie sich verhalten, wenn Sie im bürgerlichen London des späten 19. Jahrhunderts in diese Situation gekommen wären? Andererseits: Wie hätten Sie sich verhalten, wenn Sie in Kabul in der Zeit der Taliban in diese Situation gekommen wären?

Hier haben wir nun zwei Situationen, in denen dieses Koordinationsproblem auf unterschiedliche Weise geregelt ist: Im London des 19. Jahrhunderts hätten Sie zunächst auf die Kleidung und den daraus ablesbaren Status des Gegenübers geschaut und wären vorgegangen, wenn Sie sich als statushöheres Wesen eingeschätzt hätten, beziehungsweise gewartet, wenn Sie den anderen als statushöher eingeschätzt hätten. Bei in etwa gleichem Status hätte ein Mann gewartet und einer Frau den Vortritt gelassen, und die Frau hätte kurz geschaut, ob der Mann bereit ist, ihr den Vortritt zu lassen, das aber auch mit großer Selbstverständlichkeit erwartet. In Afghanistan, in einer extrem stark von patriarchalen Normen geprägten Gesellschaft, wäre es umgekehrt so gewesen, dass, sogar relativ unabhängig von sozialem Status, Männer den Vortritt gehabt hätten.

In all diesen Fällen haben wir es mit Konventionen zu tun:

▶ **Konventionen** sind Situationen, in denen es übereinstimmende Erwartungen daran gibt, was wer in Situationen zu tun hat, die abgestimmtes Verhalten verlangen.

Der britische Philosoph David Hume (1711–1776) hat als erster gesehen, welch große Rolle Konventionen im gesellschaftlichen Leben spielen:

> „Two men who pull the oars of a boat, do it by an agreement or convention, although they have never given promises to each other. Nor is the rule concerning the stability of possessions the less derived from human conventions, that it arises gradually, and acquires force by a slow progression... In like manner are languages gradually established by human conventions without any promise. In like manner do gold and silver become the common measures of exchange, and are esteemed sufficient payment for what is of a hundred times their value." (Hume 1817)

Konventionen entstehen in Situationen, in denen es vor allem wichtig ist, dass man sich auf etwas einigt. Die Frage, worauf man sich einigt, ist vielleicht auch wichtig, aber im Vergleich zu der Bedeutung einer Einigung sekundär.

Der amerikanische Ökonom und Sozialwissenschaftler Thomas Schelling (1921–2016, Nobelpreis 2005) hat solche Situationen untersucht und festgestellt, dass sich in ihnen etwas herausbildet, was er als „Fokuspunkte" bezeichnete:

▶ **Fokuspunkt** (focal point, auch: fokaler Punkt) ist dasjenige von mehreren möglichen Gleichgewichten, von dem mehrere Akteure in einer Situation annehmen, dass die anderen mit der höchsten Wahrscheinlichkeit wählen (Schelling 1960, S. 111).

Ein Beispiel, das Schelling untersuchte, war die Frage „Nehmen Sie an, Sie haben sich mit jemandem an einem bestimmten Tag in New York verabredet, haben aber weder eine Uhrzeit noch einen Ort ausgemacht. Wann und wo werden Sie die andere Person erwarten?".

> **Beispiel**
> Tatsächlich entschied sich die absolute Mehrheit der von Schelling befragten Personen für Grand Central Station und so gut wie alle für 12 Uhr mittags als Treffzeitpunkt.

Schelling nutzte das als Beispiel, um größere Zusammenhänge zu erklären. Schellings Buch „Strategy of Conflict" (1960) behandelte das Verhältnis zwischen den Großmächten im Kalten Krieg, und er stellte fest, dass die Politiker und Diplomaten ganz klar zwischen konventionellem und nuklearem Konflikt unterschieden, während die Militärs ihm sagten, dass aufgrund der Entwicklung der Waffentechnologie diese beiden Kategorien eigentlich nicht mehr klar voneinander getrennt waren. Die klare Trennung zwischen „konventionell" und „nuklear" war also ein Fokuspunkt, den die Politiker beider Seiten ohne Absprache peinlich genau einhielten, um damit bei einer Konvention zu bleiben, die ihnen erlaubte, die Gefahr eines Atomkrieges geringer zu halten als sie sonst gewesen wäre.

Konventionen zeigen uns damit die Antwort auf die vorhin gestellte Frage nach dem Verhältnis von individualistischer und holistischer Position: Sie haben beide recht und können also tatsächlich miteinander verbunden werden:

Konventionen bestehen darin, dass sich wechselseitige Erwartungen darüber herausbilden, wie man sich verhält. Die Erwartungen, die dazu führen, dass bestimmte Lösungen gewählt werden oder eben auch nicht, sind „unhintergehbare Aspekte der Systemebene" im obigen Sinn. Damit hat also der Holismus recht. Diese Erwartungen spielen aber eine Rolle nicht als objektive Systemeigenschaften, sondern nur insofern, als sie von den Individuen übernommen werden und sich auf ihr Verhalten auswirken. Insofern hat also der Individualismus auch recht.

2.3 Mediale Konstruktionen

Das Konventionalspiel zeigt uns auch eine erste systematische Antwort auf die Frage, welche soziale Rolle Medien spielen. Wie eben gesagt, Konventionen bestehen darin, dass sich wechselseitige Erwartungen darüber herausbilden, wie man sich verhält, und diese Erwartungen, die dazu führen, dass bestimmte Lösungen gewählt werden oder eben auch nicht, werden von Medien in hohem Maße mit geprägt. Insofern ist klar, dass der Holismus wichtig ist für die Mediensoziologie.

Diese Rolle der Medien ist nun aber nicht eine objektive Systemeigenschaft, sondern nur insofern bedeutsam, als mediale Einflüsse von Individuen übernommen werden und sich auf ihr Verhalten auswirken. Und damit ist der Individualismus auch wichtig für die Mediensoziologie. Tatsächlich beziehen sich Mediensoziologen, um nur ein paar Beispiele zu nennen, auf der einen Seite extrem quantitativ und handlungsorientiert auf Netzwerk- und Sozialkapitaltheorien und auf der anderen Seite extrem interpretativ auf Diskurse oder soziale Bewegungen. Für die praktisch arbeitenden Wissenschaftler ist es weit weniger selbstverständlich; zumindest gibt es auf beiden Seiten des Spektrums viele Kollegen, die die Arbeit der anderen Seite zumindest nicht ernst nehmen.

Während das Untersuchen von Konventionen eine sehr akteursorientierte Sache ist, zu der wir gleich noch die entsprechende Methode anschauen, ist das Aufspüren von Konventionen ein hermeneutisches Unterfangen, das sehr stark auf der qualitativen Seite der Soziologie angesiedelt ist. Auf welche

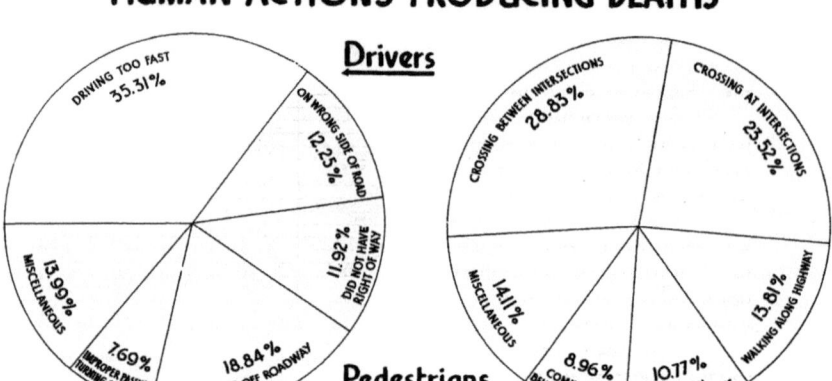

Abb. 2.1 Die Konstruktion der Normalität von Verkehrsopfern (Vardi 2014)

Konventionen sich Menschen einigen, untersucht der Sozialkonstruktivismus, auch als Wissenssoziologie oder neuere Wissenssoziologie bezeichnet.

Der zentrale Text ist hier *The Social Construction of Reality* von Peter L. Berger und Thomas Luckmann[2]. Die Autoren versuchen, dem Begriff des Wissens das objektive zu nehmen und deutlich zu machen, dass es hier immer um Erwartungen an das Verhalten der Anderen (und deren Erwartungen an das eigene Verhalten) geht. Diese wechselseitigen Erwartungen sind Ergebnis von gesellschaftlichen Einigungsprozessen, die selten bewusst sind. Sie bezeichnen das als „gesellschaftlich konstruiert" (analog zur Konstruktion von Bauwerken, die man benutzt, meist ohne sich darüber Rechenschaft abzulegen). Diese gesellschaftlichen Konstruktionen sind abhängig von gesellschaftlichen Strukturen, insbesondere von Machtstrukturen.

Ein Beispiel, wie mediensoziologisch mit diesem Ansatz umgegangen wird, ist eine Studie über den Umgang mit Verkehrsopferzahlen in der ersten Hälfte des 20. Jahrhunderts (Fallbeispiel und Abb. 2.1).

---

[2]Berger und Luckmann (1967). Innerhalb dieser Debatte, die neben dem Sozialkonstruktivismus auch den symbolischen Interaktionismus und den symbolischen Interaktionismus umfasst, sind andere wichtige Texte Schütz (2004), Blumer (2013), Mead (2013) und Goffman et al. (2015). Siehe auch Abschn. 10.3.

2.3 Mediale Konstruktionen

> **Fallbeispiel 1: Die mediale Konstruktion von Verkehrsrisiken**
>
> „In the earliest days of automobility, cars were often described in demonic terms such as 'devil wagons' or Frankensteinian monsters." (Vardi 2014, S. 350)
>
> Wie kam es dazu, dass sich das änderte?
>
> Ein Weg war Normalisierung: gerade die Beschäftigung mit Verkehrsopferzahlen führte dazu, sie als notwendige Begleiterscheinung des automobilen Fortschritts zu sehen.
>
> Ein anderer waren implizite Schuldzuweisungen: Fußgänger, die außerhalb von Kreuzungen über die Straße gehen, an Schnellstraßen entlanggehen oder hinter parkenden Autos hervorkommen, sind schließlich an ihrem Tod zumindest mitschuldig, suggeriert die Abbildung.
>
> Andere Gründe, zum Beispiel „the growing reliance on automotive transportation […], the culture of speed, the marketing messages that encourage risk-taking" und andere sind auch Mitursachen, die aber in der Abbildung nicht vorkommen, weil sie ja für jeden Todesfall nur eine direkte menschliche Handlung als Ursache zählt.
>
> Hier haben wir es mit einer Einflussnahme von Medienakteuren auf eine Konstruktion zu tun: Die Grafik stammt aus einer Publikation der Vereinigung der Versicherungsunternehmen, denen einerseits an der Verringerung von Opferzahlen gelegen war, die aber andererseits keinesfalls die Zunahme des Straßenverkehrs bremsen wollte, an dem sie gut verdienten.

Ein weiteres Beispiel dafür, wie ein technisches Medium oder zumindest, wie man auch argumentieren kann, ein Systemmedium eine Konstruktion komplett neu schafft, ist aber dasjenige der klassischen Studie von Benedict Anderson, *Imagined Communities* (Anderson 1991) über die Entstehung des Konzeptes der Nationalstaaten.

Im Mittelalter gab es zwar unterschiedliche Sprachen in Europa, aber mit ihnen waren noch keine Konzepte von Gemeinschaft verbunden – solche gab es ausschließlich auf sehr eng beschränkt lokaler Grundlage, innerhalb bestimmter sozialer Gruppen, oder in Abgrenzung gegenüber den „Ungläubigen". Und Staaten brauchten kein Gemeinschaftsgefühl, da sie alleine durch die Person des Herrschers definiert wurden.

> **Beispiel**
> Der Begriff der „Nation" entwickelt sich im Spätmittelalter zuerst unter Studenten an den („internationalen", da durchgängig lateinischsprachigen) Universitäten, die sich außerhalb des Unterrichts in Sprachgemeinschaften zusammenfinden und diese als Herkunftsgemeinschaften konstruieren.
>
> Aber als Konstruktion von Gemeinschaft für ganze sprachlich zusammengehaltene Großgruppen beginnt der Nationenbegriff sich erst zu entwickeln, als nach Erfindung des Buchdrucks 1450 und den ersten 150 Jahren der Buchproduktion der Markt für lateinische Druckerzeugnisse um 1600 gesättigt ist. Von diesem Zeitpunkt an nehmen Drucke in Nationalsprachen zu, und die Diskussion auf gemeinsamer medialer Grundlage, zunächst von Büchern, dann von Flugschriften und im 18. Jahrhundert von Zeitungen erzeugt ein Gemeinschaftsgefühl auf sprachlicher Grundlage.
>
> Mit der Gründung der USA (1776) und der Französischen Revolution (1789) werden dann auf einmal Staaten mit einer Identifikation über die Bürger statt über den Monarchen denkbar, und 1820 beginnt in Lateinamerika die globale Diffusion.

Wir haben es hier mit einer doppelten Medialität zu tun, die sowohl die Konzeptentstehung als auch die spezifische Ausformung des Nationenbegriffs umfasst.

Aber während die Konzeptentstehung nun schon 400 Jahre zurückliegt, sind spezifische Ausformungen medialer Konstruktionen immer noch Gegenstand mediensoziologischer Untersuchungen. Welche Symbole werden für die Konstruktion genutzt? Welches sind die Akteure, welches ihre Ziele? Welche Rolle spielen Medien? Wann funktioniert Identitätskonstruktion, wann nicht?

> **Fallbeispiel 2: Konstruktion von Identität in Kroatien**
> Ein Beispiel ist die Erforschung der Identitätskonstruktion in neu (bzw. wieder) entstandenen Nationalstaaten. Erözden (2013) beschreibt die Geschichte eines gescheiterten Versuches, in Kroatien nach 1991 ein Reiterspiel nationalistisch bzw. national-religiös zu vereinnahmen. Es geht dabei um ein Reiterturnier in Kroatien.
>
> Das Turnier, die sogenannte „Alka" ist vom Stil her mittelalterlich und von seiner Geschichte her multikulturell, wie sich an der Verwendung türkischer Begriffe ablesen lässt. Die lokale Tradition begründet es als Feier eines Sieges über ein osmanisches Heer 1715, der nach der Legende durch Hilfe der Jungfrau Maria zustande kam.

> Nach 1990 und der Unabhängigkeit Kroatiens wurde vonseiten nationalistischer Politiker versucht, das Fest mit einer national-religiösen Bedeutung aufzuladen, in der eine kroatisch-katholische Identität gegen Moslems (Bosnien) und Orthodoxe (Serbien) positioniert werden sollte.
> Die Dynamik dieses Versuches brach aber, als die Organisatoren des Turniers sich mit der Unterstützung nationalistischer Medien gegen ein Gerichtsverfahren stellten, in dem ein kroatischer General wegen Kriegsverbrechen angeklagt war, die Regierung aber den Prozess befürwortete. Damit war die Behauptung einer nationalen Einheit dahin, und das Fest bekam erst nach einer mehrjährigen Pause eine neue Dynamik, in der eher europäische und allgemein modernere Werte betont wurden und an deren Ende die Alka 2010 zum UNESCO-Kulturerbe erklärt wurde.

Jenseits solcher Beispiele hat die „Dekonstruktion" sozialer Gegebenheiten, d. h. ihre Sicht als Konventionen, neben denen alternative Gleichgewichte möglich wären, auch eine Geschichte aus der Ethnologie. Dieses Schwesterfach der Soziologie entstand im 19. Jahrhundert als Kolonialwissenschaft, aber die Ethnologen kehrten zurück nach Europa mit dem starken Bewusstsein dafür, dass auch kulturell ganz andere Gesellschaften möglich sind. Ein besonderes kritisches Potenzial entwickelt diese Position ab 1968, vor allem in den 1980er/1990er Jahren entgegen den Selbstverständlichkeiten der Industriegesellschaft.

Wir werden im Verlauf der Veranstaltung noch oft auf mediale Konstruktionen stoßen, wollen aber Konvention und Konstruktion jetzt erst einmal als Beispiel einer allgemeinen Methode nutzen, die uns noch mehr über das Verhältnis von Handlungen und Strukturen enthüllen wird.

2.4 Soziale Situationen als Spiele

Konventionen werden nämlich auch von einer mathematisch-formalen Theorie der Sozialwissenschaften behandelt, der Spieltheorie. Die Spieltheorie fasst soziale Situationen in einer abstrahierten Form. Durchaus ähnlich mit Spielen, in denen ja Interaktion nach bestimmten Regeln abläuft, wird in ihr Interaktion nach bestimmten Regeln analysiert (Luce und Raiffa 1957; Binmore 2007; Diekmann 2009).

Das Spiel, in dem die Entstehung von Konventionen behandelt wird, heißt „The battle of the Sexes" – oder auch einfach Konventionalspiel. Es behandelt die Entscheidungssituation eines Paares aus Frau (F) und Mann (M), die vor der Erfindung des Mobiltelefons versuchen, sich am Abend zu treffen. Es gibt keine Absprache, und sie haben keine Kommunikationsmöglichkeit. Dafür beschränkt sich die Auswahl auf nur zwei mögliche Orte: Das Fußballstadion oder die Oper. Die beiden haben unterschiedliche Vorlieben: Die Frau ist Fußballfan, der Mann ist Opernliebhaber, aber das wichtigste ist für beide, mit dem jeweils anderen zusammen zu sein. Als formales Modell fasst das spieltheoretische Modell diese Vorlieben in Punkte: Am jeweils bevorzugten Ort zu sein, bringt einen Punkt, aber den anderen zu treffen, bringt für jeden zwei Punkte. Was sollen die beiden tun?

Solche Situationen wurden zum ersten Mail von John von Neumann und Oskar Morgenstern untersucht, die damit als erste die Interaktion von Individuen zum Gegenstand mathematischer Theorie machten. (von Neumann und Morgenstern 1964) Zentral ist dabei die Einsicht, dass in Entscheidungssituationen der Erfolg eigener Aktionen im Allgemeinen auch von den Aktionen anderer abhängt. A kann keine optimale Entscheidung treffen, ohne B's Verhalten zu kennen, und umgekehrt. Die Frage von von Neumann und Morgenstern war nun: Kann man die gegenseitige Abhängigkeit mathematisch auflösen?

▶ **Spiel im Sinne der Spieltheorie** ist die formale Beschreibung einer Situation strategischer Interaktion (Osborne und Rubinstein 1994, S. 2).

Ein relativ selbstverständlicher Ausgangspunkt ist dabei die sogenannte Rationalitätsannahme, d. h. die Annahme, das bekannte, stabile Ziele verfolgt werden, wie sie in diesem Fall durch die Punkte notiert sind – wir werden in Kap. 4 sehen, dass dieser Ausgangspunkt dazu führte, dass man heute auch mehr weiß über die häufigen Situationen, in denen das nicht der Fall ist.

Aber bevor wir die spezifische Spielsituation auflösen, schauen wir uns diese Formalisierung genauer an. Ein spezifisches Spiel („in Normalform", es gibt noch andere Formen, die wir nicht betrachten) ist definiert durch

- die Menge der Spieler,
- die Menge der möglichen Aktionen (=„Strategien"),
- sowie die Auszahlungen, die jeweils aus Kombinationen von Aktionen der Spieler folgen.

2.4 Soziale Situationen als Spiele

Als simultanes Spiel mit nur zwei Spielern lässt sich das „Battle of the Sexes" in Form einer Matrix notieren. In diesem Fall beschreiben die Zeilen die Optionen der Frau und die Spalten die Optionen des Mannes, beides also jeweils „Stadion" und „Oper". In den Zellen, den Kreuzungspunkten von Zeilen und Spalten, werden die Auszahlungen eingetragen, die sich aus der jeweiligen Kombination ergeben. Man notiert dabei konventionell zuerst die Auszahlung für den Zeilenspieler (hier F), dann für den Spaltenspieler (hier M) (Tab. 2.1).

In unserem Beispiel ist die Frau am besten dran, wenn beide ins Fußballstadion gehen, denn dann bekommt sie sowohl die 2 Punkte für Gemeinsamkeit als auch den einen Punkt für ihren Lieblingsort. Der Mann würde in diesem Fall nur die 2 Punkte für die Gemeinsamkeit erhalten und sich 90 min lang langweilen. Wenn sie sich beide in der Oper träfen, wäre es umgekehrt.

Solche Spiele werden unter bestimmten Annahmen untersucht:

- Die Spezifikation des Spiels ist allen vollständig bekannt.
- Spieler handeln „simultan", d. h. sie kennen die Aktionen der anderen nicht.
- Die Grundlegende Analyse nimmt an, dass das Spiel nur einmal gespielt wird. („one-shot-game")
- Spieler können keine bindenden Verpflichtungen eingehen oder in diesem Fall überhaupt nicht einmal kommunizieren.

Die Formalisierung dieser Interaktionssituation als Spiel ermöglicht die Frage: Kann man die gegenseitige Abhängigkeit mathematisch auflösen? Von Neumann und Morgenstern vermuteten das erst nur.

Die Antwort fand später der (später durch seinen Nobelpreis und das Buch *A beautiful mind*, Nasar 1998, bekannt gewordene) John F. Nash (1950). Seine Antwort ist ein schönes Beispiel für „thinking outside the box", die Lösung eines Problems dadurch, dass man es erweitert: Nash untersuchte nämlich nicht nur das ursprüngliche Problem, in dem die Spieler genau die genannten Optionen haben. Er weitete die Untersuchung aus auf Spiele, in denen den Spielern zusätzlich auch alle möglichen Wahrscheinlichkeitskombinationen aus den gegebenen Optionen zur Verfügung stehen.

Tab. 2.1 Spielematrix für das Battle of the Sexes

		Mann	
		Stadion	Oper
Frau	Stadion	(3,2)	(1,1)
	Oper	(0,0)	(2,3)

Sie können also zum Beispiel sagen: Ich spiele eine Mischung aus 66 % Stadion und 33 % Oper, dann werfen sie einen Würfel und gehen bei 1, 2, 3 und 4 ins Stadion (4 von 6 möglichen Würfen sind 66 %) und bei einer 5 oder 6 in die Oper. Wenn man solche sogenannten „gemischten Strategien" zulässt, dann hat jedes Spiel mindestens eine Lösung, in der sich keiner der Spieler mehr einseitig verbessern kann.

Eine solche Strategiekombination, bei der für gegebene Aktionen der anderen Spieler keiner sich mehr durch einen Wechsel verbessern kann, heißt also „Nash-Gleichgewicht".

Beispiel
Ein Beispiel für ein Spiel, in dem es genau ein Nash-Gleichgewicht in gemischten Strategien gibt, ist das Spiel Schere/Stein/Papier. Hier kann niemand sich besser stellen als in einer Situation, in der er und alle anderen jede der drei Möglichkeiten mit derselben Wahrscheinlichkeit von 33,3 % wählen.

Es existiert also für jedes Spiel immer mindestens ein Nash-Gleichgewicht in gemischten Strategien. Darüber hinaus existiert aber oft auch eines oder mitunter mehrere Nash-Gleichgewichte, die ganz ohne Wahrscheinlichkeitsmischung in Termini der angegebenen Optionen zu beschreiben sind. In der Sprache der Spieltheorie sind dies Gleichgewichte „in reinen Strategien".

Der Wert des Battle of the Sexes besteht nun darin, dass es eine gedrängte mögliche Beschreibung einer Situation ist, in der es eben nicht nur ein Nash-Gleichgewicht gibt, sondern drei. Wenn sich beide immer im Stadion treffen, wird auch der fußballhassende Mann dabei bleiben, wenn sie sich beide immer in der Oper treffen, wird auch die operngelangweilte Frau dabei bleiben. (Darüber hinaus gibt es noch das Gleichgewicht in gemischten Strategien, das wir hier aber nicht weiter verfolgen.) Damit ist das Battle of the Sexes ein Beispiel für eines der oben gehabten Konventionalspiele – nur dass es hier leider keinen natürlichen Fokuspunkt gibt.

Das Spiel gibt also eine formal-präzise Beschreibung von Situationen, in denen die Herausbildung von Konventionen notwendig ist. Damit ist das Battle of the Sexes eines von zwei Spielen, die in einer einfachen symmetrischen Zwei-Personen-Situation Interaktionssituationen mit unangenehmen Eigenschaften beschreiben.

2.4 Soziale Situationen als Spiele

Das zweite dieser paradigmatischen Spiele ist das sogenannte *Gefangenen-Dilemma*. Die stilisierte Situation ist das Verhör zweier Gefangener, die von der Polizei beide eines gemeinsam begangenen Verbrechens bezichtigt werden. Sie haben wiederum keine Möglichkeit der Absprache, und können nur zwischen zwei Strategien wählen: Sie können einerseits schweigen und andererseits gestehen. Die Auszahlungen sind wie folgt festgelegt:

- wer allein gesteht, kommt frei (3)
- wenn beide schweigen, erhalten sie eine geringe Strafe (2)
- wenn beide gestehen, erhalten sie eine höhere Strafe (1)
- wer alleine schweigt, während der andere aussagt, erhält die höchste Strafe (0)

Weil damit schweigen jeweils dem anderen hilft und aussagen ihm schadet, wird schweigen als Kooperation (co-operate, C) und aussagen als „abtrünnig werden" (defect, D) notiert (Tab. 2.2).

In diesem Spiel gibt es genau ein Nash-Gleichgewicht: Beide gestehen. Das ist individuell vernünftig, denn egal was der andere macht, man stellt sich mit aussagen immer besser als mit schweigen:

- Wenn der andere schweigt, kann man die geringe Strafe vermeiden und stattdessen freikommen, sich also von 2 auf 3 verbessern.
- Wenn der andere gesteht, kann man immerhin die höchste Strafe vermeiden und nur die nicht ganz so hohe „höhere" bekommen, sich also von 0 auf 1 verbessern.

Diese Situation ist jedoch kollektiv kein Optimum. Beide Spieler würden sich besser stellen (Auszahlungen von 2 für beide sind besser als 1 für beide), wenn sie in der Lage wären, die bindende Verpflichtung einzugehen, nicht auszusagen, sondern sicher zu schweigen.

Diese beiden Spiele sind extreme Vereinfachungen, aber sie spiegeln zentrale Aspekte menschlicher Interaktion generell und sind übertragbar auf Interaktionssituationen mit Gruppen von beliebig vielen Mitspielern, von Kleingruppen bis zu ganzen Gesellschaften auf nationaler oder sogar globaler Ebene.

Tab. 2.2 Spielematrix für das Gefangenendilemma

		G2	
		Cooperate	Defect
G1	Cooperate	(2,2)	(0,3)
	Defect	(3,0)	(1,1)

Das Gefangenendilemma steht hierbei für alle Situationen, in denen man sich ohne eine institutionelle Regulierung der Situation gegenseitig schadet. Die Sozialwissenschaften verwenden einen speziellen Begriff:

▶ **Negative Externalitäten** sind negative Konsequenzen von Handlungen, die bei anderen und damit außerhalb der eigenen Handlungssituation anfallen.

Solange sich nichts an der Interaktionssituation ändert, stellt dieser wechselseitige Schaden stets einen Nachteil für die Gruppe und ihre Mitglieder dar und damit einen Anreiz, etwas an der Situation zu ändern.

Beispiele für negative Externalitäten sind Kriminalität oder Umweltprobleme:

> **Beispiel**
> Natürliche Umwelt wird gesehen als Allgemeinbesitz (Allmende), die durch zu große Nutzung bedroht ist, dieser Grundgedanke der Umweltproblematik findet sich schon bei Aristoteles: „Dem Gut, das der größten Zahl gemeinsam ist, [wird] die geringste Fürsorge zuteil" (Aristoteles [ca. 335v] 1970) Die Vorteile aus der Nutzung der gemeinsamen Güter sind individuell und kurzfristig, Nachteile treffen alle und sind langfristig (Hardin 1968).
>
> Bei Kriminalität geht es um die Verfolgung eigener Ziele wie Bereicherung oder das Ausleben von Aggression, die Eingriffe in Rechte anderer wie Eigentum und körperliche Unversehrtheit oder bei indirekt Betroffenen die Entstehung von Unsicherheitsgefühl und Sicherungsaufwendungen darstellen.

Um mit negativen Externalitäten umzugehen, schaffen Gruppen Normen und Sanktionen.

▶ Eine **Norm** ist eine von mehreren Akteuren geteilte und als verbindlich erachtete besser-schlechter-Relation zwischen möglichen Handlungsoptionen.

Akteure, die Normen als verbindlich erachten, müssen anderen gegenüber anderen, die gegen sie verstoßen, nicht unbedingt zu negativen Konsequenzen greifen. Die Konsequenz, dass die Übertreter nicht mehr zu der Gruppe gehören, die die Normativität akzeptiert, ergibt sich automatisch. Es werden aber in den meisten Fällen Sanktionen ergriffen:

▶ Eine **Sanktion** ist ein Handeln von Akteuren, die eine bestimmte Norm akzeptieren, das Akteure, die ihr zuwiderhandeln, schädigen soll.

2.4 Soziale Situationen als Spiele

In den meisten Fällen sind Normen auch internalisiert, das heißt das Individuum erwartet von sich selbst normkonformes Verhalten. Innerhalb der spieltheoretischen Sichtweise verändert sich damit die Auszahlungsmatrix: Der kurzfristige direkten Nutzen des Verhaltens, mit dem die Norm übertreten wird, wird dann durch die negativen Konsequenzen von z. B. verringerter Selbstachtung kompensiert.

Normen sind ein großes Thema der Soziologie. Sie analysiert eine Reihe von Institutionen, die die Gesellschaft zur Sicherstellung der Einhaltung von Normen geschaffen hatte.

- Zur Vermittlung von Normen, das heißt der Herstellung von Kenntnis und Internalisierung, dient die Sozialisierung durch Familie, Schule, Ausbildung.
- Der Aufrechterhaltung von Normen dienen Sanktionsmechanismen wie soziale Kontrolle und Normerzwingung durch Polizei und Justizwesen.

Der gesellschaftliche Umgang mit Kriminalität ist dabei schon ein Thema seit den Anfängen der Soziologie; die Ausbildung von umweltbezogenen Normen eher eines der neueren Zeit etwa seit den 1980er Jahren. Auch hier bringen etwa gesellschaftliche Diskussionen, die Missbilligung durch andere oder auch Strafen, z. B. für das Wegwerfen von Abfall, eine Internalisierung und gewünschte Verhaltensänderungen.

Das Konventionalspiel steht demgegenüber für alle Situationen, in denen eine soziale Koordination nötig ist, um Unsicherheiten oder Ineffizienzen vermeiden zu können. Um mit solchen Situationen umzugehen, schaffen Gruppen Konventionen, also Erwartungen an das Verhalten des einzelnen immer im Wissen darum, dass ein anderes Gleichgewicht ebenso möglich wäre.

Um erklären zu können, wie sich soziales Handeln und die Situation, aus der heraus es geschieht, aufeinander beziehen (und dann letztlich Aussagen darüber machen zu können, wie sich Medien hier auswirken), wäre es hilfreich, eine allgemeine Struktur zu haben, die eine Heuristik vorgibt, gewissermaßen geistige Schubladen, die man je nach Einzelfall suchen, finden und abhaken kann. Glücklicherweise stellt die Soziologie auch tatsächlich solch eine Heuristik bereit.

Zur Analyse des sozialen Handelns gehört zunächst einmal, dass es immer eine Auswahl zwischen verschiedenen Handlungsoptionen darstellt. Wir haben es hier mit einem relativ weiten Verständnis von sozialem Handeln zu tun, das zum Beispiel auch Nichthandeln, das Unterlassen einer Handlung als Handlungsoption umfasst.

- Die Entscheidung der US-Regierung, nicht in Ruanda zu intervenieren, als dort im Jahr 1994 der Völkermord begann, war also auch ein Handeln.
- Oder wenn Sie mit Freunden zusammensitzen, die einen Ausflug planen, und Sie sagen nichts gegen das Ausflugsziel, obwohl Sie wissen, dass sie sich dort tödlich langweilen werden, nur weil sie heute keine Lust haben, mit den anderen zu diskutieren, dann ist das Ihre Entscheidung und ein soziales Handeln.
- Selbst bewusstes Wahrnehmen ist ein Handeln: Wenn Sie sich entscheiden, sich nicht umzudrehen und weiterzuschlafen, wenn Sie in der Nacht von einem ungewöhnlichen Geräusch aufgewacht sind, oder wenn Sie sich entscheiden, auf dem Handy einen Artikel zu lesen statt ihn weiterzuwischen, dann ist das alles soziales Handeln.

Soziales Handeln in diesem Sinne ist völlig unvermeidbar. Wir sind ständig in der Situation, irgendwelche Entscheidungen zu treffen und unser Handeln in die eine Richtung oder die andere zu lenken. Dabei stehen wir ständig vor der Wahl zwischen Alternativen. Wir haben Handlungsmöglichkeiten, könnten also durchaus auch anders handeln als wir das tatsächlich tun.

Diese Sichtweise mag trivial erscheinen, ist aber analytisch durchaus keine Selbstverständlichkeit! Wir werden später sehen, dass es gute Gründe gibt, auch in individuellen Wahlhandlungen soziale Zusammenhänge wirken zu sehen. Aber analytisch ist die individualistische Position, Handeln als Wahl zu sehen, eine große Vereinfachung für den Einstieg, die erst einmal erkämpft werden musste. Die Klassiker sind in dieser Hinsicht etwas unentschieden; Weber betont mehr das individuelle Handeln, Durkheim mehr die sozialen Strukturen, aber keiner entscheidet sich für eine klare Position. Und in der soziologischen Theorie, die in den 1950er/1960er Jahren vorherrschend war, hatte Talcott Parsons Rollenerwartungen als Analysebasis genommen (Parsons 1937, 1951). Da ging es also nicht um die individuelle Wahl des Individuums, sondern vorherrschend darum, was die soziale Umwelt für Positionen zulässt, in denen man positionsspezifischen Erwartungen zu genügen hat.

Mit der Handlungstheorie nehmen wir die Entscheidungen für bestimmte Handlungen als Ausgangspunkt der Analyse.

- Das bezieht sich in erster Linie auf individuelle Menschen, die da handeln.
- Die Handlungstheorie spricht aber meistens vom Akteur (also Handelnden), denn viele Fragen des sozialen Handelns stellen sich genau wie für Individuen auch für sogenannte kollektive Akteure, d. h. gemeinsam handelnde Gruppen.

2.4 Soziale Situationen als Spiele

▶ **Kollektive Akteure** sind Gruppen von Akteuren, die gemeinsam handeln können.

Zumeist spricht man in der Handlungstheorie daher von Akteuren, wenn untersuchte Gegebenheiten für Individuen wie auch für kollektive Akteure gelten.

Die Handlungssituation des Individuums haben wir uns ja schon in der spieltheoretischen Fassung von Interaktion angeschaut. In den beiden betrachteten Spielen (Battle of the Sexes und Gefangenendilemma) haben wir jeweils die folgenden Aspekte der Handlungssituation:

- Erstens spielt eine Rolle, welche möglichen Handlungsoptionen einem Akteur überhaupt zur Verfügung stehen. Die Spieltheorie spricht hier von Strategien. Im Battle of the Sexes ist das die Entscheidung, ins Fußballstadion oder in die Oper zu gehen, im Gefangenendilemma die Entscheidung zwischen Schweigen und Aussagen, auf den anderen Gefangenen bezogen Kooperation mit ihm oder Verrat an ihm. Welche Optionen zur Verfügung stehen, ist aber nur in diesen beiden Beispielsituationen für alle Akteure gleich. Im Allgemeinen wird es hier große Unterschiede geben, und diese sind abhängig von den Ressourcen, die Akteure zur Verfügung haben.
- Der zweite Aspekt der Handlungssituation sind in der Spieltheorie die Auszahlungen, die sich aus bestimmten Strategiekombinationen ergeben, die wir im Battle of the Sexes mit den unterschiedlichen Punktezahlen für den Ort und die Gemeinsamkeit mit dem anderen und im Gefangenendilemma mit den abgestuften Strafen formalisiert haben. Allgemeiner sprechen wir hier handlungstheoretisch von Präferenzen oder Motivationen.
- Der dritte Aspekt der Handlungstheorie sind die Erwartungen an das Verhalten des anderen. Im Gefangenendilemma sind diese Erwartungen irrelevant, weil so, wie das Spiel formuliert ist, der Gefangene sich in jedem Fall durch Aussagen besserstellt. Aber im Battle of the Sexes spielt es die zentrale Rolle, was man annimmt, wo jeweils der andere hingeht. Sowohl Spieltheorie als auch allgemeine Handlungstheorie verwenden hierfür den Begriff der Erwartungen.

Tab. 2.3 fasst diese drei Situationsaspekte in der Sprache der Spieltheorie, der Konkretion unserer beiden Beispiele und der Sprache der Handlungstheorie zusammen:

Spiel- und Handlungstheoretiker wie James Coleman, die dieses Schema entwickelt und angewandt haben, nahmen zunächst einmal an, diese Beschreibung der individuelle Situation von Akteuren sei abschließend: Wenn beschrieben ist,

Tab. 2.3 Aspekte der Handlungssituation in Spieltheorie und allgemeiner Handlungstheorie

Aspekte: Spieltheorie	Beispiel: Battle of the Sexes	Beispiel: Gefangenendilemma	Aspekte: Allgemeine Handlungstheorie
Mögliche Handlungsoptionen (Strategien)	Stadion oder Oper	Kooperieren oder defektieren	Ressourcen
Auszahlungen bzw. Präferenzen	1 für Ort, 2 für Gemeinsamkeit	Abgestufte Strafen	Motivationen
Erwartungen	Wo geht der andere hin?	(Sind irrelevant)	Erwartungen

wie die soziale Situation auf der Makro-Ebene die drei Aspekte der Ressourcen, Motivationen und Erwartungen prägt, dann sollten damit alle Informationen vorliegen, die man braucht, um soziales Handeln sowohl theoretisch herleiten als auch empirisch überprüfen zu können. Wir werden bald sehen, inwiefern das noch zu kurz gedacht war, wo also noch eine vierte Kategorie von Information beachtet werden muss. Aber dieses Schema hilft schon einmal sehr weiter und wird deshalb die Struktur der nächsten Abschnitte prägen.

> **Zusammenfassung**
> Dieses Kapitel hätte fast auch den Titel „Konventionen" tragen können, denn dieses Beispiel trägt es. Das würde freilich verstellen, was wir anhand des Beispiels der Konvention inhaltlich gelernt haben:
>
> - Nicht umsonst begann das Kapitel tatsächlich mit der Diskussion der Handlung-Struktur-Differenz als Charakteristikum der Soziologie. Mit dem Thema der Konventionen lässt sich diese Differenz nämlich besser verstehen.
> - Auf der einen Seite ist es eine Anwendung der an Kommunikationen und deren Interpretation interessierten Seite der Soziologie, welche Konventionen denn bestehen und wie sie „konstruiert", nämlich erzeugt, beeinflusst und verändert werden.
> - Auf der anderen Seite ist es eine Anwendung der an Handlungen und zählbaren Fakten orientierten Seite der Soziologie, wie Konventionen entstehen. Dafür haben wir, um für diese (und später noch andere) Fragen einen gemeinsamen Rahmen zu haben, die Methode der Spieltheorie kennengelernt, die mit den Konzepten des Spieles und des Nash-Gleichgewichts (einfach oder mehrfach, in reinen oder gemischten Strategien)

ermöglicht, Konventionen, Normen und allgemein die Struktur sozialer Situationen in ihren drei Aspekten zu verstehen.
- Aber neben all diesen dienenden Funktionen der Konvention haben Sie diese auch einfach kennengelernt und können jetzt mit den Begriffen Konvention, Koordinationsproblem und Fokuspunkt umgehen.

Kontrollfragen
1. Wahr oder falsch: Konventionen entstehen in Interaktionssituationen mit multiplen Gleichgewichten, Normen entstehen in Interaktionssituationen mit gemischten Gleichgewichten.
2. Adam sagt: „Schere-Stein-Papier ist ein Beispiel für eine Spielsituation, in der es kein Gleichgewicht gibt." Bernhard sagt „Aber John Nash hat doch gezeigt, dass es in jedem Spiel ein Gleichgewicht gibt, also gilt das auch für Schere-Stein-Papier." Constantin sagt „In gewisser Hinsicht habt Ihr beide Recht." Erklären Sie, wer warum Recht hat.
3. Welche Beziehung besteht zwischen dem Begriff der „sozialen Konstruktion der Realität" (Berger/Luckmann) und dem Konzept der Fokuspunkte (Schelling)? Beschreiben Sie die beiden zugrunde liegende Interaktionssituation in einer Matrix!
4. Geben Sie ein Beispiel für mediale Konstruktion (ein in der Vorlesung gegebenes oder ein eigenes), und beschreiben Sie die zugrunde liegende Spielsituation, in der die mediale Konstruktion funktioniert, mithilfe der Spielematrix!

Literatur

Zentrale Referenzen

Anderson, Benedict. 1991. *Imagined communities: Reflections on the origin and spread of nationalism*. New York: Verso. (Erstveröffentlichung 1983).
Aristoteles. [ca. 330v] 1984. Buch VII (Z) In *Metaphysik*, Hrsg. Hermann Bonitz. Hamburg: Meiner.
Aristoteles. [ca. 335v] 1970. *Aristoteles' Politik*. München: Fink.
Berger, Peter L., und Thomas Luckmann. 1967. *The social construction of reality*. New York: Anchor Books.
Binmore, Ken. 2007. *Game theory: A very short introduction*. Oxford: Oxford University Press.
Blumer, Herbert. 2013. *Symbolischer Interaktionismus: Aufsätze zu einer Wissenschaft der Interpretation*. Berlin: Suhrkamp.

Goffman, Erving, Peter Weber-Schäfer, und Ralf Dahrendorf. 2015. *Wir alle spielen Theater die Selbstdarstellung im Alltag (engl. Original: The presentation of self in everyday life)*. München: Piper. (Erstveröffentlichung 1959).

Hardin, Garrett. 1968. The tragedy of the commons. *Science* 162:1243–1248.

Hume, David. 1817. *A treatise of human nature, Bd. 2: Passions – morals*. London: Allman. (Erstveröffentlichung 1739).

Luce, Robert Duncan, und Howard Raiffa. 1957. *Games and decisions: Introduction and critical survey*. New York: Wiley.

Mead, George Herbert. 2013. *Geist, Identität und Gesellschaft: Aus der Sicht des Sozialbehaviorismus*. Frankfurt a. M.: Suhrkamp.

Nasar, Sylvia. 1998. *A beautiful mind: A biography of John Forbes Nash, Jr., winner of the Nobel Prize in economics, 1994*. New York: Simon & Schuster.

Nash, John F. 1950. Equilibrium points in n-person games. *Proceedings of the National Academy of Sciences* 36:48–49.

Osborne, Martin J., und Ariel Rubinstein. 1994. *A course in game theory*. Cambridge: MIT Press.

Parsons, Talcott. 1937. *The structure of social action: A study in social theory with special reference to a group of recent European writers*. New York: McGraw-Hill.

Parsons, Talcott. 1951. *The social system*. New York: Free Press.

Schelling, Thomas C. 1960. *The strategy of conflict*. Cambridge: Harvard University Press.

Schütz, Alfred. 2004. Der sinnhafte Aufbau der sozialen Welt. In *Alfred Schütz Werkausgabe Band II: Der sinnhafte Aufbau der sozialen Welt. Eine Einleitung in die verstehende Soziologie*, Hrsg. Martin Endreß und Joachim Renn. Konstanz: UVK. (Erstveröffentlichung 1932).

von Neumann, John, und Oskar Morgenstern. 1964. *The theory of games and economic behavior*. New York: John Wiley & Sons. (Erstveröffentlichung 1944).

Beispiele mediensoziologischer Studien

Diekmann, A., B. Jann, et al. 2014. Reputation formation and the evolution of cooperation in anonymous online markets. *American Sociological Review* 79:65–85.

Erözden, M.Ozan. 2013. The practical limits of inventing traditions: The failed reinvention of the Sinjska Alka. *Nations and Nationalism* 19:475–492.

Vardi, I. 2014. Quantifying accidents: Cars, statistics, and unintended consequences in the construction of social problems over time. *Qualitative Sociology* 37:345–367.

Lehrbücher

Diekmann, Andreas. 2009. *Spieltheorie: Einführung, Beispiele, Experimente*. Hamburg: Rowohlt Taschenbuch.

Erwartungen 3

> **Überblick**
>
> Mehr als alles andere beeinflussen Medien die Erwartungen, die Akteure haben. Das wird uns in den sozialen Konsequenzen noch weiter beschäftigen, in diesem Kapitel wollen wir aber zunächst einmal Grundlagen auf der Individualebene legen.
>
> - Der erste Abschnitt ist dabei dem Weg gewidmet, auf dem die Beeinflussung von Erwartungen rational passiert, nämlich der *Information*. Medienvermittelte Signale verändern die Erwartungen, die Akteure von der Welt haben, und im Allgemeinen präzisieren sie diese und liefern damit Information im Sinne des Shannonschen Informationsbegriffes.
> - Nicht nur Information spielt in den Medien eine Rolle, sondern auch ihr Gegenstück, die *Redundanz,* weil sie nötig ist, um Information überhaupt aufnehmen zu können.
> - Aufgrund der Art, wie das menschliche Gehirn funktioniert, ist rationale Information aber nicht die einzige Art, wie Medien Erwartungen und damit Handlungssituationen beeinflussen. Daneben steht das sogenannte *Framing,* nämlich der momentanen Verfügbarkeit bestimmter kognitiver Strukturen, durch die beeinflusst wird, welche Erwartungen verwendet werden.

3.1 Information

Medien wirken sich auf Handlungssituationen aus, indem sie Erwartungen beeinflussen. Und hierfür spielt der Informationsbegriff eine zentrale Rolle. Diesen schauen wir uns anhand eines praktischen Alltagsbeispiels an: Nehmen wir einmal an, Sie haben heute Morgen den Wetterbericht angeschaut.[1] Warum haben sie das getan?

> **Beispiel 3: Der Wetterbericht**
> Der Wetterbericht passt Ihre Erwartungen bezüglich der Temperatur an. Wenn Sie ihn angeschaut haben, haben Sie natürlich noch keine absolute Sicherheit über die tatsächliche Temperatur, aber bestimmte Temperaturen sind sehr viel unwahrscheinlicher geworden. Abb. 3.1 fasst das für einen hypothetischen Apriltag: Allein mit dem Wissen um Datum und Ort können aufgrund der langjährigen Erfahrung noch Temperaturen zwischen dem Gefrierpunkt und 20 Grad auftreten.

Der amerikanische Mathematiker Claude Shannon[2] hat diese Dinge in eine Definition von Information umgesetzt. Shannon verwendet dazu den Begriff der Entropie, was, aus dem Griechischen übersetzt, in etwa Unordnung heißt:

▶ **Entropie** ist ein Maß für einen betrachteten Gegenstand mit mehreren möglichen Zuständen, das umso größer ist, je gleicher die Wahrscheinlichkeiten der möglichen Zustände sind.

Der Entropiebegriff kommt aus der Physik, genauer der Thermodynamik, und daher, dass man Ende des 19. Jahrhunderts Wärme verstanden hat als Ergebnis des inneren Bewegtseins von Stoffen: Wenn etwas kalt ist, sind die Teilchen weniger in Bewegung, und die einzelnen Mikrozustände sind wahrscheinlicher; wenn etwas warm ist, sind sie mehr in Bewegung, und es ist viel unklarer, welcher spezielle Mikrozustand denn im Moment tatsächlich gilt.

---

[1] Laut einer kleinen amerikanischen Studie schauen 80 % aller Menschen normalerweise morgens auf irgendeine Art von Wetterbericht, und mit der Allgegenwart von Smartphones sind es noch deutlich mehr geworden. Unter jungen Menschen sind es etwas weniger (18–19: 68 %), unter Älteren mehr (45+: 85 %), Einkommen und Geschlecht spielen keine Rolle, dafür sehr die Region, in der man wohnt, vom sonnigen Kalifornien (70 %) bis New England (94 %). (Hickey 2015, Daten auf https://github.com/fivethirtyeight/data/tree/master/weather-check, 27.02.2018).

[2] 1916–2001, lehrte von 1958 bis 1987 am Massachusetts Institute of Technology.

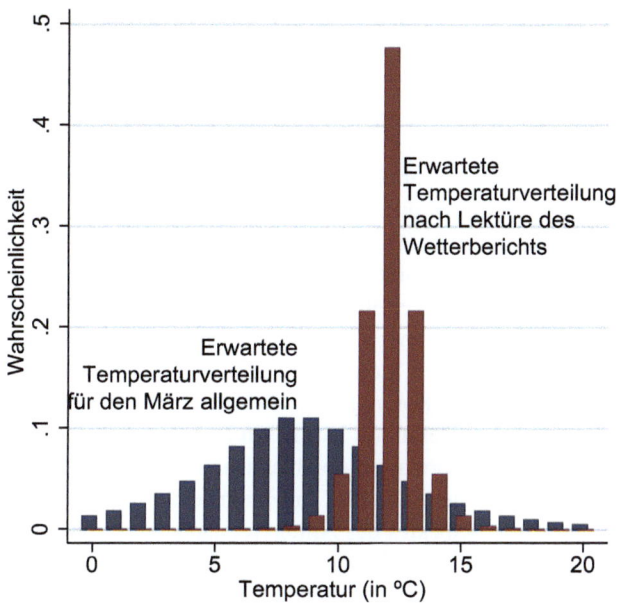

Abb. 3.1 Die erwartete Temperaturveretilung an einem Apriltag vor und nach Lektüre des Wetterberichts

Die Übertragung dieses Begriffs aus der Thermodynamik in die Informationstheorie erlaubt nun die Definition des Informationsbegriffes:

▶ **Information** im Sinne von Claude Shannon ist eine Eigenschaft eines Signals, das zu einer Verringerung der Entropie führt, d. h. zu einer Präzisierung der Wahrscheinlichkeiten durch die Vermittlung einer bestimmten Wahrscheinlichkeitsverteilung (Shannon 1948).

Das können wir nun auf das Wetterbeispiel anwenden: Schon die langjährige Erfahrung mit Temperaturverläufen ist eine Information, denn sie ergibt, dass nicht alle in Mitteleuropa auftretenden Temperaturen für den April gleich wahrscheinlich sind. Aber die Entropie der erwarteten Temperaturverteilung vor Lektüre des Wetterberichts ist doch deutlich höher als die danach. Daran kann man nun sein Handeln ausrichten, z. B. in der Kleidungswahl oder in der Planung von Aktivitäten.

Wenn die erwartete Temperaturverteilung für den März allgemein genau gleich gewesen wäre, wäre dann die Information noch eine Information? Aus der Definition folgt, dass das dann keine Information mehr wäre, weil ja die sich aus der Unsicherheit ergebende Entropie genau gleich geblieben wäre.

Die Alltagssprache hat hier im Vergleich einige Unschärfen. Sie bezeichnet auch die Wahrscheinlichkeitsverteilung, die die Zeitung oder die App vermitteln, als Information, oder einfach das ganze Signal. Offensichtlich erfasst Shannons Definition von Information das Alltagsverständnis nicht vollständig.

Definitionen sind generell nicht „richtig" oder „falsch", sondern immer nur sinnvoll oder nicht sinnvoll, oder etabliert oder nicht etabliert. Für manche Konzepte gibt es allgemein anerkannte Definitionen, die etabliert sind, weil sie allgemein als sinnvoll angesehen werden, oder solche, die zu einem bestimmten historischen Zeitpunkt viele Kommunikationspartner überzeugen und eine Konvention prägen. Shannons Definition hat diesen letzteren Aspekt: Sie ist eine der ersten Definitionen von Information überhaupt und heute die bei weitem meistzitierte Definition. Aber sie zieht ihre Präzision auch aus der bewussten Auslassung eines wichtigen Aspektes des Alltagsverständnisses von Information und ist deshalb nicht die einzige geblieben – eine neuere Arbeit listet gleich 32 Versuche auf, den Begriff zu fassen (Rocchi und Resca 2018).

Man kann dabei folgende weitere Aspekte festhalten:

Intentionalität Shannons Artikel heißt „A mathematical theory of communication", es geht eigentlich um Kommunikation, und sein Informationsbegriff ist tatsächlich auf die Kommunikation bezogen. Bei Shannon kommt es auf die Kommunikationsabsicht an. Hinter von Akteuren kommunizierter Information steht eine Informationsintention. Aber Information muss ja nicht immer von Akteuren kommen: Wenn Sie aus dem Fenster schauen und sehen, dass draußen Schnee liegt, ist das eine Information für Sie, ohne dass irgendjemand die Absicht gehabt hätte, Sie über das Wetter zu informieren. Selbst bei Informationen, die einen klaren Absender haben, kann es sein, dass Rezipienten Aspekte aufnehmen, deren Kommunikation gar nicht beabsichtigt war, etwa wenn bei einem aus inhaltlichen Gründen medial präsenten Individuum Stilfragen wahrgenommen werden. Wir werden dies im Kommunikationskapitel nochmals anschauen.

(Fehlender) Realitätsbezug Wie andere auf die Informationstechnologie orientierte Definitionen bezieht Shannon sich damit aber gar nicht auf die Entropie der äußeren Welt, sondern auf diejenige, die von einem Sender kommuniziert werden soll:

3.1 Information

> „Frequently the messages have meaning; that is they refer to or are correlated according to some system with certain physical or conceptual entities. These semantic aspects of communication are irrelevant to the engineering problem" (S. 3)

Diese Definition funktioniert damit auch ohne eine Realität: Wenn jemand eine falsche, aber präzise Erwartung hatte und diese durch eine richtigere, aber unpräzisere Erwartung korrigiert wird, ist das für den Betreffenden eine subjektive Desinformation, weil für ihn ja die erwartete Entropie zunimmt.

Daran schließt sich in der philosophischen Diskussion die Frage an, inwieweit Information wahr sein muss (z. B. Dretske 1981; Floridi 2011; Fresco et al. 2017; Mingers und Standing 2018). Eine bekannte Position ist diejenige des amerikanischen Philosphen Fred Dretske (1932–2013), der Information so wie wir oben in dem Beispiel mit dem Wetter als Präzisierung der Wahrscheinlichkeiten bestimmter Zustände der Welt fasst:

> „A signal r carries the information that s is F = The conditional probability of s's being F, given r (and k), is 1 (but, given k alone, less than 1)." (Dretske 1981, S. 65)

In der hier gegebenen Form ist Dretskes Definition vereinfachend, indem sie nur sichere Information betrachtet, aber das ist hier nicht der Punkt. Wichtig ist auch für die Soziologie, dass der Begriff der Information nicht allein an der Intention eines Informanten festgemacht wird, sondern an der äußeren, physikalischen Welt.

Wir haben in Kap. 2 festgestellt, dass die soziale Welt in hohem Maß durch Übereinkünfte konstruiert ist, die ein Stück weit konventionell sind, deren Bereich aber doch durch eine äußere Realität wie die des Wetters abgesteckt ist. Information muss in diesem Sinne nicht vollständig wahr im Sinne einer fehlerfreien Abbildung der Realität sein, aber sie ermöglicht besseres Handeln nur dann, wenn die Wahrscheinlichkeitszustände, die sie vermittelt, auch etwas mit denen in der Realität zu tun haben. Soziologisch schauen wir auf das durch Information ermöglichte Handeln und sehen, dass in dem obigen Beispiel der Korrektur einer falschen präzisen durch eine richtige unpräzise Erwartung im objektiven Sinn doch eine Information vorliegt, weil die Passung mit der Realität und die Chance auf angemessenes Handeln größer werden. Information bekommt damit einen Nutzen, der uns mit seinen makrosoziologischen Implikationen ebenfalls in Kap. 12 noch beschäftigen wird.

Interpretationsbedarf Einen weiteren, ebenfalls genuin soziologischen Aspekt kann man schon direkt aus dem Shannonschen Verständnis von Information ableiten. Information als Präzisierung von Wahrscheinlichkeiten bedeutet nämlich auch: Wie viel Information in einem Signal enthalten ist, ist davon abhängig, welche Verteilung von Wahrscheinlichkeiten vorher vorhanden war.

Shannons Informationsbegriff ist in diesem relativen Sinne subjektiv, und soziologische Auseinandersetzungen mit dem Informationsbegriff heben sehr stark hierauf ab. Information kann nur verstanden werden, indem die sozialen Rahmenbedingungen auch betrachtet werden. Ein in diesem Zusammenhang wichtiger Text des Soziologen Harold Garfinkel geht dann allerdings schon wieder so weit, über dieser Betonung der sozialen Konstruktion von Information ihren realen Gehalt kleinzureden. Garfinkels bereits in den 1950er Jahren geschriebenen Text *Toward a Sociological Theory of Information* leitet die Herausgeberin der Publikation 2009 unter anderem mit der Zusammenfassung ein,

> „information is constituted – not just interpreted – or symbolically represented and exchanged but actually constituted as information by the social (cooperatively ordered) aspects of the situated social orders in which it occurs" (A. Rawls, Vorwort zu Garfinkel 2008, S. 13)

Natürlich ist die Bedeutung, die Sie dem morgendlichen Wetterbericht zumessen, stark von den sozialen Erwartungen beeinflusst, in denen Sie sich bewegen – aber dass es ungesund ist, im Frühjahr von einem Eisregen durchnässt zu werden, auf den man nicht vorbereitet war, ist dann doch wieder unabhängig von aller sozialen Konstruktion.

3.2 Redundanz und Form

Mit dem Interpretationsbedarf eng zusammen hängt ein Aspekt des Informationsbegriffs, der auf sein Gegenstück verweist, die sogenannte Redundanz. Informationsverarbeitung ist (wie das Wort schon sagt) immer Arbeit und insofern etwas, das zunächst einen Aufwand erzeugt, den man sonst auch vermeiden würde (dazu später mehr im Kapitel zu Motivation). Signale vermitteln aber nicht nur Information, mit der Erwartungen präzisiert werden, sondern verwenden auch kognitive Schemata, die genau bestehenden Erwartungen entsprechen. Und die Bestätigung von Erwartungen ist im Unterschied zur Informationsverarbeitung etwas, das Erleichterung und Entspannung produziert und deshalb tendenziell gerne angenommen wird – wenn auch nicht in jedem Fall, wie die Abb. 3.2 zeigt.

Hierfür wird der Begriff der Redundanz verwendet:

3.2 Redundanz und Form

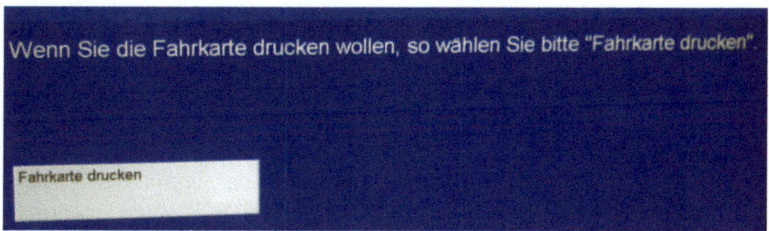

Abb. 3.2 Probematische Redundanz. (Bildschirmfoto eines Automaten der Deutschen Bahn, Quelle: wikipedia)

▶ **Redundanz** ist der Teil eines Signals, der keine Information darstellt.

Das betrifft insbesondere Teile des Signals, die bereits vorhandenen Informationen entsprechen, etwa weil sie im selben Signal mehrfach vorkommen. Redundante Signalteile können ohne Informationsverlust weggelassen werden. Alltagssprachlich wird hier auch von redundanter Information gesprochen, weil, wie schon gesagt, der Informationsbegriff einfach für das gesamte Signal genommen wird.

Wenn man sie bewusst bemerkt, kann es sein, dass Redundanz Widerwillen erzeugt, weil man das Gefühl bekommt, dass die eigene Aufnahmekapazität verschwendet wird (Liang und Fu 2017). Abb. 3.2 ist ein schönes Beispiel dafür. Aber jede Informationsübermittlung ist auf Redundanz angewiesen, die den Nutzenden nicht besonders auffällt, sondern ihnen hilft, die tatsächlich damit verbundenen Informationen schneller zu verarbeiten. Das heißt, Medien brauchen, nutzen und schaffen Redundanz. Beispiele sind etwa:

- Verwendung einer Sprache und ihre Regeln
- Verwendung bestimmter Begrifflichkeiten, die vom Rezipienten wiedererkannt werden
- Verwendung bestimmter Produktformate

Schon wenn man eine Sprache und ihre Regeln verwendet, bedient man sich redundanter Information, die von Rezipienten, die die Sprache kennen, aufgenommen werden kann. Sprache ist (wie ja schon von David Hume bemerkt, siehe oben) selbst eine Konvention und wird als solche auch dadurch aufrechterhalten, dass sie es erleichtert, Inhalte über sie aufzunehmen. In der Kommunikation von bestimmten Inhalten kommt dann hinzu, dass sinnvollerweise bestimmte Begrifflichkeiten verwendet werden, die vom Rezipienten wiedererkannt werden.

Eine besondere Form der Redundanznutzung ist die Entwicklung und Verwendung bestimmter Produktformate: Zeitungsleser erwarten in ihrer Zeitung sowohl die Darstellung von Sachverhalten als auch eine normative Einordnung und Bewertung derselben. Aber da sie mit diesen beiden Typen von Information unterschiedlich umgehen, bei der Darstellung eher Objektivität erwarten und bei der Einordnung eher Subjektivität zulassen oder sogar einfordern, ist es hilfreich, diese unterschiedlichen Erwartungen entsprechend vorher zu kanalisieren. Zeitungen haben unterschiedliche Formate entwickelt, wie Kommentare als solche kenntlich gemacht werden, innerhalb einer Zeitung kann man aber im Allgemeinen schnell sehen, welchem dieser Formate ein Text zugehört, auch ohne den Text selbst schon rezipiert zu haben.

Eine andere Form des Produktformats ist das Sendeformat bei Fernsehsendungen. Eine Reihe von Sendeformaten wie „Wer wird Millionär?", Castingshows oder allgemeiner Reality-TV-Shows sind von den 1990er Jahren an vor allem in den Niederlanden und Großbritannien entwickelt worden und werden von dort aus weltweit vertrieben und eingesetzt. Die Prinzipien des Handels mit Sendeformaten für Fernsehsendungen sind zwar schon in den 1950er Jahren entwickelt worden, aber in den 1990ern gab es einen neuerlichen Schub der Formatproduktion, der die Branche bis heute prägt:

- Es wurden Formate entwickelt, die teilweise nach 25 Jahren noch angewendet werden, zum Beispiel Big Brother, Idol, oder Millionaire.[3]
- Die große Bedeutung von Reality TV wurde etabliert mit seiner Einbindung realer Individuen, die eine Identifikation ermöglichen, und dem wichtigen,

---

[3]Diese Formate sind so verbreitet, dass man sie bei heutigen Studierenden weitgehend als bekannt voraussetzen kann. Falls nicht, hier eine kurze Beschreibung:

(A) Im Format „Big Brother" lebt eine Gruppe von Kandidaten unter ständiger Überwachung und ohne Ausweichmöglichkeit zusammen, in regelmässigen Abständen wird immer ein Mitglied herausgewählt, das als letztes verbleibende Individuum gewinnt ein Preisgeld.

(B) Das Format „Idol" ist ein Wettbewerb, in dem ebenfalls am Ende einer aus einer grossen Kandidatenzahl gewinnt, aber der Fokus liegt hier an der Zurschaustellung präsentierbarer Qualitäten.

(C) Im Format „Millionaire" geht es um den Nachweis von Wissen in der Beantwortung zunehmend schwierigerer Fragen zum Gewinn zunehmend höherer Geldbeträge.

immer wiederkehrenden Element der Wettbewerblichkeit zwischen ihnen, entweder miteinander (Idol, Big Brother) oder an festen Kriterien (Millionaire).
- Seitdem gilt für neue Formate eine dreistufige Abfolge, in der 1) neue Formate in Europa (als neuem Marktführer) entwickelt werden, danach 2) der US-Markt den Prüfstein für internationalen Erfolg abgibt, bevor 3) die Formate global vermarktet werden können (Chalaby 2012, 2015).

Der Soziologe Niklas Luhmann (zu dem später noch mehr gesagt werden wird) bietet innerhalb seiner Systemtheorie den Ansatz an, die Unterscheidung von Medium und Form wesentlich allgemeiner zu fassen. Luhmann definiert das Medium als eine relativ „lose Kopplung von Elementen" und die Form als „Verdichtung von Abhängigkeitsverhältnissen zwischen Elementen, also Selektion aus Möglichkeiten, die ein Medium bietet." (Luhmann 2001, S. 200) So ist beispielsweise eine Melodie eine Form aus Luftschwingungsfrequenzen, die als Töne erkannt und durch eine „Verdichtung der Abhängigkeitsverhältnisse" das Medium der Luft zur Kommunikation eines Signals verwendet werden.

Dies ist aber nur für denjenigen lesbar, der das Konzept von Tönen schon kennt. Indem nachfolgende soziale Situation i. A. auf vorherigen Wahrnehmungskonzepten aufbauen können, ist Luhmanns Blick ein historischer: Er betrachtet die Evolution von Kunst als Steigerung des Auflöse- und Rekombinationsvermögens, in seiner Sprache als Entwicklung immer neuer Medien-für-Formen. Aus dem Primärmedium Luft beispielsweise wird durch Gesang ein reiner Ton geformt. Im Mittelalter nutzt man den Gesangston als Träger der Deklamation liturgischer Texte, zur akustischen Verstärkung in Kirchengebäuden. Daraus folgen die gregorianischen Gesänge, später die Vokalpolyphonie, im 19. Jahrhundert das als „natürlich" behauptete Volkslied, und so weiter bis hin zum gesampelten Mönchschor in der Popmusik (Luhmann 2001; Wagner 2014, für das konkrete Beispiel Kreidler 2007).

Auch wenn der theoretische Apparat Luhmanns ein ganz eigener ist und Anschlussfähigkeit zu insbesondere handlungsbasierten Ansätzen eher verweigert, ist er an dieser Stelle durchaus anschlussfähig: Man kann die Produktion abgeleiteter Wahrnehmungen durchaus über eine „lose Kopplung von Elementen" geschehend beschreiben, und die Verwendung wiedererkennbarer redundanter Elemente führt ja tatsächlich zu einer „Verdichtung von Abhängigkeitsverhältnissen". In Luhmanns Definition bleibt unklar, wie er mit allen losen Kopplungen von Elementen umgeht, die keine Medien sind – zum Beispiel kann man Studierende in einem Hörsaal ja auch als lose gekoppelt beschreiben, ohne dass sie aus diesem Grund in erster Linie als Medium aufgefasst werden müssen. Es kommt bei Luhmann häufiger vor, dass er Einsichten liefert, die in Teilen unbefriedigend bleiben, aber inspirierend sind und vor ihm noch niemand so gesehen hat – wir kommen darauf zurück.

3.3 Framing

Oben wurde darauf hingewiesen, dass das Tripel von Erwartungen, Motivationen und Ressourcen noch nicht ganz vollständig ist, um die Situation eines Akteurs vollständig beschreiben und seine erwartete Handlung ableiten zu können. Der vierte Aspekt von Handlungssituationen, den es noch gibt, schließt einerseits an die Erwartungen und andererseits an die Motivationen an, aber ist doch von beiden deutlich zu trennen.

Diese Einsicht verdanken wir einer Reihe von Wissenschaftlern. In der Klarheit, in der wir sie heute haben, geht sie aber vor allem auf zwei israelisch-amerikanische Psychologen zurück, von denen der eine, Amos Tversky, leider schon mit 59 starb (1937–1996) und nur der andere 2002 den Nobelpreis entgegennehmen konnte: Daniel Kahneman, der es später auch geschafft hat, seine Einsichten in allgemeinverständlichen Büchern zu popularisieren (Kahneman 2000, 2011). Aufgrund ihrer Forschungen können wir klar sagen: Wie Menschen handeln, hängt auch noch davon ab, welche Wahrnehmungen zum Zeitpunkt der Entscheidung vorhanden sind.

Tversky und Kahneman vermochten das an einem Beispiel zu zeigen, das sie mit ihren Studierenden ausprobiert hatten und das in Tab. 3.1 beschrieben ist.

Tab. 3.1 Framing: Das Urnenbeispiel von Tversky und Kahneman (1986)

Problem 1 *(N=124)*					
Option A:	90 % weiß	6 % rot	1 % grün	3 % gelb	
(58 %)	$0	Win $45	Win $30	Lose $15	
Option B:	90 % weiß	7 % rot	1 % grün	2 % gelb	
(42 %)	$0	Win $45	Lose $10	Lose $15	
Problem 2 *(N=88)*					
Option C:	90 % weiß	6 % rot	1 % grün	1 % blau	2 % gelb
(0 %)	$0	Win $45	Win $30	Lose $15	Lose $15
Option D:	90 % weiß	6 % rot	1 % grün	1 % blau	2 % gelb
(100 %)	$0	Win $45	Win $45	Lose $10	Lose $15

3.3 Framing

> **Fallbeispiel 4: Framing im Urnenproblem**
> Sie legten ihren Studierenden die beiden in der Tabelle beschriebenen Entscheidungsprobleme vor. Wenn Sie zwischen zwei Urnen zu wählen haben, die die jeweils beschriebenen Anteile von farbigen Kugeln enthalten (in Urne A also 90 % weiße, 6 % rote, 1 % grüne und 3 % gelbe) und mit den Kugeln jeweils die entsprechende Auszahlung verbunden ist – welche Urne wählen Sie dann als die Ihnen im Erwartungswert besser erscheinende?
>
> Bei dem etwas komplexen Vergleich in Problem 1 erschien für eine nicht allzu große, aber doch deutliche Mehrheit Option A die bessere Wahl zu sein. Bei Problem 2 war die Sache eindeutig: Da die einzige Differenz in den Auszahlungsbeträgen bei Ziehung einer grünen oder blauen Kugel bestand und in beiden Fällen die Differenz in die gleiche Richtung ging, wählten alle Studierenden übereinstimmend Urne D als die bessere Option.

Wenn wir aber genau hinschauen, sehen wir, dass bis auf marginale Umfärbungen die beiden Urnenpaare ganz äquivalent sind: Wenn man das eine Prozent blaue Kugeln in C gelb färbt, wird Option C zu Option A, und wenn man das eine Prozent grüne Kugeln in D rot färbt (und danach noch die blauen Kugeln grün), dann wird Option D zu Option B. Wenn alle Menschen rational wären, hätten also auch in der Gegenüberstellung alle für Option B stimmen sollen und nicht die Mehrheit für Option A.

Achten Sie aber darauf, was passiert, wenn Sie sich mit diesem Wissen die Tabelle mit den beiden Problemformulierungen nochmals anschauen. Wenn Sie einmal verstanden haben, dass die grünen Kugeln im ersten Problem bei den roten (oben) und den gelben (unten) zugeordnet werden können, dann wird es Ihnen mit hoher Wahrscheinlichkeit nicht mehr passieren, dass Sie Option A für besser halten.

Ein zweites Beispiel aus demselben Aufsatz ist eine andere, ganz analoge Entscheidungsaufgabe: Das sogenannte „Asian desease"-Beispiel, in dem eine konkrete Handlungssituation vorgestellt wurde.

> **Fallbeispiel 5: Asean deseaese (Tversky und Kahneman 1986)**
> In diesem Beispiel legten die beiden Forscher ihren Probanden folgenden beschreibenden Text vor:
> - „Imagine that the U.S. is preparing for the outbreak of an unusual Asian disease, which is expected to kill 600 people. Two alternative programs to combat the disease have been proposed. Assume that the exact scientific estimates of the consequences of the programs are as follows:
> - If Program A is adopted, 200 people will be saved.
> - If Program B is adopted, there is 1/3 probability that 600 people will be saved, and 2/3 probability that no people will be saved."
>
> Alternativ formuliert lautet die Beschreibung der Optionen wie folgt:
>
> - „If Program C is adopted 400 people will die.
> - If Program D is adopted there is 1/3 probability that nobody will die, and 2/3 probability that 600 people will die."

Das Ergebnis war, dass zwischen A und B sich 72 % für A entschieden (vs. 28 % für B, N = 124), bei der Entscheidung zwischen C und D aber 78 % für D (und 22 % für C, N = 155). Und das, obwohl, wenn man die Gesamtgruppe der 600 Gefährdeten betrachtet, einerseits A und C und andererseits B und D exakt identisch sind.

Mit solchen Beispielen können Kahneman und Tversky sehr deutlich Beispielen zeigen, dass das Handeln von Menschen nicht rational ist, sondern davon abhängt, welche Wahrnehmungen zum Zeitpunkt der Entscheidung vorhanden sind! Es gab Verfechter einer engen Vorstellung von Rationalität, für die diese Ergebnisse eine große Schlappe waren, denn sie waren davon ausgegangen, dass tatsächlich alle Entscheidungen nur getroffen werden auf der Grundlage feststehender Bewertungen. Aber für eine solche klassische Vorstellung von Rationalität hätte es dann eben keinen Unterschied machen dürfen, ob irrelevante Alternativen eliminiert werden, wie andere Alternativen bewertet werden, oder wie das Problem dargestellt wird. Aus den Experimenten von Tversky und Kahneman (und vielen anderen seither) sieht man, dass das nicht stimmt und man nicht so ohne weiteres von einem einheitlichen, intern widerspruchfreien Akteur ausgehen kann. Für Verfechter einer weiteren Vorstellung von Rationalität stellen diese Ergebnisse eher ‚endlich' eine Anschlussfähigkeit her zu Überlegungen, die schon viel älter sind.

3.3 Framing

Diese Bewertungen beeinflussende Wirkung von situativen Wahrnehmungen ist aber nur ein besonders schlagendes Beispiel für die spezifische Art der Informationsverarbeitung in unserem Gehirn. Wenn Menschen Information aufnehmen, trifft diese auf Strukturen, die im Hirn bereits vorhanden sind, und aktiviert diese: präzises Wissen, unscharfes Wissen, aber eben auch aktuelle Wahrnehmungen.

Die Wissenschaft benutzt hier die Begriffe ‚Frames' oder ‚Schemata'. In beiden Fällen geht es um kognitive Strukturen, die eintreffende Information verarbeiten helfen, die bereits vorhanden sind und auf erwartete Präzisierungen von Erwartungen durch Information verweisen (Barsalou 1999, S. 327). Solche kognitiven Strukturen werden bereits vorgeburtlich gebildet und sind also nicht auf bewusste Informationsaufnahme beschränkt. Das Hauptwerk von Immanuel Kant, die *Kritik der reinen Vernunft,* zieht ihren Titel aus dem Hinweis von Kant daraus, dass eine ‚reine' Vernunft, die sich selbst als autark versteht und aus einer solchen autonomen Position souverän Sinneseindrücke analysiert, eine Fiktion ist. Vielmehr bauen in der Vernunft Schemata aufeinander auf, von denen die frühesten (also diejenigen, die anderen zugrunde liegen) schon vor der Vernunft vorhanden sind.

„In der Tat liegen unsern reinen sinnlichen Begriffen nicht Bilder der Gegenstände, sondern Schemata zugrunde. Dem Begriffe von einem Triangel überhaupt würde gar kein Bild desselben jemals adäquat sein." (Kant 2000, S. 140 f.)

Solche Strukturen des Gehirns werden von dem Moment seiner Entstehung an ständig gebildet und verwendet.

Die Begriffe ‚Frame' und ‚Schema' sind dabei zunächst einmal äquivalent und richten allenfalls den Fokus auf unterschiedliche Dinge, nämlich das Schema auf die Struktur des Betrachteten und der ‚Rahmen' darauf, dass erstens Dinge weggelassen werden (die sich außerhalb des Rahmens befinden) und dass zweitens die Frames (der Rahmen) eine andere Herkunft haben als die wahrgenommene Realität (das Bild). Die beiden Begriffe unterscheiden sich praktisch eher dadurch, dass der Schema-Begriff eher in der Philosophie und Kognitionspsychologie und immer sehr individualistisch verwendet wird, während die Sozialwissenschaften eher von Frames reden und dabei auch darauf verweisen, wie Frames mit sozialen Prozessen interagieren: wie sie einerseits in ihnen erzeugt werden und sich andererseits in ihnen auswirken. Dort, wo sie nebeneinander verwendet werden, meint das Schema die vereinfachte kognitive Struktur, einschließlich möglicherweise damit verbundener Bewertungen und Gefühle, und Frame ihre bewusste Aktivierung. In dieser Sichtweise rufen Frames, z. B. durch Wortwahlen oder Zuschreibungen, bestimmte Schemata hervor.

Eine zentrale Auswirkung von Frames auf menschliche Interaktion hat der kanadische Soziologe Erving Goffman[4] untersucht: Durch Frames verstehen oder, in Goffmans Worten, definieren wir unsere Handlungssituation. Goffman beschreibt Frames als „principles of organization which govern events – at least social ones – and our subjective involvement in them". Die Art, wie wir Vorstellungen von uns selbst kommunizieren, ist bereits Gegenstand seines Werkes *Wir alle spielen Theater*, aber ausgearbeitet wird die Theorie der Frames erst in seinem späteren Werk *Frame Analysis* (Goffman 1974).

Alltagsbeispiele, die das Prinzip der Rahmung von Situationen illustrieren, stammen auffällig oft aus demjenigen sozialen Bereich, in dem es um die Initiation und Aushandlung von (intimen) Beziehungen geht. Wahrscheinlich ist der Grund hierfür, dass die Herstellung einer solchen Beziehung eine besonders große Differenz im Framing macht.

Wenn von zwei Personen A und B unterschiedlichen Geschlechts die eine (A) die andere (B) fragt „Magst Du etwas essen gehen?" und B darauf antwortet: „Oh sorry, ich hatte gerade vorhin eine Pizza", dann liegt erstens keine ganz direkte Antwort vor, aber zweitens die erwartete Präzisierung von Erwartungen, dass die Information bedeutet, dass B nicht mitkommt. Das kann damit zu tun haben, dass die Frage von A in Wirklichkeit ein Angebot zur Einleitung persönlicher Kommunikation war und B gar nicht in erster Linie satt, sondern nur vor allem nicht an einer solchen Kommunikation interessiert ist.

Von solchen Beispielen zur Relevanz von Frames kann man aber auch schnell auf die Ebene gesamtgesellschaftlicher Kommunikation kommen. Das zeigt die Geschichte von Harvey Weinstein.

Fallbeispiel 6: Harvey Weinstein
- Frame 1: Weinstein ist ein erfolgreicher Studiobesitzer in Hollywood, sein Studio steht für Filme wie *Pulp Fiction, Der englische Patient* oder *The King's Speech*. Seine Filme haben mehr als dreihundert Oscar-Nominierungen erhalten, und bei den jährlichen Preisverleihungen erhält er mehr Dank als Gott (nur Steven Spielberg ist hier noch besser). Weinstein ist auch in die Castings involviert. Er empfängt junge

---

[4] 1922–1982, sein Werk *Wir alle spielen Theater* (engl. *The presentation of self in everyday life*, Goffman 1959) begründet die Analyse der symbolischen Kommunikation in Interaktionssituationen (symbolischer Interaktionismus) und ist eines der meist- und von Studierenden am liebsten gelesenen in der Soziologie.

Schauspielerinnen wie Ashley Judd, Annabella Sciorra und Salma Hayek, um mit ihnen über Rollen in Filmen seiner Firma zu reden.
Jedenfalls ist das die *Situationsdefinition,* mit der die Frauen in die Situation hineinkommen. Ihr Selbstdefinition ist das talentierter Nachwuchsschauspielerinnen mit ersten Erfolgen, ihre Erwartungen die auf eine Rolle in einem großen Film.

- Frame 2: Auf einmal sind sie allein mit Weinstein, einem eher unansehnlichen, aber kräftigen Mann, und die direkte Interaktion bleibt nicht beim Casting-Thema (oder kommt dort nie an), sondern Weinstein bedrängt die Frauen auf verschiedene Weise sexuell.

Die *Definition der Situation* wird radikal geändert, die situative Selbstdefinition wird auf einmal die des Opfers sexueller Gewalt.

- Frame 3: Die Frauen gehen unterschiedlich damit um. Sie erfahren, dass Weinstein für inadäquates Verhalten bekannt ist. Diejenigen, die sich gegen ihn zur Wehr setzen, haben den starken Eindruck, dass Weinstein seine Macht gegen sie einsetzt.

Zu der *Definition der Situation* kommt das Gefühl, jemand gewesen zu sein, der die Spielregeln in Hollywood naiverweise nicht durchschaut hat und zu schwach war und ist, sich gegen Weinstein nicht zur Wehr zu setzen.

- Frame 4: Eine der betroffenen Frauen dreht einen Film, in dem eine Szene passiert sehr ähnlich dem, was sie selbst erlebt hat. Daraufhin wenden sich Frauen an sie, die das auch erlebt haben. Im Jahr 2017 untersucht Ronan Farrow für den *New Yorker* die Vorwürfe und bekommt von sieben Frauen die Erlaubnis, ihre Geschichte unter Namensnennung zu publizieren (Farrow 2017).

Die *Definition der Situation* ist auf einmal systematische sexuelle Belästigung und Machtmissbrauch, Weinsteins Karriere ist beendet, seine Firma wird zahlungsunfähig und aufgekauft. Er hat bereits große Ressourcen dafür aufwenden müssen, die unter Punkt 3 beschriebene Machtposition aufrechterhalten zu können – so etwas erfolgreich tun zu können, ist wohl auch nach der #MeToo-Diskussion nicht auszuschließen, aber jedenfalls wieder ein Stück schwieriger geworden.

Der Weinstein-Skandal wird in den nächsten Jahren sicher noch Gegenstand der Mediensoziologie sein, weil er auch für die Veränderung von Produktionsbedingungen steht, und weil abzuwarten bleibt, wie schnell sie sich tatsächlich entwickeln, schließlich ist Belästigung schon länger ein Thema (Davis 2012; Zarkov und Davis 2018). Aber er ist eben auch ein gutes Beispiel, wie wichtig kognitive Frames sind.

Sie schließen mit gutem Grund direkt an den Erwartungsbegriff an: Der Moment, in dem Weinstein den Bereich des gesellschaftlich akzeptablen verlässt, enthält auch das Signal mit der Information, dass es diesmal offensichtlich um anderes geht als um einen professionellen Austausch. Wenn diese Information bereits im Vornherein vorgelegen hätte, dann wären die Dinge in den meisten Fällen anders gelaufen.

Diese Bedeutung kognitiver und im jeweiligen Moment vorhandener Frames ist eine Herausforderung für die Soziologie, soweit sie sich am Konzept rationaler Akteure orientiert hat, weil jetzt gleichzeitig mehrere Erwartungen vorhanden sein können. Aber es ist ein Ansatzpunkt für die Mediensoziologie, weil damit die Produktion von Wahrnehmungen eine eigene soziale Bedeutung erhält.

Zusammenfassung

In diesem Kapitel ging es um den Einfluss von Medien auf die Erwartungen, die Akteure haben:

- Sie kennen und verstehen jetzt den Begriff der *Information* als Veränderung der Erwartungen unter Bezugnahme auf den Begriff der Redundanz (Shannon) und die Begriffe der Intentionalität, des Realitätsbezuges (Dretske) und des Interpretationsbedarfs (Garfinkel) in Bezug auf den Informationsbegriff.
- Nicht nur Information spielt in den Medien eine Rolle, sondern auch ihr Gegenstück, die *Redundanz,* weil sie nötig ist, um Information überhaupt aufnehmen zu können. Sie haben sie verstanden, erkennen sie in der Sprache und in Formaten medialer Produkte wieder, und kennen und verstehen die Terminologie von Niklas Luhmann zur Unterscheidung von Medien und Form.
- Aufgrund der Art, wie das menschliche Gehirn funktioniert, ist rationale Information aber nicht die einzige Art, wie Medien Erwartungen und damit Handlungssituationen beeinflussen. Daneben steht das sogenannte *Framing,* nämlich der momentanen Verfügbarkeit bestimmter kognitiver Strukturen, durch die beeinflusst wird, welche Erwartungen verwendet werden. Sie verstehen den Gehalt der Experimente von Kahneman und Tversky, das Verhältnis der Begriffe Frame und Schema, und die Rolle, die Frames in der Definition der Handlungssituation spielen.

3.3 Framing

Kontrollfragen

1. Person A kommt aus einem Haus, geht zu ihrem Auto, das auf einem kostenpflichtigen Parkfeld steht, und will Geld in die Parkuhr nachwerfen. Dabei bemerkt sie die Polizeiangestellte B. A zögert und sieht zu B hinüber. B erwidert den Blick und lächelt, wobei sie ihren Blick über danebenliegende freie Parkplätze schweifen lässt. Daraufhin wirft A das Geld in die Parkuhr ein und verlängert die Parkzeit um eine weitere Stunde.
Welche Art von Information hat A aus dem Lächeln von B herausgelesen?
(Hinweis: Das SVG schreibt vor, dass Autos zwischen zwei Aufenthalten auf kostenpflichtigen Parkfeldern in den fließenden Verkehr zu bringen sind.)
2. Welche Eigenschaft führte dazu, dass Information von Ökonomen zeitweise als sogenanntes „Öffentliches Gut" angesehen wurde, das analog zu nationaler Sicherheit staatlich bereitgestellt werden muss? Welche Eigenschaft führt dazu, dass man das heute nicht mehr so sieht?
3. Wenden Sie Niklas Luhmanns Begriffe für eine „lose Kopplung von Elementen" und eine „Verdichtung von Abhängigkeitsverhältnissen zwischen Elementen" auf die Sendung *Big Brother* an!
4. Amos Tversky und Daniel Kahneman (1986) legten Befragten die folgenden Entscheidungsprobleme vor:
Entscheidungssituation 1:
Option A: 20 % Wahrscheinlichkeit, direkt zu sterben, und 80 % Wahrscheinlichkeit, noch 30 Jahre normal zu leben. [35 %]
Option B: 100 % Wahrscheinlichkeit, jetzt zu überleben, mit einer Lebenserwartung von 18 Jahren. [65 %]
Entscheidungssituation 2:
Option C: 80 % Wahrscheinlichkeit, direkt zu sterben, und 20 % Wahrscheinlichkeit, noch 30 Jahre normal zu leben. [68 %]
Option D: 75 % Wahrscheinlichkeit, direkt zu sterben, und 25 % Wahrscheinlichkeit, noch 18 Jahre normal zu leben. [32 %]
Beachten Sie, dass das zweite Optionenpaar aus dem ersten hergeleitet ist, in dem einfach die Überlebenswahrscheinlichkeit um den Faktor 4 verringert wurde. Also sollten also eigentlich Menschen, die A wählen, auch C wählen, und Menschen, die B wählen, auch D wählen. Trotzdem wählen viel mehr Menschen B als D [Anteile jeweils in eckigen Klammern].
Welcher Fachbegriff wird verwendet, um diesen Effekt zu beschreiben? Welcher Aspekt kommt durch Kahneman und Tversky noch zu den drei aus der Spieltheorie bekannten Aspekten der Handlungssituation hinzu?
5. Person A wird gebeten, die alte Tante B an A's eigenem Geburtstag zu einem Abendtermin zu begleiten. Am Zielort angekommen, wartet dort aber eine

Überraschungsparty. Der Soziologe Erving Goffman hat beschrieben, was hierbei passiert. Nennen Sie einen der beiden Begriffe, die er verwendet, und wenden Sie ihn auf das Beispiel an!

Literatur

Zentrale Referenzen

Barsalou, Lawrence W. 1999. Perceptual symbol systems. *Behavioral and Brain Sciences* 22:577–660.
Dretske, Fred I. 1981. *Knowledge and the flow of information*. Oxford: Blackwell.
Floridi, Luciano. 2011. *The philosophy of information*. Oxford: Oxford University Press.
Garfinkel, Harold. 2008. Toward a sociological theory of information. In *Harold Garfinkel: Toward a sociological theory of information*, Hrsg. Anne Warfield Rawls. Boulder: Paradigm Publications.
Goffman, Erving. 1959. *The presentation of self in everyday life*. Harmondsworth: Penguin.
Goffman, Erving. 1974. *Frame analysis: An essay on the organization of experience*. Cambridge: Harvard University Press.
Kahneman, Daniel. 2000. *Choices, values, and frames*. New York: Russell Sage Foundation.
Kant, Immanuel. 2000. Kritik der reinen Vernunft. In *Kants Werke: Akademie Textausgabe, Bd. 3*. Berlin: De Gruyter (Erstveröffentlichung 1787). „Unveränd. photomechanischer Abdr. des Textes der von der Preußischen Akademie der Wissenschaften 1902 begonnenen Ausg. von Kants gesammelten Schriften"
Luhmann, Niklas. 2001. Das Medium der Kunst. In *Aufsätze und Reden*, Hrsg. Oliver Jahraus, 198–217. Stuttgart: Reclam. (Erstveröffentlichung 1986).
Shannon, Claude E. 1948. A mathematical theory of communication. *Bell System Technical Journal* 27:379–423, 625–656.
Tversky, Amos, und Daniel Kahneman. 1986. Rational choice and the framing of decisions. *The Journal of Business* 59:S251–S278.

Beispiele mediensoziologischer Studien

Chalaby, J.K. 2012. At the origin of a global industry: The TV format trade as an Anglo-American invention. *Media, Culture and Society* 34:36–52.
Chalaby, J.K. 2015. The advent of the transnational TV format trading system: A global commodity chain analysis. *Media, Culture and Society* 37:460–478.
Davis, Kathy. 2012. ‚Stand by your man' or: How feminism was framed in the DSK affair. *European Journal of Women's Studies* 19:3–6.
Farrow, Ronan. 2017. From aggressive overtures to sexual assault: Harvey Weinstein's accusers tell their stories. *The New Yorker*, 10. Oktober 2017. https://www.newyorker.com/news/news-desk/from-aggressive-overtures-to-sexual-assault-harvey-weinsteins-accusers-tell-their-stories, 27.10.2018.

Fresco, N., P. Mcgivern, und A. Ghose. 2017. Information, veridicality, and inferential knowledge. *American Philosophical Quarterly* 54:61–75.

Hickey, Walt. 2015. Where people go to check the weather. *fivethirtyeight.com*. https://fivethirtyeight.com/features/weather-forecast-news-app-habits/. Zugegriffen: 27. Febr. 2018.

Kreidler, Johannes. 2007. Luhmanns Medium-Form-Unterscheidung als Theorie der Satzmodelle. *Zeitschrift der Gesellschaft für Musiktheorie* 4:135–141.

Liang, H., und K.W. Fu. 2017. Information overload, similarity, and redundancy: Unsubscribing information sources on Twitter. *Journal of Computer-Mediated Communication* 22:1–17.

Mingers, J., und C. Standing. 2018. What is information? Toward a theory of information as objective and veridical. *Journal of Information Technology* 33:85–104.

Rocchi, Paolo, und Andrea Resca. 2018. The creativity of authors in defining the concept of information. *Journal of Documentation* 74:1074–1103.

Zarkov, Dubravka, und Kathy Davis. 2018. Ambiguities and dilemmas around #MeToo: #ForHow Long and #WhereTo? *European Journal of Women's Studies* 25:3–9.

Lehrbücher

Wagner, Elke. 2014. *Mediensoziologie*. Konstanz: UVK.

Weitere Referenzen

Kahneman, Daniel. 2011. *Thinking, fast and slow*. New York: Farrar, Straus & Giroux.

Ressourcen

Überblick

Medien stehen nicht nur mit Erwartungen in Interaktion, sondern auch mit den Ressourcen, die Akteure haben. Die Kausalität geht in beide Richtungen: Einerseits ist die Aufnahme, Verarbeitung und Nutzung medienproduzierter Wahrnehmungen durch Rezipienten von ihrer Ressourcenausstattung abhängig, andererseits tragen Medien auch zur Generierung von Ressourcen bei. In Bezug darauf, wie das die Gesellschaft als ganze strukturiert und Medien und ihrer Nutzung bestimmte soziale Positionen zuweist, werden wir das noch in Kap. 7 anschauen. Jetzt geht es erst einmal darum, unter Bezugnahme auf den einzelnen Akteur und seine Situation die Grundlagen zu legen. Das Kapitel hat zwei große Abschnitte:

- Der erste Abschnitt befasst sich mit Ressourcen allgemein. Warum heißt das Kapitel überhaupt Ressourcen, warum verwenden (Medien-)Soziologen in diesem Zusammenhang insbesondere den Kapitalbegriff so ausgiebig, welche unterschiedlichen Kapitalbegriffe gibt es, und wie werden sie gegeneinander abgegrenzt? Abschließend enthält der Abschnitt einige Information zur Entwicklung der Verteilung von Ressourcen, nämlich der Frage der sozialen Ungleichheit.
- Der zweite Abschnitt thematisiert eine Kapitalsorte, die erst relativ kurz, aber doch immerhin auch schon 35 Jahre, in der Soziologie untersucht wird, und die auch die Mediensoziologie derzeit stark beschäftigt: nämlich das sogenannte Sozialkapital. Wir steigen mit einem kleinen

> Einblick in die (mit der Sozialkapitalforschung verbundene und ihr konzeptionell zugrundeliegende) Netzwerkforschung ein und verfolgen dann die Entwicklung des Begriffes, die gleichzeitig auch die Entwicklung der westlichen Gesellschaften widerspiegelt.

4.1 Ressourcen und Kapital

Die Mediensoziologie beschäftigt sich damit, wie die Produktion abgeleiteter Wahrnehmungen die Handlungssituation von Akteuren beeinflusst. Wie wir gesehen haben, kann man diese Situation spieltheoretisch über das Tripel von Erwartungen, möglichen Handlungsstrategien und Bewertungen fassen; die letzten drei Abschnitte haben analysiert, welche Bedeutung der Aspekt der Erwartungen in dieser Hinsicht hat und wie Medien hier eine Rolle spielen. Da Medien über Informationen und die Aktivierung von Frames direkt auf Erwartungen einwirken können, ist (mindestens in der Rückschau) unmittelbar einsichtig, dass eine Verbindung zwischen Medien und dem Erwartungsaspekt von Handlungssituationen besteht.

Aber wie steht das mit dem zweiten Aspekt der Handlungssituation, den Handlungsstrategien, die einem Menschen zur Verfügung stehen? Begrifflich können wir hier auch von Handlungsoptionen oder Handlungsalternativen sprechen, aber das sind nur Synonyme, um sprachlicher Öde entgegenzuwirken. Besteht hier eine Verbindung mit Medien?

Auf den ersten Blick scheint das ja erst einmal eher nicht der Fall zu sein. Wenn wir noch einmal die Situation anschauen, in der wir morgens in die Zeitung oder auf das Handy blicken, um etwas über das Wetter zu erfahren, dann ändert dieser Blick ja nichts daran, ob wir einen Regenschirm, Wintermantel oder Sonnencreme *besitzen,* uns also die entsprechenden Handlungsstrategien zur Verfügung stehen. Oder?

Um dieses scheinbare Paradox aufzulösen, benutzen wir wieder unsere soziologische Vorstellungskraft und schauen uns genauer an, was denn auf der Ebene menschlicher Handlungen die Menge der zur Verfügung stehenden Handlungsstrategien genau beeinflusst.

Zunächst einmal kann man die Menge der zur Verfügung stehenden Handlungsalternativen dahingehend strukturieren, dass man einerseits positiv darauf schaut, was bestimmte Handlungsoptionen ermöglicht, und andererseits negativ darauf, was sie verhindert. Die Soziologie verwendet hier die Begriffe der Ressourcen und der Restriktionen:

- der Begriff der Ressourcen beschreibt das, was bestimmte Handlungsoptionen positiv möglich macht,
- derjenige der Restriktionen negativ darauf, was sie negativ verhindert.

Restriktionen lassen sich wiederum dahin gehend aufteilen, ob sie ihrerseits von Handlungen ausgehen. Wenn sie das nicht tun, spricht man von *natürlichen Restriktionen:* Wir sind alle an die Gesetze der Schwerkraft gebunden oder daran, dass ein Regenschirm hergestellt sein muss, um benutzt werden zu können. Hierauf nehmen Medien keinen Einfluss, damit brauchen wir uns also nicht zu beschäftigen.

Wenn Handlungsoptionen eines Akteures A aber negativ dadurch verhindert werden, dass sie von menschlichen Handlungen anderer ausgehen (denn auch Akteure, die nicht selbst Individuen sind, bestehen ja aus solchen), dann sind sie von der Handlungssituation dieser anderen Akteure abhängig und können über diese analysiert werden. Die müssen wir also im Augenblick nicht anschauen. Es bleiben also die Ressourcen übrig, und deshalb kann dieser Abschnitt überhaupt „Ressourcen" heißen.

Ressourcen sind also alle Mittel, die die Menge der zur Verfügung stehenden Handlungsalternativen positiv beeinflussen. In diesem Satz sind die Begriffe „Mittel" und „positiv" streng genommen redundant: Wenn etwas als Mittel verwendet wird, dann dient es positiv einem damit verfolgten Zweck: Selbst wenn das ein negativer Zweck sein sollte, der also andere Handlungsalternativen beschränkt, ist damit immer eine positive Erwartung verbunden. Umgekehrt dient etwas, das etwas anderes positiv beeinflusst, als Mittel zu einem Zweck.

Um zu strukturieren, was Ressourcen im Einzelnen sein können, kann man zwei weitere Unterscheidungen anwenden: Einerseits haben wir die ganz allgemeine Unterscheidung darin, ob etwas als sogenannte Stromgröße kontinuierlich gewissermaßen entsteht und in dieser kontinuierlichen Entstehung Handlungsoptionen schafft, oder aber ob es als sogenannte Bestandsgröße einmal existiert und dann aus dieser Existenz heraus über die Zeit kontinuierlich Handlungsalternativen ermöglicht. Andererseits haben wir seit Entstehung geldvermittelter Ökonomie die Unterscheidung darin, ob Handlungsstrategien darüber möglich werden, dass man etwas an Märkten gegen Geld eintauschen kann, oder ob das eher nicht der Fall ist. In der Überschneidung dieser beiden Unterscheidungen betrachtet die Soziologie als Ressourcen insbesondere Einkommen, Vermögen, Zeit und Kapitalien.

Tab. 4.1 Vier Arten von Ressourcen

	Stromgrößen	Bestandsgrößen
Geldvermittelt	Einkommen	Vermögen
Allgemein	Zeit	Kapitalien

Von den vier Ecken dieser Matrix (Tab. 4.1) beschäftigen wir uns in diesem Text insbesondere mit denjenigen auf der sogenannten Hauptdiagonale (links oben nach rechts unten). Zeit ist eine allgemeine Ressource, die einem zwar von Medien gewissermaßen weggenommen werden kann, zu der Medien aber nichts beisteuern können. Und Vermögen lässt sich recht gut in den beiden angrenzenden Zellen jeweils subsumieren, einerseits allgemein als Kapital, andererseits über seine Entstehung, die in jedem Fall erst einmal Einkommen ist. Die Zelle mit Einkommen wird uns gleich noch beschäftigen (und Vermögen werden dann auch gleich noch mitbehandelt), wohingegen der Rest dieses Abschnittes sich mit Kapitalien beschäftigt.

Der Aspekt der Bestandsgröße, dass da also etwas einmal existiert und dann aus dieser Existenz heraus über die Zeit kontinuierlich Handlungsalternativen ermöglicht, führt dazu, dass hier zwei Handlungssituationen einander gegenübergestellt werden: Die der Erschaffung, oder besser des Aufbaus, da dies nicht ein einmaliger Akt ist, sondern zeitkontinuierlich erfolgt, und die der Nutzung. Kapitalien sind Ressourcen, die durch eine Nutzung nicht aufgezehrt werden, oder jedenfalls weniger aufgezehrt werden als es der Nutzung entspricht, betrachtet aus Sicht ihres (möglichen) Aufbaus über die Zeit.

Sie sind damit Gegenstand intertemporalen Handelns, das heißt eines Handeln, dass durch Ergebnisse zu anderen Zeitpunkten motiviert ist: Denn Kapitalien werden von Akteuren über die Zeit aufgebaut. Man spricht dabei von Akkumulation: Kapital wird akkumuliert.

Da Kapitalien zum Teil zwischen Akteuren übertragen werden können, kann man sie aber nicht nur selber akkumulieren, sondern auch „leistungslos" erhalten, zum Beispiel durch Erbe, ererbte oder zufällige Positionen oder generell Zugang zu Akteuren, die einem Kapital oder die Nutzungsströme aus Kapital übertragen können. Daraus ergibt sich eine normative Spannung.

Der Begriff Kapital ist im 13. Jahrhundert in Italien entstanden. Er kommt von lateinisch *caput,* was zunächst Kopf und dann übertragen Hauptstadt oder Hauptsache bedeutet, und betrifft zunächst Nutztiere, bei denen die Kopfanzahl der Muttertiere das Kapital darstellt und die Kälber, Zicklein oder Küken den Ertrag daraus, später dann die zur selben Zeit sich entwickelnde Buchhaltung, bei der das Güterbuch als wichtigstes, als „haupt"sächliches angesehen wurde.

Über Jahrhunderte bedeutete der Begriff ökonomische Anlagen, die zukünftig Nutzen oder Profite erzeugen könnten. Mit der Industrialisierung verwendete Karl Marx den Begriff mit der gleichen Bedeutung, aber im Hinblick auf ihre Auswirkungen auf gesellschaftlicher Makro-Ebene, entsprechend der besonderen Bedeutung zu Beginn der modernen Wachstumsprozesses, bei der Analyse der internen Dynamik und sozialen Folgen (Marx, Karl. 1969–1971). Marx beobachtete, wie im 19. Jahrhundert die Bildung von ökonomischem Kapital und sein Besitz sehr stark zunahmen, dies aber sehr stark sozial differenziert taten: Der Kapitalbildung bei wenigen stand, zusammenhängend auch mit dem großen Bevölkerungswachstum des 19. Jahrhunderts, eine Verschlechterung der sozialen Situation eines großen Teiles der Bevölkerung gegenüber. In *Das Kapital* und seinen anderen Werken unternimmt Marx drei Dinge:

- Erstens entwirft er eine eigene ökonomische Theorie, die versucht, die Gesetzmäßigkeiten der individuellen Austauschprozesse in der Wirtschaft zu fassen.
- Zweitens beschreibt er die Struktur der Gesellschaft ausgehend vom Begriff des ökonomischen Kapitals. Wir werden auf diese gesellschaftsstrukturierende Funktion in Kap. 7 noch zurückkommen.
- Und schließlich beschrieb er den Gegensatz der zu Ende gehenden ständisch-feudalen Gesellschaftsordnung zur Industriegesellschaft als Übergang von einer feudalen zu einer kapitalistischen Gesellschaft.

Feudum ist lateinisch das abhängig (als Leibeigener oder Pächter) bearbeitete Land, das sogenannte Lehen, so dass in dieser Gegenüberstellung sowohl der Übergang von einer landwirtschaftlichen zu einer industriellen Produktionsweise als auch der Übergang zwischen verschiedenen Formen der Abhängigkeitsverhältnisse enthalten ist. Das ökonomische Kapital bekommt hiermit also eine Rolle zugewiesen, die auf der gesellschaftlichen Makroebene zur Definition der Gesellschaftsstruktur beiträgt.

Diese Entwicklung wird im 19. Jahrhundert vor allem unter dem Begriff der „sozialen Frage" thematisiert: Die Bevölkerung wächst, aber gleichzeitig auch die Industrieproduktion. In den Ländern, in denen das Erbrecht vorschreibt, dass ein elterlicher Hof oder sonstiger Betrieb ungeteilt weitergegeben wird (z. B. Frankreich und Norddeutschland), strömen massenweise nachgeborene junge Menschen in die Städte und sind dort zunächst einmal der kapitalistischen Ausbeutung schutzlos ausgeliefert. In Gebieten, in denen Erbe geteilt wird (z. B. ein großer Teil der Schweiz und Süddeutschlands), werden die Höfe immer kleiner, die verarmenden Kleinbauern suchen Zusatzverdienste, und viele von ihnen geben die traditionellen Tätigkeiten auf und suchen ebenfalls Arbeit in der neu entstehenden Industrie. Was soll nun passieren mit der massiv angestiegenen sozialen Ungleichheit?

Diese Entwicklung verlief aber nicht dauerhaft so, wie Marx das gesehen und extrapoliert hatte: Nach einem Höhepunkt, der je nach Land unterschiedlich zwischen 1867 und dem Zweiten Weltkrieg lag, ging die soziale Ungleichheit in allen westlichen Ländern wieder zurück. Es ist der US-Ökonom Simon Kuznets, der als erster thematisiert, dass es nach (und teilweise, etwa in Großbritannien, schon vor) den beiden Weltkriegen zu einer Umkehr dieser Entwicklung kommt. Kuznets macht eine umgekehrt u-förmige Entwicklung aus, die später auf breiter Basis bestätigt wird. Kuznets versucht diese Entwicklung mit dem Wechsel der Produktion von der (unproduktiven) Landwirtschaft in die (produktive) Industrie zu erklären: An der Stelle, wo die Produktion gerade hälftig aufgeteilt ist, müsste dann die größte Ungleichheit zu erwarten sein (Abb. 4.1).

In den 1950er Jahren wurde dieses Phänomen darüber verstanden, dass der Kapitalbegriff über seinen auf Güter bezogenen alten Anwendungsbereich hinaus breiter verwendet wurde. Es lag offensichtlich nicht nur bei den Kapitalisten Kapitalakkumulation vor, sondern auch bei den Arbeitern. Was konnte das sein?

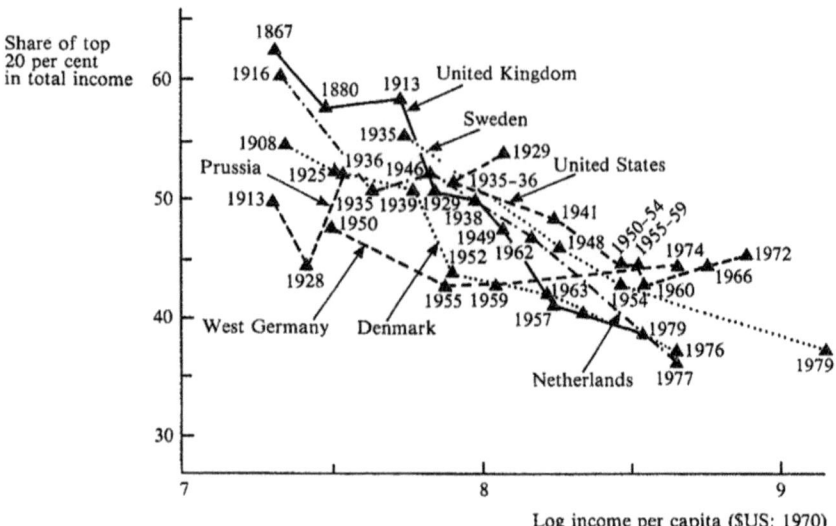

Abb. 4.1 Erster Kuznets-Prozess steigender und fallender Ungleichheit (Lindert und Williamson 1985)

4.1 Ressourcen und Kapital

Die Antwort auf diese Frage lautete: Bildung. In Kap. 7 werden wir sehen, wie bereits Max Weber im Gegensatz zu Karl Marx betonte, dass nicht nur der Besitz von ökonomischem Kapital zu sozial relevanten Unterschieden zwischen den Menschen führt und damit die Gesellschaft strukturiert. Das war aber nicht immer so, sondern als die ganze Gesellschaft umfassende Einsicht Gegenstand einer Entwicklung, die zu Webers Zeit noch in den Anfängen steckte. In der zweiten Hälfte des 19. Jahrhunderts wurde in Europa und Nordamerika die allgemeine Schulpflicht eingeführt, aber die änderte an der steigenden Ungleichheit erst einmal so gut wie nichts, weil alle dieselbe Primarschulbildung bekamen und deshalb weiterhin alle Arbeitnehmer gegeneinander austauschbar waren. Erst um den zweiten Weltkrieg herum verbreitete sich Sekundarschulbildung, die dazu führte, dass Arbeitnehmer unterschiedliche Qualifikationen erwarben und damit (insbesondere dann, wenn sie sich in Gewerkschaften zusammenschlossen) ein Verhandlungspotenzial hatten, das ebenfalls auf einer über die Zeit aufgebauten Ressource beruhte.

Folgerichtig prägten US-amerikanische Ökonomen und Soziologen in den 1950er Jahren den Begriff „Humankapital" für die produktiven Effekte von Bildung. Für die Untersuchung auf der Mikroebene sind Jacob Mincer (1958) und Gary S. Becker (1964) als Pioniere zu nennen. Es geht dabei vor allem um den Zusammenhang von Einkommen und Ausbildung: Bildung führt zu mehr individueller Produktivität, zu besseren Chancen auf gute berufliche Stellungen und damit auch auf soziale Positionen.

Wie beim ökonomischen Kapital hat auch der Begriff Humankapital neben der Mikro- wiederum eine Makroebene, die etwa von Arthur Lewis und Theodore Schultz als ersten erforscht wurde: Im Gesellschaftsvergleich führt Bildung zu mehr ausgebildeten Arbeitnehmern und ermöglicht Investitionen ist ökonomisches Kapital.

Wenn man nun ökonomisches Kapital hat und Humankapital, kann man dann den Kapitalbegriff auf noch mehr Aspekte anwenden? Tatsächlich hat ein dritter Kapitalbegriff, derjenige des Sozialkapitals, die Soziologie und ganz stark auch die Mediensoziologie in den letzten 35 Jahren sehr stark beschäftigt.

Bevor wir ihn uns im Folgenden genauer anschauen, noch zwei Dinge zur allgemeinen Einordnung: Erstens: Alle drei Kapitalbegriffe haben sowohl eine Relevanz auf der individuellen Mikro- als auch auf der gesellschaftlichen Makro-Ebene. Aber das muss in der Wissenschaft erst einmal jemandem auffallen! Tab. 4.2 fasst für alle drei Kapitalbegriffe jeweils zusammen, wann und von wem (soweit man das festhalten kann) sie im jeweiligen Aspekt erstmals thematisiert worden sind. Die drei zum Thema Sozialkapital genannten Autoren (und ein paar weitere) werden wir im folgenden Abschnitt noch genauer kennenlernen.

Tab. 4.2 Die Enführung verschiedener Kapitalbegriffe

	Mikro-Ebene		Makro-Ebene	
Ökonomisches K.	13. Jhd.	Toskana	Mitte 19. Jhd.	Karl Marx
Humankapital	1950er	Jacob Mincer Gary S. Becker	1950er	Arthur Lewis Theodore Schultz
Sozialkapital	1980er	Pierre Bourdieu James S. Coleman	1990er	Robert Putnam

Wir unterscheiden diese drei Kapitalsorten entsprechend der gewählten handlungstheoretischen Systematik dieses Textes. Eine andere einflussreiche Theorie stammt von Pierre Bourdieu (1930–2002). Sie stimmt in vielen Punkten mit der hier gewählten überein, weicht aber teils auch von ihr ab, und da sie so einflussreich und weit verbreitet ist, sei sie hier kurz referiert. Bourdieu unterscheidet nicht nur drei, sondern vier Kapitalsorten. Das Humankapital heißt bei ihm „kulturelles Kapital" und verweist weniger auf individuelle Produktivität als auf Bildung beruhenden Geschmack, der soziale Anschlussfähigkeit ermöglicht und so aus handlungstheoretischer Sicht eher eine Sozialkapitalgrundlage darstellt. Dazu kommt bei Bourdieu als vierte Sorte das sogenannte „symbolische" Kapital, das sich auf Reputation, Zertifikate (z. B. Bildungsabschlüsse) oder prestigeträchtige Positionen bezieht (Bourdieu 1979) und jeweils symbolisierte Aspekte der drei anderen Kapitalformen enthält (Tab. 4.3).

In der Verfügung über Ressourcen gibt es zur Zeit der Anfänge der Soziologie und auf ähnliche Weise heute Verschiebungen, die die Gesellschaft verändern und die Soziologie beschäftigen.

Tab. 4.3 Kapitalbegriffe der Handlungstheorie und bei Pierre Bourdieu im Vergleich

Kapitalbegriffe bei Pierre Bourdieu	Kapitalbegriffe der Handlungstheorie		
	Ökonomisches K.	Humankapital	Sozialkapital
Ökonomisches Kapital	Maschinen Unternehmen		
Kulturelles Kapital		(Produktivität)	Distinktion
Soziales Kapital			Individuelles Sozialkapital
Symbolisches Kapital	Positionen	Zertifikate	Reputation

Es handelt sich in beiden Fällen um Anstiege im Ausmaß sozialer Ungleichheit. Noch nicht gleichermaßen lange wie von Karl Marx thematisiert im 19. und frühen 20. Jahrhundert, auf anderem Niveau, wohlfahrtsstaatlich abgefedert, nicht mit ganz derselben Unerbittlichkeit, und mit Daten ungleich besser belegt, findet seit etwa 1970 ein ähnlicher Prozess statt.

In einer eigenen Analyse von Daten der *Luxembourg Income Study* von 2013, die die zu diesem Zeitpunkt verfügbaren Daten für den Zeitraum von 1968 bis 2005 analysiert, sehen wir, dass die Ungleichheit der verfügbaren (jeweils die untere, blaue Linie) und der vor staatlicher Umverteilung am Markt erzielten Einkommen (obere, rote Linien) allein in der Schweiz geringer geworden ist, neben einigen Ländern mit unklarem Bild (NL, A, DK) oder effektiver gewordenem Sozialstaat (Frankreich). Aber in elf von sechzehn Ländern sind die Ungleichheiten klar größer geworden, und auch wenn ich hier keine neueren Daten präsentieren kann, gibt es keine Anzeichen dafür, dass dieser Prozess nach 2005 zum Stoppen oder gar Umkehren gekommen wäre. Und in diesen Daten sind die Extreme der Einkommensverteilung noch nicht einmal drin, das heißt jener Anteil an Ungleichheit, der auf die wirklich Reichen und ihre in allen normalen Jahren gestiegenen Anteile entfällt, ist hier sogar noch unberücksichtigt (Abb. 4.2).

Wenn wir also von Sozialstruktur vor dem Hintergrund sozialer Ungleichheit reden, dann reden wir von einer sozialen Veränderung, die etwa die Schweiz noch kaum erreicht hat, die aber Deutschland und andere westliche Gesellschaften, zuvorderst die britische und US-amerikanische, weniger bekanntermaßen aber auch z. B. Schweden, Australien, Belgien und Finnland, schon stark verändert hat.

Und das hat natürlich auch Auswirkungen darauf, welche Rolle Medien spielen. Gerade für nordische Länder, die sich in kurzer Zeit von extrem egalitären wieder in stark durch Ungleichheit geprägten Gesellschaften entwickelt haben, kann man sehen, wie bestimmte „Publikumsinseln" (audience islands) entstehen, auf die sich soziale Gruppen zurückziehen. (Lindell und Hovden 2018), oder wie diese angenommene Klassenlosigkeit in den Medien langsam zerfällt (Oddsson 2016). In Großbritannien, aber nicht nur dort, haben sich eigene Medienformate etabliert, die sich der neuen Lebensrealität armer Menschen widmen und einerseits Rat bieten, aber andererseits auch dem Voyeurismus fröhnen (De Benedictis et al. 2017).

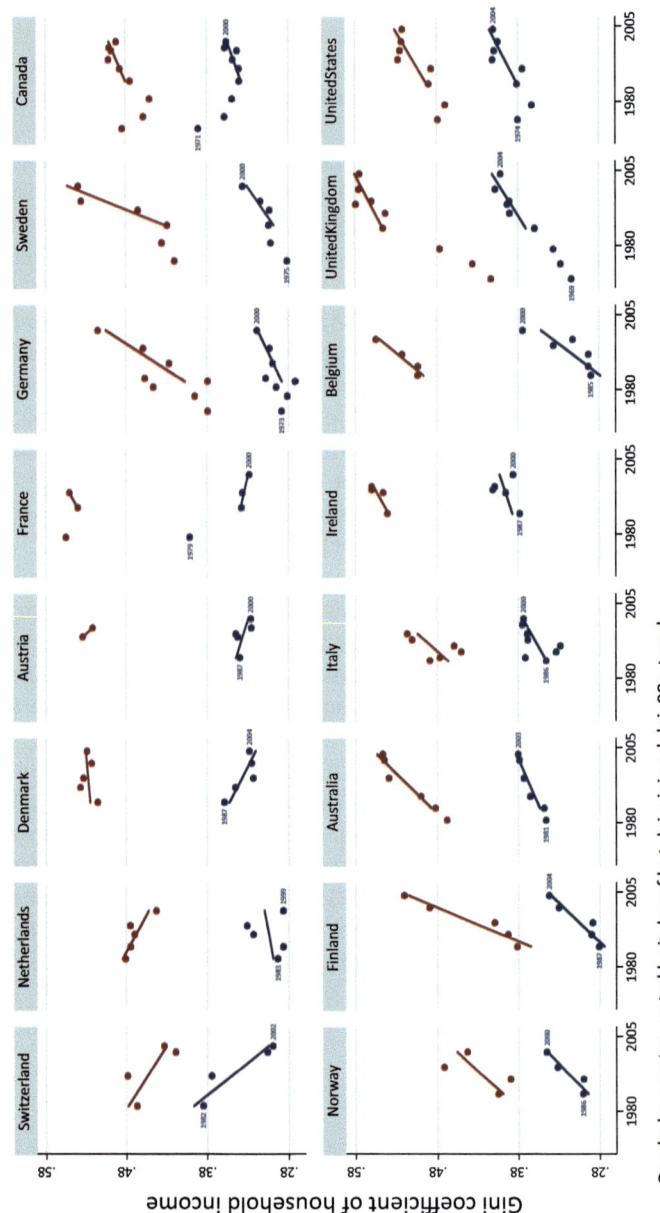

Abb. 4.2 Entwicklung sozialer Ungleichheiten in 16 Industriegesellschaften, 1968–2005

4.2 Sozialkapital und Individualisierung

In der deutschen Sprache kennt man für den Nutzen von Beziehungen den Begriff „Vitamin B", der anscheinend zum ersten Mal als Antwort auf eine offene Frage in einer Zürcher Dissertation von 1951 erscheint (Andina 1951, S. 149). Zur selben Zeit stellen in den USA bereits einige Studien die Bedeutung fest, die Beziehungen haben, wenn es darum geht, eine Arbeitsstelle zu finden (siehe Granovetter 1973, S. 1371 für Referenzen).

Das heißt, die Netzwerke von Beziehungen zwischen Menschen spielen eine Rolle: Damit schließt an dieser Stelle die Soziologie an die interdisziplinäre Untersuchung von Netzwerken an, die jeweils auf dem Konzept von Knoten und Verbindungen aufbauen und mit diesem einfachen Konzept die Eigenschaften ganz unterschiedlicher Netzwerke analysieren, zum Beispiel

- geografische Netzwerke von Orten, zwischen denen man sich durch Kanäle, Brücken, Straßen, Eisenbahnlinien, Flugverbindungen etc. bewegen kann;
- körperliche Netzwerke von Organen, die durch Adern, Lymphbahnen oder Nerven verbunden sind;
- physikalische Netzwerke von Atomen, die zum Beispiel in Kristallen durch elektromagnetische Bindungskräfte verbunden sind;
- Netzwerke von elektrischen oder elektronischen Komponenten, die durch stromleitende Verbindungen miteinander zusammenhängen;
- oder eben soziale Netzwerke von Menschen (oder auch Tieren), die durch Ähnlichkeiten, soziale Beziehungen oder konkrete Interaktionen miteinander verbunden sind.

In der erste wissenschaftlichen Arbeit, die sich mit diesen Fragen beschäftigt, untersucht der Basler Mathematiker Leonard Euler im Jahr 1736, ob man über die damals sieben Brücken in der ostpreußischen Stadt Königsberg (heute Kaliningard) in einem Weg gehen kann, ohne eine zweimal zu benutzen, und mathematisch zeigen konnte, dass das nicht geht (Abb. 4.3).

Eine frühe Studie der soziologischen Netzwerkforschung untersucht 1934 einen Fall, in dem aus einer Internatsschule 14 Mädchen weggelaufen waren.

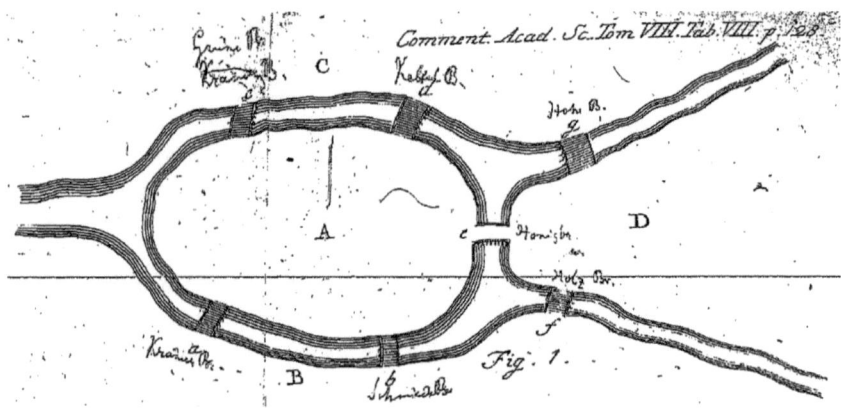

Abb. 4.3 Eulers Graphik zum Brückenproblem (1736)

> **Fallbeispiel 7: Netzwerke und Flucht aus einem Kinderheim**
> Der Autor Jacob Moreno schlägt vor, den Grund für diese ungewöhnliche Häufung nicht in den individuellen Hintergründen der Mädchen zu suchen, sondern von einem Fall von „Ansteckung" durch individuelle Verbindungen auszugehen. (Auf die Idee, dass auch ungeeignetes pädagogisches Handeln seitens der der involvierten Erwachsenen dahinterstecken könnte, ist damals augenscheinlich niemand gekommen.) Er untersucht die Beziehungen, die durch Zusammenleben in einem Haus und durch persönliche Freundschaften zwischen den Mädchen bestehen, und konstruiert den Weg, über den sich die Entscheidung zum Weglaufen in einer Kette der Ansteckung verbreitet.
>
> Abb. 4.4 ist die zentrale Illustration der Untersuchung. Die großen Kreise stehen jeweils für die einzelnen Häuser (C für cottage), in denen die Mädchen zusammenleben; die mittelgroßen Kreise mit den Initialen für die 14 weggelaufenen Mädchen, und die kleinen Kreise für andere Mitbewohnerinnen. Tatsächlich kann Moreno zeigen, dass alle weggelaufenen Mädchen direkt oder indirekt miteinander verbunden sind, und dass sogar bis auf eine Ausnahme immer ein direkter Kontakt zu einem anderen weggelaufenen Mädchen besteht.

Aber der eigentliche Start der soziologischen Netzwerkforschung ist erst die Dissertation on Mark Granovetter Ende der 1960er Jahre (Granovetter 1973, 1974).

4.2 Sozialkapital und Individualisierung

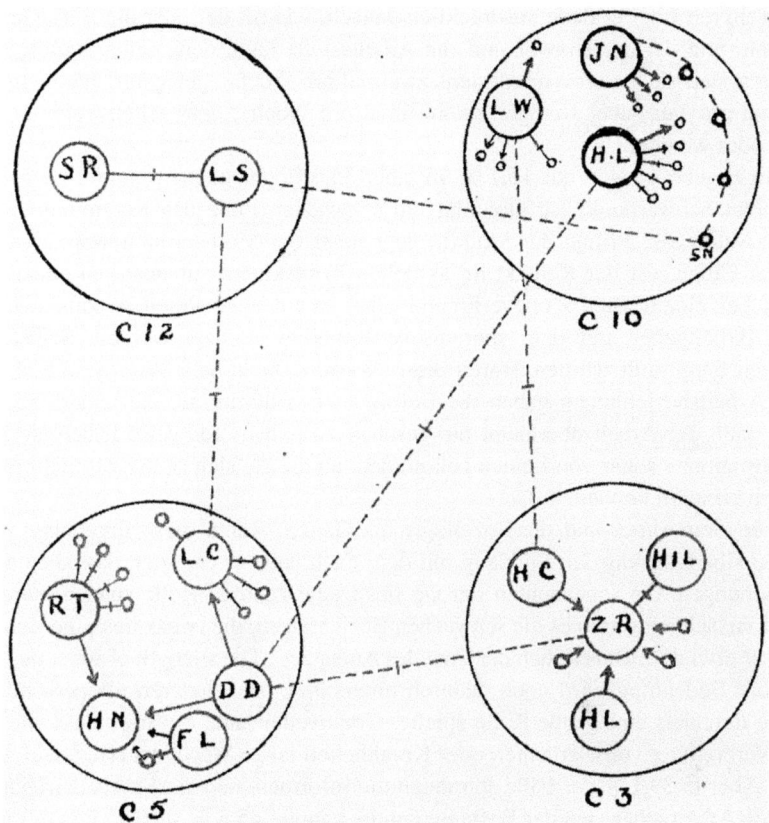

Abb. 4.4 Die ‚Runaway Chain' in Moreno 1934

Granovetter befragte in dem Vorort von Boston, in dem er damals lebte, eine zufällige Auswahl von Menschen aus akademischen Berufen, die kürzlich eine neue Arbeit gefunden hatten. Er geht von dem oben bereits zitierten Befund aus, dass bei der Stellensuche Kontakte eine Rolle spielen, und interessiert sich zunächst sehr allgemein für sie. Dabei bekommt er mehrfach den ungefragten Hinweis, dass der Hinweisgeber durchaus kein naher Kontakt gewesen sei:

> „Often when I asked respondents whether a friend had told them about their current job, they said, „Not a friend, an acquaintance." It was the frequency of this comment which suggested this section of the paper [die dem Artikel seinen Namen gibt! HS] to me." (Granovetter 1973, S. 1372 Fn. 17)

Im weiteren fragt er dann ausdrücklich danach, wie oft der oder die Befragte die Person, von der der Hinweis auf die Arbeitsstelle kam, denn sehen würde, und kategorisiert sie als oft = mindestens zweimal pro Woche; gelegentlich = mehr als einmal pro Jahr, aber weniger als zweimal pro Woche; oder selten = einmal pro Jahr oder weniger.

Im Ergebnis sagen nur 16,7 % oft, aber 55,6 % gelegentlich, und 27,8 % selten. Der Schwerpunkt lag also klar am schwachen Ende des Kontinuums, was Granovetter als „Primat der Struktur gegenüber der Motivation" interpretiert. In vielen Fällen war der Kontakt im aktuellen Kontaktnetz nur marginal enthalten, etwa bei einem alten College-Freund oder einem ehemaligen Arbeitskollegen oder Arbeitgeber, mit dem sporadische Kontakte gepflegt wurden. Selbst als sie neu hergestellt wurden, waren diese Kontakte nicht sehr stark gewesen. Bei den Arbeitsbeziehungen gaben die Befragten fast immer an, die andere Person außerhalb der Arbeit überhaupt nie gesehen zu haben. Teilweise haben sie ihre Informationen sogar von Leuten bekommen, an die sie sich schon gar nicht mehr hatten erinnern können.

Für Granovetter und die Soziologie als Ganzes waren diese Ergebnisse eine große Überraschung. Im Einklang mit dem Fach hatte er erwartet, dass die engen Beziehungen, die sogenannten ‚strong ties', eine zentrale Rolle spielen würden. Aber tatsächlich waren es die schwachen Beziehungen, die ‚weak ties', die sich als stärker erwiesen: Daher auch der Titel des Aufsatzes „The strength of weak ties".

Ihre Bedeutung wird noch dadurch unterstützt, dass andererseits persönliche Nähe durchaus eine große Rolle spielte. Granovetter hatte erwartet, dass wie bei der Verbreitung von Gerüchten oder Krankheiten lange Wege involviert sein würden. Aber in 39,1 % der Fälle stammten die Informationen direkt von dem potenziellen Arbeitgeber, den der Befragte bereits kannte; 45,3 % sagten, dass es einen Vermittler zwischen Gehirn und Arbeitgeber gäbe; und nur 15,6 % meldeten zwei oder mehr. Es kommt also auf das direkte individuelle Netzwerk an. Wenn lange Informationspfade eine größere Rolle spielen würden, würde die Information zu sehr viel mehr Menschen kommen, und die Bedeutung der einzelnen Beziehung wäre nicht mehr besonders groß. Aber dadurch, dass es sehr auf die unmittelbaren Kontakte und deren individuelle Beziehungen ankommt, erhalten diese eine große Bedeutung.

Granovetter erweitert dieses Ergebnis später zu einem allgemeinen Hinweis auf die Bedeutung der Einbettung (Embeddedness) in Netzwerken nun generell für Akteure, also auch für kollektive Akteure wie Unternehmen und politische Gruppen (Granovetter 1985). Auch in der Netzwerkforschung kann man also mit dem Akteursbegriff arbeiten. Aber bei Beziehungen kommt es doch sehr wesentlich darauf an, dass Individuen sich miteinander austauschen. Beziehungen können innerhalb von Organisationen auf andere Individuen übertragen werden, aber nicht so allgemein, dass man sie daher so einfach zu Beziehungen von Organisationen erklären könnte.

In diesen Beziehungsnetzwerken haben wir jetzt etwas, was über die Zeit aufgebaut wird und dann Nutzen abwirft, ohne sich dabei gleich aufzuzehren. Man kann also den Kapitalbegriff dafür verwenden, und, weil es dabei um soziale Beziehungen geht, von Sozialkapital reden. Der erste, der das tut, ist 1983 der französische Soziologe Pierre Bourdieu.

Bourdieu fasst Sozialkapital definitorisch als „Gesamtheit der aktuellen und potenziellen Ressourcen, die mit der Teilhabe am Netz sozialer Beziehungen gegenseitigen Kennens und Anerkennens verbunden sind" (für alle folgenden Zitate siehe Bourdieu 1983, S. 190–93).

Der Umfang des Sozialkapitals, das der einzelne besitzt, hängt sowohl von der Ausdehnung des Netzes von Beziehungen ab, die er tatsächlich mobilisieren kann, als auch von dem Umfang des (ökonomischen, kulturellen oder symbolischen) Kapitals, das diejenigen besitzen, mit denen er in Beziehung steht. Die Verwendung des Kapitalbegriffes für den Wert sozialer Beziehungen erlaubt Bourdieu auch diejenigen begrifflichen Operationen, mit der dieser Begriff von seiner ökonomischen Ausprägung her verbunden ist:

- Sozialkapital ist eine Ressource, bringt also *Nutzen.*
- Sozialkapital kann *in andere Kapitalformen transformiert* werden.
- Es steht mit anderen Kapitalformen in einem Austausch- oder *„Multiplikatorverhältnis".*
- Es beruht auf *Tauschbeziehungen* (materiellen und/oder symbolischen) und trägt zur Aufrechterhaltung dieser Beziehungen bei.
- Es gibt Akte der *Institutionalisierung,* die über das Vorliegen eines Sozialkapitalverhältnisses informieren und diesem eine quasi-reale Existenz geben.
- Sozialkapital „verleiht – im weitesten Sinne des Wortes – *Kreditwürdigkeit.*"

Während dies also noch ganz zu Granovetter und anderen anschlussfähig ist, setzt Bourdieu in seinem Verständnis in zweierlei Hinsicht besondere Akzente: In der Betonung symbolischer Aspekte, und in der Betonung von Gruppenzugehörigkeiten als Grundlage sozialen Kapitals.

Symbolische Aspekte sind für Bourdieu in den Austauschbeziehungen, auf denen das Sozialkapital beruht, untrennbar an die materiellen Aspekte geknüpft. Beziehungen können nur in Gang gebracht und aufrechterhalten werden, wenn symbolische Verbindungen hergestellt sind und erkennbar bleiben. Das ist natürlich ein Anknüpfungspunkt für die Mediensoziologie, die sich dafür interessiert, wie Medien Anknüpfungspunkte für gemeinsame Symbolbezüge liefern – etwa wenn Freundesgruppen zusammen bestimmte Serien anschauen und darüber reden (Shoshana 2016).

Gruppenzugehörigkeiten strukturieren bei Bourdieu das Sozialkapital. Was bei Granovetter ganz individualistisch gedacht und erfasst ist, übersetzt Bourdieu für sich automatisch als „Ressourcen, die auf der Zugehörigkeit zu einer Gruppe beruhen":

> Die Profite, die sich aus der Zugehörigkeit zu einer Gruppe ergeben, sind zugleich Grundlage für die Solidarität, die diese Profite ermöglicht. Das bedeutet nicht, dass sie bewusst angestrebt werden – nicht einmal in den Fällen, wo bestimmte Gruppen, z. B. exklusive Clubs, offen darauf ausgerichtet sind, Sozialkapital zu konzentrieren und dadurch den Multiplikatoreffekt voll auszunützen, der sich aus dieser Konzentration ergibt. Aus der Zugehörigkeit zu einer derartigen Gruppe ergeben sich materielle Profite, wie etwa die vielfältigen mit nützlichen Beziehungen verbundenen „Gefälligkeiten" und symbolische Profite, die z. B. aus der Mitgliedschaft in einer erlesenen und angesehenen Gruppe entstehen.

Soziales Kapital bedeutet für Bourdieu in erster Linie die Möglichkeiten, die aus der Zugehörigkeit zu einer sozialen Gruppe entstehen.

Der nächste, der sich den Begriff analytisch anschaut, ist James S. Coleman, der Ihnen bereits von seinem „Badewannen-Modell" bekannt ist. Coleman sieht die Allgemeinheit des Kapitalbegriffs als sehr hilfreich an, aber wie Granovetter legt er mehr Gewicht auf die Verwendung des Begriffes ‚Struktur':

> „Social capital is ... a variety of entities, with two elements in common: they all consist of some aspect of social structures, and, they facilitate certain actions of actors within the structure. Like other forms of capital, [it], is productive, making possible the achievement of certain ends that in its absence would not be possible. Like physical capital and human capital, [it], is not completely fungible but may be specific to certain activities." (Coleman 1988)

Wir haben hier also wiederum den Aspekt des Nutzens und denjenigen der Transformationsmöglichkeit, hier aber negativ beschrieben in Hinblick auf ihre Begrenzungen.

Seine allgemeine Definition ermöglicht es Coleman, das Feld dessen, was als Sozialkapital beschrieben werden kann, weiter zu fassen. Wenn Sozialkapital all das ist, was auf sozialen Strukturen beruht und Nutzen stiftet, dann fallen hierunter nicht nur Beziehungen, sondern auch Institutionen. Coleman beschreibt

4.2 Sozialkapital und Individualisierung

Sozialkapital in vier Formen: Einerseits nimmt er Granovetters Unterscheidung in Verpflichtungen und Erwartungen einerseits (Strong ties) und Informationskanäle (Weak ties) auf. Andererseits sieht er auch in Normen und wirksame Sanktionen, die zu kooperativem Verhalten führen, strukturell bedingte Nutzen. Und schließlich gibt er Bourdieu gegenüber zu, dass auch Gruppen einen Sozialkapitalaspekt haben können, wobei er allerdings den Fokus auf die Existenz konkreter sozialer Organisationen wie zum Beispiel von Vereinen legt, die die Übertragung individuellen Sozialkapitals auf andere erlauben, und die sozialen Groß- und insbesondere Statusgruppen, die Bourdieu vor allem im Auge hat, nicht weiter betrachtet. Institutionen und Organisationen beziehen sich beide auf Kollektive; auch wenn das Kollektiv schon bei der Gruppengröße von zwei anfangen mag, ist doch der Blick auf andere Weise erweiterbar als bei den Beziehungen, die von ihrer Natur her individuell definiert sind. Da sich beide Paaren von Sozialkapitalformen jeweils nach der durchschnittlichen sozialen Entfernung unterscheiden lassen, die mit ihnen überbrückt wird. kann man Colemans vier Formen wie in Tab. 4.4 in eine 2 × 2-Matrix fassen: (Coleman 1988).

Die weitere Forschung hat diese beiden Aspekte des Sozialkapitals aber eher getrennt voneinander untersucht. Einerseits den Wert individueller Verbindungen in Anschluss an die allgemeine Netzwerkforschung, andererseits den sozialen Wert von Verbindungen und den durch sie ermöglichten Institutionen im Anschluss an die allgemeine Erforschung von Institutionen. Für beide schauen wir uns noch ein zentrales Ergebnis an.

In Hinblick auf den individuellen Nutzen von Beziehungen stellt sich in Abschluss an Granovetter die Frage, welche Kontakte sind denn nun eigentlich die wichtigen, die sich angesichts knapper Ressourcen zu pflegen lohnen? Diese Frage wird 1992 von Ronald S. Burt untersucht (Burt 1992). Granovetter postuliert ja die Stärke schwacher Beziehungen. Aber kann es sein, dass eine Beziehung wichtiger wird dadurch, dass man den anderen weniger oft sieht?

Tab. 4.4 Die vier Arten von Sozialkapital. (Nach Coleman 1988)

		Reichweite der wechselseitigen Erwartungen	
		Individuell	Kollektiv
		Individuelle Verbindungen	Institutionen
Soziale Entfernung	Nah	Verpflichtungen und Erwartungen (Strong Ties)	Organisationen (Institutionen in Gruppen)
	Weit	Informationskanäle (Weak ties)	Institutionen allgemein

Nein, überlegt Burt. Stattdessen könnte eine Scheinkorrelation vorliegen – die geringe Kontaktintensität ist vielleicht das Ergebnis von etwas Drittem, das ebenso zur Bedeutung der entsprechenden Beziehung beiträgt. Was mag das sein? Burt schaut dabei wieder auf die Struktur der Netzwerke und auf die mittelbaren Beziehungen, die durch unmittelbare Beziehungen ermöglicht werden. Wenn in einem Netzwerk unterschiedliche Gruppen bestehen, in denen jeweils über viele interne Beziehungen viele interne Informationen fließen, dann ist das auf der Mesoebene für die solcherart definierten Gruppen eine schöne Sache. Aber es fließt viel redundante Information, und jeder der Beteiligten ist daran ungefähr in gleichem Maße beteiligt, so dass keiner gegenüber den anderen einen Vorteil hat.

Anders ist dies, wenn nun aber solche Netzwerkcluster über nur eine oder wenige Brücken miteinander verbunden sind. Diejenigen Interaktions- oder Transaktionspartner, die aus unterschiedlichen Gruppen kommen und über ihre Kontaktbeziehung diese beiden Gruppen verbinden, versorgen sich gegenseitig mit nichtredundantem Wissen. Obwohl man hier eigentlich eher von Gräben zwischen den Gruppen sprechen müsste (analog zu Eulers Brücken), verwendet Burt den Begriff „strukturelles Loch" (Structural hole). Die Brücken über solch ein Loch sind das Nadelöhr, über das Informationen zwischen zwei Gruppen fließen können. Wenn Akteure ein Beziehungsnetzwerk haben, das reich an solchen strukturellen Löchern ist, können sie entscheidende Vorteile gegenüber den anderen daraus erzielen. Die strukturellen Löcher ermöglichen ihnen den Zugang zu besseren Informationen sowie eine Kontrolle über die Flussrichtung dieser Informationen und damit Macht, die sie als Ressource einsetzen können (Abb. 4.5).

Burt kann diese These auch mit umfangreichem Material untermauern. Zum Beispiel untersucht er auf der Makroebene branchenspezifische Entwicklungen und kann zeigen, dass Transaktionshäufigkeiten zu Marktpartnern außerhalb der eigenen Branche zu Profitvorteilen führen. In einer anderen Studie auf der Mikroebene kann er zeigen, wie sich sein Argument auf die Karrieren von Managern auswirkt. Er verwendet dazu sogenannte „egozentrierte Netzwerkdaten", indem er Gruppe von Managern nach ihren Beziehungspartner befragt und diese Daten dann zu einem Netzwerkbild verbindet. Tatsächlich werden diejenigen Manager häufiger und schneller befördert, die mehr structural holes in ihren beruflichen Beziehungsnetzen überbrücken. Und umgekehrt profitieren Frauen und junge Männer (als Mitglieder schwächerer Gruppen) nur dann, wenn sie Mentoren haben und sich deren Sozialkapital aneignen können.

Burts Ansatz bringt ein klares Argument, das praktisch relevante Implikationen besitzt und sich gleichzeitig mit verschiedenen Netzwerkmessgrößen (die wir hier nicht behandeln) in immer wieder neuen Zusammenhängen schön empirisch testen lässt. Diese weitere Forschung hat unter anderem gezeigt, dass der Effekt

4.2 Sozialkapital und Individualisierung

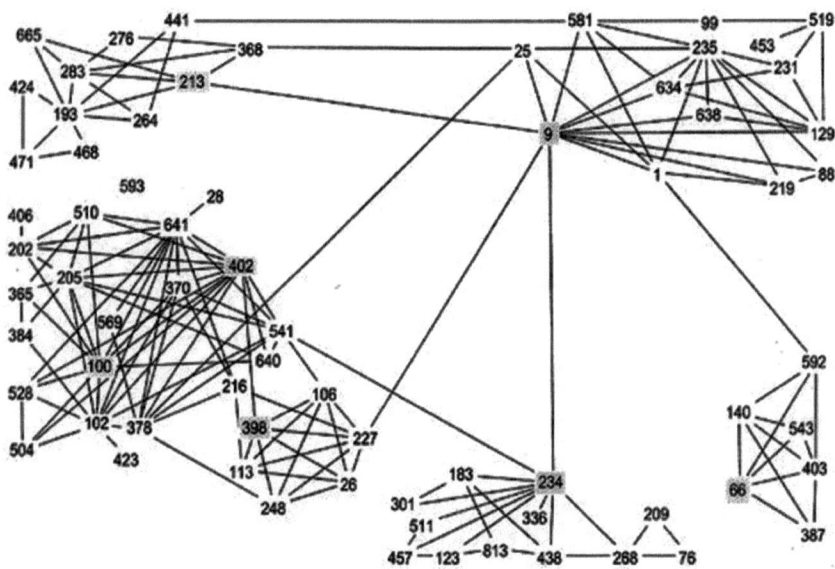

Abb. 4.5 Illustration zu Burts Begriff des strukturellen Loches

nicht unendlich so weitergeht, zumindest was Kreativität anbetrifft: Bis zu einem bestimmten Grad wirkt sich Heterogenität sehr positiv auf Kreativerfolg aus, danach kehrt sich die Wirkung um. Zu viele oder gar ausschließlich Kontakte zu strukturellen Löchern kann die an sich positiven Eigenschaften sogar ins Gegenteil kehren (Uzzi und Spiro 2005).

Der letzte Abschnitt wurde durchzogen von der Frage, wie denn nun die Struktur unserer Beziehungen eigentlich aussieht. Sind wir vor allem in Gruppen mit ‚bonding capital' organisiert, wie es Bourdieu beschreibt und Putnam fordert, oder sind wir individualistisch durch Brücken verbunden, wie es Granovetter beschreibt und Burt empfiehlt? Natürlich liegt beides nebeneinander vor. Aber dass über die Zeit eine Tendenz zur Entwicklung von der Gruppenstruktur zu einer individualistischen Struktur vorliegt, ist ein Phänomen, das in der Soziologie lange vor allen bisher angesprochenen Beiträgen verhandelt wird.

Georg Simmel beschreibt bereits 1904 die soziale Welt als ein Nebeneinander „sozialer Kreise", wie er sie beschreibt, nämlich von sich überlagernden Gruppenstrukturen. In der traditionellen Gesellschaft gehört das Individuum zu einer Familie, es lebt mit allen Familienmitgliedern in einem Dorf, alle Dorfbewohner sind Bürger desselben Fürstentums, und alle Bürger des Fürstentums gehören der Christenheit an. Das heißt, alle diese Kreise sind konzentrisch (Abb. 4.6).

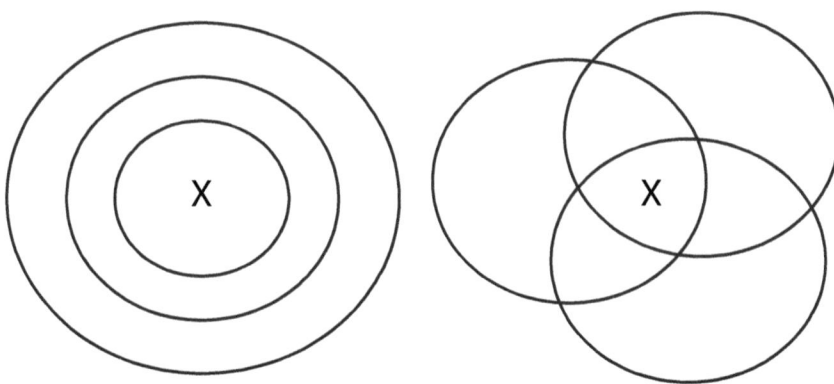

Abb. 4.6 Individualisierung als Verschiebung sozialer Kreise bei Georg Simmel

In der modernen Gesellschaft hingegen ist das Individuum der (einzige) Schnittpunkt unterschiedlicher Kreise. Der oder die Einzelne gehört also immer noch Gruppen an, aber lauter unterschiedlichen, die sich nun noch gerade in der eigenen Person so und genauso schneiden.

Aus netzwerktheoretischer Sicht kann man diese „sozialen Kreise" so interpretieren, dass die darin enthaltenen Personen alle miteinander verbunden sind, und kommt dann ganz analog zu den oben gemachten Überlegungen zu dem Schluss, dass die moderne Gesellschaft mehr Brücken über strukturelle Löcher besitzt als die traditionelle. Aber zum Begriff der Individualisierung gehören auch noch andere Aspekte.

In den 1980er Jahren wird der Begriff der Individualisierung besonders prominent aufgenommen durch Ulrich Beck (1944–2014). Für ihn bedeutet der Begriff vor allem dass Menschen viel individueller handeln können, aber auch müssen als früher. Als Gründe nennt Beck Wohlstand, Freizeit, schärfere Konkurrenz, Mobilität, sowie das gestiegene Bildungsniveaus (Beck 1983, 1986). Im deutschen Sprachraum bleibt Beck sehr prägend mit „drei Dimensionen der Individualisierung", die er beschreibt:

- Individualisierung besteht einerseits aus einer „Freisetzungsdimension", die die Herauslösung aus traditionell überkommenen sozialen Bindungen meint.
- Zweitens geht mit ihr etwas einher, was er „Entzauberungsdimension" nennt, nämlich ein Verlust von traditionalen Sicherheiten.

4.2 Sozialkapital und Individualisierung

- Zu diesen beiden kommt eine sogenannte „Kontroll- bzw. Reintegrationsdimension", weil nach Becks Ansicht die traditionellen Bindungen nicht einfach ersatzlos wegfallen können, sondern eine neue Art der sozialen Einbindung notwendig ist, die aus seiner Sicht noch nicht gestaltet ist.

Becks Konzept hat die soziologische Theorie stimuliert. Sie ist ein zentrales Argument in der gegenwärtigen soziologischen Theorie in sehr verschiedenen Bereichen. Empirische Analysen beziehen sich vor allem auf die Bedeutung bestimmter Gruppenzugehörigkeiten. Zum Beispiel konnte für viele Länder eine abnehmende Bedeutung der Religion für Wahlentscheidungen gezeigt werden, für Deutschland desgleichen auch für die Klassenzugehörigkeit.

Man kann allerdings jenseits dieser konkreten Zusammenhänge zeigen, dass ganz allgemein die Menschen „individueller" werden in dem Sinne, dass man, wenn man eine Eigenschaft von ihnen weiß, weniger über andere Eigenschaften von ihnen schon annehmen kann. In den genannten empirischen Untersuchungen bezieht sich das auf ein Konzept aus der der politischen Soziologie, dem zufolge die politische Struktur zumindest der westlichen Nationen durch vier zentrale Konfliktlinien, sogenannte ‚Cleavages' geprägt wird. Dies sind Zentrum vs. Peripherie, Kirche vs. Staat, Stadt vs. Land und Arbeit vs. Kapital (Lipset und Rokkan 1967). Jenseits dieser politisch relevanten Strukturen lässt sich jedoch allgemein zeigen, dass die Menschen heutzutage „individuelle" und wenige nur Ausprägungen bestimmter Typen sind, als unterschiedliche Merkmale in ihnen weniger miteinander verbunden sind als früher. Wenn man eine Eigenschaft weiß, weiß man dadurch also weniger über andere Eigenschaften und muss sich mehr mit dem Individuum selbst auseinandersetzen. Das ist eine Entwicklung einerseits einfach über die Zeit, andererseits lässt es sich auf steigenden Wohlstand zurückführen. Nur der gegenwärtige Anstieg sozialer Ungleichheit wirkt ein Stück weit de-individualisierend, vermag aber den Trend nicht umzudrehen.

Diese Veränderungen spielen eine Rolle vor allem vor dem Hintergrund der Bedeutung und positiven Wirkung von Sozialkapital auf der Makroebene, die wir kennen durch die Forschungen von Robert Putnam. Putnams Buch *Make democracy work* (Putnam et al. 1993) beschreibt die Ergebnisse einer großen Veränderung, die man als „natürliches Experiment" bezeichnen kann: 1970 gab der zuvor sehr stark zentralisierte italienische Staat eine Vielzahl an Kompetenzen an 15 neu geschaffene Regionalregierungen mit im Wesentlichen identischen Institutionen ab. Putnam und seine italienischen Kollegen untersuchten die Frage, was für Unterschiede sich in den zwanzig Jahren danach ergeben haben und worauf sie beruhen.

Und ihr Ergebnis ist, dass die Unterschiede sich auf die soziale und politische Kultur oder eben auf das Ausmaß an Sozialkapital zurückführen lassen. Norditalienische Gebiete mit mehr Sozialkapital erfreuten sich einer besseren institutionellen Leistungsfähigkeit als süditalienische Gebiete, in denen das soziale Kapital fehlt. Putnam unterscheidet die beiden Formen des verbindenden und des Brücken bildenden Sozialkapitals (meist auch im deutschen eher auf Englisch als *bridging* und *bonding social capital* bezeichnet). Vereinfachend (eine weitergehende Differenzierung an dieser Stelle würde den Rahmen eines Lehrbuchtextes sprengen) kann man *bonding capital* als Verbindungen innerhalb von Gruppen und *bridging capital* als Verbindungen über strukturelle Löcher hinweg bezeichnen. *Bonding capital* bietet auch die Mafia, aber Chöre und andere Vereine bieten *bridging capital*. Damit werden für Putnam zu einem zentralen Maß für Sozialkapital Mitgliedschaften in Vereinen, die ja nicht nur Sport, Kultur und andere Freizeitaktivitäten organisieren, sondern in (eben vor allem Nord-)Italien auch eine ökonomische Rolle spielen.

> „In all societies, to summarize our argument so far, dillemas of collective action hamper attempts to cooperate for mutual benefit, whether in politics or in economics. Third-party enforcement is an inadequate solution to this problem. Voluntary cooperation (like rotating credit associations) depend on social capital. Norms of generalized reciprocity [for favors received] and networks of civic engagement encourage social trust and coooperation because the reduce incentives to defect, reduce uncertainty, and provide models for future cooperation. Trust itself is an emergent property of the social system, as much as a personal attribute. Individuals are able to be trusting (and not merely gullible) because of the social norms and networks within which their actions are embedded." (177)

Putnam zieht den Schluss, dass soziales Kapital eine notwendige Zutat für das Funktionieren gesamtgesellschaftlicher Institutionen ist. Die Kausalität geht ein wenig in beide Richtungen: Einerseits gehen die unterschiedlichen Muster von Sozialkapital in Norden und Süden über Jahrhunderte zurück und sollten insofern recht robust gegen institutionelle Veränderungen sein. Andererseits gibt Putnam veränderten Institutionen schon auch eine Chance, sich langfristig auf die Verbesserung von Sozialkapital auswirken zu können.

Mit diesem Ergebnis kommt Putnam dann zurück nach Amerika und trifft dort gewissermaßen auf die Konsequenzen von Granovetters und Burts Forschungen. Denn wenn es individuell sinnvoll ist, schwache Beziehungen zu pflegen und solche, die strukturelle Löcher überbrücken, dann ist es im Umkehrschluss weniger sinnvoll, seine knappen Ressourcen für starke Beziehungen und solche innerhalb von Gruppen aufzuwenden. Damit stellen sich die Einzelnen zwar besser, aber

Vertrauen und Reziprozität, die auf langfristigen und in Gruppen eingebetteten Beziehungen beruhen, leiden auf der Makroebene darunter. In seinem umfangreichen zweiten Werk *Bowling Alone* (Putnam 2000, 540 Seiten!) versucht sich Putnam diesem Trend entgegenzustellen.

Er zeigt mit verschiedenen Messgrößen, dass das Sozialkapital zwischen 1900 und den späten 1960er Jahren zunahm, seither aber dramatisch zurückgeht. Und er macht diesen Rückgang für eine Reihe sozialer Probleme verantwortlich, die von Ineffizienz im Bildungssystem über wirtschaftliche Probleme bis zu sozialen Konflikten reichen. Er führt das auf Generationenwechsel, das Fernsehen (oder allgemeiner die elektronischen Medien, obwohl das Internet in *Bowling Alone* noch kein großes Thema ist), Zersiedelung und den zunehmenden ökonomischen Druck zurück. Die Verschiebung der individuellen Konzentration von verbindendem zu Brücken bildendem Sozialkapital ist in dieser Sichtweise also eine negative Externalität, d. h. ein Verhalten, mit dem sich Menschen gegenseitig schaden: Jeder profitiert individuell, aber alle zusammen leiden unter dem geringeren Maß an Vertrauen. Sozialkapital muss also wieder hergestellt werden – als Mittel dienen dazu Normen und notwendigenfalls Sanktionen, das wissen wir schon, aber dazu muss man zuerst wissen, wie man zu mehr Sozialkapital kommt. Und die zusätzliche Schwierigkeit ist ja auch noch, dass eine solche Entwicklung wieder verbindendes (bonding) Sozialkapital schaffen muss, und dieses ist schwerer aufzubauen als Brücken bildendes (bridging) Sozialkapital: „Social capital is often most easily created in opposition to something or someone else" (S. 361). Die Entwicklung solcher innovativer Formen von Sozialkapital lässt Putnam als Herausforderung für den Leser.

Wenn gemeinsame Eigenschaften als Grundlage für soziale Beziehungen genommen werden können, dann zeigen also diese Theorien und empirischen Ergebnisse, dass tatsächlich die Einbindung der Individuen in homogene Gruppen abnimmt und die Überbrückung struktureller Löcher, die sie leisten zunimmt.

Wie interagiert diese Veränderung ihrer Sozialkapitalstruktur nun mit Medien? Es ist vielleicht nicht überraschend, dass das beherrschende Thema der Mediensoziologie in Bezug auf persönliche Ressourcen die Auswirkung der sogenannten „Sozialen" Medien auf das Sozialkapital von individualisierten Gesellschaften sind, also nicht nur allgemein die Bedeutung des Internets, sondern speziell in ihm die Wirkung solcher Angebote wie vor allem Facebook, aber auch spezifischer Angebote wie Whatsapp oder Linkedin, die erlauben, persönliche Beziehungen über das Medium des Internet zu pflegen.

Dabei gibt es hoffnungsvolle Ergebnisse, nach denen Internet-Nutzung (im Gegensatz zu Fernsehen!) durchaus positive Auswirkungen auf das Sozialkapital haben kann (Hooghe und Oser 2015; Huang et al. 2017). Weniger positiv kann damit sogar eine größere Anteilnahme am Leben anderer und daraus folgend höhere Stresslevels resultieren (Hampton et al. 2016). Die Forschung zeigt auch die Grenzen medial vermittelten Kontakts auf: Er ist gut für *bridging social capital,* aber ungeeignet für *bonding social capital* (Townsend et al. 2016). Die an Putnam (und andere Mediensoziologen, die wir noch kennenlernen werden) anschließende Sorge, dass die Nutzung elektronischer Medien Face-to-Face-Kommunikation verdrängen und Individuen so in soziale Isolation insbesondere eben ohne *bonding social capital* führen könnte, macht weiterhin Sorgen (Parigi und Henson 2014).

Im Vergleich hierzu sind andere Aspekte von geringerer Bedeutung. Sowohl für ökonomisches Kapital als auch die Entwicklung von Humankapital haben Medien Auswirkungen, die aber eher in Pädagogik und Ökonomie erforscht werden.

Für die Zusammenhänge der Verfügung über Ressourcen mit der allgemeinen Nutzung des Internet interessiert sich ein Forschungsbereich, der unter dem Begriff „Digital divide" (neuerdings auch als „Mobile divide") steht, und den wir in Kap. 14 noch genauer anschauen werden.

Zusammenfassung

In diesem Kapitel ging es um Ressourcen von Akteuren, mit denen Medien interagieren.

- Sie kennen und verstehen jetzt die Begriffe Ressourcen und Kapitalien; Sie können verschiedene Kapitalsorten sowohl im handlungstheoretischen Verständnis als auch in dem von Pierre Bourdieu voneinander abgrenzen und kennen die Hauptentwicklungslinien der sozialen Ungleichheit seit dem 19. Jahrhundert.
- Sie kennen und verstehen die Grundkonzepte der Netzwerkanalyse, die These von der Stärke schwacher Beziehungen (samt der verwandten Begriffe) und den Begriff der Einbettung (Embeddedness) von Mark Granovetter, die Aspekte, die Pierre Bourdieu bei seiner Einführung des Sozialkapitalbegriffs setzt, die Strukturierung des Begriffs, die James Coleman vornimmt, die Erklärung, die Ronald Burt für Granovetters These findet, den Begriff der Individualisierung, wie er von Georg Simmel und von Ulrich Beck gefasst wird, und die gesamtgesellschaftliche Bedeutung von Sozialkapital, wie sie Robert Putnam beschrieben hat.

Kontrollfragen
1. Welche im Text angesprochene geldvermittelte Bestandsgröße und analog welche allgemeine Stromgröße werden in der allgemeinen Soziologie thematisiert? Warum spielen sie in der Mediensoziologie keine große (eigene) Rolle?
2. Wo entspricht Pierre Bourdieus Begriff des Kulturellen Kapitals dem Begriff des Humankapitals, wo weicht er davon ab?
3. Inwiefern wird Mark Granovetters These von der „Stärke schwacher Beziehungen" durch die Erforschung sozialer Netzwerke (Ronald Burt) korrigiert?
4. Wahr oder falsch: „Pierre Bourdieu und Mark Granovetter betonen eher die kollektiven Aspekte von Sozialkapital, Ronald Burt und Robert Putnam eher die individualistischen"
5. Welche vier Arten von Sozialkapital unterscheidet James Coleman? Unterscheiden Sie die vier nach der Reichweite der wechselseitigen Erwartungen sowie der sozialen Entfernung!
6. Welche Messgrößen für Sozialkapital verwenden Ronald Burt und Robert Putnam?
7. Wie unterscheidet Georg Simmel traditionale und moderne Gesellschaften mittels seines Konzeptes sozialer Kreise?

Literatur

Zentrale Referenzen

Beck, Ulrich. 1983. Jenseits von Stand und Klasse? Soziale Ungleichheiten, gesellschaftliche Individualisierungsprozesse und die Entstehung neuer sozialer Formationen und Identitäten. In *Soziale Ungleichheiten. Soziale Welt, Sonderband 2*, Hrsg. Reinhard Kreckel. Göttingen: Schwartz.
Beck, Ulrich. 1986. *Risikogesellschaft*. Frankfurt a. M.: Suhrkamp.
Becker, Gary Stanley. 1964. *Human capital: A theoretical and empirical analysis, with special reference to education*. New York: National Bureau of Economic Research.
Bourdieu, Pierre. 1979. *La distinction: Critique sociale du jugement*. Paris: Minuit.
Bourdieu, Pierre. 1983. Ökonomisches Kapital, kulturelles Kapital, soziales Kapital. In *Reinhard Kreckel*, Hrsg. Soziale Ungleichheiten, 183–198. Göttingen: Schwartz.
Burt, Ronald S. 1992. *Structural holes: The social structure of competition*. Cambridge: Harvard University Press.
Coleman, James S. 1988. Social capital in the creation of human-capital. *American Journal of Sociology* 94:S95–S120.
Granovetter, Mark. 1973. The strength of weak ties. *American Journal of Sociology* 78:1360–1380.
Granovetter, Mark. 1974. *Getting a job: A study of contacts and careers*. Chicago: University of Chicago Press.

Granovetter, Mark. 1985. Economic action and social structure: The problem of embeddedness. *American Journal of Sociology* 91:481–510.
Lipset, Seymour Martin, und Stein Rokkan. 1967. *Party systems and voter alignments: Cross-national perspectives*. New York: Free Press.
Marx, Karl. 1969–1971. Das Kapital: Kritik der politischen Ökonomie. In *Karl Marx, Friedrich Engels: Werke*, Hrsg. Karl Marx. Berlin: Dietz (1867).
Mincer, Jacob. 1958. Investment in human capital and personal income distribution. *The Journal of Political Economy* 66:281–302.
Putnam, Robert David. 2000. *Bowling alone: The collapse and revival of American community*. New York: Simon & Schuster.
Putnam, Robert D., Robert Leonardi, und Rafaella Nanetti. 1993. *Making democracy work: Civic traditions in modern Italy*. Princeton: Princeton University Press.
Uzzi, Brian, und Jarrett Spiro. 2005. Collaboration and creativity: The small world problem. *American Journal of Sociology* 111:447–504.

Beispiele mediensoziologischer Studien

De Benedictis, S., K. Allen, und T. Jensen. 2017. Portraying poverty: The economics and ethics of factual welfare television. *Cultural Sociology* 11:337–358.
Hampton, K.N., W.X. Lu, und I.Y. Shin. 2016. Digital media and stress: The cost of caring 2.0. *Information Communication & Society* 19:1267–1286.
Hooghe, M., und J. Oser. 2015. Internet, television and social capital: The effect of ‚screen time' on social capital. *Information Communication & Society* 18:1175–1199.
Huang, M.H., T. Whang, und X.C. Lei. 2017. The internet, social capital, and civic engagement in Asia. *Social Indicators Research* 132:559–578.
Lindell, J., und J.F. Hovden. 2018. Distinctions in the media welfare state: Audience fragmentation in post-egalitarian Sweden. *Media, Culture and Society* 40:639–655.
Oddsson, G. 2016. Neoliberal globalization and heightened perceptions of class division in Iceland. *Sociological Quarterly* 57:462–490.
Parigi, P., und W. Henson. 2014. Social isolation in America. *Annual Review of Sociology* 40:153–171. (Hrsg. Cook, K. S., und Massey, D. S. Palo Alto: Annual Reviews).
Shoshana, A. 2016. Ethno-class distinctions and reality (TV). *Sociological Forum* 31:53–71.
Townsend, L., C. Wallace, et al. 2016. Building virtual bridges: how rural micro-enterprises develop social capital in online and face-to-face settings. *Sociologia Ruralis* 56:29–47.

Weitere Referenzen

Andina, Rinaldo. 1951. *Die Stellung des Akademikers in Gesellschaft und Beruf*. Beiträge zur Soziologie und Sozialphilosophie, Bd. 4. Troisdorf: Regio.
Lindert, Peter H., und Jeffrey G. Williamson. 1985. Growth, equality, and history. *Explorations in Economic History* 22:341–377.

Motivationen 5

> **Überblick**
> Soziales Handeln wird beeinflusst davon, wie ein Akteur die möglichen Ergebnisse der sozialen Interaktion bewertet. Jede soziologische oder allgemeiner sozialwissenschaftliche Analyse muss also untersuchen, wie Bewertungen aussehen und was sie beeinflusst.
>
> - Im ersten Abschnitt schauen wir uns einige allgemeine Begrifflichkeiten an: Wie Bewertungen von den unterschiedlichen Sozialwissenschaften mit den Begriffen der Motivationen, Ziele und Präferenzen gefasst werden, wie sie zeitlich in Motivation und Intention abgegrenzt wird, und schließlich vier wirkmächtige Kategorien, die Max Weber zum Thema beigetragen hat.
> - Im zweiten Abschnitt geht es darum, was für Ziele denn tatsächlich inhaltlich angestrebt werden, und der Begriff des Ziels und seiner Verfolgung erlaubt uns, die zugrunde liegenden Prozesse bis hinein in physiologische Prozesse zu verfolgen und drei in der Soziologie viel rezipierte Motivationstheorien der Psychologen Maslow und Herzberg einzuordnen.
> - Der dritte Abschnitt geht von hier zu Motivationen der Mediennutzung. Die Begriffe der Story und der Prominenz bekommen eine motivationstheoretische Grundlage, Sie lernen eine Theorie kulturellen Erfolgs kennen, und Herzbergs Unterscheidung von intrinsischer und extrinsischer Motivation ermöglicht, eine Medienangeboten innewohnende Spannung zu verstehen.

- Der vierte Abschnitt schließlich geht wieder hoch auf die gesellschaftliche Makroebene: Denn die Motivationen, die verfolgt werden, ändern sich mit der Zeit, und hier lernen Sie (ein Stück weit in Vorgriff auf das Kapitel zum Sozialen Wandel) die Diskussion und ihre empirischen Ergebnisse kennen, die dazu unter dem Thema Werte und Wertewandel geführt worden ist.

5.1 Motivation

Hierzu vorab einige Bemerkungen zur Begrifflichkeit, bevor wir dann einige Einsichten zur inhaltlichen Strukturierung von Motivationen, also der eigentlichen Antwort auf die Frage, warum Menschen welche Bewertungen vornehmen.

Die verschiedenen Sozialwissenschaften haben unterschiedliche Theorietraditionen mit je eigenen Begrifflichkeiten herausgebildet, die heutzutage zusammentreffen, ohne dass die Systematik der überlappenden Geltungsansprüche geklärt wäre. Der Begriff der Motivation kommt aus der Psychologie. Er bezeichnet das Streben nach Objekten, wobei der Begriff des Objektes hier nicht einfach dinglich gefasst ist, sondern Situationsaspekte und ganze Situationen mit erfasst. Auf der anderen Seite operiert die Ökonomie mit dem Begriff der Präferenz, der mathematisch als Existenz vollständiger und widerspruchsfreier relativer Bewertungen (Rangreihenfolgen) von Objekten definiert ist. Die Soziologie verwendet in ihrer Tradition vor allem den Zielbegriff, verweist also direkt auf die angestrebten Objekte (Tab. 5.1).

Eine weitere wichtige Unterscheidung ist diejenige zwischen Motivation und Intention, die prozessual in unterschiedliche Richtungen der zeitlichen Dimension weisen. In dieser Unterscheidung beschreibt der Motivationsbegriff kausal die Hintergründe eines Handelns, also in rückblickender Perspektive die etwa soziale oder biografische Motivlage, aus der heraus jemand handelt. Intentionen

Tab. 5.1 Abgrenzung Präferenzen, Ziele, Motivation

Begriff	Erklärung	Theorietradition
Motivation	Streben nach Objekten	Psychologie
Präferenz	Bewertung/Rangfolge von Objekten	VWL
Ziele	Objekte, die angestrebt werden	Soziologie

beschreiben im Gegensatz dazu final in vorwärtsgerichteter Perspektive die Ziele, die jemand mit seinem Handeln verfolgt.

Diese Unterscheidung zwischen Motivation und Intention ist nicht nur eine zeitliche Differenzierung, sondern unterscheidet danach, was Individuen in ihrer Bewertung von Handlungsoptionen berücksichtigen. Eine solche Unterscheidung hat Max Weber noch einmal weiter verfeinert. Weber unterscheidet vier Typen von Rationalitäten. Für ihn ist ‚traditionales' Handeln allein an hergebrachten Routinen, das heißt letztlich an den gewohnten Mitteln des Handelns orientiert. Eine zweite Stufe bildet das ‚affektuelle' Handeln, das zusätzlich Zwecke des Handelns erstmals in den Blick nimmt, dies allerdings eher emotional und damit recht unreflektiert und nicht in Bezug auf sie rational. Die dritte Stufe bildet das ‚wertrationale' Handeln, das sich zusätzlich zu den beiden vorgenannten Stufen auch an Werten orientiert, und erst eine vierte Stufe bildet dann das ‚zweckrationale' Handeln, das nun aber entgegen der Begrifflichkeit nicht nur in Bezug auf verfolgte Zwecke instrumentell rational ist, sondern darin auch die weiteren Folgen einer Handlung in den Blick nimmt. Man könnte es also auch dem Begriff (und Wert) der Verantwortung verpflichtet nennen, aber Webers Begrifflichkeit ist, wie sie ist, und auch wenn das zweckrationale Handeln später mannigfache Kritik erfahren hat, ist es doch in Webers Konzeption ein sehr weit ausgreifender und eben verantwortungsorientierter Begriff (Weber 1922, Darstellung nach Schluchter 1988, hier zit. nach Kroneberg 2009).

Diese Kategorisierungen sagen aber alle noch nichts darüber, was für Motivationen Menschen inhaltlich haben. Aber dieser letztere Aspekt, darauf zu schauen, worauf Menschen denn achten, wenn sie Motivationen bilden, also welche kognitiven Schemata oder Frames sie dabei vor Augen haben, hilft tatsächlich auch inhaltlich weiter.

5.2 Inhaltliche Theorien der Motivation

Man kann Motivationen nämlich gut verstehen, wenn man vom Konzept der kognitiven Strukturen ausgeht, die Sie oben im Kapitel zu Erwartungen als Schemata oder Frames kennengelernt haben. Alles, was ein Individuum „kennt", ist etwas, für das er oder sie ein kognitives Schema im Gehirn abgespeichert hat. Wenn wir etwas oder jemanden kennenlernen, nehmen wir zunächst Teilaspekte davon war, für die wir bereits Schemata gebildet haben. Wenn wir genug Zeit hatten, diese Einzelteile gemeinsam auf uns wirken zu lassen, kann sich eine kognitive Struktur von ihrer Gesamtheit beim Individuum einprägen.

Nun lässt sich jede Motivation darauf zurückführen, dass für bestimmte kognitive Strukturen über die Zeit Bestätigung gesucht wird, einfacher gesprochen: dass Ziele erreicht werden (Deci und Ryan 2000). Das ist zunächst gar nichts Besonderes, weil alles instinktgebundenes Verhalten sich in dieser Weise beschreiben lässt: Wenn ein Tier Nahrung sucht, versucht es damit ein bestimmtes kognitives Muster für „Sättigung" zu bestätigen, dass in seiner kognitiven Struktur angelegt ist. Es verfolgt das Ziel, Nahrung zu finden, und frisst. Man spricht dabei von Homöostase: dem Ziel, eine Art innerer Balance zu halten (Strombach et al. 2016).

So ist es auch bei Menschen. Aber dadurch, dass Menschen kognitive Strukturen in weit größerem Maße abspeichern und verbinden können, können sie sie auch in motivationaler Hinsicht zu weit komplexeren Schemata zusammensetzen. Sie können dann im Großen solche Schemata als Ziele (DeShon und Gillespie 2005) oder Projekte (Flusser 1994) aktiv verfolgen – oder ganz im Kleinen zum Beispiel beim Musikhören Klangereignisse über die Zeit zu verfolgen und dabei zeitliche Vorhersagen zu generieren, die Vorfreude erzeugen (Salimpoor et al. 2015).

Diese Prozesse sind im Menschen auch körperlich angelegt. Die körperlichen Prozesse sind hochkomplex und immer noch Gegenstand einer breiten medizinischen Forschung, aber wir können uns erlauben, stark vereinfachend (insgesamt werden rund 150 Neurotransmitter unterschieden!) eine kleine Auswahl von Stoffen zu betrachten, die als Neurotransmitter oder Hormone eine motivierende Funktion übernehmen.

An erster Stelle steht hier das Dopamin. Dopamin wird ausgeschüttet, wenn wir eine kognitive Struktur im Kopf hatten und uns die Realität sagt, dass diese erreicht ist. In populärwissenschaftlichen Worten:

> „Dopamine is the reason for the good feeling we get when we find something we're looking for or do something that needs to be done. It is responsible for the feeling of satisfaction after we've finished an important task, completed a project, reached a goal or even reached one of the markers on our way to a bigger goal. We all know how good it feels to cross something off our to-do list. That feeling of progress or accomplishment is primarily because of dopamine. Long before agriculture or supermarkets, humans spent a good portion of their time in search of the next meal. If we couldn't stay focused on completing basic tasks, like hunting and gathering, we wouldn't last very long. So Mother Nature designed a clever way to help us stay focused on the task at hand." (Sinek 2018, S. 50)

Dopamin wird nicht nur positiv wahrgenommen, das Gehirn braucht es auch, um kognitive Strukturen umbauen zu können. Deshalb sprechen Jugendliche

5.2 Inhaltliche Theorien der Motivation

oder auch kreative Menschen, deren kognitive Strukturen starker Veränderung ausgesetzt sind, auch stärker auf Dopamin an. Dabei sind bei weitem nicht alle Zusammenhänge schon geklärt. Aber die Tatsache, dass in der Adoleszenz die größten Risiken eingegangen werden (Steinberg 2008) und die Gefahr am größten ist, drogenabhängig (McArdle 2008) oder ein Anhänger radikaler religiöser oder politischer Positionen (Sewell und Hulusi 2016) zu werden, lässt sich hier gut zuordnen. Umgekehrt bestätigt die Tatsache, dass Computerspielen in einer Weise ausarten kann, dass in vielerlei Hinsicht ganz analoge Verhaltensweisen zu anderen Süchten aufweist, obwohl hier keinerlei verbotene Substanzen im Spiel sind, sondern nur immer wieder kleine Aufgaben, die das Spiel einem stellt oder die man sich aber zur Verfolgung vielfach auch selbst auswählt, dass Dopamin positive Gefühle erzeugt, wenn man solche Herausforderungen positiv bewältigt (Clark 2010).

Weil die Beziehungen von Menschen so wichtig dafür sind, welche Ziele sie erreichen können, haben sie im Laufe der Evolution noch das Serotonin bekommen, das Glücksgefühle erzeugt, wenn man Ansehen erringt, oder sogar, wenn jemand anderes Ansehen erringt, damit aber die eigene soziale Position bestätigt wird (Edwards und Kravitz 1997). Sowohl in der Zielerreichung als auch in der Beziehungspflege gibt es dazu Hormone. die entsprechende körperliche Prozesse unterstützen: Endorphine, die freigesetzt werden, wenn man sich für die Erreichung eines Zieles körperlich sehr anstrengt, und Oxytocine und Sexualhormone, die im Aufbau und der Pflege von engen Beziehungen zum Tragen kommen. Tab. 5.2 fasst die Ausrichtungen dieser vier Hormone zusammen.

Trotz der besonderen Hervorhebung der Beziehungen und der körperlichen Prozesse können wir in der Beschreibung von Motivationen einfach von der Erreichung von Zielen ausgehen, denn es geht ja um das Wiederfinden eigener Schemata und Frames in der Realität und wir haben ja bereits oben gesehen, dass Schemata eben nicht nur selbst rational gebildet werden, sondern auch schon vorgeburtlich oder genetisch prädisponiert sein können. Und hierunter fallen sowohl Statuspositionen als auch langdauernde enge Beziehungen.

Tab. 5.2 Vier Motivationshormone

Bezug		Ansatzpunkt	
		Objektprozesse	Körperprozesse
	Zielerreichung	Dopamin	Endorphin
	Beziehung	Serotonin	Oxytocin Sexualhormone

Allerdings sind Beziehungen auch nicht ohne das Anpassen eigener kognitiver Muster an andere zu haben. Es wäre von daher plausibel (scheint aber noch nicht genauer untersucht worden zu sein), dass Sexualhormone die Anpassung kognitiver und motivationaler Strukturen begünstigen. Das heißt aber in negativer Perspektive auch, dass sie vorhandene kognitive Strukturen destabilisieren. Das macht, wie wir am Beispiel von Harvey Weinstein gesehen haben, Sexualität zu einer Möglichkeit der Machtausübung.

Eine Bedingung für die Relevanz von Zielen ist, dass die Bestätigung des Musters in der Realität auch tatsächlich als Folge des eigenen Verhaltens erfahren wird. Nur Menschen, für die die Drehung der Erde und damit der Lauf der Sonne um sie keine Selbstverständlichkeiten sind, unternehmen eigene Aktivitäten, um die Sonne zum Aufgehen zu bringen; Kinder spielen Spiele so lange, bis sie ihnen nichts Spannendes mehr zu bieten haben. Und Situationen sind umso spannender, je mehr alternative Ausgänge sie haben können, gegen die sich eine Zielvorstellung durchsetzen muss. Wie früher schon betont, ist bewusstes Wahrnehmen auch Verhalten und unterliegt also demselben Mechanismus, wobei hier das eigenständige Vorausdenken parallel zum Wahrnehmen die Produktion von Vorstellungen ist, die bestätigt wird – indem etwa bei Story-Konstruktionen die Rezipierenden sich in die Rolle des Protagonisten hineinversetzen und mit ihm zusammen Erwartungsmuster schaffen, die mindestens in der Erwartung des Endes der Geschichte bestätigt werden.

Wir haben oben bei den kognitiven Frames gesehen, wie diese in größere Strukturen eingebettet werden können: Wenn man das Urnenbeispiel von Tversky und Kahneman einmal gesehen und verstanden hat, ist die Wahrscheinlichkeit gering, dass man ein zweites Mal darauf hereinfällt. Ganz analog gibt es auch bei den motivationalen Frames die Möglichkeit, sie in größere Strukturen einzubetten. In der Therapie Drogenabhängiger ist die spannende Frage, inwieweit die Betroffenen es schaffen, diese Einbettung zu vollziehen und mit ihrer Hilfe die kurzfristigen Anreize der Sucht auszutricksen, bis Körper und Geist wieder an den Dopaminausschüttungen normaler kleiner Momente von Erfolg oder Glück Gefallen finden können.

Diese Theorie der Motivation erlaubt es, klassische Positionen einzubetten. Schauen wir uns dies an ein paar Beispielen an.

Das erste Beispiel ist die sogenannte Maslowsche Bedürfnispyramide (Maslow 1943). Während des Zweiten Weltkrieges geschrieben, ist sie noch heute die profilierteste einheitliche Gesamttheorie menschlicher Motivationen, und wir werden ihr gleich noch als Grundlage der Wertewandelsforschung begegnen. In dieser Theorie ordnet Abraham Maslow menschliche Motivationen in einer Pyramide von Bedürfnissen an. Die Form der Pyramide ergibt sich aus der von Maslow vertretenen

Grundannahme, dass im Wesentlichen erst nach Befriedigung der Bedürfnisse auf einer Stufe diejenigen auf der Stufe darüber thematisiert werden.

Die Hierarchie beginnt mit den physiologischen Bedürfnissen auf der untersten Stufe. Es gibt zwar von Maslow keine Liste der physiologischen Bedürfnisse, aber als Paradebeispiel verwendete er das Essen. Maslow behauptete, eine hungernde oder sogar kurz vor dem Verhungern stehende Person werde im Wesentlichen von diesem Hunger bestimmt. Im Fall extremem Hungers werden auf höhere Bedürfnisse wie Liebe und Zugehörigkeit irrelevant, bis das Bedürfnis des Körpers nach Nahrung wieder erfüllt ist. Auf dieser Ebene liegen also Wahrnehmungsmuster innerer physiologischer Zustände vor, Zielwerte für den Sauerstoffgehalt in der Lunge, die Nährstoffsättigung oder das Temperaturempfinden treiben uns an, zu atmen, zu essen und uns zu bekleiden.

Wenn die physiologischen Bedürfnisse erfüllt sind, verlieren sie ihre bewusste Bedeutung und die nächste Ebene steuert das Verhalten, nämlich das Verlangen nach Sicherheit. Das beruht darauf, dass die Bestätigung vorhandener Muster über die Zeit von stabilen Ursache-Wirkung-Relationen abhängig ist, die man zunächst im unmittelbaren Nahbereich und dann immer weiter ausgreifend zu sichern versucht, von der abschließbaren Tür über die Brandvorkehrung zur Hausratsversicherung.

Bedürfnisse nach Zuneigung und sozialem Kontakt stellen die nächste Ebene dar: Familie, Partnerschaft, und die Freundschaft und Akzeptanz im sozialen Umfeld. Das lässt sich einordnen darüber, dass menschliche Interaktion eine Kette effizienter wahrscheinlicher, aber nicht-trivialer Musterbestätigungen ist: Innerhalb von Beziehungen agieren Individuen, und ihre Gegenüber reagieren und bestätigen damit (im Erfolgsfalle fortgesetzter Beziehung) auf keinesfalls selbstverständliche Weise die Vorstellungen der Ausgangspartner.

Schon relativ weit oben in Maslows Hierarchie sind Wertschätzungsbedürfnisse: Kompetenz, Selbstachtung, Respekt, das Gefühl von Stärke und allgemeinem Selbstwertgefühl. Diese Stufe erweitert die vorangegangene, sie enthält die Bestätigung der Kompatibilität eigener Muster mit denen anderer und wird verstärkt dadurch, dass hiermit i. A. der Zugang zu mehr Ressourcen verbunden ist.

Maslows Arbeit bezieht ihre Bedeutung auch ein Stück weit daraus, dass sie in den Perspektivenwechsel des gesamten Faches der Psychologie von der Defizitorientierung an psychischen Störungen hin zu einer allgemeinen Anwendbarkeit hineingehört, und das zeigt sich am deutlichsten an der Spitze, in Maslows Konzept der Selbstverwirklichung. Maslow beschäftigte sich mit herausragenden Menschen, Malern, Schriftstellern oder Musikern. Und er stellte fest und nahm als Argument in sein Konzept auf, dass, um wirklich glücklich zu sein, für jede dieser Gruppen die eigene Tätigkeit notwendig dazugehörte. Maler müssen malen,

Schriftsteller müssen schreiben, Musiker müssen musizieren. In der Sprache des hier verfolgten allgemeinen Ansatzes sind dies Menschen, die ganz besondere und damit ganz besonders nicht-triviale Projekte verfolgen: Welch eine ungeheure Bestätigung der im Kopf einer sozialhilfebeziehenden alleinerziehenden Mutter gebildeten Muster, elf Jahre später den ersten Band „Harry Potter" auf der Leinwand zu sehen! Hierfür prägte Maslow den Begriff Self-actualization (Selbstverwirklichung) (Abb. 5.1). Aber sie beschränkt sich nicht auf kreative Berufe, sondern kann etwa die Form annehmen, die Qualität der eigenen Beziehungen zu maximieren oder den eigenen Körper zu perfektionieren. Später wurde beobachtet, wie dieses Verfolgen hochspezifischer Projekte sogar in der unmittelbaren Praxis zu einem „Flow" (Fließen) genannten Zustand führen kann, in dem das dauernde Praktizieren und Erleben der eigenen Handlungsfähigkeit alles andere verdrängt (Csikszentmihalyi 1990).

Maslows Theorie bezieht eine gewisse Spannung daraus, einerseits zum ersten Mal diese sehr unmaterialistische Spitze zu beschreiben, und andererseits in der Pyramidenhierarchie doch ein sehr materialistisches Prinzip zu behaupten. Die kognitiven Strukturen, die da verfolgt werden, werden ja noch nicht einmal im Lebensverlauf streng nacheinander aufgebaut: Für das Neugeborene sind ja erst noch alle anderen Bedürfnisse in dem nach Kontakt aufgehoben. Und andererseits gibt es zahlreiche Beispiele von Menschen, die in Armut, Gefahr oder geringem Selbstwertgefühl leben und sich dennoch durch ihre Arbeit selbst zu verwirklichen scheinen – vor Joanne K. Rowling kann man da auch schon an Vincent van Gogh oder Anne Frank denken.

Maslow ignoriert diese Ausnahmen nicht. Er liefert keine explizite wahrscheinlichkeitstheoretische Präzisierung seines Argumentes, aber letztlich läuft es darauf hinaus, dass bei ungelösten Problemen auf niederen Ebenen einfach die

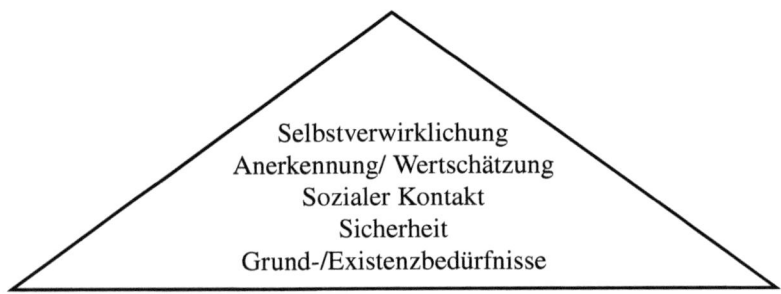

Abb. 5.1 Maslows Bedürfnispyramide

Wahrscheinlichkeit sinkt, dass Ziele auf den höheren Ebenen verfolgt werden. Dieses Fehlen einer präzisen wahrscheinlichkeitstheoretischen Beschreibung hat viele Autoren dazu gebracht, sich mit immer neuen Gegenbeispielen an der Hierarchiekonstruktion abzuarbeiten – aber man kann das ja durchaus als ein Geheimnis einer erfolgreichen Theorie bezeichnen, dass sie noch auf lange Zeit hinaus für andere Wissenschaftler den Anreiz bietet, in einer Korrektur Möglichkeiten der eigenen Profilierung zu sehen und so eigene Projekte mit einem Weiterdiskutieren der Theorie zu verbinden, die so am Leben gehalten wird.

Ein zweites Beispiel stellen die sogenannten Zwei-Faktoren-Modelle von Frederick Herzberg dar. Herzberg stellt in den 1950er Jahren fest, dass für die Arbeitsmotivation die Bezahlung und sonstige Anreize eine geringere Bedeutung haben als die Entscheidungsautonomie, also die Möglichkeit, die praktischen Abläufe im Arbeitsprozess selbst zu gestalten. Herzberg unterscheidet zwischen der sogenannten *intrinsischen Motivation,* die dadurch gesetzt wird, dass die Arbeit selbst als interessant, spannend und Ausdruck der eigenen Persönlichkeit empfunden wird, und der *extrinsischen Motivation,* die durch äußere Anreize gesetzt wird (Herzberg et al. 1959). Im Ansatz der Musterbestätigung lässt sich das direkt nachvollziehen:

- Intrinsische Motivation ist eine, in der die das Selbst bestätigenden Projekte innerhalb der Arbeit gesucht werden.
- Extrinsische Motivation ist eine solche, in der man die Arbeit nur im Blick auf ihre Entlohnung sieht, die benötigt wird, um außerhalb ihrer andere Projekte zu verwirklichen.

Daraus ergibt sich die höhere Produktivität intrinsischer Motivation: die Konzentration auf aus sich selbst heraus motivierende Prozesse ist natürlich größer als die auf nur instrumentell genutzte.

5.3 Motivationen der Mediennutzung

Die Theorien der Motivation lassen sich auch auf die Nutzung von Medien anwenden. Hilfreich ist hier insbesondere Herzbergs Unterscheidung: Denn wie Arbeit ist auch Mediennutzung ein Verhalten, das mit irgendwelchen Aufwendungen verbunden ist, dem irgendwelche Nutzen gegenüberstehen müssen, damit es unternommen wird. Diese kann man mit Herzberg unterscheiden: Medien können aus extrinsischen und aus intrinsischen Beweggründen rezipiert werden. Beide haben ihre eigenen Logiken und ihre eigene Berechtigung.

Allerdings kann es zu problematischen Effekten kommen, wenn die beiden Logiken sich überlagern und Dynamiken der intrinsischen Mediennutzung die Informationsgehalte für die extrinsische Mediennutzung verzerren, und es gibt auch einen kleinen, aber wichtigen Überschneidungsbereich zwischen beiden.

Medien werden dann intrinsisch genutzt, wenn sie es den Rezipienten erlauben, kognitive Muster über die Zeit zu bilden – was insbesondere auch die Aufnahme unbekannter, sensationeller Inhalte umfasst (Ekstrom 2000) –, sie zu verfolgen und so motivierende Bestätigung zu bieten, was in Analogie zum Spiel gesehen werden kann (Vorderer 2001). Intrinsische Mediennutzung ist auf geeignete Inhalte und eine geeignete Art ihrer Darstellung angewiesen. Sie zielt im einfachsten Sinne auf Unterhaltung, kann aber in der Bereitstellung von Angeboten der individuellen und kollektiven Sinngebung weit über diese hinausgehen. Indem Medienakteure auf das Bedürfnis nach intrinsischer Mediennutzung reagieren und Inhalte entsprechend auswählen oder erschaffen und aufbereiten, erschafft sich die intrinsisch-unterhaltende Mediennutzung ihre eigenen Gegenstände, unter denen sich insbesondere Prozesse und soziale Positionen unterscheiden lassen.

▶ **Stories** (oder Geschichten, aber der englische Begriff hat sich auch im Deutschen eingebürgert) sind Prozesse, deren Darstellung eine intrinsische Motivation erzeugt, indem sie dem Rezipienten die Möglichkeit geben, kognitive Muster über die Zeit zu bilden, sie zu verfolgen und so motivierende Bestätigung zu erleben.

Der Begriff wird sowohl für zugrundeliegende, zur Aufbereitung geeignete realweltliche Vorgänge als auch für medial aufbereitete (ggf. auch fiktive) Formen verwendet. Die Bildung von Geschichten ist dabei keineswegs eine alleinige Zuständigkeit von Medienakteuren. Viele Mediennutzer nehmen Nachrichten nur sehr reduziert über Schlagzeilen und andere Bruchstücke auf und füllen die Lücken dazwischen durch eigene Konstruktion auf. Sie werden damit selbst zu Geschichtenerzählern und folgen den Regeln und Skripten, die ihre soziokulturellen Kontexte ihnen bieten (Cerulo 2000), aber arbeiten natürlich mit dem Material, das die Medien ihnen zur Verfügung stellen.

Gute Stories lassen sich durch eine Reihe von Charakteristiken identifizieren, die Michael Schudson mit einer Reihe von fünf Rs gekennzeichnet hat: Sie verwenden kognitive Strukturen,

- die für die Rezipienten verfügbar sind (Retrievability);
- die an bei den Rezipienten vorhandene kognitive Strukturen anknüpfen (Resonance, tw. verwendet er auch den Begriff Relevance);

- die eine „rhetorische Kraft" haben, also die Überzeugung vermitteln, dass die Story weitergeht (Rhetorical force);
- die sich von den Rezipienten in konkrete Handlungen umsetzen und so zu eigen machen lassen (Resolution);
- und die von bestehenden Institutionen positiv aufgenommen werden (Institutional retention) (Schudson 1989).

Diese fünf Aspekte lassen sich (siehe Tab. 5.3) in Aufnahme, Zeitkontinuität und Aktionsfähigkeit gruppieren: Erstens die Fähigkeit, kognitive Strukturen auszubilden, indem sie verfügbar sind und an vorhandene anknüpfen können, zweitens die Erzeugung der Annahme, dass es sich lohnt, sie über die Zeit zu verfolgen und Bestätigung zu erwarten, und drittens die Fähigkeit, innerhalb der Stories selbst aktiv zu werden.

Intrinsische Mediennutzung schafft auch eigene soziale Positionen: Rollen, bei denen die Erwartung an die Rolleninhaber besteht, das unterhaltende Mitdenken zu erlauben, auf Basis der Erwartung an die Medien, dass dieses unterhaltende Mitdenken auch einigermaßen kontinuierlich mit Informationen versorgt wird. Früher sprach man hierbei von Stars, heute (im angelsächsischen, aber zunehmend auch deutschen Sprachraum) von Celebrities. Der Celebrity-Begriff verweist viel mehr als der deutsche Begriff der Prominenz (Herausgehobenheit) auf den prozessualen Charakter dieser Art von Bekanntheit und ihren Story-Bezug. Ein knochentrockener Bundesrichter, der nie eine Homestory zulassen würde, aber allein durch die getroffenen Rechtsentscheidungen das Schicksal seines Landes maßgeblich beeinflusst, ist im technischen Sinne auch herausgehoben, und jeder ist beeindruckt, der die Berufsbezeichnung hört. Aber im medialen Sinne prominent wird so jemand nur, wenn die Person und die Entscheidungen eine Story ergeben – in diesem Sinne wird Ruth Bader Ginsberg in den USA als Celebrity bezeichnet.

Tab. 5.3 Charakteristiken guter Stories (Schudson 1989)

Aufnahme	Retrievability/Resonance	Verfügbarkeit/Anknüpfung an vorhandene Strukturen
Zeitkontinuität	Rhetorical force	Vermittlung der Überzeugung, dass die Story weitergeht
Aktionsfähigkeit	Resolution/Institutional retention	Potenzial, in konkrete Handlungen umgesetzt zu werden

▶ **Prominente** oder **Celebrities** sind Personen, deren Darstellung eine intrinsische Motivation erzeugt, indem sie dem Rezipienten die Möglichkeit geben, kognitive Muster über die Zeit zu bilden, sie zu verfolgen und so motivierende Bestätigung zu erleben.

Prominenz hat die frühere Kategorie des Ruhms zwar nicht völlig verdrängt, aber quantitativ weit hinter sich gelassen. Ruhm ist Ergebnis einer Story, deren sachliches Ergebnis positive lebensweltliche Auswirkungen auf eine große Zahl von Menschen hat – den Gewinn eines Krieges, die Erfindung eines Medikamentes, aber auch bleibende Erinnerungen an emotional anrührende Darstellungen zu einer Zeit, als solche noch etwas sehr seltenes waren. Die „Stars" der frühen Massenmedien leiteten über in die heutige Zeit, in der dauernde lebensweltliche Prägung und das gemeinsame Verfolgtwerden durch ein großes Publikum völlig auseinandergefallen sind, weil erstere in weit geringerem Maß vermehrbar ist als letztere. Daraus ergibt sich die von Andy Warhol in die Formulierung „15 minutes of fame" (Guinn und Perry 2005) gebrachte Schnelllebigkeit von Prominenz im Zeitalter der Produktion medialer Inhalte zu geringen Kosten: „Celebrity is status on speed." (Kurzman et al. 2007).

In dem, wie sich Prominente geben, spiegeln sich Kategorisierungen der Sozialstruktur wieder (Johnston et al. 2014), die wir in Kap. 7 noch anschauen werden. Für die von ihr betroffenen stellt Prominenz eine besondere Art von Kapital dar, die wie andere Kapitalien Ergebnis von Akkumulationsprozessen ist (Zafirau 2008), normalerweise für den Erwerb anderer Ressourcen hilfreich ist (Driessens 2013), teilweise sogar für den politischer Macht (Ribke 2015).

Extrinsische Mediennutzung geschieht demgegenüber aus Gründen, die außerhalb ihrer selbst liegen. Mediennutzung ist in diesem Fall Mittel zum Zweck. Dies bezieht sich auf diejenige Mediennutzung, die der Information dient, allerdings im weiteren Sinne des Wortes.

- Wenn Sie den Wetterbericht anschauen, dann tun Sie dies aus extrinsischen Gründen, und auch wenn Sie politische Berichterstattung verfolgen, um Informationen für anstehende Wahl- und Abstimmungsentscheidungen zu gewinnen, ist das das eine extrinsisch motivierte Mediennutzung, und für wirtschaftliche Entscheider gehört die Aufnahme von Informationen über ihre Märkte, Rahmenbedingungen und ggf. Konkurrenten aus den Medien zu ihrer täglichen Arbeit.
- Extrinsische Mediennutzung liegt aber auch vor, wenn es um Gegenstände geht, die aufgrund von Bekanntheit in der Lage sind, Gemeinsamkeit in Austauschprozessen zwischen Individuen herzustellen. Bekannte Inhalte, das heißt

5.3 Motivationen der Mediennutzung

solche, die von mehreren Kommunikationspartnern wechselseitig als bekannt vorausgesetzt werden können, werden dann zu solchen, bei denen das Wissen um sie der Kommunikation mit anderen mit all ihren sozialen Funktionen dienlich sein kann: Man verfolgt dann das Ergehen eines Fußballclubs oder die Entwicklung einer Fernsehserie möglicherweise aus dem Grund, man mit möglichen Geschäftspartnern darüber reden zu können, auch wenn man selbst daran vielleicht weniger ein Interesse hat.

Zwischen diesen beiden Kategorien gibt es im Feld der Motivationen noch eine Zwischenkategorie mit zwei Ausprägungen: Einerseits der instrumentelle Einsatz von intrinsischen Anreizen für die Aufnahme von Information, andererseits die Lieferung von Information für Prozesse der individuellen und kollektiven Sinnbildung, die entlang medialer Stories aufgebaut werden – in gewisser Hinsicht kann man hier umgekehrt von einem instrumentellen Einsatz von Information für intrinsische Motivationen reden.

Dass ein Unterhaltungswert intrinsische Motivation zur Rezeption von Medieninhalten bietet, etwas der Lektüre von Zeitungstexten, ist zwar eine alte Weisheit, die sich aber in der Medienwelt nur langsam verbreitet hat und noch nicht allzu lange und selbst heute nicht bei allen Medien systematisch verfolgt wird. Der Blick auf die Story-Qualität von potentiellen Inhalten muss dabei noch nicht einmal nur kommerziell begründet sein: Einerseits ist es auch ein professioneller Wert, mediale Produkte herstellen zu wollen, die den Rezipienten auch Spaß machen, andererseits sind gute Stories dann auch die relevanteren Informationen, wenn ihre Beachtung durch die Rezipienten weitergehende Konsequenzen hat. Welche Prozesse von Medienakteuren als im Sinne dieser Kriterien geeignet angesehen werden, eine intrinsische Motivation zu erzeugen, ist natürlich von ihrer Perspektive auf die Welt abhängig – was die Bildung oder vor allem auch Nicht-Bildung medialer Stories für politische Akteure, die Resonanz erreichen wollen, mitunter auch sehr frustrierend macht (Polletta et al. 2011; Martin et al. 2017; Zandberg 2010).

Die andere Zwischenkategorie stellt die Auseinandersetzung mit medialen Informationen in der Entwicklung individueller und kollektiver Sinnbildung. Wenn Gruppen ihre internen Strukturen anhand bestimmter Stories ausrichten, sind in der Rezeption von Informationen, die diese Stories tangieren, der extrinsische Aspekt, der der Kommunikation mit den anderen Gruppenmitgliedern dient, und der intrinsische, in diesem Fall sinnorientierte, nicht zu trennen. Noch mehr gilt das für mediale Inhalte, die in der Entwicklung der eigenen Persönlichkeit insbesondere bei Jugendlichen eine Rolle spielen, bei der Mediennutzung zwar instrumentell für ein außerhalb ihrer liegendes Ziel verwendet wird, dieses Ziel aber unter Bezugnahme auf die medial gegebenen Stories überhaupt erst inhaltlich gefüllt wird, indem medial präsentierte Sinnangebote für die Konzeptionalisierung der eigenen Orientierung verwendet werden – sei die Auseinandersetzung mit Romanhelden oder die Einordnung in eine Fankultur (Deuze et al. 2014; Koopman 2015).

Aus einer gesamtgesellschaftlichen Sicht werden von Medien vor allem korrekte, also unverzerrt dargestellte Informationen erwartet. Solange anders motivierte Mediennutzung, die intrinsische Befriedigung oder Informationen um der Kommunikation sucht, einfach neben der informierenden Mediennutzung steht, ist sie aus dieser Perspektive unproblematisch. Aber uns wird im dritten Teil noch mehrfach begegnen, dass das nicht immer der Fall ist.

5.4 Werte und Wertewandel

Zunächst aber zu einer Frage der empirischen Untersuchung der Veränderungen von Bewertungen im Verlauf der gesellschaftlichen Entwicklung, dem sogenannten Wertewandel.

▶ **Werte** sind kognitive Konzepte, die enger oder weiter sein können, die (auch im engen/spezifischen Fall) jedenfalls auf eine Mehrzahl von Präferenzen verweisen und damit Komplexität reduzieren, und denen (relativ) bewusste Bewertungen (gut/schlecht) oder auch Präferenzen (besser/schlechter): zugeordnet sind.

Sie setzen jeweils eine Präferenz für ein mögliches Gleichgewicht in einer Situation mit multiplen Gleichgewichten bezüglich Interaktion oder auch Identität.

> **Beispiele 8: Beispiele für Werte**
> Zum Beispiel ist „Gehorsam" ein sehr spezifischer Erziehungswert, der bestimmte Verhaltenserwartungen positiv besetzt und zur Erreichung dieser Erwartungen auch Konflikte akzeptiert bzw. etwa auf andere Konsequenzen des eigenen (elterlichen) Verhaltens schaut als der ebenso spezifische, aber inhaltlich deutlich anders ausgerichtete Wert „Eigenständigkeit". Sowohl in der Interaktion zwischen Eltern als auch in der Identität eines Elternteils alleine gibt es Konventionaleffekte; wenn man Gehorsam vorzieht, wird man sich bei seinen Kindern über andere Dinge freuen und zur Erreichung

5.4 Werte und Wertewandel

> dieser Freude andere Mittel einsetzen als wenn man Eigenständigkeit vorzieht.
> Andererseits beschreibt das Wort „Familie" nicht nur eine Form des Zusammenlebens, sondern auch einen Wert für diese Form des Zusammenlebens, der die aus dieser Lebensform zu ziehenden Vorteile priorisiert und den Aufwand von Ressourcen oder Zielkonflikte etwa mit Konsummöglichkeiten und Freiheitsgraden persönlicher Entfaltung rechtfertigt.

Die Werte, die jemand hat, sind allgemein von der sozialen Situation und spezieller von der Position innerhalb der Sozialstruktur abhängig („These sozialer Bedingtheit"). Zum Beispiel legten in den 1970er Jahren Eltern aus der Mittelschicht mehr Wert auf Selbständigkeit und Fantasie als Eltern aus der Unterschicht (Kohn 1977) – was sich seither aber sehr vermindert hat.

Werte teilen die Stabilität von Konventionen und werden im Allgemeinen in Kindheit und Jugend erworben und bleiben danach relativ stabil. Der Wandel von Werten ist von daher eher langsam und findet durch die Generationenfolge statt. Aber „[i]n dem Maße, wie die jüngere Generation in einer Gesellschaft nachrückt und die ältere ablöst, verändern sich die vorherrschenden Anschauungen." (Inglehart 1977) Der US-amerikanische Politikwissenschaftler und Soziologe Ronald Inglehart (*1934) hat mit diesen beiden Grundthesen, der Sozialisierungsthese und der These des Wertewandels, ein erst europäisches, dann sogar globales Forschungsprogramm angestoßen („European Values Survey" bzw. „World Values Surveys"), in der seit 1981 in bisher 6 Wellen Erhebungen in fast 100 Ländern durchgeführt wurden.

Die These des Wertewandels hat bei Inglehart eine spezifische inhaltliche Ausprägung, die direkt an Abraham Maslow anknüpft. Das Vorhandensein von mehr Ressourcen in der Folge wirtschaftlichen Wachstums, führt zur gesellschaftlichen Modernisierung und speziell dazu, dass höhere Stufen der Maslowschen Wertepyramide angestrebt werden können. Inglehart vereinfacht die Maslowsche Pyramide dabei zur dichotomen Gegenüberstellung materialistischer Werte (Grund- oder Existenzbedürfnisse, Sicherheit) und postmaterialistischer Werte (Sozialer Kontakt, Anerkennung und Wertschätzung, Selbstverwirklichung) und erwartet in seinen frühen Texten (Inglehart 1971, 1977, 1990) eine langsame intergenerationale Ablösung materialistischer durch postmaterialistische Werte.

Im Jahr 2000 hat Inglehart (zusammen mit Wayne Baker, 2000) dann eine etwas veränderte Version seiner Wandelsthese vorgelegt, die zu diesem Zeitpunkt schon auf drei Erhebungswellen (1981, 1990, 1995–1997) beruhte und den

Wertewandel jetzt als Veränderung in einer zweidimensionalen Fläche beschreibt, einer „kulturellen Landkarte" der Welt. Mit der bereits bei Rössels Opernuntersuchung verwendeten Methode der Faktoranalyse (oder Faktorenanalyse) extrahieren Inglehart und Baker zwei Faktoren, die sich aus ihrer Sicht gut inhaltlich interpretieren lassen und die zwei unabhängige Modernisierungsdimensionen erkennen lassen.

Die beiden Dimensionen sind mit den Aussagen, deren Zustimmungen mit ihnen stark zusammenhängen, in Tab. 5.4 zusammengefasst:

Inglehart und Baker bezeichnen die beiden Dimensionen als „Traditionell vs. säkular-rational" und als „Überleben vs. Selbstdarstellung". Was ist damit gemeint?

In der ersten Dimension geht es um Säkularisierung. Sie spiegelt den Gegensatz zwischen Gesellschaften, in denen Religion sehr wichtig ist, und solchen, in denen dies nicht der Fall ist. Dabei sind die Autoritäten Gott, Vaterland und Familie eng miteinander verbunden. Solche Autorität wird passiv akzeptiert, was sich insbesondere im Verhältnis zu Politik zeigt: Traditionelle Befragte sprechen nicht über Politik. Sie betonen eher die soziale Konformität als das individualistische Streben, glauben an die absoluten Maßstäbe von Gut und Böse, unterstützen die Ehrerbietung gegenüber Autorität und verfügen über recht nationalistische Einstellungen. Gesellschaften mit säkular-rationalen Werten haben zu allen diesen Themen die entgegengesetzten Präferenzen.

In der Survival-Self-Expression-Dimension werden nun das Postmaterialismus-Konzept und sein Bezug zu Maslow wieder aufgenommen:

> „The survival-self-expression dimension taps a syndrome of trust, tolerance, subjective well-being, political activism, and selfexpression that emerges in postindustrial societies with high levels of security. At the opposite extreme, people in societies shaped by insecurity and low levels of well-being, tend to emphasize economic and physical security above all other goals, and feel threatened by foreigners, by ethnic diversity and by cultural change. This leads to an intolerance of gays and other outgroups, an insistence on traditional gender roles, and an authoritarian political outlook." (S. 25 f.)

Man kann diese Gegenüberstellung noch etwas anders akzentuieren. In der Gegenüberstellung fällt zunächst einmal auf, dass die beiden Bereiche Familie und Politik in beiden Listen gut vertreten sind, während der Bereich Religion nur in der ersten und der Bereich der eigenen Lebenssituation nur und der der Lebensgestaltung fast nur in der zweiten Dimension vorkommt. Die zweite Dimension scheint insofern näher am praktischen Leben orientiert zu sein.

Diese Vermutung setzt sich fort, wenn man zu den Aussagen zu Familie und Politik, die ja in beiden Dimensionen angesprochen werden, die beiden Dimensionen vergleicht. In der ersten Dimension geht es um Autorität, in der zweiten geht

Tab. 5.4 Zwei Dimensionen des Wertwandels bei Inglehart und Baker (2000)

	Traditionell vs. säkular-rational	Überleben vs. Selbstdarstellung
Religion	**Bedeutung von Religion:** Religion ist sehr wichtig im Leben des Befragten. Der Befragte glaubt an Himmel und Hölle, besucht regelmäßig die Kirche, zieht Trost und Stärke aus der Religion, beschreibt sich selbst als „religiöse Person", sieht absolut klare Richtlinien über Gut und Böse, und Euthanasie und Selbstmord als ungerechtfertigt	
Familie	**Familiäre Autorität:** Ein Hauptziel des Befragten ist es, seine Eltern stolz zu machen. Man muss immer die Eltern lieben und respektieren. Eltern müssen ihr Bestes für ihre Kinder geben, auch auf eigene Kosten. Scheidung ist niemals zu rechtfertigen. Wenn eine Frau mehr Geld verdient als ihr Mann, ist das ein Problem. Sie bevorzugen eine relativ große Anzahl von Kindern	**Intoleranz:** Befragte lehnt Homosexuelle ab, sieht Männer als bessere politische Führer. Eine Frau braucht Kinder. Ein Kind braucht ein Zuhause mit Vater und Mutter. Bei knappen Jobs haben Männer mehr Recht auf einen Arbeitsplatz als Frauen. Ein Studium ist wichtiger für Jungen als für Mädchen. Ausländer, Personen mit Vorstrafen oder Alkoholproblemen werden als Nachbarn abgelehnt
Politik	**Unpolitisch:** Befragte sprechen selten oder nie über Politik. Der Befragte platziert sich selbst auf der rechten Seite einer Links-Rechts-Skala, würde eine Militärherrschaft akzeptieren, fordert strengere Beschränkungen für den Verkauf von ausländischen Waren, und hält nationale Umweltprobleme für ohne internationale Abkommen lösbar	**Konservativ:** Der Befragte befürwortet Staatseigentum an Unternehmen sowie starke Politiker, und erwartet, dass der Staat für die Menschen Verantwortung übernimmt. Demokratie ist nicht unbedingt die beste Regierungsform. Die Befragten sind gegen Entwicklungshilfe, befürworten den technischen Fortschritt, recyceln nicht

(Fortsetzung)

Tab. 5.4 (Fortsetzung)

	Traditionell vs. säkular-rational	Überleben vs. Selbstdarstellung
Lebens-gestaltung	Arbeit ist sehr wichtig im Leben des Befragten	**Materialistisch:** Bei der Arbeitsplatzwahl sind Einkommen und Sicherheit wichtiger als das Gefühl, etwas zu leisten, oder sympathische Mitarbeiter. Der Befragte legt Wert auf Geld und materiellen Besitz. Harte Arbeit ist in der Erziehung wichtig; Phantasie, Toleranz und Respekt für andere nicht. Freizeit und Freunde sind unwichtig
Situation		**Unglücklich:** Der Befragte ist mit der finanziellen Situation seines Haushalts unzufrieden, beschreibt die eigene Gesundheit nicht als sehr gut, hat nicht viel freie Wahl oder Kontrolle über sein/ihr Leben

es um konkrete Abläufe. In den Ebenen der Interaktion, die wir früher behandelt haben, kann man sagen, dass es bei der ersten Dimension um die Ebene der Institutionen geht, bei der der zweiten hingegen um die Ebene der Organisationen. Diese alternative Sichtweise steht nicht im Widerspruch zu Ingleharts Ansicht, die die Rolle von Sicherheit betont: Nur wenn die Institutionen auf der Makro-Ebene Sicherheit gewährleisten, kann innerhalb der Organisationen Individualisierung sich entwickeln.

Diese beiden Dimensionen spannen eine kulturelle Landkarte auf, in der sich jedem Befragten und als jeweiligem nationalen Durchschnitt jedem Land und jeder Befragung eine Position zuweisen lässt. Inglehart bemerkt, dass auf dieser Landkarte die von der jeweiligen kulturellen Tradition her zusammengehörigen Gesellschaften auch beieinanderliegende Positionen haben (Abb. 5.2).

In weiteren Abbildungen im selben Artikel wird untersucht, wie sich Gesellschaften in ihrer Werteposition verändern, soweit schon mehr als eine Erhebung vorlag, und diese Untersuchungen sind seither, vor allem auch unter Einbezug weiterer Länder, noch deutlich weitergeführt worden. Die Entwicklung geht in den 1990er Jahren durchaus nicht in allen Gesellschaften nach oben und nach rechts, aber der Befund, dass Gesellschaften mit einer stabilen, Sicherheit gebenden Wohlstandslage sich vor allem auf der zweiten Dimension in positiver Richtung (das heißt nach rechts) bewegen, wird von vielen Ländern gestützt, wie man

5.4 Werte und Wertewandel

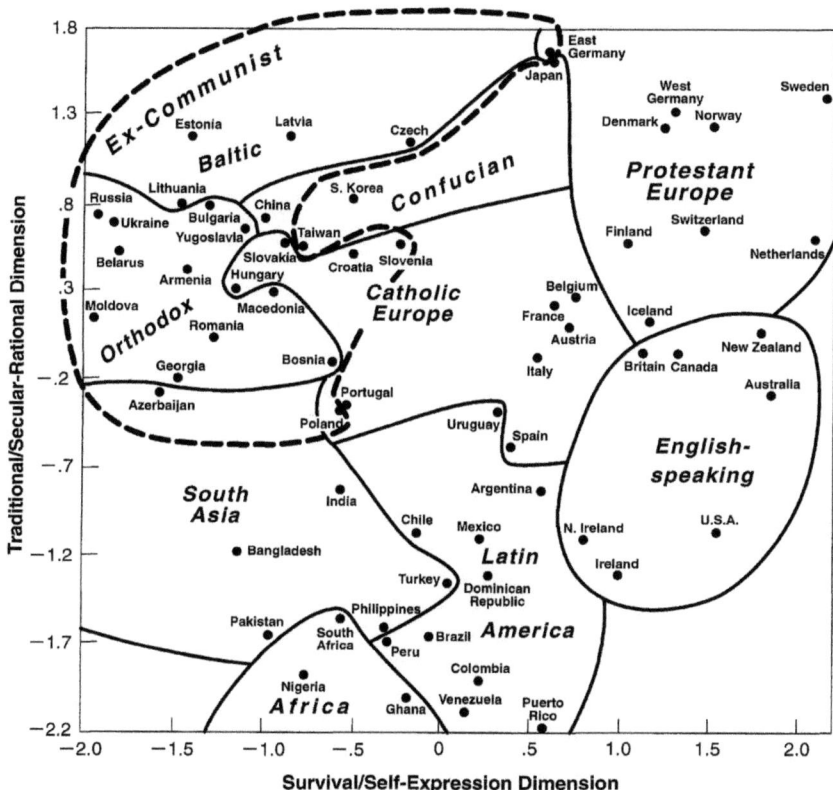

Abb. 5.2 Die ‚Cultural map' der Werte mit sechs kulturellen Traditionen. (Aus Inglehart und Baker 2000)

in Abb. 5.3 sehen kann: Nicht weniger als 13 westliche Gesellschaften zeigen teils beeindruckende Veränderungen auf dieser Dimension, nur drei, unter ihnen die Schweiz, treten in dieser Hinsicht in der damaligen Zeit auf der Stelle und werden stattdessen säkularer.

Auch in der Mediensoziologie sind die Interaktionen zwischen veränderten Wertevorstellungen und Medien ein Thema. Untersuchte Fragestellungen sind zum Beispiel, wie gleichere Geschlechtervorstellungen (Nir 2017) oder Homosexualität (Adamczyk et al. 2015) in den Medien dargestellt werden, wie generell der Zugang zu freien Massenmedien und dem Internet die Sicht auf Umweltfragen (Janmaimool 2017) oder wiederum Homosexualität (Carlo-Gonzalez et al. 2017)

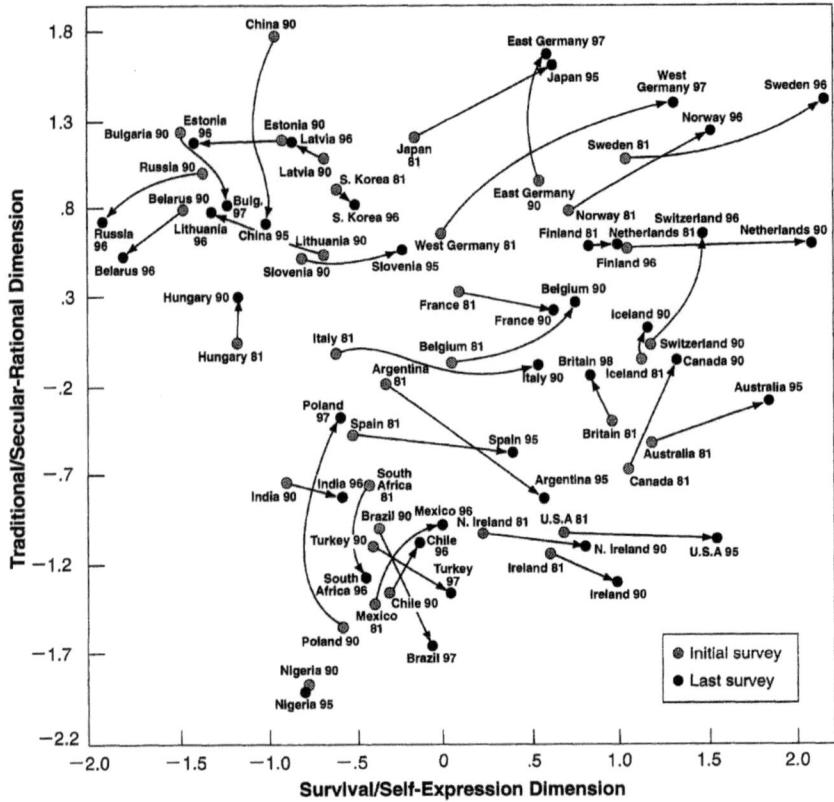

Abb. 5.3 Veränderungen auf der „Cultural map" (Inglehart und Baker 2000, fig. 6)

beeinflusst, oder wie Medienverhalten selbst von Werten abhängig ist, die sich wandeln (Hanusch und Hanitzsch 2013; Reed et al. 2016).

> **Zusammenfassung**
>
> In diesem Kapitel ging es darum, wofür sich Menschen entscheiden, einerseits was sie gut finden und andererseits was sie auch einfach machen, ohne groß darüber nachzudenken.
>
> - Sie verstehen jetzt, wie das, was sie gut finden und das, was sie einfach machen, in den unterschiedlichen Sozialwissenschaften begrifflich gefasst wird, können den Begriff der Motivation einerseits von Zielen und

Präferenzen und andererseits von Intentionen abgrenzen und kennen Max Webers Begriffe des traditionalen, affektuellen, wert- und zweckrationalen Handelns.
- Sie kennen und verstehen die Wirkung von Hormonen wie Dopamin und die Motivationstheorien von Maslow, Herzberg und Bandura und haben mit dem sehr allgemein wahrnehmungsbezogenen Begriff des Ziels und seiner Verfolgung einen Rahmen, in dem Sie sie einordnen können.
- Dieser Rahmen ermöglicht Ihnen drittens auch, Motivationen der Mediennutzung und die Bedeutung von Stories und Prominenten zu verstehen und Sie kennen Schudsons 5 Rs und die Spannung zwischen intrinsischer und extrinsischer Mediennutzung.
- Sie kennen und verstehen schließlich die Veränderungen, denen Motivationen durch den Prozess des gesellschaftlichen Wertewandels ausgesetzt sind, mit den zugrunde liegenden Thesen der sozialen Bedingtheit, der Sozialisation und des intergenerationellen Wertewandels, und die beiden Dimensionen des Wertewandels, die international vergleichend hierzu identifiziert wurden.

Kontrollfragen
1. Grenzen Sie den Begriff der Motivation gegen denjenigen des Zieles ab!
2. Zwischen welchen anderen beiden Handlungsformen steht in Max Weber Folge der Rationalitätsbegriffe das affektuelle Handeln? Welche Aspekte der Handlung werden in ihm betrachtet, welche nicht?
3. Sind Wertschätzungsbedürfnisse in Ronald Ingleharts Terminologie materialistische oder postmaterialistische Bedürfnisse?
4. Beschreiben Sie, inwiefern ein verschultes Universitätssystem die Produktivität des Lernens beschädigen kann. Verwenden Sie dabei die Begriffe von Frederick Herzbergs Zwei-Faktoren-Modell!
5. Um eines seiner fünf Rs zu erklären, zitiert Michael Schudson eine Studie zur Bedeutung von Homer:
„The endurance of a classic canonical author such as Homer… owes not to the alleged transcultural or universal value of his works but, on the contrary, to the continuity of their circulation in a particular culture. Repeatedly cited and recited, translated, taught and imitated, and thoroughly enmeshed in the network of intertextuality that continuously constitutes [… high culture…,] ‚Homer' recurrently enters our experience in relation to a large number and variety of our interests and thus can perform a large number of various functions for us and obviously has performed them for many of us over a good bit of the history of our culture." (169)

Um welches der fünf R's geht es hier?
6. Ist Melvin Kohns These der sozialen Bedingtheit von Werten eine Aussage über Motivationen oder über Intentionen?
7. In welcher beiden Dimensionen, in denen Ronald Inglehart Wertewandel beschreibt, spielt die Akzeptanz von Homosexualität eine Rolle? Wie heißt die andere Dimension? Worum geht es in beiden allgemein gesprochen?

Literatur

Zentrale Referenzen

Csikszentmihalyi, Mihaly. 1990. *Flow: The psychology of optimal experience*. New York: Harper & Row.
Deci, E.L., und R.M. Ryan. 2000. The „what" and „why" of goal pursuits: Human needs and the self-determination of behavior. *Psychological Inquiry* 11:227–268.
Flusser, Vilém. 1994. *Vom Subjekt zum Projekt: Menschwerdung*. Bensheim: Bollmann.
Herzberg, Frederick, Bernard Mausner, und Barbara Bloch Snyderman. 1959. *The motivation to work*. New York: Wiley.
Inglehart, Ronald. 1971. The silent revolution in Europe: Intergenerational change in post-industrial societies. *American Political Science Review* 65:991–1017.
Inglehart, Ronald. 1977. *The silent revolution: Changing values and political style*. Princeton UP: Princeton.
Inglehart, Ronald. 1990. *Culture shift in advanced industrial society*. Princeton UP: Princeton.
Inglehart, Ronald, und Wayne E. Baker. 2000. Modernization, cultural change, and the persistence of traditional values. *American Sociological Review* 65:19–51.
Kohn, Melvin L. 1977. *Class and conformity: A study in values*. Chicago: The University of Chicago Press.
Maslow, Abraham H. 1943. A theory of human motivation. *Psychological Review* 50:370–396.
Polletta, F., P.C.B. Chen, et al. 2011. The sociology of storytelling. *Annual Review of Sociology* 37:109–130. (Hrsg. K. S. Cook und D. S. Massey).
Schudson, M. 1989. How culture works: Perspectives from media studies on the efficacy of symbols. *Theory and Society* 18:153–180.
Weber, Max. 1985. *Wirtschaft und Gesellschaft*. Tübingen: Mohr (Siebeck). (Erstveröffentlichung 1922).

Beispiele mediensoziologischer Studien

Adamczyk, A., C. Kim, und L. Paradis. 2015. Investigating differences in how the news media views homosexuality across nations: An analysis of the United States, South Africa, and Uganda. *Sociological Forum* 30:1038–1058.

Carlo-Gonzalez, C., C. Mckallagat, und J. Whitten-Woodring. 2017. The rainbow effect: Media freedom, internet access, and gay rights. *Social Science Quarterly* 98:1061–1077.
Cerulo, K.A. 2000. The rest of the story: Sociocultural patterns of story elaboration. *Poetics* 28:21–45.
Clark, L. 2010. Decision-making during gambling: An integration of cognitive and psychobiological approaches. *Philosophical Transactions of the Royal Society B-Biological Sciences* 365:319–330.
Deuze, M., K. Thompson, und C. Janissary. 2014. Fandom as survival in media life. In *Ashgate research companion to fan cultures*, Hrsg. L. Duits, K. Zwaan, und S. Reijnders, 77–89. Aldershot: Ashgate Publishing Ltd.
Driessens, O. 2013. Celebrity capital: Redefining celebrity using field theory. *Theory and Society* 42:543–560.
Ekstrom, M. 2000. Information, storytelling and attractions: TV journalism in three modes of communication. *Media Culture & Society* 22:465–492.
Guinn, Jeff, und Douglas Perry. 2005. *The sixteenth minute: Life in the aftermath of fame.* New York: Jeremy P. Tarcher/Penguin.
Hanusch, F., und T. Hanitzsch. 2013. Mediating orientation and self-expression in the world of consumption: Australian and German lifestyle journalists' professional views. *Media, Culture and Society* 35:943–959.
Janmaimool, P. 2017. Investigating pro-environmental behaviors of well-educated people in Thailand Implications for the development of environmental communication. *International Journal of Sociology and Social policy* 37:788–807.
Johnston, J., A. Rodney, und P. Chong. 2014. Making change in the kitchen? A study of celebrity cookbooks, culinary personas, and inequality. *Poetics* 47:1–22.
Koopman, E.M. 2015. Why do we read sad books? Eudaimonic motives and meta-emotions. *Poetics* 52:18–31.
Kurzman, C., C. Anderson, et al. 2007. Celebrity status. *Sociological Theory* 25:347–367.
Martin, A.W., P. Rafail, und J.D. Mccarthy. 2017. What a story? *Social Forces* 96:779–802.
Mcardle, Paul. 2008. Use and misuse of drugs and alcohol in adolescence. *BMJ: British Medical Journal* 337:46–50.
Nir, L. 2017. Social representations, news exposure, and knowledge gaps. *Social Science Quarterly* 98:786–803.
Reed, P.J., E.S. Spiro, und C.T. Butts. 2016. Thumbs up for privacy?: Differences in online self-disclosure behavior across national cultures. *Social Science Research* 59:155–170.
Ribke, N. 2015. Entertainment politics: Brazilian celebrities' transition to politics, recent history and main patterns. *Media, Culture and Society* 37:35–49.
Sewell, Alexandra, und Halit Hulusi. 2016. Preventing radicalisation to extreme positions in children and young people. What does the literature tell us and should educational psychology respond? *Educational Psychology in Practice* 32:343–354.
Steinberg, L. 2008. A social neuroscience perspective on adolescent risk-taking. *Developmental Review* 28:78–106.
Strombach, T., S. Strang, et al. 2016. Common and distinctive approaches to motivation in different disciplines. In *Motivation: Theory, neurobiology and applications*, Hrsg. B. Studer und S. Knecht, 3–23. Amsterdam: Elsevier Science Bv.

Vorderer, P. 2001. It's all entertainment sure. But what exactly is entertainment? Communication research, media psychology and the explanation of entertainment experiences. *Poetics* 29:247–261.

Zafirau, S. 2008. Reputation work in selling film and television: Life in the Hollywood talent industry. *Qualitative Sociology* 31:99–127.

Zandberg, E. 2010. The right to tell the (right) story: Journalism, authority and memory. *Media Culture & Society* 32:5–24.

Weitere Referenzen

Deshon, R.P., und J.Z. Gillespie. 2005. A motivated action theory account of goal orientation. *Journal of Applied Psychology* 90:1096–1127.

Edwards, D.H., und E.A. Kravitz. 1997. Serotonin, social status and aggression. *Current Opinion in Neurobiology* 7:812–819.

Kroneberg, Clemens, Hrsg. 2009. Das Modell der Frame-Selektion – Grundlagen und soziologische Anwendung einer integrativen Handlungstheorie. Dissertation, Universität Mannheim.

Salimpoor, V.N., D.H. Zald, et al. 2015. Predictions and the brain: How musical sounds become rewarding. *Trends in Cognitive Sciences* 19:86–91.

Schluchter, Wolfgang. 1988. *Religion und Lebensführung*. Studien zu Max Webers Kultur- und Werttheorie, Bd. 1. Frankfurt a. M.: Suhrkamp.

Sinek, Simon. 2018. *Leaders eat last*. London: Portfolio Penguin.

Teil II
Die Realität der Medien

Medien produzieren Wahrnehmungen, die aus der sozialen Realität abgeleitet sind. Sie sind aber auch Handlungsfelder, die Teil der empirischen Realität sind. Zu dem Handwerkszeug, das eine Einführung in die Mediensoziologie vermitteln muss, gehören von daher auch allgemeine Konzepte der soziologischen Analyse der Realität. Anschließend an empirische Debatten der Mediensoziologie teilen wir diesen Bereich in folgende fünf Kapitel:

Kap. 6 „Soziale Strukturen" vertieft zunächst das zur soziologischen Erklärung und zu Institutionen in den ersten beiden Kapiteln gesagte und erweitert den Blick auf seinen Gegenstand vor allem mit Organisationstheorie einerseits und Differenzierungs- und Systemtheorien andererseits.

Kap. 7 „Sozialstruktur und Lebensstile" diskutiert Klassen und Schichten, das Konzept des sozialen Raums und Lebensstile sowie das Geschlecht als sozial strukturierende Kategorie.

Kap. 8 analysiert, wie wechselseitig abgestimmte Erwartungen über Sichtweisen als „Diskurse" die soziale Realität bestimmen und welche Rolle Medien dabei spielen, vom Beispiel der sogenannten ‚Moral Panic' bis zur mediensoziologischen Methode der Diskursanalyse.

Die soziale Realität ist spezifischen Veränderungen unterworfen, und viele mediensoziologische Texte schließen sich in der einen oder anderen Weise an eine Debatte an, die man mit dem meistzitierten beteiligten Autor Ulrich Beck als „Zweite Moderne" bezeichnen kann. Kap. 9 „Sozialer Wandel" analysiert, wieso man tatsächlich von einer solchen zweiten Moderne sprechen kann.

Schließlich hat die Soziologie als Wissenschaft einen spezifischen, methodologisch systematisierten Blick auf die soziale Realität, der zwar zumeist in vielen anderen Texten und Lehrveranstaltungen thematisiert wird, aber in einer solchen

Einführung nicht völlig fehlen darf. Kap. 10 „Methoden" beginnt mit einer Perspektive sozialen Wandels auf Phasen methodologischer Orientierung, die Ihnen das empirische Selbstkonzept des Faches und die produktive Spannung zwischen qualitativen Methoden und statistischen Nachweisen empirischer Zusammenhänge plausibel machen sollte.

Soziale Strukturen 6

> **Überblick**
> Im Einstieg zur Diskussion mediensoziologisch relevanter Aspekte der sozialen Realität diskutieren wir als erstes Strukturen des Sozialen.
>
> - Zunächst kehren wir noch einmal zum Schema der soziologischen Erklärung zurück und diskutieren Entstehung, Motivation, und Begrifflichkeiten.
> - Im Folgenden nehmen wir die spieltheoretischen Überlegungen noch einmal auf und kommen über den Begriff der Institution zu dem der Organisation.
> - Drittens schauen wir uns die Tradition der Systemtheorie, die soziale Strukturen in ganz andere Begrifflichkeiten als die bisher verwendeten fasst.

6.1 Soziologische Erklärung

Im Jahr 1997 wurde eine Umfrage unter Soziologen durchgeführt, in der diese jeweils die fünf für ihre Arbeit einflussreichsten soziologischen Texte ausführen sollten (ISA 1998). An erster Stelle steht Webers *Wirtschaft und Gesellschaft*, aber an zweiter Stelle kommt ein Buch, das in Europa wenig bekannt ist: Carter Wright Mills' *Sociological Imagination,* was man als soziologische Vorstellungskraft oder soziologische Phantasie übersetzen kann Mills (1959). Der Grund dafür ist vielleicht, dass erst Mills' engagiertes Plädoyer Webers trockene Methodik in die allgemeine Verständlichkeit hinein übersetzte.

Um gesellschaftliche Strukturen zu verstehen, muss man sich in die soziale Situation der Individuen hineinversetzen. Das ist aber keineswegs selbstverständlich. Wir sehen zwar heute im Rückblick, dass bereits die Soziologie-Definition von Max Weber die drei Wirkrichtungen des Colemanschen Schemas enthält. Aber dennoch analysierte die Soziologie bis in die 1980er Jahre hinein viele Dinge als reine Makrosoziologie, indem soziale Ursachen und soziale Wirkungen direkt auseinander hergeleitet wurden. Die Auseinandersetzung mit der Frage, welche Mechanismen denn nun tatsächlich dabei galten, konnte damit ganz aus- oder aber jedenfalls auf dem bequemen Niveau der Spekulation verbleiben. Mills war derjenige, der dies als erstes engagiert angesprochen hat.

In *Sociological imagination* beklagt Mills eine Bürokratisierung der soziologischen Sprache (Talcott Parsons, den Großtheoretiker, gegen den er sich damals richtete, werden wir noch kennenlernen), die die Wissenschaft von den tatsächlichen sozialen Problemen wegbringt: „What I am suggesting is that by addressing ourselves to issues and to troubles, and formulating them as problems of social science, we stand the best chance, I believe the only chance, to make reason democratically relevant to human affairs in a free society, and so to realize the classic values that underlie the promise of our studies" (1959, S. 194).

Mills unterscheidet zwischen „den persönlichen Problemen des Milieus" und „den öffentlichen Fragen der sozialen Struktur" und liefert damit die erste Formulierung der Mikro-Makro-Unterscheidung die die beiden Ebenen verbindet. „No social study that does not come back to the problems of biography, of history, and of their intersections within society, has completed its intellectual journey...It is the capacity to range from the most impersonal and remote transformations to the most intimate features of the human self – and to see the relations between the two" (S. 5 f.).

An diesen Hinweis schließt 27 Jahre später James S. Coleman mit seinem Schema der soziologischen Erklärung an, das wir bereits in Kap. 1 behandelt haben. In diesem Modell sind soziale Phänomene auf der Makro-Ebene zu erklären durch Analyse der individueller Situation und des individuellen Handelns (Coleman 1986). Im deutschsprachigen Raum ist das Schema schon vor Coleman eingeführt worden (Lindenberg und Wippler 1978) und wurde vor allem durch Hartmut Essers Soziologie-Lehrbücher bekannt. Folgende verschiedene Begriffe werden für die drei Wirkungsrichtungen verwendet (Tab. 6.1).

Die soziologische Erklärung ist ein Spezialbeispiel für etwas, was man als Mechanismus bezeichnet: Ein Mechanismus ist eine Kette von Zusammenhängen von Ursache und Wirkung, die jeweils allgemein gelten und gemeinsam den Zusammenhang zwischen dem Anfangsglied und dem Endglied der Kette erklären (Little 1990).

6.1 Soziologische Erklärung

Tab. 6.1 Termini zum Schema der soziologischen Erklärung

	Ebenenbeziehung	Weber [1922] (1985)	Lindenberg und Wippler (1978)	Esser (1993); (1999–2001)
1.	Makrosituation > Mikrosituation	Deutend verstehen	Brückenannahmen zur individuellen Situation	Logik der Situation
2.	Mikro: Situation > Handlung	Ablauf erklären	Wahl des individuellen Verhaltens	Logik der Selektion
3.	Handlung (Mikro) > Makroergebnis	Wirkungen erklären	Aggregation der Konsequenzen	Logik der Aggregation

Es ist nicht sehr häufig, dass in einzelnen Arbeiten das Schema komplett abgearbeitet wird. Insbesondere in angewandten Soziologien, die nicht über große Individualdatensätze verfügen, findet man das selten. Viele angewandte Studien beschränken sich empirisch insbesondere auf die „Logik der Selektion". Aber ein wichtiger analytischer Bezugspunkt ist das Schema in jedem Fall. Und einige Beispiele gibt es doch, an denen das Schema der soziologischen Erklärung komplett durchlaufen wird.

Das erste ist die Protestantismus-These von Max Weber.

> **Fallbeispiel 9: Max Webers Protestantismus-These**
> Weber fragt, warum die industrielle Revolution gerade in protestantischen Ländern wie Großbritannien und den Niederlanden begonnen hat und die Industrialisierung bis zum Zeitpunkt seines Schreibens (Weber 1984) in Gegenden mit protestantischer Prägung stärker fortgeschritten war als in solchen mit katholischem Hintergrund, ganz zu schweigen von anderen Weltgegenden ganz ohne die Prägung des westlichen Christentums. Webers zentrales Argument ist es, den Protestantismus als soziale Tatsache auf der Makroebene hinunterzuprojizieren auf eine individuelle Situation, in der die einzelnen reformierten oder (in geringerem Maße) lutheranischen Christen eine „protestantische Ethik" entwickeln.
> • Weber bezieht sich vor allem auf die Calvinistische Prädestinationslehre. In dieser ist die Gnade Gottes vorbestimmt und kann nicht durch religiöse Handlungen wie Beten oder die Beichte (die der Katholizismus anbietet) erlangt werden. Und „Gnade Gottes" muss man dabei nicht für etwas Metaphysisches halten, es reicht ja, dass andere Menschen

dieses Konzept im Kopf haben und ihre soziale Anerkennung danach ausrichten.
- Ob man also für das ewige Leben erwählt und damit sozialer Anerkennung würdig ist, ist im protestantischen Konzept im weltlichen Leben ablesbar. Erfolg, auch wenn er ganz profan durch Arbeit erreicht ist, zeugt von der Prädestination (Erwählung) des Individuums. Damit setzt der Protestantismus Anreize, erfolgreich zu sein.
- Gleichzeitig ist der Protestantismus in Webers Analyse aber auch sehr kritisch gegenüber der Verwendung erarbeiteten Vermögens für den Konsum.

Gemeinsam führen diese beiden Punkte zu einer Lebenshaltung, die Weber als „Gottesdienst im täglichen Leben" und „innerweltliche Askese" bezeichnet. Sie führt zu einer großen Sparsamkeit. Die Folge ist, dass die Protestanten überschüssiges Geld haben, für das sie Anlagemöglichkeiten suchen und diese in den Investitionsmöglichkeiten finden, welche die Industrialisierung bietet.

Ein zweites Beispiel für eine vollständige Anwendung der soziologischen Erklärung ist eine Studie über den Wahlerfolg der NSDAP im Jahr 1932.

Fallbeispiel 10: Weltwirtschaftskrise, Arbeitslosigkeit und Wahl der NSDAP 1932
Bei der Reichstagswahl 1932 verzeichnete die NSDAP einen überwältigenden Wahlsieg, der ihr zwar noch keine Mehrheit brachte, aber massiv dazu beitrug, dass Präsident Hindenburg Ende Januar 1933 Adolf Hitler zum Reichskanzler ernannte.

Drei Jahre zuvor war die Weltwirtschaftskrise ausgebrochen, welche zu einem massiven Anstieg der Arbeitslosenzahlen in Deutschland geführt hatte. Hatten nun die Arbeitslosen Hitler gewählt? Wie bei Durkheims Selbstmordstudie lagen keine Individualdaten vor, sondern nur vergleichende Daten für Territorien (in diesem Fall Daten auf Kreisebene). Der Berliner Politikwissenschaftler Jürgen Falter analysierte diese Daten und stellte fest, „[d]ie Hochburgen Hitlers von 1932 [...] lagen vor allem in [...] Regionen mit unterdurchschnittlicher Arbeitslosigkeit." (Falter 1995) Diejenigen, die aus der vermehrten Auftreten von Arbeitslosigkeit und dem

Aufstieg der NSDAP den Schluss gezogen hatten, die Arbeitslosen hätten individuell Hitler gewählt, waren einem sogenannten „ökologischen Fehlschluss" erlegen. Tatsächlich hatten eher Menschen, die noch beschäftigt waren, aber die Arbeitslosigkeit (oder ihre Auswirkungen) fürchteten, Hitler gewählt.

Ein Beispiel dafür, wie das Schema in der Mediensoziologie (implizit, aber vollständig) angewandt wird, ist schließlich eine Studie zur Auswirkung einer Form sozialer Organisation, die als Klientelismus bezeichnet wird und in Südeuropa und Lateinamerika Gesellschaften und Mediensysteme beeinflusst.

Fallbeispiel 11: Klientelismus und journalistische Professionalität
Klientelismus zeichnet sich dadurch aus, dass Ressourcen von mächtigen Akteuren verteilt werden im Austausch gegen Loyalität; anonyme, netzwerkunabhängige Institutionen wie der Markt spielen eine geringere Rolle. Das wirkt sich zum Beispiel auf die Arbeitssituation von Journalisten aus, die in klientelistischen Systemen weniger untereinander verbunden sind und stärker in Abhängigkeit von den Eigentümern der Medienorganisationen stehen. Auf diese Art und Weise entwickeln sich Mediensysteme, die durch ein geringeres Maß an journalistischer Unabhängigkeit und Verlässlichkeit gekennzeichnet sind als in Mittel- und Nordeuropa oder den angelsächsischen Ländern (Hallin und Papathanassopoulos 2002).

6.2 Institutionen und Organisationen

Wir haben oben das Konventionalspiel (Battle of the Sexes) und das Gefangenendilemma als zwei paradigmatische Spiele angeschaut, in denen sich aufgrund der unangenehmen Aspekte von Interaktionssituationen etwas Neues ergibt. Bisher waren das einfach zwei unterschiedliche Spielsituationen mit jeweils einem eigenen Ergebnis. Aber tatsächlich kann man sie auch in einem Begriff zusammenfassen. Konventionen und Normen sind beides die einfachsten Formen von Institutionen.

Die Veränderung der Interaktion durch Normen kann man direkt in der Spielematrix eintragen. Nehmen wir an, die beiden Gefangenen verabreden sich, eine Mafia zu bilden, die jeden, der gesteht, umbringt. Umgebracht zu werden notieren wir mit -9. In der neuen Matrix ist für den Zeilenspieler G1 kooperieren,

d. h. schweigen, immer besser als defektieren/aussagen: Wenn der Spaltenspieler selbst auch kooperiert, könnte er zwar freikommen (3 Punkte), aber würde umgebracht, sodass -6 als Summe resultiert; deutlich schlechter als die 2, die sich bei beidseitiger Kooperation ergibt. Wenn der Spaltenspieler defektiert, kommt G1 zwar für die längste Zeit ins Gefängnis (0 Punkte), aber bleibt am Leben, während er andernfalls geringfügig kürzer ins Gefängnis müsste (1 Punkt), aber nachher umgebracht würde, gesamthaft also auf -8 Punkte käme (Tab. 6.2).

Für Konventionen braucht die Spielematrix nicht sichtbar verändert zu werden; es genügt, wenn die Erwartungen der Akteure auf eine mögliche Lösung gerichtet werden.

Institutionen entstehen, wenn eine soziale Situation ungewollte Aspekte hat. Akteure können neue Spielelemente erfinden i. W. neue Strategien, neue Erwartungen ggf. neue Spieler, vielleicht sogar neue Auszahlungen und damit die Spielsituation so beeinflussen, dass sich ein neues, besseres Nash-Gleichgewicht als Lösung ergibt. Die meisten Institutionen bestehen aus einer großen Anzahl verschränkter Normen und Konventionen. Aber das Prinzip bleibt immer dasselbe, dass eine Interaktionssituation so verändert wird, dass bestimmte negative Aspekte vermieden werden.

Dabei sind interessanterweise die beiden Grundformen miteinander untrennbar verbunden. Konventionen werden zu Normen, das ist unmittelbar einsichtig aus der Notwendigkeit, für Zufälle vorzusorgen: Wenn eine Konvention in Kraft ist, dann ist ein Verstoß gegen sie eine negative Externalität. Deshalb gibt es Strafbestimmungen gegen Geisterfahrer: Normalerweise reicht es aus, eine Fahrtrichtung auszuwählen, damit die Verkehrsteilnehmer aus Eigeninteresse die richtige Strassenseite wählen. Aber wenn ein Autofahrer auf der Autobahn die richtige Ausfahrt verpasst hat und so ausnahmsweise einen starken Anreiz hat, gegen die konventionelle Richtung noch bis zur Ausfahrt zurückzusetzen, dann ist es vielleicht doch hilfreich, dass „mit Freiheitsstrafe bis zu drei Jahren oder Geldstrafe" gedroht wird (SVG 90, 2).

Umgekehrt sind Normen immer auch Konventionen: Es gab ja das Nash-Gleichgewicht vor Einführung der Norm, insofern liegen zwei mögliche Gleichgewichte vor. Auf den Konventional- bzw. konstruierten Charakter von

Tab. 6.2 Spielematrix für das Gefangenendilemma mit Mafia

		G2	
		Cooperate	Defect
G1	Cooperate	(2,2)	(0,−6)
	Defect	(3 − 9 = −6,0)	(1 − 9 = −8,−8)

6.2 Institutionen und Organisationen

Normen wird aber oft auch hingewiesen im Sinne der Annahme, dass nochmals andere Lösungen möglich wären. Es wäre allerdings im Einzelfall jeweils aufzuzeigen, dass dies tatsächlich der Fall ist.

Jenseits der spieltheoretischen Analyse kann man Institutionen auch grundsätzlich als Systeme von normativen „Spielregeln" (rules of the game) beschreiben, in denen bestimmte Handlungsoptionen normativ zugelassen und andere ausgeschlossen bzw. sanktioniert werden. Aus der Konventionalität von Institutionen ergibt sich, dass diese sehr langlebig sein können selbst in Fällen, in denen ihnen große Defizite attestiert werden (North 1992).

Institutionen sind ein großes Thema der Soziologie Ende des 19. Jahrhunderts gewesen, bis hin dazu, dass die Definition, die Emile Durkheim für das Fach Soziologie als ganzer gab, sie einfach als „Wissenschaft von den Institutionen" beschrieb. Nach dem ersten Weltkrieg kam die Analyse von Institutionen fast zum Erliegen und begann dann erst in den 1990er Jahren unter dem Namen „Neo-Institutionalismus" wieder.

Eine besondere Rolle spielen Gruppen, die interne Institutionen ausbilden. Wir sprechen hier von Organisationen.

Dabei vorab zur Klärung: Der Begriff ‚Organisation' hat zwei Bedeutungen. Einerseits beschreibt er die Art, wie die Elemente eines Ganzen zielorientiert angeordnet sind. In dieser Verwendung ist er, abgesehen von der Zielorientierung austauschbar mit dem Begriff ‚Struktur'. Insbesondere gibt es für diesen Begriff keinen Plural. Diese Art von Organisation ist hier aber nicht gemeint.

Gemeint ist die andere Bedeutung, in der der Begriff eine organisierte Gruppe von Menschen mit einem besonderen Ziel beschreibt, das heißt eine Gruppe von Menschen, die sich interne Institutionen gegeben hat, um in irgendeiner äußeren Interaktion als gemeinsamer Akteur mitspielen zu können. Organisationen in diesem Sinn sind Unternehmen, Parteien, Schulen, Universitäten, Verwaltungen, Nationalstaaten, Redaktionen, Medienunternehmen. Diese Bedeutung des Begriffes, die man klar in den Plural setzen kann, wird erst seit den 1960er Jahren verwendet, vorher hat man all die unterschiedlichen Organisationen jeweils für sich gesondert betrachtet, erst seit 50 Jahren werden sie unter dem Blickwinkel ihrer Gemeinsamkeiten und Vergleichbarkeit diskutiert.

Natürlich ist die zweite Bedeutung nur ein Sonderfall der ersten: Eine Organisation (im zweiten Wortsinn) ist eine Gruppe, die eine Organisation (im ersten Wortsinn) hat. In Bezug auf menschliche Interaktion wird die „Anordnung" durch Elemente gegeben, die die Ergebnisse der Interaktion beeinflussen, also durch Institutionen der Mikro-Ebene innerhalb der Gruppe. Dabei sind Organisationen Gruppen mit Institutionen, die an der Integration in eine übergeordnete Interaktion orientiert sind und in denen die interne Struktur von der externen Interaktion abhängt.

> **Beispiel 12: Von der Freundesgruppe zur Organisation**
> Freunde in einer Gruppe können sich selbst Ziele setzen. Aber solange ihre interne Struktur hauptsächlich durch das Ziel geprägt ist, Freunde zu bleiben, sind sie keine Organisation.
> Nur insofern als ihre interne Interaktion durch die Teilnahme an der externen Interaktion strukturiert wird, werden sie zu einer Organisation – zum Beispiel wenn sie zusammen an einem Staffellauf teilnehmen und dafür gemeinsam trainieren, oder wenn sie zusammen einen Youtube-Kanal betreiben und interne Institutionen dafür bilden, verschiedene Aufgaben und mögliche Einnahmen auf einander aufzuteilen.

Daraus ergibt sich, dass Organisationen eine mittlere Ebene menschlicher Interaktion darstellen: Ein Teil menschlicher Interaktion ‚spielt' sich innerhalb von Organisationen ab, i. W. von Individuen, teils auch wieder von Gruppen. Andere Interaktionen finden um Organisationen herum statt: in der Interaktion von Organisationen mit anderen Akteuren oder in der Interaktion von Individuen, die daran sind, eine Organisation zu bilden, aber noch nicht durch eine gemeinsame Struktur verbunden sind.

Dennoch ist die Frage keineswegs trivial: Warum gibt es eigentlich Organisationen? Einerseits kann sie aus vergleichender historischer Warte gestellt werden, denn im 18. Jahrhundert sind wirtschaftliche Organisationen etwas spezifisch europäisches: Von England aus brechen *corporations* in die Welt aus und treffen teils auf Stämme, die kaum in gruppenübergreifende Interaktionen eingebunden sind, und teils auf individualisierte Netzwerke, denen Gruppengrenzen fehlen (Harris 2009). Andererseits wird sie gestellt aus der Sicht einer individualistischen Sozialwissenschaft (zunächst vor allem der Ökonomie), die verstehen will, warum nicht alle Individuen einzeln miteinander interagieren.

Es gibt hauptsächlich zwei Antworten, die beide aus demselben Ansatz kommen: Organisationen gibt es, weil ihre Bildung dazu führt, dass die Mitglieder in der äußeren Interaktion Ziele erreichen können, die sie ohne die Institutionen der Organisation nicht erreicht hätten.

Erstens: Man arbeitet gemeinsam mit Ressourcen, und in einer rein individualistischen Welt würde jeder dem anderen die Ressource übergeben, und man müsste jeweils schauen, in welchem Zustand sie übergeben wurde. Das gilt ganz gleich, ob es sich um Ressourcen handelt, an denen man arbeitet, oder um solche, mit denen man arbeitet. Und falls man etwas übergibt, für das nicht direkt etwas anderes eingetauscht wird, müsste man noch sicherstellen, dass solche

Versprechungen eingehalten werden. Ronald Coase (1910–2013) hat hierfür den Begriff *Transaktionskosten* geprägt. Um diese Kosten zu verringern, bildet man Gruppen mit internen Institutionen, die es ermöglichen, Verhalten zu kontrollieren anstatt der jeweiligen Verhaltensergebnisse (Coase 1937).

Zweitens: Interne Institutionen erlauben, Informationen gemeinsam zu nutzen. In ihnen ist es nicht nötig, dass alle gleich viel wissen. Stattdessen kann angeordnet werden, wie eine Aufgabe auszufüllen ist, sodass die Angestellten nicht das ganze nötige Wissen zu ihrer Ausführung haben müssen. Man spricht hier von einem Wissensersatz ('Knowledge-substitution effect').

Diese Ansätze können in Organisationen in sehr verschiedenen Feldern angewandt werden (Tab 6.3):

- In der Wirtschaft sind in übergeordnete Interaktionen eingebundene Organisation z. B. Unternehmen, die am Markt agieren, aber auch Gewerkschaften, die ihre Mitglieder am Arbeitsmarkt vertreten. In der Politik sind es Parteien oder Interessengruppen, die in den politischen Prozess der Demokratie eingebunden sind (oder auch in Nichtdemokratien mit den Mächtigen in einer Interaktion stehen), im Bildungsbereich sind es Schulen und Universitäten, die im Bildungs- und Ausbildungsprozess beteiligt sind, im privaten Bereich Familien und Wohngemeinschaften, die ihren Mitgliedern die private Regeneration und Reproduktion erlauben. Und im Medienbereich sind es Redaktionen, Sender und Medienholdings, die in Märkten für Nachrichten, Anzeigen, Leser oder Reputation miteinander in Wettbewerb stehen.
- Die gemeinsam genutzten Ressourcen sind in der Wirtschaft z. B. Maschinen, Gebäude oder Informationen, in der Politik gemeinsame inhaltliche Profile, Kampagnen, und ebenfalls Informationen. Im Bildungsbereich sind es Infrastruktur (Gebäude, Bibliotheken), Verwaltungsabläufe und inhaltliche Profile. Im privaten Bereich teilt man sich die Wohnung und das Auto. Und im Medienbereich ist es der verfügbare Platz und die Kommunikationsstruktur der Sendung und der Zeitungsausgabe, neben wiederum Infrastruktur und gemeinsamem Profil.
- Transaktionskosten werden vermieden, indem man in Unternehmen Verhaltensweisen wie auf Pünktlichkeit, Zuverlässigkeit und Umgangsformen schaut, die leichter zu überwachen sind als die Qualität von Leistungen. In der Politik achtet man auf Verlässlichkeit entlang des Partei- oder Organisationsprofils und meidet abweichende Positionen. In der Bildung sind analog zur Wirtschaft Pünktlichkeit, das Verhalten unter Kollegen oder die Anzahl der Publikationen leichter zu überwachen als die Frage, wie viel die Schüler oder Studierenden denn nun tatsächlich lernen. Zu Hause achtet man darauf, dass

der (ggf. WG-) Partner sich am Haushalt beteiligt und die Kinder nicht die Wände anmalen – allerdings sind die Interaktionsprozesse hier so sehr durch Nähe gekennzeichnet, dass die Differenz zwischen Verhaltensüberprüfung (hat X das WC geputzt) und Ergebniskontrolle (wie sieht es nachher aus) gering ist. Im Bereich der Medien geht es vor allem um die Einhaltung von Standards in Bezug auf Qualität und Ausrichtung, von denen man annimmt, dass sie für die Qualitätseinschätzung der Kunden wichtig sind, ohne es im Einzelfall erheben zu können

- Wissensersatz manifestiert sich in der Anordnung von beruflichen Verhaltensweisen, etwa wie man eine Maschine zu bedienen hat oder mit Kunden umgeht. In der Politik geben Parteileitungen Sprachregelungen aus, die nicht jedes Mitglied befolgen, aber an die man sich halten sollte (obwohl das Ausmaß dieser Erwartung mit der Parteiposition und über die Zeit auch sehr schwanken kann). Schulen und Universitäten geben Lehrpläne und Studienordnungen vor, und Eltern sagen ihren Kindern, dass sie erwarten, dass die Nachbarn im Hausflur gegrüßt werden. Im Bereich der Medien ist das Ausmaß dieser Übertragung von Wissen geringer, aber Artikel- und Sendungsformate, die man einmal entwickelt hat und deren Einhaltung man jetzt erwartet, sowie einige interne Sprachregelungen gibt es auch hier.

All diese Dinge werden innerhalb der Organisationen jeweils als unumgänglich notwendig dargestellt, um die Ziele der Organisation erreichen zu können, es wird also ihre Rationalität behauptet. Dabei sind viele der zugrundeliegenden Entscheidungen entweder mit Zufällen behaftet oder ergeben sich aus Konventionen, die außerhalb der Organisation existieren, aber mit ihrer Rationalität gar nichts zu tun haben. Die Tatsache, dass also viele Anforderungen von Organisationen viel weniger notwendig sind als behauptet wird, man also die scheinbar so rationale Welt der Organisationen mit religionssoziologischen Kategorien betrachten und feststellen kann, dass Rationalität nur als „Mythos" behauptet wird (Meyer und Rowan 1977; Powell und DiMaggio 1991), hat zu einer großen Welle organisationssoziologischer Literatur geführt, die auch in der Mediensoziologie aufgenommen worden ist.

Neuere Arbeiten lösen sich allerdings von der Rationalitätsfragestellung und untersuchen ganz konkrete Fragestellungen von Organisationen: Welche Rolle spielen die unabhängigen Plattenläden bei dem unerwarteten Revival der Vinyl-Schallplatte? (Hendricks 2016) Wie spielen mediale Zugänge und Organisationsstrategien zusammen in der Frage, wie soziale Bewegungen wie die US-amerikanische Tea Party ihre Mitglieder einbinden? (Rohlinger und Bunnage 2015).

Tab. 6.3 Aspekte von Organisationen verschiedener Bereiche

Feld	Wirtschaft	Politik	Bildung	Haushalte	Medien
Organisation	Unternehmen, Gewerkschaft	Partei, Interessengruppe	Schule, Universität	Familie, Wohngemeinschaft	Redaktion, Sender, Medienholding
Übergeordnete Interaktion	Markt	Demokratie, politischer Prozess	Bildung	Wohnungsmarkt, Reproduktion	Märkte News, Anzeigen, Reputation
Ressourcen z. B.	Maschinen	Information, Kampagne	Infrastruktur	Wohnungen, Autos	Sendung, Zeitungsausgabe
Transaktionskosten z. B. Kontrolle:	Pünktlichkeit, berufliches Verhalten	Verlässlichkeit (vs. Eigensinn, Korruption)	Pünktlichkeit, berufliches Verhalten	Haushalt, Austausch über Verhalten	Einhaltung von Standards (Qualität, Ausrichtung)
Wissensersatz z. B. Anordnung:	Berufliches Verhalten	Sprachregelung	Lehrplan	Verhalten von Kindern	Formateinhaltung, Sprachregelung

6.3 Differenzierungs- und Systemtheorien

Der Begriff System stammt aus dem Griechischen und wurde dort für die Beschreibung der Zusammenhänge von Pulsfrequenzen, von Tönen und von Beschreibungen von Sternenbahnen verwendet, aber nicht in der Philosophie. Vom Griechischen und Lateinischen ist er als Begriff vorhanden und wird etwa von Galileo Galilei für das *Systema cosmicum* (Galilei 1635) verwendet. Aber erst der Biologe Ludwig von Bertalanffy (1901–1972) verwendete den Begriff des Systems als Grundlage allgemeiner Theoriebildung (von Bertalanffy 1972).

> „'System' means 'something to look at'. You must have a very high visual gradient to have systematization. But in philosophy, prior to Descartes, there was no 'system'. Plato had no 'system'. Aristotle had no 'system'" (McLuhan 2014, S. 74)

Obwohl auf Deutsch erschienen, verbreiten sich die Überlegungen in Berthanlanffys Schrift schnell und führen dazu, dass der Systembegriff in den Naturwissenschaften stärker und bewusster verwendet wird.

Die Naturwissenschaften setzen einige konzeptionelle Standards, die auch in Theorien sozialer Systeme beibehalten werden:

- Systeme werden definiert durch ihre Umwelt (oder Umgebung) und ihre Grenzen, die festlegen, welche Entitäten sich innerhalb des Systems befinden und welche außerhalb.
- Der Systembegriff ist sehr weit anwendbar insbesondere auf natürliche und auf menschlichem Handeln basierende Systeme.
- Systeme werden in offene, geschlossene und isolierte Systeme unterschieden. Naturwissenschaftlich liegt die Grenze zwischen ‚offen' und ‚geschlossen' im Austausch von Materie, die zwischen ‚geschlossen' und ‚isoliert' im Austausch von Energie. Die Erde ist ein geschlossenes System, da sie (praktisch) keine Materie mit ihrer Systemumwelt, dem Weltall, austauscht, aber kein isoliertes, da Energie ausgetauscht wird. Für soziale Systeme werden diese Unterscheidungen auch verwendet, sind aber nicht eindeutig definiert.

Relativ schnell wird der Systembegriff aufgenommen von Talcott Parsons (1902–1979). Parsons ist ein US-Amerikaner, der mit einem BA-Abschluss in Ökonomie 23jährig nach Heidelberg kommt und dort Marianne Weber kennenlernt, die gerade aus dem Nachlass ihres Mannes Max Weber dessen Werk *Wirtschaft und Gesellschaft* herausgegeben hatte. Parsons schreibt seine Dissertation über die Kapitalismustheorien von Weber und Werner Sombart und beginnt damit, Webers *Protestantische Ethik* und *Wirtschaft und Gesellschaft* ins Englische zu übersetzen.

Nach der Rückkehr in die USA unternimmt er in *The structure of social action* (Parsons 1937) den Versuch, die in Europa kennengelernten soziologischen Klassiker Weber, Durkheim und Vilfredo Pareto plus noch des englischen Ökonomen Alfred Marshall zu integrieren und weiterzuentwickeln. Er nimmt Marshall und Pareto als Vertreter der bereits älteren Theorie des Utilitarismus und schreibt ihnen zu, Akteure nur auf ihre Ressourcen (eher bei Marshall) und Ziele (eher bei Pareto) hin zu analysieren. Durkheim wird als Vertreter des Positivismus zugeschrieben, neu die sozialen Randbedingungen, d. h. die Erwartungen bezüglich der sozialen Situation, im Blick zu haben; schließlich Weber als Vertreter des Idealismus, Normen als relevant benannt zu haben. Damit legt Parsons ein Viererschema vor, das die Ihnen bereits bekannten Aspekte der Handlungssituation um eine Komponente externer Erwartungen erweitert. Er bezeichnet seinen Ansatz als ‚volutaristische Handlungstheorie'.

Nach dem Krieg und der Rezeption on Berthanlanffys Schrift stellt Parsons fest, dass sein so entstandenes Viererschema sich nicht nur zur Beschreibung sozialen Handelns nutzen lässt, sondern mit geringen Anpassungen generell auf soziale Systeme übertragen lässt. Er beschreibt die vier Funktionen als ‚Adaptation', womit die Sicherstellung von Ressourcen gemeint ist, als ‚Goal attainment', die Festlegung von Zielen, als ‚Integration', die Klärung von Erwartungen, und als ‚Latent pattern maintenance', die Sicherstellung des äußeren Bezugsrahmens. Die englischen Originalbegriffe sind angegeben, weil sie eindeutiger sind als die (mitunter schwankenden) Übersetzungen, und weil ihre Abkürzungen zum Begriff AGIL-Schema zusammengefasst werden (Tab. 6.4).

Mit dieser Theorie wird also ‚alles, was sich anschauen lässt' (siehe den obigen Ausspruch von McLuhan), in ein Schema gepresst, in dem sich seine Struktur aus diesen vier Funktionen ergibt, daher der Name Strukturfunktionalismus für Parsons' Theorie. Keine soziologische Theorie hat jemals vorher und nachher so einheitlich beeindruckt wie diese in den 1950er Jahren.

Einer der Studenten, die bei Parsons in Harvard lernen kamen, war 1960 ein schon 30jähriger Jurist aus Lüneburg: Niklas Luhmann. Luhmann hatte zuvor fünf Jahre im niedersächsischen Kultusministerium gearbeitet und die Trägheit der Bürokratie kennengelernt: Die Regierung wechselte, aber die eine Kabinettssitzung war wie die andere (Horster 2005). Die Erfahrung, dass Systeme durch ihre Funktionen strukturiert werden, konnte Luhmann nicht bestätigen.

Stattdessen schließt Luhmann direkter bei Emile Durkheim an, der sich in seinem Buch zur Arbeitsteilung (Durkheim 1967) mit der Frage der gesellschaftlichen Differenzierung beschäftigt hatte: Wie kommt es dazu, dass in der Sozialgeschichte der letzten 500 Jahre Gesellschaften immer mehr unterschiedliche Systeme aufweisen? Durkheim hatte in *De La Division du Travail Social*

Tab. 6.4 Parsons Entwicklung der vier Systemfunktionen in Structure of Social Action und The Social System

Richtung	Utilitarismus	Utilitarismus	Positivismus	Idealismus
Autor	Marshall	Pareto	Durkheim	Weber
Handlungsaspekte	Ressourcen	Ziele	Erwartungen	Normen
Systemfunktion (original)	Adaptation	Goal attainment	Integration	Latent pattern maintenance
Systemfunktion (deutsch)	Sicherstellung von Ressourcen	Festlegung von Zielen	Klärung von Erwartungen	Äußerer Bezugsrahmen
Subsys. Handlungssystem	Verhaltenssystem	Persönliches System	Soziales System	Kulturelles System
Subsysteme soziales System	Ökonomie	Politik	Gemeinschaft	Kultur

traditionelle und moderne Gesellschaft unterschieden dahingehend, dass erstere durch eine ‚segmentäre Differenzierung' gekennzeichnet sei, in der lauter strukturähnliche Einheiten (wie Dörfer oder Familien) nebeneinander existierten, während in der Moderne eine ‚funktionale Differenzierung' vorliegt, in der lauter unterschiedliche Einheiten unterschiedliche gesellschaftliche Funktionen füreinander übernehmen (ohne wie Parsons diese Funktionen genauer zu untersuchen).

Den Begriff der funktionalen Differenzierung machte Luhmann zu einem seiner zentralen Theoriebegriffe. Gegenüber Durkheim ergänzte er die Beobachtung, dass die vormoderne mittelalterliche Gesellschaft ja durchaus schon nicht mehr so einfach segmentär differenziert gewesen war wie etwa nomadische Gesellschaften, sondern dass sie eine ‚stratifikatorische Differenzierung' besessen hatte (Luhmann 2005). Und diese Differenzierungsentwicklung ist Gegenstand einer spezifischen Theoriebildung, deren Begriffe auch auf andere als soziale Systeme übertragen werden können. So ist die Entwicklung von Differenzierung mit der Entwicklung gesellschaftlicher Kapazität zur Bewältigung von Komplexität verbunden: funktional differenzierte Gesellschaften besitzen aufgrund ihrer Differenzierungsform unterschiedlich spezialisierte Teilsysteme, die mit sehr unterschiedlichen Herausforderungen fertig werden können. In älteren Gesellschaftsformen gibt es Leitdifferenzen, an denen sich die Interaktion systemweit einheitlich orientiert: Zugehörigkeit vs. Nichtzugehörigkeit in segmentären Gesellschaften, sozialer Status in stratifikatorisch differenzierten Gesellschaften (Tab. 6.5).

Das Verhältnis der Teilsysteme zueinander ist in der segmentären Gesellschaft eines der generellen, positiven und normativen Gleichheit, in der stratifikatorischen Gesellschaft der ebenso generellen Ungleichheit, während die Teilsysteme der modernen Gesellschaft zwar formal/positiv immer ungleicher werden, aber rangbezogen/normativ keines von ihnen mehr eine Sonderstellung beanspruchen kann, auch die Politik nicht (und erst recht die Wissenschaft nicht).

Tab. 6.5 Differenzierungsformen nach Niklas Luhmann

Differenzierungsform	Segmentär	Stratifikatorisch	Funktional
Fähigkeit zur Komplexitätsbewältigung	Niedrig	Mittel	Hoch
Leitdifferenz	Innen/außen	Oben/unten	Subsystem-spezifisch
Form	Gleich	Ungleich	Ungleich
Rangfolge	Gleich	Ungleich	Gleich
Codes	Familial	Religiös	Subsystem-spezifisch

Auch die Codes, an denen sich die Kommunikation orientiert, sind in älteren Gesellschaften einheitlich und in der Moderne in die Eigenlogik der Subsysteme ausdifferenziert: Wissenschaft orientiert sich laut Luhmann an der Leitdifferenz wahr/falsch, Wirtschaft in der Moderne an zahlen/nicht-zahlen (vor Erfindung des Geldes an haben/nicht-haben), Kunst an interessant/uninteressant, Recht an recht/unrecht, und Politik an mächtig/ohnmächtig.

Luhmann beobachtet, dass Systeme eigene Medien ausprägen, in Bezug auf die diese Codes verhandelt werden. Er bezeichnet sie als ‚symbolisch generalisierte Kommunikationsmedien', die durch ihre Existenz und die Tatsache, dass auf ihrer Grundlage kommuniziert wird, die Systeme in ihrer Struktur (und damit Existenz) stabilisieren.

Dies ist eine Aussage, die auch handlungstheoretisch repliziert werden kann: Wenn Akteure durch analoge Institutionen verbunden und durch diese Gleichartigkeit gemeinsam als System erkenntlich sind, werden auch wiederkehrende Signale zur Kommunikation darüber verwendet werden, ob den institutionellen Verhaltenserwartungen entsprochen worden ist. Der Verdienst, das als erster gesehen zu haben, bleibt Luhmann vorbehalten (Tab. 6.6).

Ein Spezifikum von Luhmanns Theorie ist, dass er die Auffassung vertritt, Begriffe, die eine alltagssprachliche Bedeutung haben oder an anderer Stelle in der Wissenschaft schon verwendet worden sind, seien aufgrund dessen für eine wissenschaftliche Analyse nicht mehr brauchbar (Luhmann 2008).

Deshalb schafft er äußerst kreativ eine große Reihe eigener Ausdrücke für die Zusammenhänge innerhalb seines theoretischen Systems:

- Die Art, wie unterschiedliche Systeme aufeinander einwirken, heißt ‚strukturelle Kopplung',
- das, was das eine System dabei beim anderen bewirkt, ‚Irritation'.
- Der Begriff der Autopoiesis (Selbsterzeugung), mit dem er im Gegensatz zu Parsons' Strukturfunktionalismus die eigendynamische Entwicklung von

Tab. 6.6 Systemspezifische Codes und generalisierte Kommunikationsmedien bei Niklas Luhmann

System	Code	Medium
Wirtschaft	Zahlen/nichtzahlen	Geld
Intimität	Zusammen/getrennt	Liebe
Politik	Mächtig/ohnmächtig	Macht
Wissenschaft	Wahr/unwahr	Wahrheit
Kunst	Interessant/uninteressant	Kunst

Systemen bezeichnet, ist von Biologen entlehnt, aber innerhalb der Soziologie natürlich auch fremd.

Parsons' früher so ungeheuer einflussreiche Theorie ist heute, gerade in der Mediensoziologie, kaum noch mehr als ein Vorwort, das man zum Verständnis späterer Entwicklungen braucht, wie etwa der Luhmannschen Theoriebildung, aber auch von Wright Mills und Coleman. Luhmanns Theorie hat, teils sogar international, aber ganz besonders in (West-)Deutschland, eine große Wirkung erzielt. Sie wird aktuell verwendet zum Beispiel zum Verständnis der Kommunikation mit kommunizierenden Computerprogrammen (Esposito 2017) oder allgemeiner zur Begründung, warum es sinnvoll sein könnte, im Verständnis des Sozialen die Grenze zwischen Menschen und Robotern aufzuheben (Muhle 2018), der Konsequenzen von Open Access Journals in der Wissenschaftskommunikation (Dickel und Franzen 2015). Auch unter Forschern, die Luhmanns Positionen sehr intensiv rezipiert haben, gibt es allerdings solche, die sie im Einzelnen für begrenzt hilfreich erachten und zum Beispiel bei den neueren Diskussionen zum Urheberrecht wieder eher zum Konventionalbegriff zurückkehren (Kusche 2017).

> **Zusammenfassung**
>
> In diesem Kapitel ging es um Strukturen, die die soziale Welt prägen.
>
> - Sie kennen und verstehen das Schema der soziologischen Erklärung, das uns schon am Anfang des Buches zum Verständnis des Faches diente, jetzt als Analyseinstrument mit seinem Hintergrund und den verwandten Begrifflichkeiten.
> - Sie kennen und verstehen jetzt den Begriff der Institution als menschlicher Veränderung von Interaktionssituationen und den Begriff der Organisation als Gruppe mit internen Institutionen, die nach außen einheitliches Handeln ermöglichen, mit seiner übergreifenden Anwendbarkeit und seinen Vorteilen Transaktionskostenersparnis und Wissensersatz.
> - Sie kennen und verstehen die Grundgedanken der Systemtheorie, Talcott Parsons' AGIL-Schema und den Gedanken der Ausdifferenzierung von Systemen, Niklas Luhmanns Kritik und Weiterentwicklung mit der Unterscheidung historischer Formen gesellschaftlicher Differenzierung und seiner Beschreibung systemspezifischer Codes und generalisierter Kommunikationsmedien.

Kontrollfragen
1. Wahr oder falsch: Webers Erkenntnis, dass aus spezifisch protestantisch veränderten Deutungen Fleiß und Akkumulation als individuelle Vorbedingungen des Kapitalismus folgten, ist ein typisches Beispiel für die Logik der Aggregation im Schema der soziologischen Erklärung.
2. Im Beispiel des Gefangenendilemmas mit Mafia wurde die Todesdrohung mit -9 quantifiziert. Welches ist der kleinste negative Wert, mit dem die Norm noch funktioniert? Welches wäre die kleinste ganze Zahl, die negativ als Wert der Sanktionsandrohung zu einem Funktionieren der Norm führt, wenn die Werte für die Freilassung mit 0, für die geringe Strafe (beide schweigen) mit -5, für die hohe Strafe (beide gestehen) mit -30 und für die höchste Strafe (für alleiniges Aussagen) mit -40 angesetzt werden?
3. Betrachten Sie die folgende Aussage: „Man lebt unter anderem deshalb mit seinen Kindern in einem Haushalt zusammen, damit man darum besorgt sein kann, dass sie sich ordentlich benehmen, auch wenn sie den Sinn eines angemessenen Verhaltens noch nicht recht einsehen." Dieser Satz stellt ein Beispiel dar für eine der Theorien zur Frage, warum es Organisationen gibt. Mit welchem Begriff wird sie bezeichnet? Wenden Sie sie auf den Kontext einer Redaktion an! Wie heißt die andere diskutierte Theorie zur Existenz von Organisationen?
4. An welchem der drei Aspekte der Handlungstheorie setzt Webers Protestantismusthese an, d. h. in welchem dieser Aspekte ist die Handlungssituation von Protestanten im 17./18. Jahrhundert seiner Meinung nach anders als die von Katholiken?
5. In Kap. 1 wurden Medien in Medienakteure, technische und systemische Medien unterschieden. Was ist der Unterschied zwischen Fernsehen als technischem Medium und Fernsehen als systemischem Medium? Geben Sie ein Beispiel für den Unterschied!

Literatur

Zentrale Referenzen

Coase, Ronald H. 1937. The nature of the firm. *Economica* 4:386–405.
Coleman, James S. 1986. Social theory, social research, and a theory of action. *American Journal of Sociology* 91:1309–1335.

Durkheim, Emile. 1967. *De la division du travail social*. Paris: Presses Universitaires de France. (Erstveröffentlichung 1893).
Galilei, Galileo. 1635. *Systema cosmicum*. Strassburg: Impensis Elzeviriorum.
Hallin, D.C., und S. Papathanassopoulos. 2002. Political clientelism and the media: Southern Europe and Latin America in comparative perspective. *Media Culture & Society* 24:175–195.
Lindenberg, Siegwart, und Reinhard Wippler. 1978. Theorienvergleich: Elemente der Rekonstruktion. In *Theorienvergleich in den Sozialwissenschaften*, Hrsg. Karl Otto Hondrich und G. Matthes, 219–223. Darmstadt: Luchterhand.
Little, Daniel. 1990. *Varieties of social explanation. An introduction to the philosophy of social science*. Boulder: Westview.
Luhmann, Niklas. 2005. *Einführung in die Theorie der Gesellschaft*. Hg. von Dirk Baecker. Heidelberg: Carl Auer.
Luhmann, Niklas. 2008. *Einführung in die Systemtheorie*. Heidelberg: Carl Auer.
Mcluhan, Herbert Marshall. 2014. The hot and cool interview. In *Media research: Technology, art and communication*, Hrsg. Michel Moos, 45–78. New York: Routledge. (Erstveröffentlichung 1967).
Meyer, John W., und Brian Rowan. 1977. Institutionalized organizations: Formal structure as myth and ceremony. *American Journal of Sociology* 83:340–363.
Mills, C. Wright. 1959. *The sociological imagination*. Oxford: Oxford University Press.
North, Douglas C. 1992. *Institutionen, institutioneller Wandel und Wirtschaftsleistung*. Tübingen: Mohr (Siebeck).
Parsons, Talcott. 1937. *The structure of social action: A study in social theory with special reference to a group of recent European writers*. New York: McGraw-Hill.
Powell, Walter W., und Paul Dimaggio, Hrsg. 1991. *The new institutionalism in organizational analysis*. Chicago: University of Chicago Press.
von Bertalanffy, Ludwig. 1972. Zu einer allgemeinen Systemlehre. In *Organisation als System*, Hrsg. Kurt Bleicher. Wiesbaden: Gabler. (Erstveröffentlichung 1945).
Weber, Max. 1984. *Die protestantische Ethik und der Geist des Kapitalismus*. Tübingen: Mohr (Siebeck). (Erstveröffentlichung 1905).
Weber, Max. 1985. *Wirtschaft und Gesellschaft*. Tübingen: Mohr (Siebeck). (Erstveröffentlichung 1922).

Beispiele mediensoziologischer Studien

Dickel, S., und M. Franzen. 2015. Digitale Inklusion: Zur sozialen Öffnung des Wissenschaftssystems. *Zeitschrift für Soziologie* 44:330–347.
Esposito, E. 2017. Artificial communication? The production of contingency by algorithms. *Zeitschrift Fur Soziologie* 46:249–265.
Hendricks, J.M. 2016. Curating value in changing markets: Independent record stores and the vinyl record revival. *Sociological Perspectives* 59:479–497.
Kusche, I. 2017. Struktur als Generalisierung – Systemtheorie und Konventionen der Rechtfertigung im Zusammenhang mit digitalem Filesharing. *Soziale Welt* 68:301–318.

Muhle, F. 2018. Sozialität von und mit Robotern? Drei soziologische Antworten und eine kommunikationstheoretische Alternative. *Zeitschrift für Soziologie* 47:147–163.

Rohlinger, D.A., und L.A. Bunnage. 2015. Connecting people to politics over time? Internet communication technology and retention in MoveOn.org and the Florida Tea Party Movement. *Information Communication & Society* 18:539–552.

Lehrbücher

Esser, Hartmut. 1993. *Soziologie: Allgemeine Grundlagen*. Frankfurt: Campus.
Esser, Hartmut. 1999–2001. *Soziologie: Spezielle Grundlagen*. Frankfurt: Campus.
Horster, Detlef. 2005. *Niklas Luhmann*. München: Beck.

Weitere Referenzen

Falter, Jürgen W. 1995. Die Wahlen des Jahres 1932/33 und der Aufstieg totalitärer Parteien. In *Die Weimarer Republik*, Hrsg. Everhard Holtmann, 271–313. München: Bayrische Landeszentrale für politische Bildung.

Harris, Ron. 2009. The institutional dynamics of early modern Eurasian trade: The commenda and the corporation. *Journal of Economic Behavior & Organization* 71:606–622.

ISA. 1998. History of the ISA: Books of the XX Century. http://www.isa-sociology.org/en/about-isa/history-of-isa/books-of-the-xx-century/.

Sozialstruktur und Lebensstile 7

Überblick
Jenseits der individuellen Bedeutung von Ressourcen, wie sie in Kap. 4 diskutiert wurde, bezieht sich die Mediensoziologie auf die soziale Struktur, welche die Ressourcenverteilung der Gesellschaft gibt. Mediennutzung hängt ab von der sozialstrukturellen Position und Medien vermitteln ihre Bilder der Welt in einer Welt, die sozial strukturiert ist.

- Wir beginnen mit einem Beispiel für die angewandte mediensoziologische Thematisierung sozialer Unterschiede.
- Diese werden grob auf drei Weisen konzeptionalisiert: Erstens als Klassen, das heißt nach bestimmten Merkmalen differenzierte Gruppen, und zweitens als Schichten, das heißt Gruppen, die auf einer vertikalen Achse angeordnet sind – wobei die historische Abfolge beide so verknüpft, dass sie für die Darstellung nicht sinnvoll getrennt werden können.
- In neuerer Zeit sind drittens zwei Formen der zweidimensionalen Anordnung in sozialen Räumen hinzugekommen.
- Dazu kommt das Geschlecht als zusätzliche sozialstrukturelle Kategorie.
- Das Kapitel schließt zur Illustration mit einem kurzen Blick auf die Forschungsrichtung zur Digital Divide und einem der vielen Beispiele der qualitativen mediensoziologischen Thematisierung sozialer Differenz.

7.1 Mediensoziologie und Lebensstilforschung (1)

Ein erstes Beispiel: Wer geht wie in die Oper? Auch wenn die sozialen Bereiche der klassischen Massenmedien und der Kultur voneinander in verschiedener Weise unterschieden sind, hat kulturelle Produktion auch einen medialen Charakter, beide Bereiche nähern sich einander an, und in Untersuchungen zu Rezeptionen, Diskursen, Wirkungen oder Erfolgsfaktoren bestehen vielfältige Überschneidungen in den Vorgehensweisen.

Schauen wir uns daher einmal eine Studie an, in der Jörg Rössel die Arten untersucht, wie man in der Oper zuhören kann (Rössel 2011) (Abb. 7.1).

> **Fallbeispiel 13: Determinanten des Opernbesuches**
> In der Oper einer ostdeutschen Stadt wurden vor den Aufführungen und in den Pausen Besucher befragt, wie sie Musik hören, indem ihnen 24 Formulierungen mit der Bitte um Zustimmung oder Ablehnung vorgelegt wurden. Alle Artikelformulierungen beginnen mit „Wenn ich in der Oper Musik höre, …" und fahren fort mit Aussagen wie „…dann muss ich manchmal weinen" oder „… versuche ich die formale Struktur des Stückes zu verstehen."
> Die Antworten auf diese 24 Fragen sind natürlich nicht völlig unabhängig voneinander; zum Beispiel sind die Angaben zu den Aussagen „die Musik geht mir unter die Haut" und „ich tauche ganz in die Musik

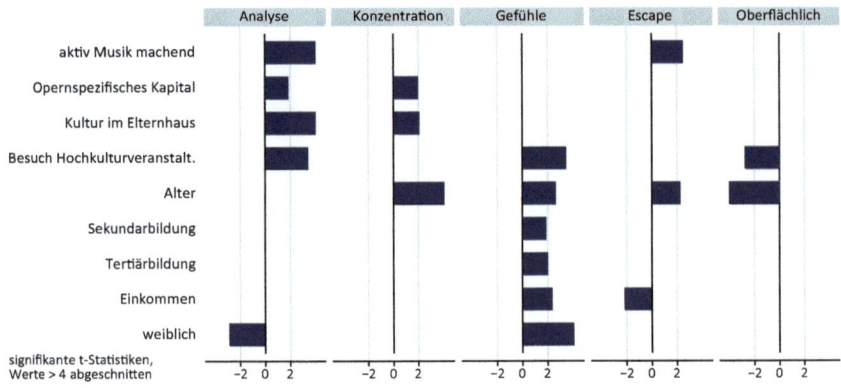

Abb. 7.1 Determinanten unterschiedlicher Hörweisen in der Oper. (Rössel 2011, eigene Darstellung)

ein" stark mit einander verbunden, oder die Angaben zu „ich komme ins Nachdenken" und „oft höre ich nur halb hin". Solcherart stark zusammenhängende Aussagen kann man mit der Methode der Faktorenanalyse jeweils zu einer gemeinsamen Variable zusammenfassen und enthält dann sechs neue Variablen, die zusammen immerhin mehr als die Hälfte der ursprünglichen 24 Variablen erklären:

- Gefühle (z. B. „die Musik geht mir unter die Haut" und „ich tauche ganz in die Musik ein")
- Analyse (z. B. „ich versuche, die formale Struktur zu verstehen" und „ich achte auf den Stil des Komponisten")
- Flucht („ich denke an andere Dinge", „fühle mich weniger einsam")
- Oberflächlich (z. B. „ich komme ins Nachdenken" und „oft höre ich nur halb hin")
- Körperlich („ich möchte mitsingen", „mich zur Musik bewegen")
- Konzentration („Die Musik" bzw. „der Gesang hat oberste Priorität")

Generell kann man mit Informationen über die sozialstrukturelle Verortung der Befragten nur einen begrenzten Teil der Unterschiede in den Positionen auf diesen sechs Dimensionen erklären. Der höchste Anteil erklärter Varianz (r^2) ergibt sich mit 16 % beim Faktor ‚Analyse', das ist für Mikrodaten schon ein durchaus beachtlicher Wert. Das oberflächliche, gefühlsorientierte und konzentrierte Hören liegen mit 9,2 bis 3,8 % im mittleren Bereich dessen, was bei solchen Mikromodellen erklärt werden kann; die Varianz des flüchtenden und körperorientierten Hörens bleibt weitgehend bzw. völlig unverstanden (1,7 %, 0.1 %).

Dabei sind lassen sich aber einige Einflüsse ausmachen, die immerhin statistisch signifikant sind. Das analytische Hören ist eines, das Erfahrung voraussetzt, und diese wird in den vorliegenden Daten mit vier Variablen angesprochen, die alle, auch nebeneinander einen positiven und signifikanten Effekt haben: Wer selber ein Instrument spielt, wer an Operndingen speziell interessiert ist und sich hier auskennt (gemessen über das Lesen einschlägiger Zeitschriften), wer kulturell interessierte Eltern hat oder hatte und wer regelmäßig Kulturveranstaltungen mit gehobenen und höheren Ansprüchen („high brow events") besucht, hört eher analytisch zu. Dazu ist diese Art des Hörens eine, die eher (aber durchaus nicht ausschließlich) von Männern ausgeübt wird. Das konzentrierte Hören ist nur mit dem speziellen Operninteresse und -wissen sowie dem kulturell interessierten Elternhaus verbunden und zusätzlich eine Domäne der Älteren, während beim analytischen Hören ein entsprechender Zusammenhang noch nicht sicher vom Zufall getrennt werden konnte.

Das gefühlsorientierte Hören ist demgegenüber mit Bildung und Einkommen verbunden – interessanterweise, möchte man sagen, könnte man sich doch auch vorstellen, dass vielleicht eher Menschen mit geringerer Bildung sich emotional der Musik hingeben können; es sind aber Menschen mit höherer Bildung und höherem Einkommen, die das eher tun, außerdem Frauen und Menschen, die regelmäßig Kulturveranstaltungen besuchen. Musik zu hören, um der sonstigen Realität zu entfliehen, ist eine Hörweise von Älteren mit eher weniger Einkommen und dazu eine von Menschen, die selbst aktiv Musik machen, und das oberflächliche Hören in hohem Maße eine von jüngeren Menschen und von solchen, die kaum Erfahrung mit anspruchsvollen Kulturveranstaltungen haben (Rössel 2011).

Wie kommt Jörg Rössel dazu, gerade diese Determinanten auszuwählen? Wenn Sie das verstehen, haben Sie für eigene Untersuchungen, in denen es um Determinanten individuellen Verhaltens in Bezug auf Medienrezeption oder den eigenen Umgang mit medienvermittelten Inhalten geht, eine geeignete Checkliste an der Hand, auf der Sie die einzelnen Positionen nur noch abzuhaken brauchen. Wie könnte eine solche Checkliste aussehen? Und, damit Sie sie nicht einfach nur lernen, sondern auch verstehen und wenn nötig angemessen weiterentwickeln können: Wie ist sie entstanden?

Die Frage einer solchen Checkliste ist die Frage danach, was Menschen charakterisiert und sich auf ihre Handlungsweisen auswirkt. Und damit ist es erst einmal die Frage nach allen drei Aspekten des Tripels der Handlungssituation. Wir werden sehen, dass der Begriff des „Lebensstils" gerade meint, bei dieser Frage auch motivationale Aspekte einzubeziehen (deren genauere Betrachtung, auch in ihrem Verhältnis zu Erwartungen, im nächsten Kapitel folgt). Aber Aspekte, die man als außenstehender Beobachter sehen und einordnen kann, sind zunächst einmal die Handlungsmöglichkeiten, die sich aus der Verfügung über Ressourcen ergeben.

7.2 Klassen und Schichten

Auf diese Situation der während seiner Lebenszeit massiv ansteigenden sozialen Ungleichheit reagiert das Werk von Karl Marx (1818–1883), den wir bereits im letzten Kapitel kennengelernt haben. Marx gibt den Anstoß zu dem, was heute Sozialstrukturanalyse ist, und zwar mit

- einem Konzept,
- einer These, und
- einer Handlungsorientierung.

Karl Marx' *Klassenkonzept* nimmt ihren Ausgangspunkt in der Stellung im Produktionsprozess der kapitalistischen Gesellschaft. Bei ihm ist diese Stellung gefasst über das Besitzkonzept, das heißt über die Verfügung über Produktionsmittel, die ein Individuum in seiner Sicht entweder hat oder nicht hat.

Daraus ergibt sich also ein dichtomes Konzept, d. h. ein distinkt zweiwertiges, ohne Abstufungen dazwischen, mit zwei Klassen. Auf der einen Seite gibt es die bürgerliche Klasse der Kapitalisten, die Klasse der Eigentümer über Produktionsmittel. Auf der anderen Seite steht die Klasse der Besitzlosen, das Proletariat. Der Begriff kommt von *proles*, lat. die Kinder: diejenigen, die nichts anderes haben als ihre Kinder, von denen allerdings in der damaligen Situation großen Bevölkerungswachstums dafür sehr viele. Marx bezeichnet diese Klassen als „antagonistisch" insofern, als sie sich unvereinbar gegenüberstehen.

Das beruht auf seiner sogenannten *Polarisierungsthese*. Marx ist nicht blind dafür, dass es auch in seiner Zeit noch Handwerker und Kaufleute gibt, die einen Mittelstand in der Gesellschaft bilden. Aber er nimmt an, dass dieser produktive Mittelstand der kapitalistischen Konkurrenz durch Industrie und Kaufhäuser nicht gewachsen sind. Nur die Verfügung über Kapital ermöglicht Investitionen und Innovation; nur Kapital ermöglicht es, die Wirtschaftskrisen durchzustehen, die für Marx zum Kapitalismus notwendig dazugehören.

Der Mittelstand wird also in seiner Sicht notwendig verdrängt, und es kommt zu einer sozialen Polarisierung, die nur die beiden antagonistischen Klassen übrig lässt. Bürger werden zu Proletariern, und das Proletariat verelendet, weil es der kapitalistischen Lohnsetzung wehrlos gegenübersteht (Marx 1979, S. 417). In Marx' Sicht ist das kein moralisches Verschulden der Kapitalisten als Menschen (oder Unternehmen), die aufgrund der kapitalistischen Konkurrenz einfach gezwungen sind, ihre Arbeiter auszubeuten.

Zwischen diesen Klassen ist in Marx' Sicht keine soziale Mobilität möglich. Gesellschaftliche Aufstiege werden verunmöglicht durch das Bildungsmonopol der Bourgeoisie, die Bildung und den Zugang zu höheren Qualifikationen und besseren Positionen nur innerhalb der eigenen Klasse zulässt. Aus diesen Gründen ist die Herstellung sozialer Gleichheit nur durch Revolution möglich (Marx 2012).

Obwohl Marx behauptet, eine komplett materialistische Sicht auf die Entwicklung der Gesellschaft zu vertreten, spielen Erwartungen und Motivationen bei ihm doch eine Rolle in seinem Konzept des Klassenbewusstseins. Begrifflich unterscheidet er zwischen der objektiven „Klasse an sich", die durch strukturelle Ähnlichkeiten der Stellung im Produktionsprozess hergestellt wird, und der „Klasse für sich", die durch das Bewusstwerden der objektiven Klassenlage und die ‚soziale Kohäsion' innerhalb der strukturell ähnlichen Gruppierungen entsteht: Durch die zunehmende Verelendung und die räumliche Konzentration der Arbeiter in Städten und Fabriken entsteht und verbreiten sich ein Solidaritätsgefühl und die gemeinsame Frustration über die Ausweglosigkeit der Ausbeutungssituation und führen zu Zusammenschluss, Klassenkampf und Revolution.

Diese Analyse sorgte in der bürgerlichen Gesellschaft des 19. Jahrhunderts, zu der die sich entwickelnde Wissenschaft einschließlich der Soziologie gehörte, natürlich für Aufregung und Widerspruch. Trotz reichlich Diskussion dauerte es bis zu Max Weber (1864–1920), also fast ein halbes Jahrhundert, bis ein alternatives Konzept für die Strukturierung der Gesellschaft vorgelegt wurde.

Max Weber fasste sein Klassenkonzept wie folgt:

„‚Klassenlage' soll die typische Chance der Güterversorgung, der äußeren Lebensstellung und des inneren Lebensschicksals heißen, welche aus Maß und Art der Verfügungsgewalt (oder des Fehlens solcher) über Güter oder Leistungsqualifikationen … für die Erzielung von Einkommen … folgt"; „‚Klasse' soll jede in einer gleichen Klassenlage befindliche Gruppe von Menschen heißen." (Weber 1985, S. 177)

▶ **Klasse** ist also bei Weber definiert als Gruppe mit gleicher Klassenlage.

▶ **Klassenlage** definiert er über die drei abhängigen Konzepte ‚Güterversorgung', ‚äußere Lebensstellung' und ‚inneres Lebensschicksal', die sich aus der Verfügungsgewalt über Güter oder Leistungsqualifikationen ergeben.

Einige der verwendeten Begriffe sind heute ungebräuchlich oder nicht ganz präzise: Für die Güterversorgung verwenden wir heute eher den Begriff Lebensstandard, für die äußere Lebensstellung den Begriff soziale Position, das ‚innere

7.2 Klassen und Schichten

Lebensschicksal' ist ungebräuchlich geworden, ohne dass es für die dahinterstehenden und immer noch relevanten Fragestellungen (z. B. wer wen heiratet oder wie lange man lebt) einen neueren, gleichermaßen zusammenfassenden Begriff geben würde, und Güter ist der unpräzise Begriff in der Definition, weil es darin nicht um Konsumgüter, sondern um Marx' Eigentum an Kapital geht.

Aber in seiner Struktur kann man Webers Klassenkonzept bis heute verwenden, und das liegt sehr daran, dass es zunächst einmal ein offenes Konzept ist: Im Gegensatz zu Marx sagt er nicht explizit, welche Klassen es gibt, sondern jede Gruppe von Menschen, die eine ähnliche Lebenssituation aus einer ähnlichen Besitz- und Qualifikationslage ableitet, darf diesen Begriff für sich in Anspruch nehmen. Weber selbst hat gar keine abschließende Liste versucht, und auf ihm aufbauend sind alle möglichen Klassen definiert worden, etwa Arbeiterschaft, Kleinbürgertum, besitzlose Intelligenz und Fachgeschultheit (Techniker, Angestellte, Beamte), Besitzende, durch Bildung Privilegierte, und andere mehr.

Zweitens konzediert Weber bei aller bürgerlichen Kritik an Marx, dass Besitz natürlich einen Einfluss auf die Klassenlage hat.

Drittens aber steht er bei ihm nicht mehr allein als Definitionsgrund, sondern Weber bezweifelt die Marxsche These der bürgerlichen Schließung der Bildungsmöglichkeiten und führt hier also (schon vierzig Jahre vor den im letzten Kapitel genannten Humankapitaltheoretikern) Bildung und daraus abgeleitete Qualifikationen für die Erzielung von Einkommen als neues Strukturmerkmal der Gesellschaft ein.

Soziale Ungleichheit entsteht auch darüber hinaus nicht nur aus Klassenunterschieden, sondern mehrdimensional als Resultat von drei Dimensionen, unter denen die Klasse nur eine ist:

- Klasse: Verfügung über Ressourcen
- Partei: Macht; Gruppierung von Menschen, die auf die Beeinflussung kollektiver Entscheidungsprozesse abzielt (z. B. Staat, Gemeinde, Wirtschaft); nicht nur politische Partei, sondern jede Gruppe, die an Machtverteilung partizipiert (Gewerkschaft, Verbände, Initiative usw.)
- Stand: Ansehen/Prestige; gruppiert Menschen mit ähnlicher Lebensführung und daraus resultierender Selbst- und Fremdeinschätzung („ständische Ehre"), die sich aus Abstammung, Herrschaftspositionen, Erziehung oder ständischen Berufspositionen ergeben.

Dieser letzte Begriff des Standes ist zunächst einmal ein überkommener, der die vormoderne Ordnung kennzeichnete, in der Adel, Klerus, Handwerker und Bauern als „Stände" unterschieden worden waren, in die man hineingeboren wurde (mit Ausnahme des Klerus). Weil der Begriff in dieser alten Bedeutung in der Moderne funktionslos geworden war, machte er, wie wir gleich sehen werden, eine erstaunliche Karriere.

Vor und nach dem zweiten Weltkrieg wurden auf beiden Seiten des Atlantik ein weiterer Aspekt von Marx' Analyse modifiziert: Nämlich die Annahme, man müsste von voneinander trennbaren Gruppen sprechen. Den Anfang hiermit machte der Deutsche Theodor Geiger (1891–1952), der die Struktur der Gesellschaft zwar weiterhin über eine Differenzierung von ‚oben' und ‚unten' verstehen wollte, ohne aber dabei aber durch äußere Merkmale gesetzte Grenzen verwenden zu wollen (Geiger 1932). Für die so abgegrenzten Gruppen schien der Klassenbegriff nicht mehr angemessen, weil diesem ja der Aspekt einer bewussten Abgrenzbarkeit durch spezifische Kriterien innewohnte. Geiger verwendete stattdessen den Begriff der *Schicht* und entsprechend den der Schichtung für die vertikale, also hierarchische Gliederung nach Merkmalen, die wie bei Weber definitorisch flexibel gehandhabt waren. Geiger war der erste, der hier explizit das *Einkommen* mit einbezog. (Schauen Sie sich die Definition von Weber oben noch einmal an: dort qualifiziert Einkommen ja nur die Qualifikationen als sozial relevant!) Als Oberschicht, Mittelschicht und Unterschicht (und später dann auch obere und untere Mittelschicht) wurden dann immer noch Gruppen ausgewiesen, aber ob jemand an der Grenze zwischen zwei Schichten in die höhere oder in die niedrigere eingeordnet wurde, lag nicht an ihm selbst, sondern an der Zufälligkeit der Grenzziehungen der wissenschaftlichen Beobachtung, allenfalls noch in einer subjektiven Schichteinschätzung (Geiger 1932).

In den USA entwickelten sich die Dinge etwas anders. Wie Sie schon wissen, gelangte ja Webers Werk durch Talcott Parsons Übersetzung in die USA. In den USA, die geprägt war durch das Selbstbild als einer offenen Gesellschaft ohne ständische Schranken im alten Sinne und stattdessen der Möglichkeit, Karrieren bis hin zu der „vom Tellerwäscher zum Millionär" zu machen, nahm man Webers Offenheit im Blick auf die Analyse der Sozialstruktur gerne auf, und auch der konzeptionelle Wechsel zu einer kontinuierlichen Messung, wie er Geigers Schichtmodell zugrunde liegt, passte gut zum amerikanischen Selbstverständnis.

Aber Peter Blau und Otis Duncan, die sich in den 1960er Jahren die amerikanische Gesellschaftsstruktur als Analyseobjekt vornahmen (Blau und Duncan 1967), waren noch radikaler als Geiger und verzichteten ganz auf die Beschreibung von Gruppen, sondern fassten die soziale Position nur noch als Individualmerkmal in Relation zu anderen Individuen. Und für die Messgröße, die sie so entwickelten, verwendeten sie die Übersetzung von Webers Standesbegriff ins Englisch, nämlich den Begriff *status*. Dieser Begriff ist als ‚Status' inzwischen längst ins Deutsche zurückübernommen worden, meint aber hier nun etwas deutlich anderes als Geigers Begriff der Schicht (und recht als derjenige Webers und des vormodernen Verständnisses von ‚Stand'), nämlich ein Individualmerkmal, das sich für jedes Individuum aufgrund objektiver Kriterien ausrechnen lässt und in dessen Verteilung es keine Gruppengrenzen (weder behaupteterweise objektive wie bei Marx noch willkürlich gesetzte wie bei Geiger) mehr gibt.

Blau und Duncan gingen für ihre Berechnung des sozialen Status von einem anderen Aspekt von Webers Standesbegriff aus, nämlich dem Ansehen oder Prestige, die sich aus dem Beruf des Individuums ergeben. Hierzu werden Befragte gebeten, Berufe auf einer Skala von 0 bis 100 Punkten einzuordnen, wobei 100 für das maximal mögliche, 0 für das niedrigste denkbare gesellschaftliche Ansehen stehen. Trotz der großen Offenheit dieser Fragestellung sind die dabei ermittelten beruflichen Prestigewerte ziemlich konsistent. Sogar im internationalen Vergleich kommen in etwa immer dieselben Werte heraus (Treiman 1977).

Hierauf aufbauend berechneten Blau und Duncan den sozialen Status als Index für Berufsgruppen, mit dem Namen SEI (Socio-economic index) und nach den durchschnittlichen Werten für Einkommen und Bildung (gemessen in Jahren nachobligatorischer Bildung). Als äußeren Bezug maßen sie den auf der Basis dieser beiden Werte vorhergesagten Prestigewert. Ganz ohne Gruppen ging es also auch bei ihnen nicht; der sozioökonomische Status ist hiermit für alle Angehörigen einer Berufsgruppe gleich.

Das Prestige als Ausgangswert und der durch Bildung und Einkommen vorhergesagte Status im Sinne des SEI sind stark verbunden ($r2 = 70\,\%$), aber eben nicht identisch. Neben Bildung und Einkommen stehen einerseits Verantwortung und Macht als positive Ansehensressourcen (Bsp. Regierungschef, Dekan vs. normaler Professor), andererseits normativ kritische Bewertungen einzelner Tätigkeiten, die ja auch Gegenstand gesellschaftlich kontingenter Diskurse sind.

Wie die Schicht ist das Konzept des sozialen Status also vertikal orientiert und eine Kombinationen von Merkmalen; im Gegensatz zur Schicht ist es eben prinzipiell ein quasi-objektives Individualmerkmal, und die beiden zugrunde liegenden Merkmale Bildung und Einkommen sind so klar definiert.

Aus diesem letzteren Grund wurde auch bald thematisiert, dass sie zwar stark, aber natürlich nicht vollkommen miteinander verbunden sind. Wenn jemand (bzw. seine oder ihre Berufsgruppe) deutlich mehr oder deutlich weniger verdient als das dem durchschnittlichen Bildungsgrad entsprechen würde, dann wird dies als ‚Statusinkonsistenz' thematisiert – die extremen Beispiele sind hier etwa promovierte Taxifahrer auf der einen und Bauunternehmer, die außerhalb der Schweiz in vielen Fällen nur eine geringe Schulbildung besitzen, auf der anderen Seite.

Aber sind Besitz (der ja im SEI gar keine Rolle spielt), Bildung und Einkommen alles, was die soziale Stellung definiert? Hierzu liefert John Goldthorpe (*1935) eine weitere Einsicht. Goldthorpe untersucht in den 1960er Jahren englische Arbeiter, um zu erfahren, was aus dem von Marx postulierten Klassenbewusstsein geworden ist. In dieser Zeit hat die englische Einkommensverteilung den Punkt der maximalen Gleichheit erreicht, die gut ausgebildeten Facharbeiter haben sich mithilfe ihrer Gewerkschaften respektable Einkommen erstritten, die Statussymbole Eigenheim, Auto und Fernseher sind innerhalb weniger Jahrzehnte auf einmal für alle erschwinglich oder zumindest in Reichweite gekommen. Hat mit dieser Angleichung der objektiven Klassenlagen das subjektive Klassenbewusstsein, die „Klasse für sich", ausgedient?

Zu seinem großen Erstaunen muss Goldthorpe in den Interviews, die er führt, feststellen, dass dies keineswegs der Fall ist (Goldthorpe et al. 1969). Die gut ausgebildeten, gut verdienenden, teilweise im eigenen Häuschen lebenden Arbeiter, die zum Teil sogar selbst Vorgesetzte und jedenfalls vom Elend des Marxschen Proletariat weit entfernt sind, haben trotzdem ein extrem klares „proletarisches" Selbstbild von sich. Das fällt umso mehr auf, wenn er sie zum Beispiel mit Sekretärinnen vergleicht, die keine besonders gute Ausbildung haben, weniger verdienen, in kleinen Wohnungen wohnen – und dennoch ein viel „bürgerlicheres" Selbstbild haben.

Die Lösung liegt in der Motivation. Egal wie beschränkt ihre Qualifikationen im Einzelfall sein mögen, die damaligen Sekretärinnen sind in der Ausübung ihrer Arbeit in hohem Maße autonom und entziehen sich weitgehend einer engmaschigen Kontrolle. Für Arbeiter gilt das nicht. Selbst die von Goldthorpe interviewten hochgestellte Fach- und Vorarbeiter sind ihrer Arbeit in kleinsten Detail kontrollierbar und können für jede Abweichung vom Arbeitsprogramm gerügt werden; individuell-autonome Gestaltungsmöglichkeiten haben sie in der Ausführung ihrer Arbeit nur in geringem Maße. In Herzbergs Kategorien (siehe Abschn. 5.2) sind sie viel mehr extrinsisch als intrinsisch motiviert, haben ein distanzierteres Verhältnis zur eigenen Arbeit und richten sich eher auf die Selbstverwirklichung im privaten Leben aus als auf bürgerliche Mitverantwortung. Im Anschluss an diese Einsicht untersuchen Goldthorpe und seine Mitautoren Anstellungsverhältnisse genauer und stellen fest, dass diese Unterschiede in der Kontrollierbarkeit sich in die Vertragsformen hinein verfolgen lassen: Über die Löhne hinaus gibt es bei den Arbeitern wenig Anreize oder Symbole des Entgegenkommens, während Sekretärinnen in Relation zu ihrem Lohn durchschnittlich angenehmere Anstellungsbedingungen angeboten bekommen.

7.2 Klassen und Schichten

Auf diesen Einsichten aufbauend entwickelt Goldthorpe mit seinen Kollegen Erikson und Portocarero das sogenannte EGP-Klassenschema (Erikson et al. 1979) (Tab. 7.1).

Die höchste Klasse ist hier durch die höchste Autonomie gekennzeichnet, und hohe Manager, die klassischen freien Berufe (Rechtsanwälte/Ärzte) und Professoren finden sich in der sogenannten „Oberen Dienstklasse" wieder (Tab. 7.2).

Bei den abhängig Beschäftigten bildet die gemeinsame Vertikale, die Bildung einfach als Hinweis auf Autonomie nimmt, immer noch die wichtigste Dimension der Sozialstruktur. Aber die Vorarbeiter in EGP V und die Sekretärinnen in EGP IIIa mit ihren von dieser Hauptdimension sehr abweichenden Vorstellungen als „Klasse für sich" zeigen, dass hier doch eine zusätzliche Differenzierung sinnvoll ist (Tab. 7.2).

Forschungspraktisch werden Klassenzugehörigkeiten heutzutage erhoben, indem man zuerst eine Einordnung in Berufsgruppen vornimmt. Die ILO (International Labor Organization) hat seit 1957 Schemata vorgelegt, 2007 das vierte

Tab. 7.1 Erikson-Goldthorpe-Portocarero-Klassenschema (Erikson et al. 1979)

	Dienstklasse	
I	Obere Dienstklasse	Höhere Beamte/Angestellte in Führungspositionen, höhere Professionen
II	Untere Dienstklasse	Berufe mit akademischer Ausbildung, mittleres Management
	Ausführende nicht-manuelle B.	
IIIa	Mit bürokratischer Einbindung	Routinisiert, höher (Verwaltung, Handel)
IIIb	Ohne bürokratische Einbindung	Routinierte Tätigkeit, niedriger (Verkauf, einfache Dienstleistungen)
	Selbständige	
IVa+b	Selbständige (außerhalb LW)	Selbständige und mithelfende Angehörige
IVc	Landwirte	Selbst. Landwirte, mithelfende Angehörige
	Arbeiter/innen	
V	Höhere gelernte Arbeiter	Aufsichtskräfte/Vorarbeiter, höhere Facharbeiter, Techniker/Meister/Facharbeiter
VI	Gelernte Arbeiter	Beschäftigte in manuellen Bereichen mit Ausbildung
VIIa	Un-/angelernte	Dito, aber ohne Berufsausbildung
VIIb	Landarbeiter	Beschäftigte in der Landwirtschaft ohne Berufsbildung

Tab. 7.2 Die beiden Hauptdimensionen im EGP-Klassenschema (teils mit Beispielen)

			Schwierigkeitsgrad der Überwachung der Arbeit		
			Niedrig		Hoch
Spezifität des Humankapitals	Hoch	V	Vorarbeiter	I	Obere Dienstklasse
				II	Untere Dienstklasse
	Niedrig	IIIb	Verkäufer/innen	IIIa	Sekretärinnen
		VI	Gelernte Arbeiter		
		VIIa	Un-/angelernte		
		VIIb	Landarbeiter		

und seit 2008 derzeit gültige, die sogenannte ISCO-08. Dabei werden Berufe jeweils anhand der ausgeübten Tätigkeiten mit 4-stelligen Berufscodes eingeordnet, z. B. 2310 Universitätslehrer, 2642 Journalisten, 5165 Fahrlehrer, 7231 Automechaniker, 7232 Flugzeugmechaniker. In langen Tabellen beziehungsweise auf ihnen aufbauenden automatisierten Skripten für das jeweilige Statistikprogramm wird dann jedem Beruf die entsprechende EGP-Klasse zugeordnet.

7.3 Sozialer Raum und Lebensstile

Gerade in kulturell orientierte Perspektiven wie derjenigen der Mediensoziologie wird die so beschriebene Strukturierung der Gesellschaft kritisch gesehen: Alles geht vom Beruf aus, und das heißt in der Industriegesellschaft mit ihrer relativ klaren Aufteilung in den männlichen Hauptverdiener und die Frau zu Hause (oder allenfalls vor und nach der Familienphase in statusirrelevanten Zuverdienstpositionen), vom Beruf des Mannes aus. Damit wird eine einseitige Kausalität behauptet, die allein in den äußeren Lebensbedingungen wie eben der Klassenposition eine Ursache des sozialen Handelns sieht. Kulturell orientierten Perspektiven der Soziologie war das eine viel zu starke ökonomische Ausrichtung. Sie bemängelten die weitgehend vertikale Definition von Ungleichheit. Wo bleiben denn in diesem Verständnis des sozialen Gefüges die kulturelle Verortung und subjektive Einschätzung der Individuen? Diese Kritik wird von verschiedenen Soziologen aufgenommen.

Der erste ist der Ihnen bereits bekannte Pierre Bourdieu mit seinem Konzept des Sozialen Feldes. Bourdieu ist Marxist und als solcher Materialist, auch bei ihm geht also die Kausalität von der ökonomischen, d. h. Berufsposition aus.

7.3 Sozialer Raum und Lebensstile

Aber Bildung ist für Bourdieu nicht nur Einkommensressource, sondern auch eine Quelle spezifischer Kontaktmöglichkeiten. Aus der Sicht der besprochenen vertikalen Konzepte kann man sagen, dass Bourdieu die Quellen der Statusinkonsistenz als zweite Dimension entdeckt. Die Hauptdimension des sozialen Feldes ist wie zuvor diejenige vertikale Dimension, in der Bildung und Einkommen zusammenfallen, die Bourdieu ja als kulturelles und ökonomisches Kapital anspricht. Ihre Summe bezeichnet er als ‚Kapitalvolumen'. Aber seine beiden Komponenten sind eben nicht insgesamt deckungsgleich, sondern können auseinanderfallen. Und die Differenz zwischen ihnen bildet die zweite Dimension des sozialen Feldes, die bei Bourdieu ‚Kapitalzusammensetzung' heißt. Damit wird eine Ebene aufgespannt, in der sich Berufspositionen eintragen lassen (Abb. 7.2).

Neben dieser begrifflichen Umdefinition führt Bourdieu aber eine eigene Innovation ein, indem er über die Ebene der ökonomischen Positionen eine zweite Ebene legt, auf der die Bereiche symbolischen Handelns und kultureller Selbstdefinition liegen. Wie gesagt, Bourdieu ist Marxist, abgesehen von zugestandenen Zufallseinflüssen hat jede berufliche Position auf der unteren Ebene also eine genaue Entsprechung auf der Ebene der kulturellen Selbstdefinition, für die Bourdieu die Begriffe Habitus und Lebensstil verwendet.

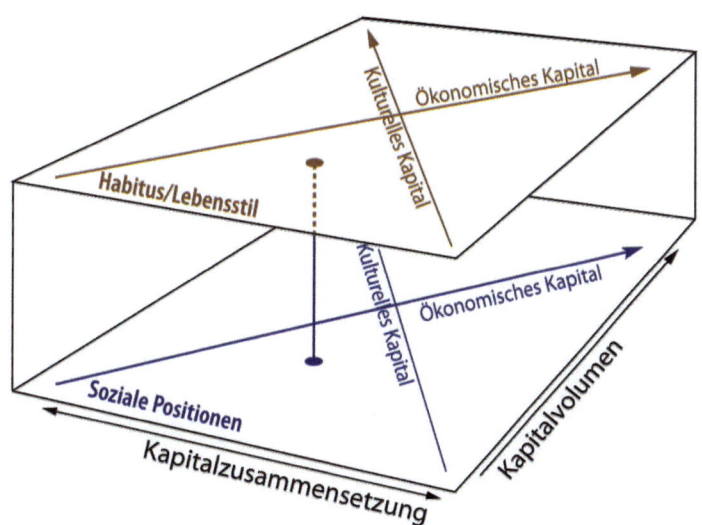

Abb. 7.2 Bourdieus Konzept des sozialen Feldes. (Bourdieu 1979, eigene Darstellung)

In dieses Feld ordnet er in seinem Hauptwerk La Distinction (Bourdieu 1979, dt. *Die feinen Unterschiede*) eine große Menge kultureller Ausdrucksformen ein und lässt die beiden Diagramme so setzen, dass man sie mithilfe der damals noch recht neuen Technologien Fotokopie und Overheadprojektion übereinanderlegen kann (Abb. 7.3).

Diese Gleichsetzung geht von einer These aus, die im Titel des Buches steckt: Jede gesellschaftliche Position nutze den eigenen Habitus zur Distinktion, das heißt um sich nach unten und teilweise auch zur Seite hin, d. h. in Richtung auf Menschen mit anderer Kapitalzusammensetzung, abzugrenzen. Bourdieu beschreibt soziale Distinktion als wichtige Funktion kultureller Aktivität: Höhere Schichten engagieren sich in „Highbrow"-Kultur, um sich von den niedrigeren Schichten und ihrer „Lowbrow"-Kultur abzugrenzen.

Diese These hat Bourdieu nicht erfunden; schon Norbert Elias beschreibt ja die Entwicklung von Tischsitten aus den Mechanismen sozialer Statusmarkierung (Elias 1969), und die Musiksoziologie von Theodor Adorno (Adorno 1962)

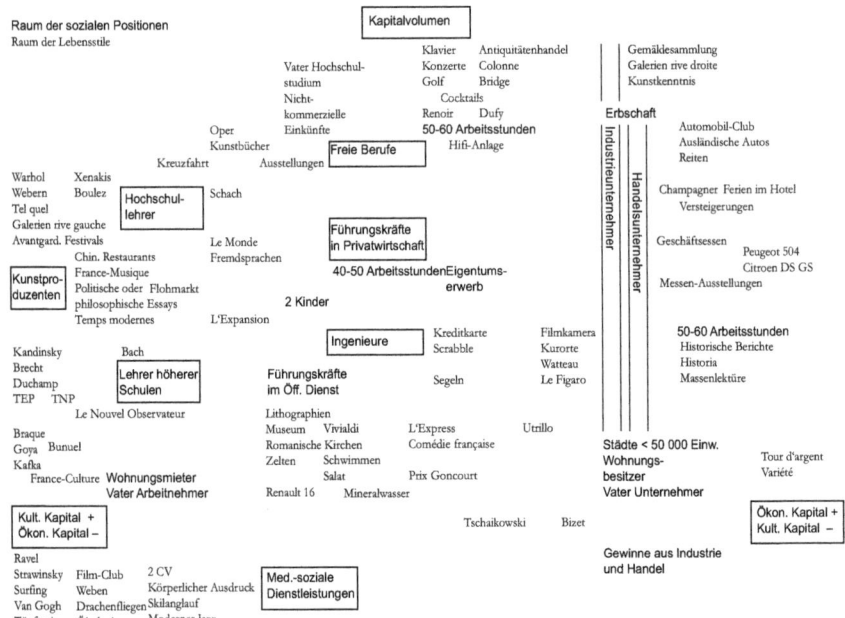

Abb. 7.3 Bourdieus empirische Füllung des sozialen Feldes in *Distinction* (Bourdieu 1979)

7.3 Sozialer Raum und Lebensstile

beschreibt die Entwicklung der europäischen Musik ebenfalls vor allem aus diesem Blickwinkel. Aber Bourdieu ist der erste, der sämtliche Habitusausprägungen systematisch auf diese Weise einordnet – und zu diesen kulturellen Habitusausprägungen gehört ja auch die Mediennutzung.

Aber ist diese These denn noch zutreffend? Wird die eigene Lebensgestaltung weiterhin nach dem Gesichtspunkt gewählt, dass man mit ihr die eigene soziale Position markiert, indem man die komplexesten und teuersten kulturellen und medialen Formate wählt, die einem noch eben zugänglich sind, um damit allen anderen zu signalisieren, wo man steht?

Tatsächlich findet man seit den 1990er Jahren, dass höhere Schichten ein verstärktes Interesse an Lowbrow-Kultur entwickeln. Um diese Frage rankt eine große Debatte der Mediensoziologie und über sie hinaus der allgemeinen Kultursoziologie. Diese Debatte steht unter der These „From Snob to Omnivore" (Peterson und Kern 1996), d. h. dass Menschen mit umfassender Kapitalausstattung sich von einer sich kulturell abgrenzenden Selbstbeschränkung zu kulturellen „Allesfressern" entwickeln.

Dadurch verändern sich unter anderem

- Feuilletons in Zeitungen (Purhonen et al. 2017),
- die Art, Fernsehen zu schauen (McCoy und Scarborough 2014; Lavie und Dhoest 2015; Schwarz 2016; Scarborough und McCoy 2016),
- die Kommunikation über Filme (Kersten und Verboord 2014),
- über Essen und Wein (Bacon 2014; Maguire 2018),
- der soziale Blick auf Gewaltdarstellungen (Brett 2017) oder erotische Kunst (Wohl 2015),
- die Art wie und welche Musik gehört wird (Leguina et al. 2017; Lopez-Sintas et al. 2014),
- und das Lesen (Vlieghe et al. 2016).

Empirisch scheint es tatsächlich der Fall zu sein, dass die Position der Hochkultur zwischen den Generationen schwindet; auf die Nutzung des Internets kann man das wohl nicht schieben, im Gegenteil sind Internetnutzung und kulturelle Beteiligung bei den jüngsten Geburtskohorten sogar am stärksten positiv verbunden (Van Steen et al. 2015).

Während Pierre Bourdieu also die kulturelle Verortung der Individuen in ein immer noch marxistisch-ökonomisch determiniertes Modell aufnimmt und die Frage nach der subjektiven Einschätzung in Anschluss an ihn nur als Aufweichung dieses Zusammenhanges insbesondere bei Menschen mit hohem

Kapitalvolumen diskutiert wird, ist diese letztere Frage in der deutschen Kultursoziologie schon Anfang der 1990er Jahre aufgenommen worden.

In Anschluss an Ulrich Becks Individualisierungsthese, die ganz stark als These der abnehmenden Bedeutung der ökonomischen Positionierung gelesen wurde, entstand die Forderung der Lebensstilforschung, soziale Ungleichheit solle nach denjenigen Kriterien untersucht werden, die der Ungleichheitswahrnehmung der Menschen entsprechen. Diese Wahrnehmung sei kulturell geprägt, und daher solle man statt an der quantitativen Verfügung über Ressourcen eher an den qualitativen Unterschieden in ihrer Verwendung ansetzen. Damit verband sich die Hoffnung, auf diese Weise mehr über die soziale Strukturierung von Konsum, unterschiedliche Richtungen der Jugendkultur, über die Veränderung der Nachfrage nach medialen Inhalten und vielleicht sogar über den Bedeutungsgewinn symbolischer Politik zu erfahren.

Lebensstile sind also wie bei Bourdieu dasjenige, was man kulturell unterschiedlich mit den zur Verfügung stehenden Ressourcen anfängt. Motivationen und Erwartungen sollten eine eigene Rolle gegenüber der Ausstattung mit Ressourcen erhalten, es wurde also eine Wahlfreiheit in der Festlegung des eigenen Lebensstils postuliert. Mit diesem theoretischen Hintergrund unternahm Gerhard Schulze (*1944) in den 1980er Jahren eine großangelegte Analyse der Kultur in Nürnberg, in der er auf der Angebotsseite die Rolle des kulturellen ‚Erlebnismarktes' und auf der Nachfrageseite die Entstehung sozialer Milieus und Szenen untersuchte (Schulze 1992).

Im Ergebnis kann Schulze empirisch tatsächlich verschiedene alltagsästhetische Schemata nachweisen, die sich als stabile Bündelung von Indikatoren des Lebensstils darstellen. Er beschreibt im Wesentlichen vier Milieus, deren Differenzierung teilweise der vertikalen Differenzierung (Status bzw. Kapitalvolumen) folgt, aber eben auch eine zweite Dimension aufweist. Insbesondere lassen sich ein an der klassischen Hochkultur orientiertes „Niveaumilieu" und ein eher an der Trivialkultur orientiertes „Harmoniemilieu" vollständig im vertikalen Schema beschreiben. Daneben gibt es aber zwei weitere Milieus, die Schulze mit den Begriffes „Selbstverwirklichungsmilieu" und „Unterhaltungsmilieu" beschreibt. Was ist mit diesen? Wie lassen sie sich hier zuordnen?

Schulze muss feststellen, dass es auch zwischen diesen beiden Milieus eine soziale Vertikaldifferenzierung gibt: Im Selbstverwirklichungsmilieu verfügen die Individuen durchschnittlich über mehr kulturelle und teilweise auch ökonomische Ressourcen als im Unterhaltungsmilieu. Und die beiden Paare Niveau/Harmonie einerseits und Selbstverwirklichung/Unterhaltung andererseits sind schlicht dadurch unterschieden, dass ersteren die älteren und letzteren die jüngeren Befragten angehören (Tab. 7.3).

Tab. 7.3 Vier Milieus und ihr soziales Feld bei Schulze (1992)

	Spontaneität jünger	Ordnung älter
Komplexität Hohe Bildung	Spannung/Hochkultur Selbstverwirklichungsm	Hochkultur Niveaumilieu
Einfachheit Niedrige Bild.	Spannung Unterhaltungsmilieu	Trivial Harmoniemilieu

Auf diese Weise führt Schulze mit dem Alter eine weitere Dimension in die kulturell orientierte Sozialstrukturanalyse ein und spannt mit ihm und der Bildung ein eigenes soziales Feld auf. Aber damit unternimmt er gleichzeitig auch eine Selbstdemontage der verfolgten Wahlfreiheitsthese: Es sind eben doch nicht autonome Entscheidungen, die das soziale Feld strukturieren, sondern es kommt nur einfach das Alter noch dazu. Es beschreibt ja das Verhältnis zwischen den akkumulierten Erfahrungen und der noch verfügbaren Lebenszeit, die man beide als unterschiedliche Ressourcen ansehen kann. Darin, dass die Grenze zwischen den beiden Milieuspalten nicht allein im vergehenden Lebensalter liegt, sondern ganz wesentlich im Übergang zur Familienphase, liegt die Differenz darüber hinaus in Restriktionen begründet, die sich aus der Lebenssituation ergeben. Dem Übergang in die Familienphase liegen ja durchaus autonome Entscheidungen zugrunde, aber die wenigsten bekommen Kindern, *um dadurch* ins Hochkultur- oder Harmoniemilieu zu wechseln. Die Wahlfreiheitsthese war also wieder verschwunden, kaum dass sie aufgekommen war.

7.4 Gender

Ähnlich wie mit dem Alter etwas gewissermaßen Selbstverständliches (und auch schon lange vor Schulze empirisch erhobenes) erst vor Kurzem zu einem expliziten theoretischen Konzept der Sozialstrukturanalyse geworden ist, gibt es noch einen weiteren Aspekt der Sozialstruktur, der ebenfalls schon immer mit erhoben worden ist, aber erst spät theoretisch erfasst wird: Das Geschlecht.

Die westliche Kultur ging traditionell vom Verständnis einer klaren Dichotomie aus, nach der alle Menschen entweder Mann oder Frau sind, obwohl die biologische Realität nicht ganz so eindeutig ist und etwa jedes tausendste Kind als intersexuell mit nicht ganz eindeutiger körperlicher Ausprägung zur Welt kommt und etwa noch einmal ähnlich viele Menschen im Laufe ihres Lebens als transsexuell feststellen, dass das andere als das bei ihnen vorliegende Geschlecht für ihre seelische Realität passt. Diese Vielfalt betrifft also etwa 0,2 % der Menschen und damit immerhin so viele, dass heutzutage im Durchschnitt jeder Mensch eine inter- oder transsexuelle Person im erweiterten Bekanntenkreis hat. Aber weil die Normativität des zweiwertigen Geschlechts so groß war, war dies bis vor wenigen Jahren kaum jemandem bekannt abgesehen von den Betroffenen selbst – und spezialisierten Ärzten, die aber oft genug bemüht waren, die normativ heile Welt der Zweigeschlechtlichkeit wieder herzustellen ungeachtet des Leides, das dies oft genug über die Betroffenen brachte.

Die Kategorien des Konstruktivismus auf das Geschlecht angewandt zu haben und damit unter anderem auf die unnötige Verdrängung dieser lange ignorierten Gruppe hingewiesen zu haben, ist abgesehen von den allgemeinen Konstruktivisten (Berger und Luckmann 1967) das Verdienst der feministischen Wissenschaft. Aufbauend auf den politischen bzw. allgemein intellektuellen Feminismus (de Beauvoir 1949; Friedan 1963; Millett 1969) und eben den Sozialkonstruktivismus beginnt diese mit feministischer Sprachkritik (Lakoff 1975; Pusch 1984) und der Analyse der Situation von Frauen als regelmäßiger Minderheit am Arbeitsplatz (Kanter 1977). Die konstruktivistische Analyse so weit vorangetrieben zu haben, dass dabei nicht nur bestimmte Vorstellungen von Geschlechterrollen, sondern die ganze Dichotomie in Frage gestellt wurde, ist das Verdienst von Judith Butler, die auch in der Mediensoziologie der gegenwärtig zentrale Referenzpunkt zu Genderfragen darstellt (Butler 1990). Forschungspraktisch hat das einerseits dazu geführt, dass jetzt auf Fragebögen neben „männlich" und „weiblich" explizit ein drittes Feld für „keine Angabe" gemacht wird; ansonsten hat die Anwendung konstruktistischen Denkens erst einmal klassische Geschlechtervorstellungen als nicht mehr ohne weiteres anwendbar desavouiert, so dass im Gegensatz zu anderen Bereichen der Sozialstrukturanalyse, wo wir heute mehr Theorien zur Verfügung haben als früher, es hier umgekehrt ist und weniger theoretisches Wissen verwendet wird.

Mediensoziologische Thematisierungen von Geschlecht sind im allgemeinen auch dem konstruktivistischen Programm verpflichtet, zu analysieren, wie sich Gendersterotypen auf Frauen auswirkt (Tiidenberg und Cruz 2015; Dmitrow-Devold 2017; Velding 2017; Musto et al. 2017) oder auf Konstruktionen von Maskulinität, d. h. der Vorstellung, „wie Männer sind" (Ellis et al. 2013; Vandenbosch und Eggermont 2013; Burke 2014; Davis et al. 2014; Sumerau et al. 2015; Apostolidis und Williams 2017), oder darauf, die Veränderungen des Geschlechtskonzeptes an sich in den Medien nachzuverfolgen (Johnson 2016). Die Analyse geschlechtsspezifischer Verhaltensweisen in den Medien scheint im Vergleich dazu weniger häufig zu sein, kommt aber natürlich auch vor (Linneman 2013).

7.5 Medien und Lebensstile (2)

Insgesamt lässt sich die Geschichte der Sozialstrukturanalyse also als Abfolge von neun Innovationsschüben, die acht inhaltliche Aspekte (von Besitz bis Alter) und sechs Erfassungskonzepte (vom Klassenkonzept bis zum sozialen Feld) bringen (Tab. 7.4). Hieraus bedient sich die Mediensoziologie (wie alle anderen angewandten Soziologien), um die Position von Individuen zu beschreiben.

Bei der Omnivorousness-Debatte wie bei der Thematisierung von Genderaspekten wurden bereits einige Beispiele für jeweils hierauf basierende mediensoziologische Untersuchungen genannt wurden. Zwei weitere ganz unterschiedliche Beispiele sollen im Folgenden noch illustrieren, wie Aspekte der Sozialstruktur zu mediensoziologischen Fragen werden.

Das erste Beispiel ist eine komplette Forschungsrichtung, diejenige zur sogenannten „Digital divide". Hierbei geht es seit den Anfängen der mediensoziologischen Beschäftigung mit dem Internet (DiMaggio et al. 2001; Norris 2001) um die Frage, wie und wie sehr die Nutzung des Internet sich nach sozialer, das heißt sozialstruktureller Position unterscheidet. Empirische Untersuchungen in diesem Bereich stellen regelmäßig fest, dass die individuelle Ausstattung mit Ressourcen, sowohl finanzieller, als auch kognitiver Natur, den Zugang zu digitalen Medien mit bestimmen (Hargittai und Hinnant 2008; Lee und Kim 2014). Das relativiert zum Beispiel massiv die naive Annahme, die nach 1995 geborenen Menschen

Tab. 7.4 Innovationsschübe der Sozialstrukturanalyse

Aspekt/*Konzept*	Jahr	Autor(en/in)
Besitz/*Klassenkonzept*	1867	Karl Marx
Qualifikationen	1922	Max Weber
Einkommen *Schichtkonzept*	1932	Theodor Geiger
Berufscodierung	1957	ILO
Status/SEI Prestige	1967	Peter Blau Otis Duncan
Autonomie/*EGP Klassenschema*	1969/79	John Goldthorpe
Soziales Feld (Kapitalvolumen/-zusammensetzung) Habitus/Lebensstil	1979	Pierre Bourdieu
Gender	1990	Judith Butler
Alter	1992	Gerhard Schulze

wären „Digital Natives", universell erfahren mit digitalen Medien, nur weil sie mit ihnen aufgewachsen sind. Ihre Online-Fähigkeiten und -Aktivitäten sind sehr unterschiedlich und von verschiedenen Arten von Kapital verbunden, wobei in dieser Altersgruppe die elterliche Bildung die größte Rolle spielt (Hargittai 2010).

Explizite Vergleiche der Zusammenhänge der Medienrezeption bei digitalen Medien mit derjenigen bei analogen Medien wie Fernsehen oder alle Arten von Lesestoff sind mir nicht bekannt, aber es scheint dennoch, als sei die reine Zugänglichkeit von Information durch die Existenz digitaler Medien eher sozial gleicher geworden. Immerhin haben digitale Medien die Differenz in der Informationsverfügbarkeit, die mit der durchschnittlichen Ressourcenverfügbarkeit im Vergleich zwischen Gesellschaften einhergeht, praktisch eliminiert: „once a family has access to the Internet, the digital use patterns of their adolescent children do not differ across nations." (Notten et al. 2009)

Das andere Beispiel ist eine Studie, die den medialen Umgang mit sozialer Klasse thematisiert.

Fallbeispiel 14: Jane Goody
Jayne Raisborough und zwei Coautorinnen schauen sich die mediale Karriere von Jade Goody an (Raisborough et al. 2013), einer Frau aus der weißen Arbeiterklasse, die durch die Medien berühmt wurde. Goody nimmt 2002 an der britischen Version von Big Brother teil. Sie ist Kind eines drogenabhängigen und mehrfach straffälligen Vaters, der 2006 stirbt, und wird von der englischen Boulevardpresse aufs Korn genommen wegen ihrer geringen Allgemeinbildung (zum Beispiel hält sie Cambridge für einen Stadtteil von London), für betrunkenes Auftreten und einen Striptease in der Sendung. Sie wird „represented as constitutionally unable to manage this change of circumstance with dignity or prudence." (253)

Goodys Geschichte spitzt sich zu, als sie bereits als „Prominente" an einer zweiten Big Brother-Staffel teilnimmt und dort mit aggressiv-rassistischen Bemerkungen über eine andere, indischstämmige Kandidatin erneut den öffentlichen Zorn (diesmal sogar international) auf sich zieht. Um sich zu entschuldigen, tritt sie in der indischen Version von Big Brother auf. Dort erfährt sie vor laufender Kamera, dass sie Krebs hat. Um ihre beiden kleinen Söhne versorgt zu wissen, schließt sie für die letzten Lebensmonate noch lukrative Medienverträge ab (insgesamt kommt sie auf ein Lebenseinkommen von etwa 10 Mio. £), und stirbt 2009, mit 28 Jahren.

Warum wurde Jade Goody berühmt? In Raisboroughs Analyse wird eine solche Lebensgeschichte nachgefragt vom Publikum zur Bestätigung, dass die Bedingungen der Reproduktion von Klassen gerechtfertigt seien: „Stories of drugs, poverty, crime, sexual deviancy – all cast Jade's parents *and their kind* as culpable and responsible for their own fate." (261, Hervorh. im Original) Und damit ist diese Studie auch ein Beispiel dafür, wie Mediensoziologie mit sozialer Differenz umgeht.

> **Zusammenfassung**
> In diesem Kapitel ging es um die soziale Strukturiertheit der Gesellschaft, auf die Medien und ihre Rezeption reagieren.

- Sie kennen und verstehen jetzt die wichtigsten fünf Klassen- und Schichtkonzepte: das am Besitz ausgerichtete dichtome Klassenkonzept von Karl Marx, Qualifikationen und die Unterscheidung von Klasse und Stand als Beitrag Max Webers, das Schichtkonzept von Theodor Geiger, das empirische Konzept der Berufscodierung der ILO, das Statuskonzept und seine prestigebezogene Messung im SEI von Peter Blau und Otis Duncan, die Bedeutung von Autonomie im EGP Klassenschema von John Goldthorpe.
- Sie kennen und verstehen das zweidimensionale soziale Feld mit seinen beiden Ebenen der sozialen Position und des darauf aufbauenden Habitus, wie es Pierre Bourdieu beschrieben hat, die sich dazu in Gegensatz setzende These der Omniorousness, und das Feld der alltagsästhetischen Milieus bei Gerhard Schulze.
- Sie wissen und verstehen, wie das Geschlecht lange Zeit eine unhinterfragte Kategorie war und erst seit 1968 durch feministische Wissenschaftlerinnen wie etwa Judith Butler Gegenstand expliziter theoretischer Untersuchung und Dekonstruktion geworden ist.
- Sie kennen und verstehen die Frage und grundsätzliche Richtung der empirischen Ergebnisse der Forschung zur Digital Divide und haben generell ein Bewusstsein gewonnen, wie sehr die soziale Struktur der Gesellschaft auch in Medien ein wichtiger Aspekt ist.

Kontrollfragen
1. Welche These liegt Karl Marx' Klassenkonzept zugrunde? Die These erwartet das Verschwinden einer ganzen gesellschaftlichen Gruppe. Welcher? Und warum?
2. Ist Marx' These eingetreten? Warum (nicht)?
3. Woher kommt Max Webers Begriff des „Standes"? Welche zwei Dinge sind aus ihm geworden?

4. Warum hatte selbst im relativ einkommensgleichen England der 1960er Jahre das Klassenkonzept nicht ausgedient, wie John Goldthorpe feststellt?
5. Warum sind in Tab. 7.4 ökonomisches und kulturelles Kapital bei Pierre Bourdieu nicht als neue Aspekte aufgeführt?
6. Was meint und welche These eines einflussreichen Soziologen kritisiert der Begriff der Omnivorousness?
7. Wenn Sie die Fernsehprogramme Phoenix, MTV und RTL2 (in der Schweiz: die Radioprogramme SRF1, SRF2 und SRF3) einordnen wollen, ist dann ein Bourdieusches oder ein Schulzesches soziales Feld besser geeignet? Warum?

Literatur

Zentrale Referenzen

Adorno, Theodor W. 1962. *Einleitung in die Musiksoziologie: zwölf theoretische Vorlesungen.* Frankfurt a. M.: Suhrkamp.
Berger, Peter L., und Thomas Luckmann. 1967. *The social construction of reality.* New York: Anchor Books.
Blau, Peter M., und Otis D. Duncan. 1967. *The American occupational structure.* New York: Wiley.
Bourdieu, Pierre. 1979. *La distinction: Critique sociale du jugement.* Paris: Minuit.
Butler, Judith. 1990. *Gender trouble: Feminism and the subversion of identity.* New York: Routledge.
Beauvoir, Simone. 1949. *Le deuxième sexe.* Paris: Gallimard.
Dimaggio, P., E. Hargittai, et al. 2001. Social implications of the Internet. *Annual Review of Sociology* 27:307–336.
Elias, Norbert. 1969. *Über den Prozeß der Zivilisation. Soziogenetische und psychogenetische Untersuchungen.* Bern: Francke. (Erstveröffentlichung 1939).
Erikson, Robert, John H. Goldthorpe, und Lucienne Portocarero. 1979. Intergenerational class mobility in three Western European societies: England, France and Sweden. *The British Journal of Sociology* 30:415–441.
Friedan, Betty. 1963. *The feminine mystique.* New York: W.W. Norton.
Geiger, Theodor. 1932. *Die soziale Schichtung des deutschen Volkes: soziographischer Versuch auf statistischer Grundlage.* Stuttgart: Ferdinand Enke.
Goldthorpe, John H., David Lockwood, et al. 1969. *The affluent worker in the class structure.* Cambridge: Cambridge University Press.
Hargittai, E. 2010. Digital Na(t)ives? Variation in internet skills and uses among members of the „Net Generation". *Sociological Inquiry* 80:92–113.
Hargittai, Eszter, und Amanda Hinnant. 2008. Digital inequality: Differences in young adults' use of the internet. *Communication Research* 35:602–621.
Kanter, Rosabeth Moss. 1977. *Men and women of the corporation.* New York: Basic Books.
Lakoff, Robin Tolmach. 1975. *Language and woman's place.* New York: Harper and Row.

Marx, Karl. 1979. Manifest der kommunistischen Partei. In *Ausgewählte Werke*, Hrsg. K. Marx und F. Engels, Bd. 1. Berlin: Dietz
Marx, Karl. 2012. *Der achtzehnte Brumaire des Louis Bonaparte*. Frankfurt a. M.: Suhrkamp. (Erstveröffentlichung 1852).
Millett, Kate. 1969. *Sexual politics*. Garden City: Doubleday.
Norris, Pippa. 2001. *Digital divide: Civic engagement, information poverty, and the internet worldwide*. Cambridge: Cambridge University Press.
Peterson, Richard A., und Roger M. Kern. 1996. Changing highbrow taste: From snob to omnivore. *American Sociological Review* 61:900–907.
Pusch, Luise F. 1984. *Das Deutsche als Männersprache: Aufsätze und Glossen zur feministischen Linguistik*. Frankfurt a. M.: Suhrkamp.
Schulze, Gerhard. 1992. *Die Erlebnisgesellschaft: Kultursoziologie der Gegenwart*. Frankfurt a. M.: Campus.
Treiman, Donald J. 1977. *Occupational Prestige in Comparative Perspective*. New York: Academic Press.
Weber, Max. 1985. *Wirtschaft und Gesellschaft*. Tübingen: Mohr (Siebeck). (Erstveröffentlichung 1922).

Beispiele mediensoziologischer Studien

Apostolidis, P., und J.A. Williams. 2017. Sex scandals, reputational management, and masculinity under neoliberal conditions. *Sexualities* 20:793–814.
Bacon, T. 2014. Wine, wasabi and weight loss: Examining taste in food writing. *Food Culture & Society* 17:225–243.
Brett, G. 2017. Reframing the ‚Violence' of mixed martial arts: The ‚Art' of the fight. *Poetics* 62:15–28.
Burke, K. 2014. What makes a man: Gender and sexual boundaries on evangelical Christian sexuality websites. *Sexualities* 17:3–22.
Davis, A.K., L.E. Rogers, und B. Bryson. 2014. Own It! Constructions of masculinity and heterosexuality on reality makeover television. *Cultural Sociology* 8:258–274.
Dmitrow-Devold, K. 2017. What matters to the girls? Norwegian Girls' experiences of digital competences in mainstream blogging. *Young* 25:190–207.
Ellis, A., J. Sloan, und M. Wykes. 2013. ‚Moatifs' of masculinity: The stories told about ‚men' in British newspaper coverage of the Raoul Moat case. *Crime Media Culture* 9:3–21.
Johnson, A.H. 2016. Transnormativity: A new concept and its validation through documentary film about transgender men. *Sociological Inquiry* 86:465–491.
Kersten, A., und M. Verboord. 2014. Dimensions of conventionality and innovation in film: The cultural classification of blockbusters, award winners, and critics' favourites. *Cultural Sociology* 8:3–24.
Lavie, N., und A. Dhoest. 2015. ‚Quality television' in the making: The cases of Flanders and Israel. *Poetics* 52:64–74.
Lee, J.H., und J. Kim. 2014. Socio-demographic gaps in mobile use, causes, and consequences: A multi-group analysis of the mobile divide model. *Information Communication & Society* 17:917–936.

Leguina, A., S. Arancibia-Carvajal, und P. Widdop. 2017. Musical preferences and technologies: Contemporary material and symbolic distinctions criticized. *Journal of Consumer Culture* 17:242–264.

Linneman, T.J. 2013. Gender in Jeopardy! intonation variation on a television game show. *Gender & Society* 27:82–105.

Lopez-Sintas, J., A. Cebollada, et al. 2014. Music access patterns: A social interpretation. *Poetics* 46:56–74.

Maguire, J.S. 2018. The taste for the particular: A logic of discernment in an age of omnivorousness. *Journal of Consumer Culture* 18:3–20.

Mccoy, C.A., und R.C. Scarborough. 2014. Watching „bad" television: Ironic consumption, camp, and guilty pleasures. *Poetics* 47:41–59.

Musto, M., C. Cooky, und M.A. Messner. 2017. „From Fizzle to Sizzle!" televised sports news and the production of gender-bland sexism. *Gender & Society* 31:573–596.

Notten, Natascha, Jochen Peter, et al. 2009. Digital divide across borders – A cross-national study of adolescents' use of digital technologies. *European Sociological Review* 25:551–560.

Purhonen, S., R. Heikkila, und I.K. Hazir. 2017. The grand opening? The transformation of the content of culture sections in European newspapers, 1960–2010. *Poetics* 62:29–42.

Raisborough, J., H. Frith, und O. Klein. 2013. Media and class-making: What lessons are learnt when a celebrity chav dies? *Sociology-the Journal of the British Sociological Association* 47:251–266.

Rössel, Jörg. 2011. Cultural capital and the variety of modes of cultural consumption in the opera audience. *Sociological Quarterly* 52:83–103.

Scarborough, R.C., und C.A. Mccoy. 2016. Moral reactions to reality TV: Television viewers' endogenous and exogenous loci of morality. *Journal of Consumer Culture* 16:164–191.

Schwarz, O. 2016. The sociology of fancy-schmancy: The notion of ‚Farterism' and cultural evaluation under the regime of radical suspicion. *Cultural Sociology* 10:141–159.

Sumerau, J.E., M.N. Barringer, und R.T. Cragun. 2015. „I Don't Need a Shotgun, Just a Look": representing manhood in secular and religious magazines. *Men and Masculinities* 18:581–604.

Tiidenberg, K., und E.G. Cruz. 2015. Selfies, image and the re-making of the body. *Body & Society* 21:77–102.

Van Steen, A., J. Vlegels, und J. Lievens. 2015. On intergenerational differences in highbrow cultural participation. Is the Internet at home an explanatory factor in understanding lower highbrow participation among younger cohorts? *Information Communication & Society* 18:595–607.

Vandenbosch, L., und S. Eggermont. 2013. Sexualization of adolescent boys: Media exposure and boys' internalization of appearance ideals, self-objectification, and body surveillance. *Men and Masculinities* 16:283–306.

Velding, V. 2017. Depicting femininity: Conflicting messages in a „Tween" magazine. *Youth & Society* 49:505–527.

Vlieghe, J., J. Muls, und K. Rutten. 2016. Everybody reads: Reader engagement with literature in social media environments. *Poetics* 54:25–37.

Wohl, H. 2015. Community sense: The cohesive power of aesthetic judgment. *Sociological Theory* 33:299–326.

Diskurse 8

Überblick

Dieser Abschnitt verbindet zwei bereits behandelte Konzepte: Konventionen und Frames. Konventionen sind Einigungen auf bestimmte Erwartungen, Frames sind Erwartungsstrukturen, die bei Akteuren bestehen und von denen gegenwärtige Wahrnehmung den einen oder den anderen aktivieren kann und dann gegenüber anderen, auch möglichen Frames heraushebt und handlungsleitend macht. Damit ist es in der Interaktion mehrerer Akteure hilfreich, wenn bei ihnen ähnliche Frames aktiviert sind, und zur Realisierung dieser Interaktionsvorteile einigen Menschen sich auf Sichtweisen und interagieren auf der Basis dieser Konventionen miteinander. Solche auf Konventionen über Frames beruhenden Interaktionen bezeichnen wir als Diskurse.

- Der Abschnitt beginnt mit dem spezifischen Beispiel eines Typs von Diskursen, der in der Mediensoziologie besondere Bedeutung besitzt, der sogenannten ‚Moral Panic', die man als ‚moralische (oder sogar: moralisierende) Panikmache' übersetzen könnte.
- Im zweiten Abschnitt werfen wir einen Blick auf Leben und Werk von Michel Foucault, der als Theoretiker so sehr mit dem Diskursbegriff verbunden ist, dass man um ihn in der Behandlung nicht herumkommt.
- Der dritte Abschnitt ist dann allgemein dem Begriff des Diskurses und seinen Aspekten gewidmet.
- Die Untersuchung von Diskursen insbesondere in den Medien hat eine eigene Methodologie ausgebildet, die Diskursanalyse, die im vierten Abschnitt beschrieben wird.

- Abschn. 8.5 widmet sich schließlich der Bedeutung von Macht in Diskursen und der damit zusammenhängenden Frage, ob der Blick auf Diskurse notwendigerweise in einer relativistischen Nebeneinanderstellung von Einsichten führen muss oder ob Kommunikation über sie nicht doch zur Findung allgemeingültiger Ergebnisse führen kann.

8.1 Das Konzept der Moral Panic

Die Untersuchung des Konzeptes der Moral Panic beginnt mit einem berühmten Einzelfall.

> **Fallbeispiel 15: Mods und Rockers, die erste analysierte Moral Panic**
> Ein berühmtes Beispiel: Am Karsamstag 1964 gab es im britischen Badeort Clacton-on-Sea Streit, weil ein Barbesitzer die Bedienung einer Gruppe Jugendlicher verweigerte. Es entwickelte sich ein Handgemenge, ein Pistolenschuss wurde abgegeben und eine Scheibe im Wert von 500 Pfund zerbrach – alles noch früh genug, um in den Zeitungen des Osterwochenendes behandelt zu werden.
>
> In der ansonsten nachrichtenarmen Feiertagszeit stürzten sich die Medien auf dieses Thema, das zum Titelthema aller britischen Tageszeitungen außer der Times wurde. Und Auseinandersetzungen und Berichterstattung beschränkten sich nicht auf das Osterwochenende, sondern gingen weiter. In den Medien wurden die Jugendlichen in zwei Gruppen hinein typisiert, in ‚Mods' und ‚Rockers'. Die Differenzen zwischen den Gruppen waren teils soziale und teils Altersdifferenzen: Die Rockkultur ging schon in die 1950er Jahre zurück, war härter und eher eine Arbeiterkultur, auch wenn hier die dickeren Motorräder gefahren wurden. Die Modkultur war vergleichsweise neuer, jünger, bürgerlicher und zahmer, ebenfalls motorisiert, aber eher mit Motorrollern. Als sinnbildlich für die beiden Richtungen kann man die Rolling Stones für die Rocker und die Beatles für die Mods nehmen. Die beiden Richtungen existierten (oder existieren heute in der Rückschau) also wirklich, aber das Medienecho, das die Auseinandersetzungen bekamen in einer Welt, in der Schlägereien zwischen jungen Leuten ja auch ansonsten noch durchaus an der Tagesordnung waren, wirkte auf junge Menschen dieser Tage deutlich übertrieben.

8.1 Das Konzept der Moral Panic

In selben Jahr 1964 schrieb Herbert Marshall McLuhan in seinem Buch *Understanding Media* über den Blick der kulturellen Eliten auf die Effekte elektronischer Medien auf die Kultur des gedruckten Wortes und befand, diese würden hierbei in eine moralische Panik, eine ‚Moral Panic' geraten (McLuhan 1964, S. 82).

Stanley Cohen, ein 1942 geborener, damals also 22jähriger südafrikanischer Soziologe, der aufgrund seiner Ablehnung der Apartheid im Jahr zuvor nach Großbritannien gekommen war, verband diese beiden Dinge in seiner Dissertation, indem er den Konflikt der beiden Jugendgruppen und den Mechanismus der medialen Berichterstattung untersuchte und den Begriff Moral Panic für das verwendete, was er herausfand.

In den Termini des bisher behandelten gesprochen, stellte er fest, dass sich zwischen Medienschaffenden, Experten und Politikern tatsächlich schnell Übereinkünfte über die Sichtweise auf die Ereignisse ergaben, sprich Konventionen über Frames. Diese gingen von einem wahrgenommenen sozialen Problem aus, das sich aber, wie in einer Panik, in übertriebener Weise aufschaukelte und in Bezug auf soziale Normen, mithin moralisch, diskutiert wurde. Cohen verwendete daher McLuhans Begriff und definierte ‚Moral Panic' als:

> [the emergence of a] „condition, person or group [.] to become defined as threat to societal values and interests; its nature is presented in a stylized and stereotypical fashion by the mass media; the moral barricades are manned by editors, politicians and other right thinking people; 'experts' pronounce diagnosis and solutions; ways of coping are evolved or (more often) resorted to; the condition then disappears, submerges or deteriorates and becomes visible." (Cohen 2011, S. 9, leicht gekürzt).

▶ **Moral panic** ist bei Cohen also ein Ablaufmuster, in dem ein Phänomen als Bedrohung angesehen und durch Massenmedien stereotypisch dargestellt wird, Akteure, die herrschende Normen verkörpern, als Kontrast, zur Erörterung und Einordnung aufgeboten werden, und das im Zeitablauf wieder verschwindet.

Er entwickelte dazu ein Stufenmodell, das sich auf andere, ähnlich gelagerte Entwicklungen übertragen ließ (Cohen 2011):

- Ausgangspunkt ist ein tatsächliches normabweichendes Verhalten.
- Entwicklung über die Zeit in einem Stufenmodell, gekennzeichnet anfangs durch eine stark als deviant (normabweichend) charakterisierte Phase und später eine starke Abnahme der Devianz und Berichterstattung über sie.

- Darstellung in den Medien charakterisiert durch Übertreibung und Verzerrung, melodramatisches Vokabular, Schlagzeilen, übertriebene Prognosen und sogar Falschaussagen in der medialen Berichterstattung
- Symbolisierung der als Täter beschriebenen Individuen, hier durch Haarschnitte, Kleidung und Lebensstil; Kontrastierung zu anderen Akteuren, hier lokale Politiker und wissenschaftliche und andere Experten.

Das Konzept der Moral Panic wurde später weiterentwickelt (Goode und Ben-Yehuda 1994), aber diese vier Aspekte blieben im Wesentlichen dieselben. Erich Goode und Nachman Ben-Yehuda wiesen darauf hin, dass als Ausgangspukt Befürchtungen zu spezifischen als abweichend und oder bedrohlich empfundenem Verhalten einer Gruppe am Anfang stehen. Auf diese wahrgenommene Bedrohung antworten Medienakteure mit einer Berichterstattung, die jenseits von Objektivitätsnormen durch eine kollektive Feindseligkeit und klare Abgrenzungen zwischen Zugehörigen („wir") und Nicht-Zugehörigen („die") geprägt sind. Sie werden verstärkt durch die Bildung von Stereotypen. Medienakteure, Experten und Rezipienten einigen sich auf eine übereinstimmende Bedrohungsempfindung, wobei in der Darstellung eine Disproportionalität auftritt, in der das subjektiv wahrgenommene größer ist als das objektive Ausmaß der Gefahr. Über die Zeit ist für Goode und Ben-Yehuda vor allem die zeitliche Begrenztheit von Diskursen der Moral Panic deutlich: Aus einem gewissen zeitlichen Abstand stellt sich oft alles als deutlich weniger dramatisch dar als es erst schien.

Diese Aspekte lassen sich sehr gut auf den Konventionalcharakter einer Moral Panic zurückführen:

- Wenn ein soziales Problem auftritt, muss man sich zunächst darauf einigen, es als solches zu sehen, also zu einer *Konvention der Problemwahrnehmung* zu kommen. Etwas als soziales Problem zu sehen, heißt ja auch, dass diesem Problem knappe Ressourcen gewidmet werden, von Aufmerksamkeit, Zeitungsspalten, Sende- und Diskussionszeit bis zu öffentlichen Mitteln für die Problemanalyse und -behebung.
- Erstens braucht man dafür eine deutliche Problemwahrnehmung. *Übertreibung* und Verzerrung und der Einsatz medialer Mittel wie besonderem Vokabular, Schlagzeilen oder übertriebene Prognosen lassen sich hieraus ableiten.
- Zweitens ist es für eine solche Konvention der Problemwahrnehmung hilfreich, wenn man unterschiedliche Handlungsstrategien klar einander gegenüberstellen kann. Hierfür wird zum Mittel der *symbolischen Gruppenbildung*

gegriffen, die bestimmte Handlungsstrategien bestimmten Gruppen zuordnet und sie so gegeneinander abgrenzt.
- Üblicherweise sind dies aber Instrumente des Übergangs zwischen Wahrnehmungskonventionen: Wenn ein Problem einmal als solches etabliert ist, verlieren sie ihre Notwendigkeit, und andere Normen der medialen Berichterstattung gewinnen wieder an relativer Bedeutung. Hieraus ergibt sich der *zeitlich begrenzte Verlauf* von Moral Panic-Phänomenen.

Das Konzept der Moral Panic ist seit seiner Entstehung vielfältig angewandt worden etwa in Bezug auf Kriminalität (z. B. Adorjan 2011), wo ja tatsächlich Kriminalitätsangst und tatsächliche Kriminalität relativ gering korreliert sind, sowie auf zeitbedingte Phänomene wie Videospiele in den 1980er Jahren (Ferguson 2008), auf das Auftreten satanistischer Subkulturen (Goode und Ben-Yehuda 1994, Kap. 3). Sogar die Thematisierung von Sexualverbrechen in den 1990er Jahren und seither zeigt Merkmale einer Moral Panic (Fox 2012; Campbell 2016), und der Blick auf Menschenhandel und Zwangsprostitution in den 2000er Jahren lässt sich ebenfalls aus dieser Perspektive analysieren. (Weitzer 2007) In neuerer Zeit ist das Konzept ebenso angewandt worden auf die Skandalisierung von Asylsuchenden (Lueck et al. 2015), die illegale Weitergabe von Dateien (File-sharing, Lindgren 2013), oder wiederholt auf die mediale Aufarbeitung gewalttätiger Auseinandersetzungen, ganz wie am Anfang in Clacton-on-Sea (Nijjar 2015; Costelloe 2014; Mills 2017).

Freilich haben Konventionen über die Wahrnehmung bestimmter Entwicklungsrichtungen nicht nur da eine Eigendynamik, wo es um negative Entwicklungen geht: Ganz analog zum Konzept der moralischen Panik kann man auch moralische Euphorien beschreiben, die ebenso die Gefahr besitzen, sich von der Realität abzukoppeln (Flinders und Wood 2015) Aber das verweist schon weiter auf das allgemeinere Konzept, in dem dasjenige der Moral Panic aufgeht: das Konzept des Diskurses.

8.2 Michel Foucault

Die Verwendung des Begriffes ‚Diskurs' in der Soziologie ist extrem stark durch die Person von Michel Foucault geprägt worden; so stark, dass es sich lohnt, seine Lebens- und Werkgeschichte als Einführung und Beispiel zu verwenden.

Michel Foucault wird 1926 in eine Arztfamilie im Westen Frankreichs geboren. 1946 kommt er mit 20 Jahren mit Bestnoten nach Paris an die École normale supérieure und studiert Geschichte und Psychologie. Foucault ist homosexuell, was nach dem 2. Weltkrieg zwar nicht mehr strafbar, aber noch lange nicht gesellschaftsfähig ist, und mit dem Geschichtsstudium lehnt er sich gegen die familiäre Tradition auf, die von ihm ein Medizinstudium erwartet hätte – aber ergänzt Geschichte immerhin durch Psychologiestudien. Die Jahre 1955 bis 1960 verbringt er außerhalb der Universität und außerhalb Frankreichs in Uppsala (Schweden), Warschau und Hamburg, wo er seine Dissertation *Wahnsinn und Gesellschaft* schreibt, eine Geschichte des gesellschaftlichen Umgangs mit psychischen Störungen. Das Jahr 1960 bringt ihn in universitäre Lehrpositionen und den französischen Sprachraum zurück, in dessen Peripherie er 1960–1966 in Clermont-Ferrand, Tunis und Vincennes lehrt. und in dieser Zeit *Die Geburt der Klinik* und *Die Ordnung der Dinge* schreibt. 1970 bewirbt er sich erfolgreich für eine Stelle am College de France in Paris, wo er sich mit einer Antrittsvorlesung unter dem Titel *L'ordre du discours* vorstellt. Dort bleibt er für die letzten vierzehn Jahre seines Lebens, bis er 1984 an HIV stirbt.

Sein Werk lässt sich gut in drei große Phasen einteilen:

- **Medizingeschichte 1958–1965:** Die Verbindung von Studien in Gesichte und Psychologie bringt Foucault zum Thema seiner Dissertation *Wahnsinn und Gesellschaft* schreibt. 1963 erweitert er den Fokus in *Die Geburt der Klinik*. In beiden beschreibt er die Entstehung der modernen Konzeption von Medizin: Wie sie gründliche Empirie gewinnt, vor allem aus Autopsien, wie die klinische Ausbildung am Krankenbett entsteht und wie im Konzept der „Klinik" Forschung und Lehre im Spital verbunden werden. Aus seiner Sicht kann diese Entwicklung nur analysiert werden, wenn man sich „postmodern" aus der Selbstverständlichkeit dieses Verständnisses löst.
- **Wissensgeschichte 1966–1970:** Beflügelt vom Erfolg seiner medizinhistorischen Arbeiten weitet er diese Perspektive auf die allgemeine Entwicklung des Wissens aus. In *Die Ordnung der Dinge (Les Mots et les choses)* untersucht er vergleichend drei Disziplinen über drei Epochen: Naturgeschichte/Biologie, „Wissen über Reichtum"/Ökonomie, Grammatik/Philologie von Renaissance über Frühmoderne (1650–1789) bis in die Moderne (1789–1720. Jhd.). Für Wahrnehmungskonventionen prägt er den Begriff der Episteme als „historisches Apriori des Wissens" und stellt die These auf, dass diese disziplinübergreifenden Episteme die Entwicklung des Wissens stärker beeinflussen als die Geschichte des jeweiligen Gebietes. Weitere wichtige Werke dieser Zeit sind die *Archäologie des Wissens* (Foucault 1997), und „Die Ordnung des Diskurses", seine Antrittsvorlesung am Collège de France.

- **Machtgeschichte 1971–1984:** Nach der Aufnahme ins Collège de France verschiebt sich Foucaults Interesse von den Diskursen selbst auf die ihnen zugrunde liegenden Machtverhältnisse. Er beteiligt sich an einer Gruppe, die Informationen über die Zustände in französischen Gefängnissen erhebt, und schreibt *Überwachen und Strafen,* in dem Jeremy Benthams Idealgefängnis „Panoptikum", ein Modell idealer Beaufsichtigung für Gefängnisse oder Fabriken, als zentrales Beispiel für die Machtförmigkeit der modernen Gesellschaft beschrieben wird, in der Gegenüberstellung moderner und vormoderner Justiz (die es allerdings schon bei Durkheim gibt). Der Untersuchung der Machtverhältnisse im Umgang mit Sexualität gilt Foucaults Opus Magnum *Sexualität und Wahrheit,* das er kurz vor seinem Tod abschließt.

8.3 Der Begriff des Diskurses

Sowohl Michel Foucault als auch diejenigen Kollegen, die zeitgleich mit dem Diskursbegriff arbeiteten, haben sich durchgängig dagegen gesträubt, den Begriff zu definieren. Sie haben Diskurse immer nur beschrieben, ohne sich jemals darauf festlegen wollen, wo denn nun genau die Grenze der Begriffsverwendung liegen würde. Das führt dazu, dass man heute eine ganze und noch sehr allegorisch und unklar argumentierende Literatur durchlesen muss, um mit dem Begriff umgehen zu lernen. Dennoch gibt es gute Indizien dafür, dass die eingangs gegebene einfache Definition schon sehr weiterhilft:

▶ **Diskurs** ist eine Interaktion, die auf Konventionen über Frames beruht.

Ein schönes Indiz ist eine Definition, die seit Oktober 2007 auf der englischsprachigen Wikipedia-Seite verwendet wird und aus einem diskursanalytischen Artikel der kanadischen Soziologin Iara Lessa (2006) über den Umgang mit Teenager-Schwangerschaften zitiert. Wikipedia ist zwar eine Quelle, die immer mit Unsicherheiten behaftet ist, aber dass der Absatz mit dem Zitat seit über zehn Jahren bestehengeblieben ist und Lessas Definition inzwischen in mehreren Texten verwendet wird (teils mit, teils ohne Quellenangabe), kann schon als Hinweis dafür genommen werden, dass die gewählte Formulierung mit Intention und Praxis aktiver Diskursanalytiker nicht in allzu großem Widerspruch steht. Lessa schreibt:

„Foucault refers to discourses as systems of thoughts composed of ideas, attitudes, courses of actions, beliefs and practices that systematically construct the subjects and the worlds of which they speak. He traces the role of discourses in wider social processes of legitimation and power, emphasizing the constitution of current truths, how they are maintained and what power relations they carry with them. Although current theorists propose different approaches to discourse analysis, all start from the broadly accepted recognition that language, the medium of interaction, creation and dissemination of discourses, is deeply implicated in the creation of regimes of truth, i.e. they explore ways in which, through discourses, realities are constructed, made factual and justified, bringing about effects." (Lessa 2006, S. 285–286, originale Referenzen ausgelassen)

Wir haben es also mit ‚systems of thought' zu tun, die Subjekte und Welten konstruieren, wobei Sprache eine große Rolle spielt, und diese Systeme setzen sich aus Ideen, Einstellungen, Handlungsweisen, Annahmen und Praktiken zusammen. Zudem geht es um Legitimation und Macht, die gegenwärtige Wahrheiten konstituieren.

Die meisten dieser Elemente werden jeweils durch andere parallele Ausdrücke begleitet, die sich gegenseitig in der Definitionskraft begrenzen und Aspekte angeben, die auf eine gemeinsame Eigenschaft des Diskursbegriffes abzielen.

Ein wiederkehrender Begriff ist hierbei derjenige der Konstruktion: ‚systems of thought … construct', und ‚realities are constructed', der begleitet wird durch die Begriffe der Konstitution (‚the constitution of current truths') und Erschaffung (‚creation of regimes of truth'). Handlungstheoretisch gesprochen geht es in allen diesen drei Fällen um die Schaffung von stabilen Interaktionssituationen, also solchen mit Nash-Gleichgewichten, in denen man sich einigermaßen zurechtfinden kann. Während Konstitution und Erschaffung alleine auf diesen Stabilitätsaspekt verweisen, adressiert der Begriff der Konstruktion, den wir ja schon kennen, explizit die Tatsache, dass auch andere Gleichgewichte möglich wären. Handlungstheoretisch gesprochen geht es also um Konventionen. Die Tatsache, dass Sprache eine Konvention darstellt, hatten wir ja schon bei David Hume kennengelernt (Hume 1817, siehe oben S. 22).

Der zweite Aspekt ist, dass diese Konventionen sich auf Ideen, Einstellungen, Handlungsweisen, Überzeugungen und Praktiken beziehen, dass sie zeitbezogene Wahrheiten herstellen und selbst ‚die Subjekte und die Welt, von der sie sprechen', konstruieren. All diese Begriffe beziehen sich darauf, wie Wahrnehmungen der Realität im menschlichen Gehirn präsent sind, mithin auf die kognitiven Schemata im Kantschen Sinne, die für sie angelegt sind. Da diese Schemata aber unter dem Gesichtspunkt betrachtet werden, wie sie sozial erzeugt werden,

8.3 Der Begriff des Diskurses

sprechen wir von Frames. Die kognitive Sichtweise des Frame-Begriffs ist hier sehr radikal angewandt, und diese Radikalität macht wohl einen großen Teil der Bedeutung Foucaults aus: Nicht nur in Bezug auf einzelne Dinge, sondern in Bezug auf das gesamte Weltverständnis können unterschiedliche Konventionen über Frames vorliegen, findet er mit seiner historischen Perspektive heraus.

Ganz klar hat die soziale Koordination von Frames ihre Vorteile: Wenn man sich auf gemeinsame Sichtweisen einigt, ist gemeinsames Handeln einfacher. Menschen versuchen notwendigerweise, Widersprüchlichkeiten zu vermeiden. Grundlagendiskussionen sind aufwendig und möglicherweise unfruchtbar, sie vermeiden zu können und auf einer gemeinsam geteilten Weltsicht aufbauen zu können, macht gemeinsam und individuell handlungsfähig. Die Bedingungen für die Existenz von Konventionen über Frames liegen also definitiv vor.

Für die Wahrnehmungskonventionen, auf denen die Diskurse als aufbauende Interaktionen beruhen, schlägt Foucault in der *Ordnung der Dinge* den Begriff ‚Episteme' vor: Die Konvention, im 17. Jahrhundert medizinisches Wissen taxonomisch zu erfassen, als Kategoriensystem von Erscheinungen, die in erster Linie zu ordnen sind, ist Grundlage eines anderen ‚medizinischen Diskurses' als diejenige des 19. Jahrhunderts, das jede Krankheit als eine bestimmte Abweichung von einem als normal erachteten körperlichen Ablauf sieht.

Für die Gesamtmenge der miteinander verbundenen Episteme und ihrer praktischen Widerspiegelungen („Institutionen, architekturale (sic) Einrichtungen, reglementierende Entscheidungen, Gesetze, administrative Maßnahmen, wissenschaftliche Aussagen, philosophische, moralische oder philanthropische Lehrsätze", Foucault 1978, S. 119), auf denen Diskurse beruhen, verwendet Foucault den Begriff Dispositiv. Sein Begriff (frz. dispositif) bedeutet alltagssprachlich Werkzeug, Instrument, aber auch System. Foucault fasst die eben zitierte beispielhafte Reihung zusammen als eine Art

> „Formation, deren Hauptfunktion zu einem gegebenen historischen Zeitpunkt darin bestanden hat, auf einen Notstand zu antworten. Das Dispositiv hat also eine vorwiegend strategische Funktion." (Foucault 1978, S. 120)

In der hierin ausgedrückten Zielorientierung drückt sich Foucaults Machtorientierung aus, die Diskurse nicht als zusammenwirkende (und in diesem Zusammenwirken potenziell entwirrbarer) Motivationen beteiligter Individuen, sondern immer als Ausdruck einer dahinterstehenden Macht ansieht.

Die hier verwendete Definition ist auch in anderen Richtungen anschlussfähig. Für die Politikwissenschaft beschreibt David Apter den Begriff wie folgt:

"Discourse in general is a way of organizing human experience. It establishes frames of meaning by the recounting and interpreting of events and situations. It constructs systems of order. Political discourse applies such frames to the exercise of power—including principles of hierarchy, representation, and accountability. It deals with the narrative interpretation of events and ideas, logical and mythic, and establishes criteria and contexts for comparing and evaluating political systems." (Apter 2004)

Auch hier haben wir eine Beschreibung, die nicht sagt, was ein Diskurs genau ist, sondern was er macht. Aber tatsächlich sind Konventionen darüber, wie man gemeinsam die Welt sieht, ein Weg, menschliche Erfahrung zu organisieren, d. h. in eine zielgerichtete, hilfreiche Struktur zu bringen. Konventionen über Frames werden nur stabil durch wiederholtes aufeinander bezogenes kommunikatives Handeln, als das Wiedererzählen und die Interpretation von Ereignissen und Situationen. Sie stellen Ordnungssysteme bereit und beschäftigen sich mit der Ausübung von Macht. Wie alle Diskurse beschäftigen sich politische Diskurse mit narrativen Interpretationen, sowohl solchen, die einer genaueren Überprüfung standhalten (,logical'), als auch solchen, die sich als reine Konstruktionen erweisen (,mythic'). Besonders ist politischen Diskursen, dass sie sogar politischen Institutionen übergeordnet sind – ein aktuell wichtiges Thema der Mediensoziologie ist, wie der globale politische Diskurs, der in den 1990er Jahren klar die westliche Demokratie im Vormarsch sah, sich inzwischen zugunsten der Vorteile autoritärer Regime gewandelt hat (z. B. Casula 2012; Lesiv 2018).

Auch in die Literaturwissenschaft hinein ist dieser Diskursbegriff anschlussfähig. Mit dem Aufkommen und der Verwendung des Begriffes ging hier eine große Veränderung einher, dahingehend, dass Texte nun nicht mehr in Bezug auf ihren Autor, sondern in erster Linie als Ergebnis bzw. Bestandteil von Diskursen gesehen werden. Texte spiegeln also nur die Wahrnehmungskonventionen, die durch andere kommunikative Handlungen erzeugt worden sind, also durch andere Texte oder aber auch durch kulturelle Praktiken, jeweils Wahrnehmungskonventionen etablieren, auf die konkrete zu untersuchende Texte sich beziehen und reagieren. Sowohl der Autor als auch der Text treten hinter der Vielzahl an Wahrnehmungskonventionen zurück, die sie widerspiegeln, und werden in diesem Sinne „postmodern aufgelöst" (Kristeva 1978). In diesem Sinne ist zum Beispiel ein Text nur

„ein Gewebe von Zitaten aus unterschiedlichen Stätten der Kultur. […] Ein Text ist aus vielfältigen Schriften zusammengesetzt, die […] miteinander in Dialog treten, sich parodieren, einander in Frage stellen." (Barthes 2006)

Die ‚Zitate', die hier angesprochen sind, sind also nicht unbedingt wörtliche oder auch nur sinngemäße Zitate wie in der Wissenschaft, sondern Übernahmen von Wahrnehmungskonventionen, die aber auf die vorherigen Verwendungen dieser Wahrnehmungskonventionen verweisen und in diesem letzteren Verweisaspekt tatsächlich wissenschaftlichen Zitaten ähneln, auch wenn die Konventionen der Wissenschaft die Identifikation eines solchen Verweises stark erleichtern im Vergleich zu denjenigen, die literaturwissenschaftliche Diskursanalytiker erst aufzeigen.

8.4 Diskursanalyse als Methode

Während bei Foucault auch Umgangsweisen und sogar die Verdinglichungen dieser Umgangsweisen (also zum Beispiel die ärztliche Untersuchung und der weiße Kittel des Arztes) zu Diskursen gehören, schränkt die Methodologie der Diskursanalyse in ihrer im deutschen Sprachraum vorherrschenden Form die Betrachtung von Diskursen auf „sich historisch entfaltende bzw. aktuell geführte Aussagezusammenhänge und auch Debatten in gesellschaftlichen Spezialarenen oder in allgemeinöffentlichen (massenmedialen, webbasierten) Arenen" (Keller 2013, S. 426) ein – also auch auf Interaktionen, in denen man sich auf bestimmte Sichtweisen geeinigt hat, aber in der Zuspitzung auf sprachliche Zusammenhänge.

Das Feld der Diskursanalyse weist insgesamt eine große Spannweite auf. Die Foucaultsche Allgemeinheit steht hier am einen Ende. Foucault beschreibt vier Grunddimensionen, die analysiert werden (Foucault 1997, S. 48, die Zusammenfassung hier nach Keller 2013):

- Die Analyse der „Formation der Gegenstände" fragt nach den Regeln der Gegenstandsbildung.
- Die Frage nach der „Formation der Äußerungsmodalitäten" untersucht die legitimen Sprecher bzw. institutionellen Orte und Subjektpositionen, von denen aus gesprochen werden kann.
- Als „Formation der Begriffe" werden die Verbindungen zwischen Textelementen, der Einsatz rhetorischer Schemata oder auch die Verortung im Gefüge anderer Texte bezeichnet.
- Die „Formation der Strategien" umfasst u. a. die Themen und Abgrenzungen zu anderen Diskursen, auch die Funktionen eines Diskurses in nicht-diskursiven Praktiken.

Andere diskursanalytische Positionen, bis hin zu linguistischen Mikroperspektiven auf einzelne Sätze und Satzstrukturen, lassen die Gegenstände weitgehend weg, behandeln Strategien (und darunter auch Legitimitätsannahmen) allenfalls am Rande, und beschränken sich mehr oder weniger auf die ‚Begriffe‘, die ja in Foucaults Terminologie weit mehr umfassen als bloße Begriffe. Die gängige Praxis in den Sozialwissenschaften fasst Keller (2013) zusammen zu den vier Grundannahmen, „sozialwissenschaftliche Diskurstheorien und Diskursanalysen

1. beschäftigen sich mit dem *tatsächlichen Gebrauch von Sprache und anderen Symbolformen* in gesellschaftlichen Praktiken;
2. betonen, dass im praktischen Zeichengebrauch der Bedeutungsgehalt von Phänomenen als ‚Wissen‘ *sozial konstruiert* und diese damit in ihrer gesellschaftlichen Realität konstituiert werden;
3. unterstellen, dass sich *einzelne Sprach- bzw. Aussageereignisse als Teile einer umfassenderen Diskursstruktur* verstehen lassen und
4. gehen davon aus, dass die entsprechenden diskursiven Strukturierungen der Produktion, Zirkulation und Transformation von gesellschaftlichen Wissensordnungen *rekonstruierbaren Regeln* des Deutens und Handelns unterliegen." (Keller 2013, Hervorh. HS)

Diese Aspekte lassen sich aus der Definition des Diskurses herleiten, wobei die erste eine zusätzliche Präzisierung aufweist. ‚Sprache und andere Symbolformen‘ sind natürlich nicht die einzigen Mengen kommunizierter Schemata, die es gibt, sondern eben diejenige Menge, auf die sich die sozialwissenschaftliche Diskursanalyse heutzutage hauptsächlich beschränkt. Die restlichen drei verweisen auf den Konventionalcharakter, der einerseits (2) Dinge konstruiert auf eine Weise, die potenziell auch anders sein könnte, andererseits (3) einzelne Handlungen immer auf die entsprechenden Konventionen beziehen lässt, was (4) bedeutet, dass man umgekehrt die Konventionen auch aus den Handlungen rekonstruieren kann.

Mittels der Diskursanalyse lassen sich verschiedene Fragestellungen untersuchen, die oft miteinander in Beziehung stehen. Auch wenn sich Diskursanalytiker normalerweise nicht als Handlungstheoretiker verstehen, stehen doch auch hier *Akteure* mit ihren Motivationen und (insbesondere Wirksamkeits-) Erwartungen, vor allem aber den ihnen zu Gebote stehenden und von ihnen eingesetzten *Mitteln* im Mittelpunkt. Aus diesen individuellen kommunikativen Handlungen setzen sich konventionelle *Konstruktionen* zusammen, die bestimmte

8.4 Diskursanalyse als Methode

Tab. 8.1 Fragestellungen der Diskursanalyse

Akteure	Welche Akteure besetzen mit welchen Ressourcen, Interessen, Strategien die Sprecherpositionen? Wer ist Träger, Adressat, Publikum des Diskurses?
Mittel	Wie, wo, mit welchen Praktiken und Ressourcen wird ein Diskurs (re-)produziert? Welche sprachlichen und symbolischen Mittel und Strategien werden eingesetzt?
Konstruktionen	Welche typisierbaren Inhalte werden vermittelt, auch implizit? Welche Phänomenbereiche werden dadurch wie konstituiert? Welche Bezüge enthält der Diskurs zu anderen, historisch vorangehenden oder parallelen, konkurrierenden Diskursen?
Effekte	Welche (Macht-)Effekte gehen von einem Diskurs aus, und wie verhalten sich diese zu gesellschaftlichen Praxisfeldern und ‚Alltagsrepräsentationen'?
Zeitablauf	Wann taucht ein spezifischer Diskurs auf oder verschwindet wieder? Was sind die entscheidenden Ereignisse im Verlauf eines Diskurses und wie verändert er sich mit der Zeit?

beabsichtigte oder auch unbeabsichtigte *Effekte* nach sich ziehen. Wie das Beispiel der Moral panic zeigt, haben Diskurse of einen bestimmten *zeitlichen Verlauf*, in den all diese Dinge eingebettet sind. Diese Fragestellungen sind in Tab. 8.1 zusammengefasst.

Als Fallbeispiel untersuchen wir die Studie einer Darstellung von Migranten als Beispiel für Rassismus.

Der Hintergrund ist die australische Einwanderungspolitik, die bis 1996 unter dem Slogan „White Australia" explizit Migration aus asiatischen Herkunftsländern zu vermeiden versuchte, damit aber einen Anstieg der Migration aus Vietnam von 940 im Jahr 1975 auf 160.000 im Jahr 1996 nicht verhindern konnte.

> **Fallbeispiel 16: Die Darstellung von Vietnamesen in der australischen Presse**
> Vor diesem Hintergrund werden Artikel aus australischen Tageszeitungen auf die verwendeten sprachlichen Mittel hin untersucht. Der Autor (Teo 2000) macht hierbei folgende Feststellungen:
> - Akteure: Protagonisten sind Medienakteure (Journalisten, Redaktionen), Adressaten das Publikum australischer Staatsbürger

- Als Mittel verwenden die Protagonisten z. B. die Adressierung von Personen, indem sie weißer Akteure als Individuen ansprechen, nicht-weißer Akteure jedoch oft nur über allgemeine Eigenschaften (Alter, Geschlecht, körperliche Merkmale) deindividualisiert darstellen, oder das Mittel der Generalisierung, indem die ‚Gang' mit Vietnamesen bzw. sogar mit Asiaten allgemein gleichgesetzt wird.
- Konstruktionen: Auf diese Weise wird die kulturelle Differenz skandalisiert und tatsächliche Integration behindert.
- Effekte: Teo beschreibt eine Rückwirkung auf die soziale Situation, indem er der Sensationswirkung der Berichterstattung eine „Self-fulfilling prophecy" im Sinne eines Signals für Drogenkonsumenten oder andere Kriminelle zuschreibt, die mangels Belege allerdings hypothetisch bleibt.
- Zeitablauf: Diese Entwicklung reagiert auf die Zunahme vietnamesischer Migration und ist zum Zeitpunkt der Erhebung noch unverändert; in Bezug auf den zeitlichen Ablauf kann die Studie also keine qualitativen Differenzen über die Zeit feststellen.

Für die Vertiefung der Diskursanalyse als Methode zur eigenen Verwendung sei insbesondere auf die im deutschen Sprachraum führenden Texte von Reiner Keller verwiesen (Keller 2013, 2011).

8.5 Relativismus vs. Universalismus im Diskursbegriff

Der dritte in der obigen Zusammenfassung von Foucaults Diskursbegriff angesprochene Aspekt ist auf der Basis des bisher gewonnenen Verständnisses keine große Überraschung mehr: Wenn Konventionen einmal feststehen, entfalten sie eine große Macht des Faktischen, und da, wo es darum geht, Konventionen zu verändern und neu zu schaffen, spielt es eine große Rolle, wer in dem entsprechenden Aushandlungsprozess wie viel Macht hat. Ohne den Machtbegriff schon genauer angeschaut zu haben (siehe Kap. 13), ist es also aus der Definition von Diskursen als auf Wahrnehmungskonventionen beruhenden Interaktionen direkt ableitbar, dass Macht tatsächlich eine Rolle in ihnen spielt, oder immer gegenwärtig ist, wie Foucault schreibt.

8.5 Relativismus vs. Universalismus im Diskursbegriff

Dieser Machtbegriff spielt im Spätwerk Foucault eine große Rolle. Er wirkt da teilweise wie ein Verschwörungstheoretiker: Immer ist „die Macht" zentral, ohne dass je gesagt wird, woher sie kommt. Einerseits spiegeln sich hier allgemeine gesellschaftliche Erfahrungen des 20. Jahrhunderts. Dies sind erstens diejenigen mit machtorientierten Diktatoren: die Lebenszeit von Hitler, Stalin und Mao überschneidet sich mit derjenigen Foucaults, und das Regime Pol Pots, das anfänglich von der französischen Linken mit viel Sympathie gesehen wird, mordet während seiner Pariser Jahre. Zweitens ist auch im demokratischen Frankreich die politische, wirtschaftliche und gesellschaftliche Stabilisierung nach de Gaulles Staatsumbau 1958 durch eine stark zentralistische Organisation erkauft. Drittens und vor allem bildet sich hier Foucaults persönliche Situation ab: In seine Lebensphase fällt zwar der Anfang der Emanzipationsbestrebungen vom traditionellen Modell der Geschlechterbeziehungen. Aber Foucault erlebt noch die Ohnmacht gegenüber dem Totschweigen von Homosexualität in der Kriegs- und unmittelbaren Nachkriegszeit, die allgemeine gesellschaftliche Akzeptanz von Homosexualität setzt erst nach 1984 ein. Er sieht aber auch präzise, dass die einsetzende Emanzipation sich nicht allein den Bemühungen der Aktivisten verdankt, sondern auch von einer Diskursmacht abhängig ist, auf die sie selbst keinen Einfluss hat. Individuelles politisches Handeln sieht er damit als sehr begrenzt in seinen Veränderungschancen an.

Foucault und die anderen Vertreter des Diskursbegriffes haben die Soziologie stark verändert, auf eine Weise, die neue und fruchtbare Perspektiven eröffnet, aber auch berechtigte Kritik auf sich gezogen hat. Durch sie geraten in den 1980er und vor allem 1990er Jahren soziale Machtdifferenzen entlang von Ethnizität und Geschlecht und die kommunikative Konstruktion solcher Differenzen in den Blick. Das ist insbesondere für die Mediensoziologie ein fruchtbares Thema.

Es ist allerdings darauf hingewiesen worden, dass relativ dazu diejenigen Bestandteile sozialer Differenz, bei denen Konstruktion eine geringere Rolle spielt, aus dem Blick geraten: Bildung und höhere Produktivität mögen nicht alles sein, aber sie zahlen sich nach wie vor am Arbeitsmarkt aus. Generell arbeitet Foucault auf ein Verständnis der gesellschaftsbeeinflussenden Kraft von Wissenschaft hin, in dem es weniger um an den produktiven Grundlagen orientierte institutionelle Veränderung geht, sondern auf die positive Wirkung der Offenlegung von Diskursen vertraut wird.

Durch sie werden gesellschaftliche Ordnungsvorstellungen als Erzählungen hinterfragt und analog zu Positionen des Sozialkonstruktivismus als konstruiert, also prinzipiell nicht alternativlos beschrieben. In Foucaults Sicht ist es unmöglich, sich auf gemeinsame Kriterien zur Etablierung von Diskursen zu einigen, die nicht durch Einzelinteressen verzerrt sind. Daher gibt es aus dieser Relativierung keinen allgemein handlungsleitenden Ausweg. Insbesondere negiert die diskursorientierte gesellschaftliche Analyse gerade in der Zuspitzung durch Foucault empirischen sozialen Fortschritt. Wenn gesellschaftlicher Fortschritt unmöglich bzw. nur eine Illusion ist, was ist dann mit dem tatsächlichen Fortschritt seit dem 19. Jahrhundert? Wenn Freiheit, Gerechtigkeit, oder Gleichheit nur Leitprinzipien bestimmter Diskurse sind, was ist die positive Grundlage für Kritik? (Eagleton 1983).

Aber muss das Projekt einer Einigung auf gemeinsame Kriterien zur Etablierung von Diskursen, die nicht durch Einzelinteressen verzerrt sind, zwangsläufig zum Scheitern verurteilt sein? Jürgen Habermas nimmt hier eine ganz andere diskursanalytische Position ein. Zusammen mit bzw. parallel zu Karl Otto Apel, einem anderen deutschen Philosophen, entwickelt er in *Faktizität und Geltung* (Habermas 1992) eine Diskursethik, die die normativen Anforderungen der Theorie des kommunikativen Handelns von der Dyade auf die gesamte kommunikative Interaktion mit beliebig vielen Teilnehmern erweitert.

Wie Tab. 8.2 zeigt, werden Chancengleichheit, herrschaftsfreier Diskurs und Offenheit dabei wiederum als Anforderung aufrechterhalten. Die Rationalität, die sich zuvor aus den anderen ergeben sollte, kommt nun als neue Anforderung hinzu. Rein normativ setzt Habermas damit eine Position klaren Beharrens auf Deliberation als Diskursprinzip der Moderne.

Tab. 8.2 Jürgen Habermas' normative Anforderungen: Die Diskursethik in Faktizität und Geltung im Vergleich mit der Theorie des kommunikativen Handelns

Normative Anforderungen des *Kommunikatives Handelns* (Habermas 1981)		Diskursethik in *Faktizität und Geltung* (Habermas 1992)
Chancengleichheit auf Dialoginitiation und -beteiligung, sowie für Deutungs- und Argumentationsqualität	≈	Chancengleichheit aller Teilnehmer Sachthemen anzusprechen und Aussagen infrage zu stellen
Herrschaftsfreiheit, d. h. Abwesenheit von Zwang	≈	„Herrschaftsfreier Diskurs" alle Teilnehmer können sich mit demselben Recht in Diskurs einbringen
Keine Täuschung der Sprechintentionen	≈	Einstellungen und Gefühle jedes Einzelnen müssen/dürfen zum Ausdruck gebracht werden (Offenheit)
		Konkurrieren zwei Annahmen, wird die akzeptiert, die von besseren Argumenten gestützt wird (Rationalität)

Zusammenfassung

In diesem Kapitel haben Sie das Konzept des Diskurses kennengelernt, der sich als Interaktionen auf der Basis von Konventionen über Frames dem bisher diskutierten zuordnen lässt.

- Sie kennen und verstehen das Konzept der Moral Panic als eines spezifischen Typs medialer Diskurse, die beim Auftreten sozialer Probleme Konventionen der Problemwahrnehmung durch temporäre Übertreibung und symbolische Gruppenbildung schaffen und dabei regelmäßig zu Aufregungen führen, die man durch Anwendung des analytischen Blicks auf sie herunterkühlen kann.
- Sie kennen und verstehen Grundzüge des Werkes und des davon nicht trennbaren Lebens von Michel Foucault und die Impulse, die er der Arbeit mit dem Diskursbegriff inhaltlich gegeben hat.
- Sie kennen und verstehen die obige Definition und wie sie der einschlägigen Literatur insofern fern steht, als diese präzise Definitionen systematisch vermeidet, aber insofern nahe, als Aspekte von Konstruktion und kognitiver Orientierung in ihr regelmäßig vorkommen, die mit ihr zusammenhängenden Konzepte der Episteme und Dispositive, und die Verwendung des Diskursbegriffs in Politik- und Literaturwissenschaft.
- Sie kennen und verstehen die Grundzüge der Methode der Diskursanalyse mit ihren vier Grundannahmen und fünf Fragestellungen.
- Sie kennen und verstehen die Zentralität des Machtbegriffs in der soziologischen Verwendung des Diskursbegriffs und wie sie mit Foucault zu einem relativistischen, mit Habermas auf Basis bestimmter normativer Prämissen aber auch zu einem universalistischen Verständnis führen kann.

Kontrollfragen
1. Die typischen Fragestellungen der Diskursanalyse lassen sich in fünf Kategorien gruppieren. Welche? Im Modell der Moral Panic wurden von Cohen und anderen vier Aspekte beschrieben, der erste war das Vorliegen eines tatsächlichen normabweichenden Verhaltens als Ausgangspunkt. Benennen Sie die drei übrigen Aspekte. Welchen der oben genannten Fragekategorien der Diskursanalyse lassen sie sich zuordnen?
2. Welchen Begriff führt Michel Foucault für die Konventionen über Frames ein, auf denen Diskurse als Interaktionen beruhen?
3. Die Akteur-Network-Theorie von Bruno Latour hat eine Gemeinsamkeit mit der Diskursanalyse von Michel Foucault dahingehend, dass beide bestimmten

Phänomenen ein größeres Interesse schenken als andere, benachbarte (und außerhalb des französischen Sprachraums entstandene) Theorien wie etwa die deutschsprachige wissenssoziologische Diskursanalyse. Um welche Phänomene handelt es sich?
4. Welche normative Anforderung in der Diskursethik von Jürgen Habermas hat keine Entsprechung in denjenigen an rationales Kommunikatives Handeln?

Literatur

Zentrale Referenzen

Barthes, Roland. 2006. Der Tod des Autors. In *Das Rauschen der Sprache*, Hrsg. Dieter Hornig. Suhrkamp: Frankfurt a. M. (Erstveröffentlichung 1967).
Cohen, Stanley. 2011. *Folk devils and moral panics: The creation of the mods and rockers*. London: Routledge. (Erstveröffentlichung 1972).
Foucault, Michel. 1978. *Dispositive der Macht: Über Sexualität, Wissen und Wahrheit*. Berlin: Merve.
Foucault, Michel. 1997. *Archäologie des Wissens*. Frankfurt a. M.: Suhrkamp. (Erstveröffentlichung 1969).
Goode, Erich, und Nachman Ben-Yehuda. 1994. *Moral panics: The social construction of deviance*. Oxford: Blackwell.
Habermas, Jürgen. 1981. *Theorie des kommunikativen Handelns*. Frankfurt a. M.: Suhrkamp.
Habermas, Jürgen. 1992. *Faktizität und Geltung: Beiträge zur Diskurstheorie des Rechts und des demokratischen Rechtsstaats*. Frankfurt a. M.: Suhrkamp.
Hume, David. 1817. *A treatise of human nature*. Passions – Morals, Bd. 2. London: Allman (Erstveröffentlichung 1739).
Kristeva, Julia. 1978. *Semeiotike: Recherches pour une sémanalyse*. Paris: Editions du Seuil.
Mcluhan, Marshall. 1964. *Understanding media: The extensions of man*. New York: McGraw-Hill.

Beispiele mediensoziologischer Studien

Adorjan, M.C. 2011. Emotions contests and reflexivity in the news: Examining discourse on youth crime in Canada. *Journal of Contemporary Ethnography* 40:168–198.
Campbell, E. 2016. Policing paedophilia: Assembling bodies, spaces and things. *Crime Media Culture* 12:345–365.
Casula, Philipp. 2012. *Hegemonie und Populismus in Putins Russland: Eine Analyse des russischen politischen Diskurses*. Bielefeld: Transcript.
Costelloe, L. 2014. Discourses of sameness: Expressions of nationalism in newspaper discourse on French urban violence in 2005. *Discourse & Society* 25:315–340.

Ferguson, Christopher J. 2008. The school shooting/violent video game link: Causal relationship or moral panic? *Journal of Investigative Psychology and Offender Profiling* 5:25–37.
Flinders, M., und M. Wood. 2015. From folk devils to folk heroes: Rethinking the theory of moral panics. *Deviant Behavior* 36:640–656.
Fox, Kathryn J. 2012. Incurable sex offenders, lousy judges & the media: Moral panic sustenance in the age of new media. *American Journal of Criminal Justice* 38:160–181.
Lesiv, M. 2018. Hope for Ukraine, fall of America, and putin the Savior: The supernatural in Ukrainian and Russian media and vernacular contexts. *Journal of American Folklore* 131:30–52.
Lessa, Iara. 2006. Discursive struggles within social welfare: Restaging teen motherhood. *The British Journal of Social Work* 36:283–298.
Lindgren, S. 2013. Pirate panics: Comparing news and blog discourse on illegal file sharing in Sweden. *Information Communication & Society* 16:1242–1265.
Lueck, K., C. Due, und M. Augoustinos. 2015. Neoliberalism and nationalism: Representations of asylum seekers in the Australian mainstream news media. *Discourse & Society* 26:608–629.
Mills, C.E. 2017. Framing Ferguson: Fox news and the construction of US racism. *Race & Class* 58:39–56.
Nijjar, J.S. 2015. ‚Menacing youth' and ‚broken families': A critical discourse analysis of the reporting of the 2011 english riots in the daily express using moral panic theory. *Sociological Research Online* 20:12.
Teo, Peter. 2000. Racism in the news: A critical discourse analysis of news reporting in two Australian newspapers. *Discourse & Society* 11:7–49.
Weitzer, Ronald. 2007. The social construction of sex trafficking: Ideology and institutionalization of a moral crusade. *Politics & Society* 35:447–475.

Lehrbücher

Eagleton, Terry. 1983. *Literary theory: An introduction*. Oxford: Basil Blackwell.
Keller, Reiner. 2013. Diskursanalyse. In *Handbuch Methoden der Bibliotheks- und Informationswissenschaft*, Hrsg. Konrad Umlauf, Simone Fühles-Ubach, und Michael Seadle, 425–443. Berlin: De Gruyter Saur.
Keller, Reiner. 2011. *Wissenssoziologische Diskursanalyse*. Wiesbaden: VS Verlag. (Erstveröffentlichung 2004).

Weitere Referenzen

Apter, David E. 2004. Political discourse. In *International encyclopedia of the social & behavioral sciences*, Hrsg. Neil Smelser und Paul B. Baltes, 11644–11649. Amsterdam: Elsevier Science.

Sozialer Wandel 9

> **Überblick**
> Der Einfluss von Medien ist in Gesellschaften eingebettet, die historischen Veränderungen unterliegen. Die Veränderungsprozesse beeinflussen Medien und ihre Wirkungen, wie auch umgekehrt Veränderungen der zur Verfügung stehenden Medien zu den wichtigsten Treiben sozialen Wandels gehören.
>
> - In diesem Kapitel werfen wir zunächst einen groben Blick auf die Parallelität von Medien- und allgemeinmenschlicher Sozialgeschichte.
> - Im zweiten Abschnitt lernen Sie vier Theoretiker kennen, deren Impulse in der Mediensoziologie aufgenommen und verwendet werden.
> - Im dritten und vierten Abschnitt geht es darum, handlungstheoretisch zu verstehen, was da passiert, einmal in Abschn. 9.3 die grundsätzliche Entwicklung der Modernisierung,
> - und in Abschn. 9.4 wieso sie in Europa zu zwei Schüben gesellschaftlicher Modernisierung und der als Großgruppengesellschaft verfassten Industriegesellschaft mit ihren Massenmedien führte.
> - Abschn. 9.5 kehrt nochmals zu den vier Großtheoretikern zurück und zu mediensoziologischen Anwendungen ihres Denkens.

9.1 Phasen der Sozial- und Mediengeschichte

Die Geschichte der Medien ist mit der allgemeinen Geschichte der Menschheit eng verknüpft, wie ein kurzer Durchgang durch vier wichtige Etappen zeigt:

In den großen Reichen der Antike brauchten deren Machthaber etwas, was ihnen ermöglichte ihren Reichtum zu zählen und zu verwalten, und ihre Untertanen beeindruckte. So entstand die *Schrift*. Und als diese weit genug entwickelt war, damit Geschichten zu erzählen, entstand mit ihnen eine neue kommunikative Form von Macht, die über eine über anderthalbtausendjährige „Achsenzeit" (Jaspers 1949) institutioneller Innovation zum Nebeneinander der großen mittelalterlichen Zivilisationen in China, Indien, dem islamischen Raum und im christlichen Europa führten.

Nach einigen Jahrhunderten des Wettbewerbs in Europa begann die Neuzeit mit der fast gleichzeitigen Entstehung von neuzeitlicher Wissenschaft, interkontinentaler Seefahrt und dem *Buchdruck,* der eine neuartige Form der Wissensverbreitung ermöglichte.

Zwischen der Mitte des 19. und der des 20. Jahrhunderts entstanden in rascher Abfolge die *Massenmedien:* das moderne Zeitungswesen, das Radio und das Fernsehen, die die massenhafte und im Gegensatz zum Buch schnelle und aktuelle Verbreitung von Informationen ermöglichten und so mithalfen, die Industriegesellschaft zu schaffen.

Seit den 1960er Jahren hat die Digitalisierung neue Medien geschaffen, in denen alle Inhalte in erster Linie in digitaler Form vorliegen und so auch ausgetauscht werden, vor allem über das *Internet,* das seit der Mitte der 1990er Jahre die allgemeine Gesellschaft zu durchdringen begonnen hat (Tab. 9.1).

Im Folgenden richten wir das Augenmerk auf die rechten beiden Spalten, ihre Entstehung, ihren Übergang, und die insbesondere medienbezogenen Differenzen zwischen ihnen.

Tab. 9.1 Phasen der Menschheits- und Mediengeschichte

Zeit	Ab 6000 v. Chr.	ab 15. Jhd.	19./20. Jhd.	20./21. Jhd.
Ära	Antike	Neuzeit	Industrielle Moderne	Spätmoderne
Differenzierungsform	Stratifikatorisch	Segmentärstratifikatorisch	Funktional	Individualisiert-funktional
Medienart	Symbol	Druck	Massendruck Funk	Digital
Leitmedium	Schrift	Buch	Fernsehen	Internet

9.2 Die Debatte über die Zweite Moderne

In der Mediensoziologie, und übrigens auch in vielen anderen Bereichen der Soziologie, gibt es hierzu eine Debatte, die auf die Arbeiten einer Reihe neuere Theoretiker bezugnimmt. Anders als andere Debatten ist sie inhaltlich wenig spezifisch und behandelt so unterschiedliche Dinge wie Globalisierung und Kosmopolitanismus, Netzwerkorientierung, den Umgang mit Risiken oder auch neue Beziehungsformen. Schauen wir uns vier der für diese Debatten zentralen Texte einmal genauer an.

Der älteste der dieser Debatte zugrundeliegenden Texte ist gewissermaßen das Buch mit der „ungeliebtesten" Werbekampagne, die es je gegeben hat. Das Buch von Ulrich Beck (1944–2014) mit dem Titel „Risikogesellschaft" (Beck 1986) war gerade fertiggeschrieben, da explodierte am 26. April 1986 ein Reaktor im ukrainischen, damals noch sowjetischen, Kernkraftwerk Tschernobyl etwa 100 km nördlich von Kiew. Eine vierstellige Zahl Menschen sind seither an Strahlungsfolgen gestorben, radioaktiv belasteter Wind zog über halb Europa und der Begriff der Risikogesellschaft war auf einmal in aller Munde[1].

Dieser Begriff der *Risikogesellschaft* war der Versuch, das Neue zu definieren in einem analytisch weit größeren Konzept, das behauptete, dass die westlichen Gesellschaften in den 1980er Jahren am Anfang einer Entwicklung standen, die gegenüber den Strukturen der Industriegesellschaft eine ähnlich große Zäsur darstellen sollte, wie es die Industriegesellschaft gegenüber der vormodernen, landwirtschaftlich geprägten Gesellschaft gewesen war. Ähnlich wie im 19. Jahrhundert die Modernisierung die vormodern-ständische Agrargesellschaft aufgelöst und durch die Industriegesellschaft abgelöst hat, löst die Modernisierung heute die Konturen der Industriegesellschaft auf und ersetzt sie durch etwas anderes. Die These selbst war nicht neu. Zum ersten Mal wurde bereits 1949 von dem französischen Ökonomen Jean Fourastie darauf hingewiesen, dass der für die Industriegesellschaft prägende industrielle Sektor der Produktion irgendwann wieder abnehmen und langfristig einer Dominanz des Dienstleistungssektors, das

---

[1] Für eine schnell notwendig gewordene zweite Auflage schrieb Beck im Vorwort bestürzt, das Reden von der Risikogesellschaft habe „einen bitteren Beigeschmack erhalten. Vieles, das im Schreiben noch argumentativ erkämpft wurde – die Nichtwahrnehmbarkeit der Gefahren, ihre Wissensabhängigkeit, ihre Übernationalität [...] – liest sich nach der Katastrophe von Tschernobyl wie eine platte Beschreibung der Gegenwart. Ach, wäre es die Beschwörung einer Zukunft geblieben, die es zu verhindern gilt!".

heißt einer Dienstleistungsgesellschaft Platz machen würde. Und um 1970 wurde von Alain Touraine und Daniel Bell auf beiden Seiten des Atlantiks der Begriff der „post-industriellen" Gesellschaft geprägt und erstmals versucht, diese zu beschreiben. (Touraine 1969; Bell 1973) Diese Diskussionsbeiträge sind heute nur noch historisch interessant, weil sie zwar die Diagnose stellten, aber in Kategorien der Industriegesellschaft verhaftet blieben und so keine großen inhaltlichen Impulse liefern konnten.

Diese Grundthese eines neuerlichen Bruches innerhalb der Moderne nimmt Beck wieder auf. Statt sich am Konzept der Sektoren (Industrie/Dienstleistung) zu orientieren, spricht er weiter gefasst von einer „Zweiten Moderne" und schlägt den Begriff der Risikogesellschaft für das neue vor, was sich da entwickelt. Als Risiken fasst Beck einerseits Umweltrisiken, andererseits „soziale Gefährdungslagen" wie etwa Arbeitslosigkeit (S. 31). Entsprechend dem Zeitpunkt seines Schreibens in den 1980er Jahren, d. h. der Phase des geringsten Ausmaßes sozialer Ungleichheit innerhalb der Industrieländer, nimmt Beck dabei an, dass für die Verteilung von Risiken die Sozialstruktur keine Rolle mehr spielt: „Not ist hierarchisch, Smog ist demokratisch" (S. 48), und auch Arbeitslosigkeitsrisiken träfen tendenziell die unterschiedlichen Schichten in ähnlichem Ausmaß. Zur Abgrenzung der beiden Phasen unterscheidet Beck zwischen den Logiken der „Reichtumsproduktion" und der „Risikoproduktion":

„In der fortgeschrittenen Moderne geht die gesellschaftliche Produktion von Reichtum systematisch einher mit der gesellschaftlichen Produktion von Risiken. Entsprechend werden die Verteilungsprobleme und -konflikte der Mangelgesellschaft überlagert durch die Probleme und Konflikte, die aus der Produktion, Definition und Verteilung wissenschaftlich-technisch produzierter Risiken entstehen."

Es kommt zu einem „Wechsel von der Logik der Reichtumsverteilung […] zur Logik der Risikoverteilung" (S. 25).

Aus der Thematisierung dieser Risiken folgt ein zweiter neuer Aspekt:

„Es geht nicht mehr um die Nutzbarmachung der Natur, um die Herauslösung des Menschen aus traditionalen Zwängen, sondern […] wesentlich um Folgeprobleme der technisch-ökonomischen Entwicklung selbst. Der Modernisierungsprozess wird ‚reflexiv', sich selbst zum Thema und Problem." (S. 26).

Die Moderne wird zu einer „reflexiven Moderne", aber nicht nur, weil sie sich selbst thematisiert, sondern auch, weil die Individuen in der Reaktion auf Risiken viel reflexiver werden und sich selbst zum Thema machen.

9.2 Die Debatte über die Zweite Moderne

Beide Thematisierungen werden auch in den Medien aufgenommen, und obwohl zu beiden Aspekten die Kritik geäußert worden kann, dass ähnliches auch schon am Anfang der Industriegesellschaft der Fall war[2], sind dies natürlich gute Anknüpfungspunkte für die Mediensoziologie[3].

Der zweite Autor ist Anthony Giddens (*1938). Sein Buch *Consequences of Modernity* erscheint Giddens 1990, vier Jahre nach Becks Buch. Beck nimmt es zum Anlass für einen Text, der sich als Sammelrezension verkleidet, aber eher die Gemeinsamkeiten auslotet (Beck 1992), und zwischen den beiden entsteht später eine Freundschaft, in der Giddens dem jüngeren in vielem zustimmt. Aber Giddens Buch arbeitet sich an einem ganz anderen Feld ab. Giddens nimmt die intellektuelle Theorie der Postmoderne aufs Korn, zum Beispiel Jean-François Lyotard, David Harvey oder Fredric Jameson (Lyotard 1984; Harvey 1989; Jameson 1991), die Sichtweisen auf die aktuelle Entwicklung der westlichen Gesellschaften vorgelegt hatten, in denen angesichts der Umweltprobleme und der in den USA und Großbritannien massiv steigenden sozialen Ungleichheit das Ende des „Projektes der Moderne" verkündet wurde, das heißt das Ende der Hoffnung darauf, dass die Menschheit kollektiv in der Lage sein könnte, ihr Schicksal selbst zu bestimmen, wie das die Industriegesellschaft mit Demokratie und geringer werdenden sozialen Unterschieden als Selbstbild gehabt hatte.

Im Vergleich zu Beck ist Giddens' Konzept von Anfang an internationaler und stärker problemorientiert. Wie die meisten Bücher von Giddens, der etwa im Jahresrhythmus publiziert, verbindet es ein geniales Jonglieren der ungeheuren Belesenheit, die den Autor kennzeichnet, mit einem wachen Blick auf gegenwärtige Entwicklungen, aber eher nicht mit skrupulös erarbeiteter Empirie. Vor allem aber arbeitet sich Giddens an den Positionen der postmodernen Weltsicht ab und hält ihnen Überlegungen einer klassisch orientierten, aber wie Beck die Entwicklungen weg von der Industriegesellschaft ernst nehmenden Soziologie entgegen (Tab. 9.2).

Das dritte Werk ist die *Netzwerkgesellschaft* von Manuel Castells (*1942), die bereits im letzten Kapitel besprochen wurde, mit ihrer Analyse struktureller

---

[2]vgl. die Thematisierung sowohl der gesellschaftlichen Entwicklung Untergangsprophezeiungen, z. B. Spengler (1923), als auch individuellen Verhaltens etwa in der Abstinenzlerbewegung.

[3]z. B. Cockerham et al. (1997); Ungar (2001); Kleese (2002); Stevenson (2005); Ekberg (2007); Jensen und Blok (2008); Meyer et al. (2008); Davidson und Bogdan (2010); MacKendrick (2010); Chen et al. (2017); Curran (2018).

Tab. 9.2 Gegenüberstellung von Postmoderne und Radikalisierter Moderne bei Anthony Giddens (1990)

	Postmoderne	Radikalisierte Moderne
Ausgangsthese	Grundsätzliche Veränderung der Erkenntnisfähigkeit	Veränderungen von Institutionen erzeugen ein Gefühl der Fragmentierung
Analytischer Fokus	Zentrifugale Tendenzen sozialer Transformation	Dialektik von Auslösung und Reintegration
Sieht…		
…das Selbst	Aufgelöst/zerstückelt durch Fragmentierung der Erfahrung	Als Ergebnis aktiver Prozesse reflexiver Selbstidentität
…das alltägliche Leben	Als „entleert" durch das Eindringen abstrakter Systeme	Als Reaktion auf abstrakte Systeme, mit sowohl Aneignung als auch Verlust
…Wahrheitsansprüche	Als kontextgebunden und historisch	Unabweisbar universell angesichts globaler Probleme
…kollektives Handeln	Ausgeschlossen aufgrund Kontextualisierung und Zerstreuung	Sowohl global wie lokal möglich und notwendig
…Ohnmacht	Als vorherrschendes Gefühl von Individuen angesichts globalisierender Tendenzen	In einer Dialektik mit Ermächtigung (empowerment)
…die neue Phase als	Ende von Individuums, Erkenntnis, oder Ethik	Entstehung neuer Institutionen „beyond modernity"

Änderungen seit den 1970er Jahren, Information als zentrale Ressource, der Entwicklung von der Industriegesellschaft zur Informationsgesellschaft, und dem Netzwerkcharakter als zentraler Eigenschaft sowohl zwischen als auch innerhalb von Organisationen. (Castells 1996–1998).

Der vierte Autor ist Zygmunt Bauman (1925–2017), hier vor allem mit seinem Buch *Liquid modernity* (Bauman 2000)[4]. In seinem ersten Kapitel macht Bauman wie Beck eine Gegenüberstellung Vorher-Nachher, wobei er die zunächst sehr metaphorische Begrifflichkeit von „schwerer" und „flüssiger" Moderne, *Heavy* und *Liquid modernity,* zur Kennzeichnung nutzt. Wie die Übersicht in

---

[4] Zur Verkürzung der eigenen Lektürezeit wurden die leider autorenlosen Zusammenfassungen auf https://revisesociology.com/ genutzt.

9.2 Die Debatte über die Zweite Moderne

Tab. 9.3 Gegenüberstellung von Heavy modernity und Liquid modernity bei Bauman (2000)

	Heavy modernity	Liquid modernity
Gefahr	Totalitarismus (erzwungene Homogenität, Verbot von Kontingenz/Vielfalt)	–
Hauptikonen	Fabrik der Fordisten, Routinen, Bürokratie, die Identität/soziale Bindung unterdrücken	–
Kontrollmethoden	Panoptikum, Big Brother, Gulag	–
Dystopien	Orwell, Huxley	–
Individualisierung	Widerständige Option gegen Gruppenzwang	Notwendig ohne Ausweichmöglichkeit
Integration in die Gesellschaft	Identifikation als Mitglied einer sozialen Klasse	Unmöglich: „no beds for ‚re-embedding',"
Intellektueller Widerstand	Verteidigung individueller Autonomie und Kreativität gegen Massenkultur	Nicht mehr möglich
Gesellschaftlich produzierte Probleme	Gegenstand politischer Lösung	Biografisch gelöst durch die Art, wie man lebt
Öffentlicher Raum	Genutzt zur Diskussion öffentlicher Fragen	Überflutet mit privaten Problemen

Tab. 9.3 zeigt, beginnt sie allerdings mit einer Reihe leerer Zellen, d. h. mit dem, was *Liquid modernity* nicht mehr ist[5]. Hier herrscht eine negative Perspektive auf die industriegesellschaftliche Moderne vor, und das lässt sich verstehen vor dem Hintergrund der Tatsache, dass Bauman in seinem davor geschriebenen Buch (Bauman 1998) das spezifisch Moderne des Holocaust analysiert hatte: Obwohl auch die Analyse der Liquid modernity nachher sehr kritisch bis besorgt ist, macht dieser erste Teil deutlich, dass Bauman sich keinesfalls als Nostalgiker verstanden sehen will. Selbst die positiven Ikonen der Industriegesellschaft, wie das von Henry Ford eingeführte System der ‚fordistischen' Fließbandfertigung werden gleich auf ihre negativen Aspekte hin angesprochen.

---

[5]Das soll nicht heissen, dass Bauman der Liquid modernity keine Gefahren, Hauptikonen etc. unterstellt hätte, aber in dieser Gegenüberstellung sind sie ausgelassen.

Der zweite zentrale Punkt der Gegenüberstellung liegt aber in der Individualisierung. Von einer widerständigen Option gegen die gesellschaftlichen Zwänge in der Heavy modernity wird sie in der Liquid modernity auf einmal zu einer alternativlosen Notwendigkeit. In expliziter Kritik an Becks Reintegrationsthese sagt Baumen, „es gibt keine Betten zum Wiedereinbetten, wir haben nur Stühle". Damit ist ein intellektueller Widerstand in der Verteidigung individueller Autonomie und Kreativität gegen die Massenkultur, wie er Kern der industriegesellschaftlichen kritischen Theorie war, nicht mehr möglich. Gleichzeitig stellt Bauman aber auch fest, dass den solcherart individualisierten Individuen die Fähigkeit zum kollektiven Handeln verloren gegangen sei, weil einerseits gesellschaftlich produzierte Probleme überhaupt nicht mehr als Gegenstand politischer Lösungen gesehen werden, sondern als alternativlose Gegebenheiten, an die man sich nur biografisch durch die Art, wie man lebt, anpassen könne, und weil andererseits auch der öffentlicher Raum mit privaten Problemen überflutet würde, anstatt zur Diskussion öffentlicher Fragen genutzt werden zu können.

Im weiteren Verlauf des Buches geht Bauman genauer in die Beschreibung dessen, was sich im konkreten Leben verändert. Und hier wird nun der vorher so metaphorische Titel fassbarer, weil die Gegenüberstellung von Fest und Flüssig auf die Veränderung von Arbeitsbeziehungen angewandt wird:

> „The ‚Fordist factory' [… was] a ‚till death do us part' type of marriage vow between capital and labor. For better or worse, the partners were bound to stay in each other's company; neither could survive without the other." „Whoever begins a career at Microsoft has not the slightest idea where it will end. Whoever started it at Ford or Renault could be well-nigh certain that it will finish in the same place".

Im übernächsten Buch Liquid Love (Bauman 2003) wird dieselbe Überlegung dann auch auf private Beziehungen übertragen. Wir haben es bei der „Verflüssigung" also mit einer Beschleunigung sozialer Beziehungen zu tun. Auch wenn Bauman quantitative Empirie souverän ignoriert, lässt sich empirisch tatsächlich ein Trend zu kürzeren Anstellungsdauern feststellen.

Soweit dieser Kürzestüberblick (der natürlich eher dazu anregen soll, die Texte selbst in die Hand zu nehmen, als das zu ersetzen) über vier Texte, die also in der Mediensoziologie ganz analog zu anderen angewandten Soziologien gemeinsam zur theoretischen Fassung der gegenwärtigen Situation der europäisch geprägten Gesellschaften verwendet werden. Lässt sich die in diesem Band bisher verwendete Systematik nutzen, um ihre Gemeinsamkeiten und Unterschiede noch ein wenig besser einbetten zu können?

9.3 Modernisierung

Um die Struktur der zweiten Moderne innerhalb einer handlungstheoretischen Systematik verstehen zu können, braucht es im Wesentlichen zwei Schritte: Es kann erst der zweite Schritt sein zu verstehen, warum die Struktur der europäischen Moderne die spezifische zweistufige Form angenommen hat, auf die die genannten vier Autoren mehr oder minder explizit verweisen. In einem ersten Schritt muss es zunächst darum gehen, wie Handlungen langfristig auf Handlungssituationen wirken und sie verändern. Diese Zusammenhänge werden in der Soziologie allgemein unter dem Begriff der Modernisierung gefasst.

Den ersten Baustein hierfür haben wir im Kapitel zu Ressourcen bereits gelegt. Menschen können in gewissem Maße in die Zukunft blicken, und weil ein mögliches Motiv für Handlungen ist, dass es ihnen zukünftig besser gehen möge, versuchen sie ihre Handlungssituationen dahin gehend zu beeinflussen. Von den drei Aspekten der Handlungssituation ist derjenige, der die Entstehung der Moderne am direktesten beeinflusst hat, die Ressourcensituation. Die anderen beiden Aspekte werden wir auch noch anschauen, aber bleiben wir einmal bei den Ressourcen: Menschen bauen Kapital auf, wenn sie dazu die Möglichkeit haben.

In der Menschheitsgeschichte gibt es dazu zwei große Brüche, der eine mit dem Beginn von Ackerbau und der Sesshaftwerdung vor etwa 8000 Jahren, der andere vor etwa 200 Jahren mit der Industriellen Revolution. Zwischen diesen beiden Zeitpunkten hat es mitunter Zusammenbrüche gegeben, in denen eingespielte Institutionen zerbrachen und das Wohlstandsniveau nachhaltig zurückging, das letzte Mal mit dem Untergang des Römischen Reiches. Aber seit dem Frühmittelalter zeigt die Geschichte der Menschheit eine zentrale Entwicklungstendenz: Es geht nach oben.

Die industrielle Revolution wird vorbereitet durch Veränderungen in den anderen beiden Bereichen: bereits vierhundert Jahre vorher im Verhältnis zum Wissen, d. h. der Präzisierung von Erwartungen, seit dem 15. Jahrhundert: Galileo Galilei steht beispielhaft für die Akzeptanz empirischen Wissens, Johannes Gutenberg und das Medium des Buchdrucks für seine Verbreitung, Christoph Columbus für seine Nutzung. Und dreihundert Jahre vorher durch die Reformation, die diese Unterschiede im Wissen für eine Beeinflussung in den Motivationen nutzt, die wir bei Max Weber bereits als vorbereitende Kraft für den Start in die industrielle Revolution kennengelernt haben. Aber das, was wir heute als moderne Gesellschaft bezeichnen, nimmt seinen Ausgang erst mit der Nutzung von Dampf als Antrieb für Maschinen im späten 18. und frühen 19. Jahrhundert und allgemein der Nutzung technischer Möglichkeiten in allen Bereichen sozialer Produktion.

In den Statistiken des britisch-holländischen Wirtschaftshistorikers Angus Maddison kann man etwa um 1820 herum einen klaren Bruch in der Entwicklung des globalen Pro-Kopf-Einkommens festmachen. Zwar hat er keine Messungen zwischen 1 und 1000, aber es ist relativ plausibel, einen heftigen Einbruch mit der Völkerwanderung und danach eine Entwicklung anzunehmen, die ähnlich schnell ist wie nachher zwischen 1000 und 1819, nämlich 4 % Wachstum *pro Jahrhundert*. Ab 1820 steigt die Entwicklungsgeschwindigkeit auf 1 bis 2 % pro *Jahr*, als Resultat hat sich das Pro-Kopf-Einkommen im Durchschnitt der gesamten Menschheit seit 1820 mehr als verzehnfacht (Tab. 9.4).

Was bedeutet solch eine Entwicklung für individuelle Interaktionssituationen? Zunächst einmal können wir feststellen, dass die gesellschaftliche Komplexität zunimmt (Urry 2003), und zwar durch drei Veränderungen:

Tab. 9.4 Entwicklung des globalen Pro-Kopf-Einkommens, 1-2008 (Maddison 2010)

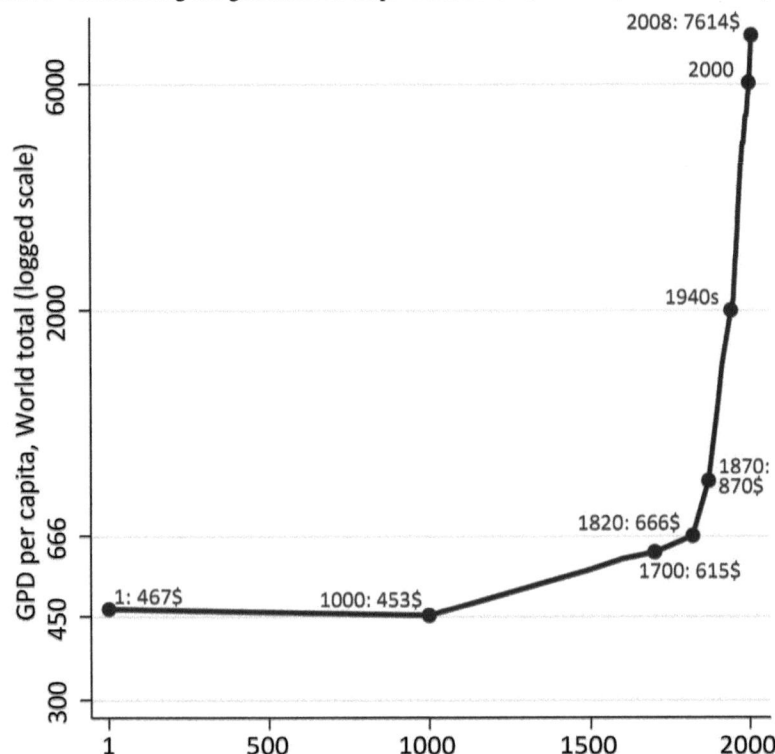

9.3 Modernisierung

- mehr Optionen sind verfügbar entsprechend der Definition von Ressourcen (Kap. 4);
- dieses (dass mehr Optionen verfügbar sind) gilt nicht nur für das Individuum, sondern auch all seine Interaktionspartner, deshalb sind mehr Informationen nötig; und
- mehr Informationen sind aber auch erreichbar, weil Ressourcen für die Erlangung von Information eingesetzt werden können.

Mehr verfügbare Ressourcen und mehr verfügbare Informationen sind also miteinander verbunden. Hieraus ergeben sich insbesondere zwei Mechanismen.

Erstens gibt es Konventionalsituationen, deren alternative Gleichgewichte durch den Einsatz von Ressourcen und Information in ihrer Leistungsfähigkeit eruiert werden können. Produktions- oder Interaktionsprozesse können analysiert werden und man kann feststellen, dass eine andere Produktionsmethode oder eine andere Art des Umgangs miteinander für alle Beteiligten vorteilhaft ist. Arme Gesellschaften haben diese Möglichkeit nicht, für sie gilt im Prinzip immer „never change a running system", und die Norm, die aufgebaut wird, um die Metakonvention zu schützen, ist der Wert der Tradition. Reiche Gesellschaften hingegen haben die Möglichkeit, Informationen über alle möglichen Gleichgewichtssituationen einzuholen und dann diejenige zu wählen, die den höchsten erwarteten Nutzen verspricht. Dabei kann die Freude, die sich daraus ergibt, einer Tradition treuzubleiben, durchaus als Nutzenaspekt mit in das Kalkül hineingenommen werden, aber es ist dann trotzdem nur ein Nutzenaspekt unter anderen. Die Norm, die aufgebaut wird, um diese Metakonvention zu schützen, ist der Wert sozialer Rationalität. Max Weber hat dies in seiner Rede Wissenschaft als Beruf wie folgt beschrieben:

> Die zunehmende Intellektualisierung und Rationalisierung bedeutet [weniger die Kenntnis der Lebensbedingungen als] das Wissen davon oder den Glauben daran: daß man, wenn man nur wollte, es jederzeit erfahren könnte, daß es also prinzipiell keine geheimnisvollen unberechenbaren Mächte gebe, die da hineinspielen, daß man vielmehr alle Dinge – im Prinzip – durch Berechnen beherrschen könne. Das aber bedeutet: die Entzauberung der Welt. Nicht mehr, wie der Wilde, für den es solche Mächte gab, muss man zu magischen Mitteln greifen, um die Geister zu beherrschen. Technische Mittel und Berechnung leisten das." (Weber 1984)

Ein zweiter Grund betrifft das Verhältnis der Individuen zueinander und die Rolle sozialen Status'.

Wenn gemeinsame Entscheidungen zu treffen sind und dafür Informationen eingeholt werden müssen, stellt sich die Frage, wer die Informationen einholt und dann auch an der Entscheidungsfindung beteiligt wird. In einer armen Gesellschaft ist es einfacher, den Ressourcenaufwand für die Informationseinholung zu zentralisieren und eines der Gruppenmitglieder die Informationen einholen und die Entscheidung treffen zu lassen, und zwar dasjenige, das über die meisten Ressourcen und den höchsten Status verfügt. Die Norm, die aufgebaut wird, um diese Konvention zu schützen, ist der Wert der Autorität, d. h. des Respekts vor Hierarchien. In einer reichen Gesellschaft ist es hingegen sinnvoller, wenn alle Mitglieder sich gemeinsam auf die Suche nach der Information beziehungsweise in der Praxis ja den Informationen (weil es meist mehrere sind) machen, zusammentragen, was sie gefunden haben, und gemeinsam die Entscheidung treffen. Die Norm, die aufgebaut wird, um diese Konvention zu schützen, ist der Wert der Deliberation, wie wir sie bei Jürgen Habermas kennengelernt haben (Habermas 1992).

Bei Habermas ist das zwar als normative Theorie für Gegenwartsgesellschaften formuliert, aber aus einer etwas distanzierteren Haltung kann man ganz gut sehen, dass diese Norm aus der gesellschaftlichen Situation entsteht, und eben spezifischer aus der Ressourcensituation. In ärmeren, aber auch schon hochkomplexen Gesellschaften wie denjenigen des europäischen Mittelalters führte die viel höhere Bedeutung von Status zum Erlass von Luxusgesetzen, die jeder Schicht genau vorschrieben, was sie anziehen durfte und was nicht, damit in Interaktionssituationen unter Unbekannten ohne große Nachfragen gleich klar sein konnte, wer wem etwas zu sagen hatte und wer nicht (Hunt 1996).

Und wir haben diese Veränderungen ja weiter oben auch in den Veränderungen des Wertewandels wiedergefunden (Inglehart und Baker 2000): In der ersten Dimension von Ingleharts Analyse des Wertewandels geht es zentral um Autorität, sowohl um die Frage des ungefragten Fürwahrhaltens von Traditionen, als auch um das selbstverständliche Zugestehen bestimmter Statuspositionen, etwa im Verhältnis von Eltern und Kindern.

Die Deliberation ist etwas neuer, sonst spiegelt der grundsätzliche Gedanke, dass ein Zuwachs an Ressourcen zu veränderten Interaktionsnormen führen würde, einen Stand des Nachdenkens wieder, den die Modernisierungstheorie bereits in den 1950er Jahren erreicht hatte – und mit dem sie sich kläglich blamierte, weil sie naiv falsch vorhersagte, dass alle Gesellschaften der Welt denselben Pfad nehmen würden, und dafür völlig übersah, dass es noch einmal zu einem zweiten Modernisierungsschub kommen würde (Knöbl 2003).

9.4 Die Zweistufigkeit der europäischen Moderne

Was war da übersehen worden?

Einfach gesprochen: die Existenz von Organisationen in der europäischen Tradition. Die beiden Mechanismen der Wechsel von Tradition zu Rationalität und von Autorität zu Deliberation sind handlungstheoretische Mechanismen, und als solche sind sie definiert über Akteure. Akteure können aber eben nicht nur Individuen sein, oder auch Kollektivakteure, also Organisationen. Dieses eine Argument fächert sich auf in mehrere Punkte, die die naive Modernisierungstheorie der 1950er Jahre übersehen hatte:

- die industriegesellschaftliche Moderne war eine spezifisch europäische Moderne, weil es die Tradition von Organisationen so nirgendwo anders gab, dementsprechend konnte sie nicht einfach so auf andere Teile der Welt übertragen werden;
- sie war eine unvollständige Moderne, die modern erst auf der gesamtgesellschaftlichen Ebene war und sich im Alltagsleben noch viel an traditionellen Hierarchien bewahrt hatte, dementsprechend stand eine zweite und vollständigere Moderne noch aus;
- sie hatte sich nur auf der unteren Ebene innerhalb von Organisationen naturwüchsig entwickelt, aber auf der gesamtgesellschaftlichen Ebene zwei Weltkriege zur Durchsetzung gebraucht, dementsprechend ist auch die Implementation einer zweiten Moderne mit Konflikten und sozialen Problemen verbunden.

Schauen wir uns diese drei Versäumnisse einmal genauer an.

Wie wir oben in Abschn. 6.2 gesehen haben, sind historisch gesehen Organisationen etwas spezifisch Europäisches. Europa, das Christentum, und Organisationen entstehen im Frühmittelalter gemeinsam: Der Zusammenbruch des römischen Reiches hinterließ ein institutionelles Vakuum auf einem Kontinent, der immer noch zu zerklüftet war, als dass er wie etwa China hätte zentral beherrscht werden können, der aber durch die Römerstraßen kommunikativ verbunden war. Da passte das institutionelle System des Monotheismus als einigendes Band gut, und zwar in einer Form, die erst einmal dazu entwickelt worden war, nicht unterzugehen im Nebeneinander mit dem römischen Reich, solange dieses noch existierte, und nun von den Kirchenvätern und den sie ablösenden europäischen Mönchen dahin gehend umgebaut wurde, dass es ein Nebeneinander von hierarchischen

Fürstentümern ermöglichte. Das Dogma der Dreieinigkeit von Gott, Christus und Heiligem Geist übte allgemein ein, sich auf verschiedene institutionelle Ebenen zu beziehen; „gebt dem Kaiser, was des Kaisers ist, und Gott, was Gottes ist" (Mt. 22:21) unterstützte diese Abgrenzung verschiedener Ebenen in Bezug auf den Staat, und die Unauflöslichkeit der Ehe tat dasselbe in Bezug auf den Haushalt.

Das institutionelle System des Christentums ermöglichte zunächst einmal, die Entstehung kommunikativ verbundener Staaten, die miteinander wetteiferten und so überhaupt erst die Entwicklungen seit der Renaissance ermöglichten (Hoffman 2012). Es ermöglichte, dass in den europäischen Städten des Mittelalters die Handwerker sich in Zünften zusammenschlossen, die ein Machtgleichgewicht erreichten und so in vielen Fällen „Reichsunmittelbarkeit" und städtische Autonomie von den jeweiligen Territorialfürsten durchsetzen konnten, eine Besonderheit unter den Städten der Welt der damaligen Zeit (Blockmans und 'T Hart 2013). Es ermöglichte eben die Entstehung des ökonomischen Unternehmens, das unabhängig vom Schicksal von einzelnen Familien gedacht werden konnte und deshalb in der Lage war weit über diese hinauszuwachsen. Ganz allgemein ermöglichte es die Organisationen in allen Feldern und auf sehr unterschiedlichen Ebenen, die wir in Kap. 3 angeschaut haben.

Wenn man aber die Entwicklung anschaut von armen Gesellschaften zu reichen Gesellschaften, dann ist der Zeitpunkt, an dem Tradition und Hierarchie als Gleichgewichte ihre Stabilität verlieren und der Wechsel zu Rationalität und Deliberation beginnt, sehr viel früher, das heißt auf sehr viel geringeren Niveaus des Pro-Kopf-Einkommens erreicht für diejenigen Interaktionen, die sich zwischen Organisationen abspielen, als für diejenigen Interaktionen, die innerhalb von Organisationen zwischen Individuen stattfinden.

Man kann nun in einer ganzen Reihe institutioneller Felder nachzeichnen, wie die Institutionen der industriegesellschaftlichen ersten Moderne erst einmal nur auf Rationalität und Deliberation außerhalb von und zwischen Organisationen eingestellt waren.

- So beruhte die industriegesellschaftliche Wirtschaft auf einem einigermaßen freien, jedenfalls nicht durch traditionelle Schranken behinderten Wettbewerb von Unternehmen, aber die Interaktionen in den Firmen waren von starken Hierarchien und im Ausgleich hierfür der Aufrechterhaltung traditionell-paternalistischer Kontinuitäts- und Verantwortlichkeitsvorstellungen gekennzeichnet.

- Ganz analog beruhte die Demokratie, die nach dem Zweiten Weltkrieg als die alternativlose politische Form für Industriegesellschaften anerkannt war (die kommunistischen Diktaturen bezeichneten sich selbst als „Volksdemokratien" und sahen sich als die besseren Demokratien), in ihrer westlichen Form auf einem offenen Wettbewerb zwischen Parteien, aber innerhalb der Parteien galten von den Parteispitzen über die Parteibasis bis zu den aufgrund dauerhafter Interessenbindungen langfristig festgelegten Unterstützern sehr klare Hierarchien.
- Und Familien waren nicht mehr darauf festgelegt, die Lebensentwürfe der jeweiligen Elterngeneration zu übernehmen, und vor allem in der Begründung von Haushalten, nämlich der Partnerwahl, setzte die neue Norm der romantischen Liebe die freie Entscheidung in einem vor allem für Frauen zuvor nicht denkbaren Maße durch, aber innerhalb der Familien waren die Hierarchien zu den Kindern kaum weniger hoch und zwischen den Geschlechtern sogar teils höher als zuvor.

Rationalität und Deliberation zwischen den Individuen innerhalb der Organisationen haben sich im Gegensatz dazu erst seit 1968 ausgebreitet:

- In der Wirtschaft begann erst mit 1968 die Durchsetzung von Modellen der Zusammenarbeit, die mehr Mitsprache und Autonomie und flachere Hierarchien einführten. Der Preis für die Aufgabe traditioneller Hierarchien innerhalb von Organisationen war aber auch, dass Unternehmen äußere Veränderungen nicht mehr einfach gegenüber den Arbeitnehmern abpuffern, sondern diese an sie weitergeben. Teils aus diesem Grund, teils auch aufgrund der Tatsache, dass Arbeitnehmer über ihre größer gewordenen Netzwerke mehr Wahlfreiheit haben, hat die Stabilität der Arbeitsverhältnisse (wie oben von Bauman thematisiert) deutlich abgenommen.
- In der Politik hat die Rolle der traditionellen Parteibindung und langfristiger Parteiengagements stark abgenommen. Andererseits hat die Rolle von spezialisierten NGOs und Interessengruppen stark zugenommen, die aber bislang noch nur als Lobbygruppen außerhalb der institutionalisierten Entscheidungsprozesse Einfluss nehmen können.
- Und in Bezug auf das private Zusammenleben wurden alle denkbaren Alternativkonzeptionen jenseits der heterosexuell verheirateten Familienkonstellation rational erörtert und in vielen westlichen Ländern von ihnen entgegenstehenden rechtlichen und sozialen Normen befreit: unverheiratetes

Zusammenleben, Scheidung, uneheliche Kindsgeburten, Homosexualität waren alle in der industriegesellschaftlichen Konzeption nicht vorgesehen gewesen und sind seit 1968 zunehmend Normalität geworden.

Man kann allerdings zudem argumentieren, dass auch die neuen Institutionen sowohl auf der Ebene innerhalb von Organisationen als auch auf der gesamtgesellschaftlichen Ebene eingeführt werden müssen. In dieser Sicht wären dann die vom späten 19. Jahrhundert bis in die 1940er Jahre aufgestauten Probleme Ergebnisse dessen, dass zwar die Organisationen bereits im begrenzten Sinne der Industriegesellschaft modern waren, aber auf gesamtgesellschaftlicher Ebene noch nicht die entsprechenden Selbstverständlichkeiten etwa in Blick auf die generelle Akzeptanz der Demokratie und von nichtrevolutionären Gewerkschaften herrschten. Analog würde sich daraus ergeben, dass auch aktuell in den Gesellschaften, die derzeit mit gestiegenen sozialen Ungleichheiten und politischer Unzufriedenheit leben, die Institutionen gesamtgesellschaftlicher Verantwortung noch nicht dem gestiegenen Individualismus in der Gesellschaft entsprechen, dass also entsprechend noch institutionelle Innovationen für die Zukunft zu erwarten sein könnten.

9.5 Mediensoziologie und sozialer Wandel

In diesem handlungstheoretischen Raster lassen sich jetzt sowohl die vier Theoretiker als Illustrationen bestimmter Aspekte als auch spezielle Fragestellungen zum Zusammenhang von Medien und sozialem Wandel verorten:

- Die Bedeutung des *Risikobegriffs,* der Ulrich Beck so wichtig ist, hat in dieser Sichtweise zugenommen, weil Organisationen Risiken gegenüber den Individuen nicht mehr selbstverständlich abpuffern, sondern sie weitergeben: weil im Fall schlechter Konjunktur Firmen eher Arbeitnehmer entlassen, im Fall von Skandalen Parteien nicht mehr selbstverständlich hinter betroffenen Politikern stehen, Ehen im Fall divergierender Lebenspläne eher auseinandergehen als dass die alten Hierarchien noch so funktionierten wie sie das in der Industriegesellschaft noch getan hatten. Die mit der Frage des Umweltschutzes gemeinsame Verwendung des Risikobegriffes verweist darauf, dass die Ausbildung problemlösender Institutionen oberhalb des Nationalstaates (z. B. UN-Klimakonferenzen) bisher noch unbefriedigend geblieben ist.

9.5 Mediensoziologie und sozialer Wandel

- Dem grundsätzlichen Optimismus einer *radikalisierten Moderne*, wie Giddens ihn gegen den Pessimismus der Postmoderne (dem übrigens ja auch Bauman stark verhaftet bleibt) ins Felde führt, ist aus dieser Sichtweise zuzustimmen in Bezug auf das Potenzial, dass sich noch neue Institutionen einer individualistischeren politischen Entscheidungsfindung (etwa mit einer stärkeren Rolle direkter Demokratie) und einer individualistischeren Arbeitsmarktorganisation (in der individuelle Netzwerke eine größere Rolle bekämen analog derjenigen, die die Gewerkschaften in der Industriegesellschaft spielten) denken lassen.
- Die Bedeutung des *Netzwerkbegriffes* bei Manuel Castells ergibt sich daraus, dass individuelle Beziehungsstrukturen die alteuropäische Rolle der Einbindung in Gruppen übernommen haben – wie es ja schon Georg Simmel gesehen hatte, der aber die gruppenrestituierende Wirkung, die die Etablierung der Industriegesellschaft nach dem Zweiten Weltkrieg gehabt hat, nicht hatte vorhersehen können, sodass die von Simmel vorhergesagte Individualisierung erst nach 1968 einsetzte und von dem von Mark Granovetter gefundenen Argument für die Bedeutung schwacher Beziehungen ja noch unterstützt worden ist.
- Die Bedeutung der *Verflüssigung* sozialer Beziehungen, wie sie Zygmunt Bauman beschreibt, ist sehr ähnlich wie diejenige des Beckschen Risikobegriffes zu sehen; während jener auf die Wahrscheinlichkeiten abhebt, dass angesichts von Umweltveränderungen auch Veränderungen auf der Individualebene eintreten, zielt Baumans Sichtweise einfach auf die durchschnittlichen Dauern sozialer Beziehungen. Mit Giddens ist diesem Pessimismus von Bauman (und übrigens auch dem Pessimismus von Giddens selbst, der in einem Buch zur Veränderung von Beziehungen, Giddens 1992, ähnlich skeptische Positionen vertritt) aber entgegenzuhalten, dass offene Gesellschaften auf die lange Sicht durchaus eine institutionelle Lernfähigkeit besitzen können, die ermöglichen kann, solchen negativen Entwicklungen mit Veränderungen zu begegnen.

Das Verhältnis der genannten vier Autoren lässt sich durch ihr Verhältnis zu Zeit und Raum strukturieren. In Bezug auf die Zeit ist der Vergleich der aktuellen Entwicklungen zu denjenigen am Beginn der industriegesellschaftlichen Moderne bei Beck und Giddens sehr viel präsenter als bei Castells und Bauman. In Bezug auf den Raum Giddens und Castells präsentieren die beiden sehr viel internationaler angelegten Untersuchungen, während Beck und Bauman die jeweiligen innerhalb der nationalstaatlich definierten Gesellschaften sich vollziehenden Entwicklungen untersuchen. So ermöglichen diese beiden Dimensionen eine

Tab. 9.5 Vier zentrale Autoren der Zweite-Moderne-Debatte, nach wesentlichem geographischem und temporalem Analysehorizont

		Zeitvergleichend	Aktualitätsorientiert
Autor (Jahr)	National	Beck (1986)	Bauman (2000)
Begriff		Risikogesellschaft	Liquid modernity
Argument		Individualisierung	Flexibilisierung
Autor (Jahr)	International	Giddens (1990)	Castells (1996)
Begriff		Radikalisierte M.	Netzwerkgesellschaft
Argument		Problemlösbarkeit	Netzwerkcharakter

einfache Matrix-Einordnung der Autoren samt ihrer Kernbegriffe und zentralen Argumente, wie sie Tab. 9.5 vornimmt.

Die Anwendung der vier genannten Autoren und der grundsätzlichen theoretischen Fragen der zweiten Modernisierungswelle auf Fragen der Mediensoziologie ist breit – aber einige Anwendungsfelder, bei denen sie eine größere Rolle spielen als bei anderen, lassen sich doch finden.

- So gehört zu den herausragenden mediensoziologisch interessanten Entwicklungen der zweiten Moderne die zunehmende *Globalisierung und Transnationalisierung*. Hier entwickeln sich neue Identitäten und neue Bilder des „anderen", jeweils unbekannten, in deren Vermittlung Medien eine große Rolle spielen.[6]
- Hieran anschließend hat Beck in seinen Arbeiten im neuen Jahrtausend die Scharte des engeren Horizontes der Risikogesellschaft noch sehr stark auszuwetzen versucht, indem er die Entstehung *kosmopolitischer Haltungen* zum Gegenstand machte (Beck 2000, 2004), und das ist in der Mediensoziologie mit großem Interesse aufgenommen worden.[7]
- Ein weiteres gemeinsames Thema sind gesellschaftliche *Konsequenzen der zunehmenden Netzwerkorientierung*, etwa bezüglich der Netzwerkbeziehungen zwischen Interessengruppen und Medienakteuren (Hutchins und Lester 2006) oder der Netzwerkeinbettung medienpräsenter Sportakteure.[8]

---

[6]MacInnes (2006); Ampuja (2012); Munar et al. (2013); Petersen-Wagner (2017).
[7]Szerszynski und Urry (2006); Ong (2009); Petersen-Wagner (2017); Petzold (2017).
[8]Hutchins et al. (2009); David und Millward (2012); Hayton et al. (2017).

Naheliegenderweise sind hierbei die Bezugnahmen auf Castells' Überlegungen am intensivsten.
- Becks Überlegungen sind darüber hinaus in großem Maße in der Frage aufgenommen worden, welche Rolle Medien im individuellen und gesamtgesellschaftlichen *Umgang mit Risiken* spielen, etwa Umweltschutz- und gesundheitlichen Risiken, aber auch ökonomischen Risiken.[9]
- Bauman wird einerseits zu Fragen konsultiert, wie sich Medien auf *neue Beziehungsformen* auswirken[10], andererseits im Kontext genereller Bezugnahme auf *postmoderne Deutungsmuster*.[11]

Nur Giddens wird allgemein rezipiert, ohne zu vergleichbar eigenen Unterdebatten angeregt zu haben.

Zusammenfassung

In diesem Kapitel haben Sie einige grundsätzliche Überlegungen zum sozialen Wandel kennengelernt, der mit Medien im engen Zusammenhang steht.

- Sie kennen und verstehen jetzt die Parallele von Medien- und Sozialgeschichte in Antike und Neuzeit.
- Sie kennen jetzt die vier Theoretiker Beck, Giddens, Castells und Bauman und verstehen einige ihrer Impulse, die in der Mediensoziologie aufgenommen und verwendet werden.
- Sie kennen und verstehen Modernisierung als Folge von Wachstum, das von Tradition und Autorität zu Rationalität und Deliberation führt.
- Sie verstehen, wieso wir in Europa zwei Schübe gesellschaftlicher Modernisierung und dazwischen die zu Ende gehende als Großgruppengesellschaft verfasste Industriegesellschaft mit ihren Massenmedien beobachten.
- Sie vermögen die genannten Theoretiker hierzu zuzuordnen und ihre Impulse so handlungstheoretisch nachzuvollziehen und haben einen Eindruck davon gewonnen, wie sie mediensoziologisch genutzt werden.

---

[9]Lidskog (1996); Ungar (2001); Keller (2003); Hobson-West (2007); Nerlich und Koteyko (2008); Silbey (2009); Davidson und Bogdan (2010); Fitzgerald und Rubin (2010); MacKendrick (2010); Bristow und Fitzgerald (2011); Ailon (2012); Ward et al. (2012); Ivan und Fernandez-Ardevol (2017); Guo und Li (2018); Ushchyna (2018).
[10]Gies (2008); Papacharissi (2013); Martin (2014); Hobbs et al. (2017).
[11]Giulianotti (1997); Rasmussen (1998); Monaci et al. (2003); Bovone (2006); Fisher (2010); De Venanzi (2012); Wrobel (2018).

Kontrollfragen
1. Ulrich Becks Aussage „Not ist hierarchisch, Smog ist demokratisch" wird einerseits als widerlegt angesehen und weist andererseits auf die beiden Aspekte von Becks des zentralen Konzeptes. Welches ist das Konzept, welches die beiden Aspekte, und inwiefern gilt die These als widerlegt?
2. Wie positioniert Anthony Giddens sein Konzept der radikalisierten Moderne gegen dasjenige der Postmoderne in Bezug auf das Selbst und sein alltägliches Leben?
3. Vergleichen Sie die Positionen von Ulrich Beck und Zygmunt Bauman in Bezug auf die Frage der Reintegration von aus ihren industriegesellschaftlichen Bindungen freigesetzten Individuen!
4. Nennen Sie von den im Text behandelten vier Theoretikern einen mit einer dezifiert positiven (wenn auch problembewussten) und einen mit einer dezidiert kritischen (wenn auch keinesfalls nostalgischen) Sicht auf die Entwicklungen der zweiten Moderne!

Literatur

Zentrale Referenzen

Bauman, Zygmunt. 1998. *Modernity and the Holocaust.* Cambridge: Polity.
Bauman, Zygmunt. 2000. *Liquid modernity.* Cambridge: Polity.
Bauman, Zygmunt. 2003. *Liquid love: On the frailty of human bonds.* Cambridge: Polity.
Beck, Ulrich. 2000. The cosmopolitan perspective: Sociology of the second age of modernity. *British Journal of Sociology* 51:79–105.
Beck, Ulrich. 2004. Cosmopolitical realism: On the distinction between cosmopolitanism in philosophy and the social sciences. *Global Networks-a Journal of Transnational Affairs* 4:131–156.
Beck, Ulrich. 1986. *Risikogesellschaft.* Frankfurt a. M.: Suhrkamp.
Beck, Ulrich. 1992. How modern is modern society? *Theory Culture & Society* 9:163–169.
Bell, Daniel. 1973. *The coming of the post-industrial society: A venture in social forecasting.* London: Heinemann.
Castells, Manuel. 1996–1998. *The information age: Economy, society and culture.* Cambridge: Blackwell.
Giddens, Anthony. 1990. *The consequences of modernity.* Cambridge: Polity.
Giddens, Anthony. 1992. *The transformation of intimacy: Sexuality, love and eroticism in modern societies.* Stanford: Stanford University Press.
Habermas, Jürgen. 1992. *Faktizität und Geltung: Beiträge zur Diskurstheorie des Rechts und des demokratischen Rechtsstaats.* Frankfurt a. M.: Suhrkamp.
Harvey, David. 1989. *The condition of postmodernity.* Oxford: Blackwell.

Hunt, Alan. 1996. *Governance of the consuming passions: A history of sumptuary law.* New York: St. Martin's.
Hutchins, B., und L. Lester. 2006. Environmental protest and tap-dancing with the media in the information age. *Media Culture & Society* 28:433–451.
Inglehart, Ronald, und Wayne E. Baker. 2000. Modernization, cultural change, and the persistence of traditional values. *American Sociological Review* 65:19–51.
Jameson, Fredric. 1991. *Postmodernism, or, the cultural logic of late capitalism.* Durham: Duke University Press.
Jaspers, Karl. 1949. *Vom Ursprung und Ziel der Geschichte.* Zürich: Artemis-Verlag.
Knöbl, Wolfgang. 2003. Theories that won't pass away: The never ending story of modernization theory. In *Handbook of historical sociology*, Hrsg. Gerard Delanty und Engin F. Isin, 96–107. London: Sage.
Lyotard, Jean-François. 1984. *The postmodern condition: A report on knowledge.* Minneapolis: University of Minnesota Press.
Papacharissi, Z. 2013. *A networked self identity performance and sociability on social network sites.* London: Taylor & Francis.
Spengler, Oswald. 1923. *Der Untergang des Abendlandes. Umrisse einer Morphologie der Weltgeschichte.* München: Beck. (Erstveröffentlichung 1918).
Touraine, Alain. 1969. *La société post-industrielle. Naissance d'une société.* Paris: Denoël.
Urry, John. 2003. *Global complexity.* Cambridge: Polity.
Weber, Max. 1984. *Wissenschaft als Beruf.* Berlin: Duncker und Humblot. (Erstveröffentlichung 1919).

Beispiele mediensoziologischer Studien

Ailon, G. 2012. The discursive management of financial risk scandals: The case of wall street journal commentaries on LTCM and Enron. *Qualitative Sociology* 35:251–270.
Ampuja, M. 2012. Globalization theory, media-centrism and neoliberalism: A critique of recent intellectual trends. *Critical Sociology* 38:281–301.
Bovone, L. 2006. Urban style cultures and urban cultural production in Milan: Postmodern identity and the transformation of fashion. *Poetics* 34:370–382.
Bristow, E., und A.J. Fitzgerald. 2011. Global climate change and the industrial animal agriculture link: The construction of risk. *Society & Animals* 19:205–224.
Chen, W.H., F.J. Tu, und P. Zheng. 2017. A transnational networked public sphere of air pollution: Analysis of a Twitter network of PM2.5 from the risk society perspective. *Information Communication & Society* 20:1005–1023.
Cockerham, W.C., A. Rutten, und T. Abel. 1997. Conceptualizing contemporary health lifestyles: Moving beyond Weber. *Sociological Quarterly* 38:321–342.
Curran, D. 2018. Risk, innovation, and democracy in the digital economy. *European Journal of Social Theory* 21:207–226.
David, M., und P. Millward. 2012. Football's coming home?: Digital reterritorialization, contradictions in the transnational coverage of sport and the sociology of alternative football broadcasts. *British Journal of Sociology* 63:349–369.
Davidson, D.J., und E. Bogdan. 2010. Reflexive modernization at the source: Local media coverage of Bovine Spongiform Encephalopathy in rural Alberta. *Canadian Review of Sociology-Revue Canadienne De Sociologie* 47:359–380.

De Venanzi, A. 2012. School shootings in the USA: Popular culture as risk, teen marginality, and violence against peers. *Crime Media Culture* 8:261–278.

Ekberg, M. 2007. The parameters of the risk society – A review and exploration. *Current Sociology* 55:343–366.

Fisher, E. 2010. Contemporary technology discourse and the legitimation of capitalism. *European Journal of Social Theory* 13:229–252.

Fitzgerald, S.T., und B.A. Rubin. 2010. Risk society, media, and power: The case of nanotechnology. *Sociological Spectrum* 30:367–402.

Gies, L. 2008. How material are cyberbodies? Broadband Internet and embodied subjectivity. *Crime Media Culture* 4:311–330.

Giulianotti, R. 1997. Drugs and the media in the era of postmodernity: An archaeological analysis. *Media, Culture and Society* 19:413–439.

Guo, Y., und Y.W. Li. 2018. Online amplification of air pollution risk perception: The moderating role of affect in information. *Information Communication & Society* 21:80–93.

Hayton, J.W., P. Millward, und R. Petersen-Wagner. 2017. Chasing a Tiger in a network society? Hull City's proposed name change in the pursuit of China and East Asia's new middle class consumers. *International Review for the Sociology of Sport* 52:279–298.

Hobbs, M., S. Owen, und L. Gerber. 2017. Liquid love? Dating apps, sex, relationships and the digital transformation of intimacy. *Journal of Sociology* 53:271–284.

Hobson-West, P. 2007. ‚Trusting blindly can be the biggest risk of all': Organised resistance to childhood vaccination in the UK. *Sociology of Health & Illness* 29:198–215.

Hoffman, P.T. 2012. Why was it Europeans who conquered the world? *Journal of Economic History* 72:601–633.

Hutchins, B., D. Rowe, und A. Ruddock. 2009. „It's fantasy football made real": Networked media sport, the internet, and the hybrid reality of myfootballclub. *Sociology of Sport Journal* 26:89–106.

Ivan, L., und M. Fernandez-Ardevol. 2017. Older people, mobile communication and risks. *Societies* 7:16.

Jensen, M., und A. Blok. 2008. Pesticides in the risk society – The view from everyday life. *Current Sociology* 56:757–778.

Keller, Reiner. 2003. Distanziertes Mitleiden. Katastrophische Ereignisse, Massenmedien und kulturelle Transformation. *Berliner Journal für Soziologie* 13:395–414.

Kleese, D. 2002. Contested natures: Wolves in late modernity. *Society & Natural Resources* 15:313–326.

Lidskog, R. 1996. In science we trust? On the relation between scientific knowledge, risk consciousness and public trust. *Acta Sociologica* 39:31–56.

Macinnes, J. 2006. Castells' Catalan routes: Nationalism and the sociology of identity. *British Journal of Sociology* 57:677–698.

Mackendrick, N.A. 2010. Media framing of body burdens: Precautionary consumption and the individualization of risk. *Sociological Inquiry* 80:126–149.

Martin, J.A. 2014. (Re)embodiment of the digital self and first life body in a new social media environment: Paid sex work in second life. In *Symbolic interaction and new social media*, Hrsg. M.D. Johns, S.L.S. Chen, und L.A. TerliS. 143–171. Bingley: Emerald Group.

Meyer, S., P. Ward, et al. 2008. Trust in the health system: An analysis and extension of the social theories of Giddens and Luhmann. *Health Sociology Review* 17:177–186.

Monaci, M., M. Magatti, und M. Caselli. 2003. Network, exposure and rhetoric: Italian occupational fields and heterogeneity in constructing the globalized self. *Global Networks-a Journal of Transnational Affairs* 3:457–480.

Munar, A.M., S. Gyimothy, und L.P. Cai. 2013. Tourism social media: A new research agenda. In *Tourism social media: Transformations in identity, community and culture*, Hrsg. A.M. Munar, S. Gyimothy, und L. Cai, 1–15. Bingley: Emerald Group.

Nerlich, B., und N. Koteyko. 2008. Balancing food risks and food benefits: The coverage of probiotics in the UK national press. *Sociological Research Online* 13:21.

Ong, J.C. 2009. The cosmopolitan continuum: Locating cosmopolitanism in media and cultural studies. *Media Culture & Society* 31:449–466.

Petersen-Wagner, R. 2017. The football supporter in a cosmopolitan epoch. *Journal of Sport & Social Issues* 41:133–150.

Petzold, K. 2017. Cosmopolitanism through mobility: Physical-corporeal or virtual-imagined? *British Journal of Sociology* 68:167–193.

Rasmussen, T. 1998. The morality of closeness in a world of distances. *Sociologisk Forskning* 35:61–84.

Silbey, S.S. 2009. Taming Prometheus: Talk about safety and culture. *Annual Review of Sociology* 35:341–369.

Stevenson, N. 2005. What is safe? Cultural citizenship, visual culture and risk. *Sociological Research Online* 10:15.

Szerszynski, B., und J. Urry. 2006. Visuality, mobility and the cosmopolitan: Inhabiting the world from afar. *British Journal of Sociology* 57:113–131.

Ungar, S. 2001. Moral panic versus the risk society: The implications of the changing sites of social anxiety. *British Journal of Sociology* 52:271–291.

Ushchyna, V. 2018. Manipulative use of risk as a stance in political communication. *Discourse & Society* 29:198–221.

Ward, P.R., J. Henderson, et al. 2012. How do South Australian consumers negotiate and respond to information in the media about food and nutrition? The importance of risk, trust and uncertainty. *Journal of Sociology* 48:23–41.

Wrobel, S. 2018. The task of the translator in times of dismantling the social. Zygmunt Bauman and active utopia. *Polish Sociological Review* 2018:61–76.

Weitere Referenzen

Blockmans, Wim, und 'T Hart Marjolein. 2013. Pre-modern cities: Power. In *The Oxford handbook of cities in world history*, Hrsg. Peter Clark. Oxford: Oxford University Press.

Maddison, Angus. 2010. „Statistics on World Population, GDP and Per Capita GDP, 1-2008 AD." http://www.ggdc.net/MADDISON/Historical_Statistics/horizontal-file_02-2010.xls. Zugegriffen 08. Aug. 2017.

Methoden 10

> **Überblick**
>
> Wissenschaft ist einiges, was wir in diesem Kurs schon behandelt haben: Wissenschaft ist ein Medium, sie ist ein Diskurs, sie ist eine soziale Struktur, und ein Stück weit ist sie sogar ein Lebensstil. Vor allem aber ist sie ein System der Produktion von Wissen und Sichtweisen, die durch die Anwendung von Methoden gewonnen werden. Ziel dieses Kapitels ist, Ihnen in der Vielfalt dieser Methoden eine systematische Orientierung zu ermöglichen.
>
> - Zunächst wenden wir die im letzten Kapitel beschriebene Phasenstruktur auf die Entwicklung wissenschaftlicher Methodik an, weil die vergangenen drei Phasen gesellschaftlicher Entwicklung im Sozialsystem Wissenschaft alle ein jeweils spezifisches Erbe hinterlassen haben, das Sie kennen müssen.
> - Im zweiten Abschnitt lernen Sie die Struktur wissenschaftlichen Arbeitens kennen.
> - Der dritte Abschnitt präsentiert Ihnen einen kleinen Einblick in das große Feld der qualitativen Methoden.
> - Der vierte Abschnitt schließlich gibt Ihnen einen Crash-Kurs im Lesen von Regressionstabellen und damit in der zentralen Kompetenz, die Sie besitzen müssen, um sich einen großen Teil derjenigen wissenschaftlichen Literatur, die Ergebnisse quantitativer Forschung präsentiert, erschließen zu können.
>
> Die beiden letzten Abschnitte geben Ihnen sehr kurze Einblicke in Arbeitsfelder, für die es jeweils viele eigene Lehrtexte gibt. In beiden Fällen ist es aber sinnvoll, hier einen gewissen Überblick zu bieten: bei den qualitativen

> Methoden, weil Sie dann in der praktischen Arbeit gleich wissen, wonach Sie weitersuchen müssen, und bei den quantitativen Methoden, weil die meisten Lehrbücher dazu von Menschen stammen, die so stolz ihre mathematischen Kenntnisse vorführen, dass darüber ganz verloren geht, wie *einfach* das Lesen von Regressionstabellen im Kern ist.

10.1 Phasen methodologischer Orientierung

Wissenschaft ist ein Medium, denn sie produziert eine Wahrnehmung der Realität, die von dieser Realität abgeleitet ist, aber bei deren Produktion doch auch Eigenanteile hineinkommen. Wissenschaft ist ein Diskurs, denn ihre Produktion von Wahrnehmungen passiert in einem Interaktionssystem, das auf Vereinbarungen über die Weltsicht beruht, die man auch anders treffen könnte. Mit dieser sozialen Struktur reagiert die Wissenschaft als ganze und in ihr die Mediensoziologie charakteristisch auf die sozialen Veränderungen der ersten und zweiten Moderne, auf eine Art und Weise, die Sie kennen und verstehen müssen, um sich in ihr kompetent bewegen zu können.

Trotz einer langen Vorgeschichte, die in der Physik über Leibniz und Newton mindestens bis zu Galilei und eher noch weiter zu islamischen, chinesischen und antiken Vorläufern zurückgeht, beginnt die Wissenschaft als modernes Sozialsystem parallel zu Aufbrüchen in anderen gesellschaftlichen Bereichen um den Wechsel vom 18. zum 19. Jahrhundert mit der Wissenschaftsphilosophie der Aufklärung. Sie wurde 1809 mit der Gründung der Berliner Universität durch Wilhelm von Humboldt und ihrer Verbindung von Forschung und Lehre in ein institutionelles Konzept umgesetzt, das es ermöglichte, alle Bereiche wissenschaftlicher Erkenntnis mit neuen Theorien zu erschließen.

In den Gesellschaftswissenschaften (und teilweise auch über diese hinaus) erwies sich dieses Konzept jedoch in der ersten Hälfte des 20. Jahrhunderts als nicht stabil, da ihm ein institutionalisiertes Konzept der Wahrheitsfindung fehlte. Dies wurde besonders intensiv von Karl Raymund Popper empfunden, der in den 1920er Jahren in Wien studierte, einer Stadt, die damals ein vibrierender Ort intensiver Theoriediskussion war, von der die Psychoanalyse Sigmund Freuds ausging und in der viele andere Theorien sehr intensiv diskutiert wurden, ohne dass man aber in der Lage war, in diesen Diskussionen zu sachlich basierten Entscheidungen zu kommen, und stattdessen die Diskussionen vor allem zu weltanschaulichen Fragen mehr und mehr unter Zuhilfenahme von Gewalt (vor allem, aber bei weitem nicht nur von rechter Seite) entschieden wurde.

Im Gegensatz zu dieser aufgeheizten Atmosphäre war Karl Popper extrem beeindruckt von einem Paradebeispiel empirischer Überprüfung: Anfang des 20. Jahrhunderts hatte ja auch die Relativitätstheorie von Albert Einstein ähnlich großes Aufsehen erregt. Aber am 19.05.1919 hatte sich die Gelegenheit geboten, sie empirisch zu überprüfen, indem sich bei einer Sonnenfinsternis die Vorhersage machen ließ, dass durch die geringere Sonneneinstrahlung Sterne sichtbar werden sollten, die nach den Gesetzen der Mechanik sich zu diesem Zeitpunkt hinter der Sonne befinden sollten, deren Licht aber nach der Relativitätstheorie durch die große Masse der Sonne leicht abgebogen doch die Erde erreichen sollte. Da der Kernschatten der Sonnenfinsternis in Europa nicht zu sehen war, schickte die britische Royal Society extra eine Expedition in den südlichen Atlantik, das Wetter spielte mit, die hinter der Sonne liegenden Sterne waren zu sehen, und die Relativitätstheorie war somit empirisch bewiesen.

Dieses Beispiel inspirierte Popper dazu, in seinem Ansatz des „Kritischen Rationalismus" ähnliches für jegliche Wissenschaft zu fordern: Theorien sollten nur soweit Gültigkeit beanspruchen dürfen, wie sie auch „an der Realität scheitern konnten" (was in seiner Sicht für die Theorien insbesondere von Marx und Freud nicht galt). Philosophisch war es Popper insbesondere wichtig, dass die Wahrheit allgemeiner Aussagen nicht aus der Empirie beweisbar ist, aber umgekehrt sehr wohl eine mögliche Falschheit allgemeiner Aussagen aus einzelnen Beobachtungen logisch abgeleitet werden kann. Es galt also, theoretische Überlegungen immer in die Form von *Hypothesen* zu bringen, das heißt definitionsgemäß von empirisch gehaltvollen Aussagen, die dann auch empirisch überprüft werden konnten (Popper 2005).

Mit der Durchsetzung von Poppers Überlegungen nach 1945 war das Erkenntnissystem der Wissenschaft für die Industriegesellschaft stabilisiert. Die Umsetzung von Theorie in Hypothesen und deren Test anhand empirischer Daten stellt dauerhaft einen Königsweg zur Erlangung belastbarer und insbesondere auch politisch verwertbarer Aussagen dar.

Aber die Orientierung an testbaren Aussagen schränkte die Reichweite dessen, was als Wissenschaft gelten konnte, in der Praxis auch sehr stark ein. An die Begründung des Konstruktivismus durch Peter Berger und Thomas Luckmann (1967) schließen seit den 1970er Jahren diskursorientierte Sichtweisen auch auf die Herstellung wissenschaftlicher Aussagen an, die in der programmatischen Schrift *Wider den Methodenzwang* von Paul Feyerabend (1976) ihren erkenntnistheoretischen Ausdruck fanden. Einerseits hat diese Sichtweise die qualitativen Methoden innerhalb des Sozialwissenschaften sehr inspiriert, andererseits haben sie aber auch einem erkenntnistheoretischen Relativismus Vorschub geleistet, der heutzutage im Erfolg von Kritikern der Evolutionstheorie oder des Klimawandels insbesondere in den USA ihren praktischen Niederschlag findet.

Diese drei Phasen sind in Tab. 10.1 zusammengefasst:

Eine Stabilisierung des Wissenschaftsverständnisses der zweiten Moderne steht derzeit noch aus. Der gegenwärtige Konsens geht dahin, über die unterschiedlichen Lager hinweg wissenschaftliche Qualität am Peer-Review-Verfahren und der Qualität wissenschaftlicher Zeitschriften zu messen und letztere wiederum auf Zitationszahlen zu basieren. Aufgrund der inhärenten Anreize, Forschungsgegenstände zu wählen, die eine hohe Kadenz von Publikationen erlauben ungeachtet der Frage ihrer gesellschaftlichen Relevanz, ist das wahrscheinlich noch keine langfristig optimale Konstruktion. In der Management-Forschung gibt es entsprechende Diskussionen (Kieser et al. 2015; Carton und Mouricou 2017), die aber noch nicht aus ihr herausgedrungen sind.

Im Folgenden gehen wir nicht historisch, sondern systematisch vor, sodass qualitatives und quantitatives Arbeiten die Plätze tauschen: Ziel des Wissenschaftsprozesses sind quantitativ überprüfte repräsentative Aussagen. Dass man, um diese zu gewinnen, sich nicht darauf beschränken darf, die zu testenden Hypothesen selbst zu bilden, sondern es sinnvoll ist, die soziale Realität dafür in ihrem Facettenreichtum mit qualitativer Methodik zu untersuchen, ist in der historischen Abfolge erst als letztes in den Blick genommen worden. Aber in der Abfolge des wissenschaftlichen Prozesses liegt die qualitative Bildung von Aussagen vor dem quantitativen Test von Aussagen, deshalb gehen auch wir in dieser Reihenfolge vor.

Tab. 10.1 Entwicklung moderner Wissenschaftskonzeptionen

Moderne	Erste		Zweite
Sub-Phase	Aufbruch	Stabilisierung	Aufbruch
Zeitraum	1800–1939	1940–1967	1968–
Wissenschafts-philosophie	Aufklärung	Kritischer Rationalismus	Konstruktivismus
Wissenschafts-organisation	Humboldt	Popper	Feyerabend
Orientierung	Exploration	Methode	Diskurs
Konzept	Theorie	Quantitativer Test von Hypothesen	Qualitative Methoden

10.2 Soziologie als empirische Sozialwissenschaft

Die Innovation der ersten dieser drei Phasen ist die systematische Gewinnung von Wissen überhaupt. Die Soziologie und in ihr die Mediensoziologie gehören zu den empirischen Sozialwissenschaften, die in dieser Phase entstehen und eine bestimmte Arbeitsstruktur entwickeln.

Schauen wir uns an einem berühmten Beispiel an, wie diese Struktur aussieht und wie man sie verstehen kann. Netterweise fängt es mediensoziologisch an.

1774 erscheint Johann Wolfgang Goethes Briefroman *Die Leiden des jungen Werthers,* der mit dem Selbstmord der Hauptperson endet. Direkt nach Erscheinen des Romans wird die Öffentlichkeit durch eine Reihe von Suiziden junger Menschen aufgeschreckt. Genaue Zahlen sind im Rückblick schwer zu finden, und die Frage, ob wirklich die Rezeption des Mediums Roman sich hier ausgewirkt hat, wird anhand anderer, aber ähnlich gelagerter Fälle erst 200 Jahre später untersucht (Phillips 1982). Aber das Thema Selbstmord ist damit auf der Agenda des westlichen gesellschaftlichen Nachdenkens.

Es beschäftigt auch Emile Durkheim, der sich Ende des 19. Jahrhunderts (also 120 Jahre nach dem Erscheinen des *Werther*) Gedanken über Selbstmorde macht. Durkheim stammt aus einer kleinen jüdischen Gemeinde im Elsass, da gab es Suizide nicht. Aber als Durkheim in Paris studiert und später seine erste Stelle in Bordeaux bekommt, begegnet ihm das Thema. Er geht es systematisch an und macht daraus eine Studie, die das Vorgehen soziologischer Forschung bis heute vorgibt.

> **Fallbeispiel 17: Durkheims Selbstmordstudie**
> Die Vorgehensweise von Durkheims Studie können wir in neun Schritte fassen:
>
> 1. Durkheim wollte wissen: Ist Selbstmord nur individuell begründet oder spielen auch soziale Faktoren eine Rolle, und wenn ja, welche?
> 2. In der Literatur seiner Zeit war Selbstmord zuvor nur individuell und psychologisch oder aber generell noch philosophisch, als Zeichen einer zerfallenden Zeit, interpretiert worden. Durkheim sah die Modernisierungsprozesse seiner Zeit als positiv (wie sein Buch über die Arbeitsteilung zeigt, Durkheim 1967) und wollte das generelle philosophische Argument nicht gelten lassen.
> 3. Durkheim nahm an, dass „funktionale Integration" eine wichtige Rolle spielte. In seinem Heimatort waren alle Menschen in ein dichtes Netz sozialer Beziehungen eingebunden; Paris und Bordeaux

hingegen erlebte er als sehr individualisiert und anonym. Aus verschiedenen Gründen kam es nicht infrage, die interreligiöse Differenz zu untersuchen. Aber Durkheim machte die Zusatzannahme, dass es eine vergleichbare Annahme auch intrareligiös bzw. interkonfessionell zwischen Katholiken und Protestanten geben könne und stellte die Hypothese auf, dass die Wahrscheinlichkeit eines Selbstmordes bei angenommenermaßen funktional stärker integrierten Katholiken geringer sein sollte als bei den stärker vereinzelten und anonymisierten Protestanten.
4. Er verglich Selbstmordraten auf der Basis amtlicher Statistik.
5. Und Durkheim fand tatsächlich, dass Selbstmord unter Katholiken seltener war als unter Protestanten.
6. Er interpretierte dies als Ergebnis höherer funktionaler Integration unter Katholiken.
7. Er schrieb darüber ein Buch. (*Der Selbstmord,* Untertitel im französischen Original: *Étude de sociologie,* etwa „eine Übung in Soziologie": Durkheim 1897)
8. Er publizierte dieses Buch.
9. Es wurde ein Klassiker der Soziologie.

Diese Struktur lässt sich noch ein bisschen besser merken, wenn man sie durch die Brille eines weiteren Klassikers des 19. Jahrhunderts anschaut, nämlich durch die von Georg Wilhelm Friedrich Hegel.

Hegel hat in seiner *Phänomenologie des Geistes* (Hegel 1996; nicht als einziger oder erster, aber am wirkmächtigsten) das sogenannte Prinzip der Dialektik beschrieben:

- These (T): Ein erster Input.
- Antithese (A): die These provoziert einen zweiten Input, der dem ersten auch widersprechen kann bzw. sogar meistens im Widerspruch zu ihm steht.
- Synthese (S): Aus beiden ergibt sich ein neues Ergebnis.

Der soziologische Forschungsprozess kann nun sehr gut gesehen werden als doppelte Anwendung dieses Dreischritts der Dialektik, indem die neun Schritte sich in eine Tabelle einordnen lassen, in der der Dreischritt einmal auf einer oberen Ebene und dann noch einmal in jedem ihrer drei Schritte angewandt wird (Tab. 10.2).

Tab. 10.2 Die Struktur sozialwissenschaftlichen Arbeitens

	T: Theorie	A: Empirie	S: Kommunikation
T	1. Fragestellung	4. Material	7. Produktion
A	2. Stand des Wissens	5. Analyse	8. Präsentation
S	3. Hypothesen	6. Interpretation	9. Rezeption

Noch ein paar Anmerkungen hierzu:

- Auf den neunten Schritt hat man selbst als Forscher denkbar wenig Einfluss, aber er ist innerhalb des Schemas wichtig, weil er ja das Ziel darstellt.
- Zu den anderen acht Schritten innerhalb dieser Struktur finden Sie in Einführungen zum wissenschaftlichen Arbeiten noch eine Menge Material und sollten sich das für eigene Arbeiten definitiv einmal genauer anschauen und eines dieser Bücher (darf auch antiquarisch sein) physisch bei sich zu Hause haben.
- Die mittlere Säule heißt nur aus Prägnanzgründen kurz „Empirie" und könnte stattdessen auch „Materialbearbeitung" heißen: Denn das Schema ist durchaus auch für rein theoretische oder reine Literaturarbeiten geeignet, bei denen man unter 5. dann die jeweils gewählte Methode anwendet oder die recherchierte Literatur auswertet.
- Wenn Sie einmal irgendwo ein sogenanntes Forschungsdesign oder einen Antrag auf Projektunterstützung einreichen müssen, dann sollten Sie i. A. die ersten drei Schritte schon gemacht haben und für die nächsten beiden Schritte einen Plan haben, wie Sie vorgehen wollen, und den abstrakt beschreiben können.
- Für jede Arbeit stellen die ersten sechs Schritte plus einer Zusammenfassung, die wirklich nur die Ergebnisse gerafft zusammenfasst, den ersten Ansatz der Gliederung (und damit des Inhaltsverzeichnisses) dar.

10.3 Qualitative Methoden

Für ein Verständnis gesellschaftlicher Strukturen ist es unabdingbar, zu verstehen, was für Erwartungen Menschen an ihre Umwelt haben, oder anders gesagt, wie sie ihre Umwelt verstehen und interpretieren. Die Soziologie arbeitet deshalb daran, solche Interpretationen zu verstehen. Die Frage wird in jedem soziologischen Bereich behandelt. Das geschieht teils (etwa in der ‚normalen' Netzwerkforschung) auch nur implizit. Aber ein großer Bereich des Faches ist ganz ausdrücklich und hauptsächlich mit dieser Frage beschäftigt. Er wird sowohl im Selbstverhältnis als auch von außen oft als „qualitative" Soziologie oder Anwendung qualitativer Methoden bezeichnet, jeweils in Abgrenzung von den „quantitativen" Methoden[1], und wir schließen uns dem an, auch wenn in der Selbstbeschreibung andere Begriffe wie ‚hermeneutisch' oder ‚rekonstruktiv' oder spezialisiertere Zuschreibungen (wie ‚phänomenologisch') eine größere Rolle spielen. Was für den gesamten hier vorliegenden Text gilt, darf hier mit Fug und Recht besonders behauptet werden: dass im Folgenden nur erste Umrisse eines riesigen Forschungsfeldes skizziert werden können. Aber trotz elaborierter theoretischer Grundlagen sind es letztlich Methoden, die von der Soziologie und noch mehr der Mediensoziologie instrumentell genutzt werden.

Aus der Vielzahl der methodologischen Herangehensweisen werden wir im Folgenden vier genauer anschauen:

- Tiefeninterviews
- Ethnomethodologie oder teilnehmende Beobachtung
- Grounded Theory
- Objektive Hermeneutik

Ihnen allen ist gemeinsam, dass sie versuchen, die Erwartungen und Frames der untersuchten Akteure, oder in ihrer Begrifflichkeit deren Sinnstrukturen gültig zu beschreiben.

Daraus ergibt sich zunächst einmal der gemeinsame Anspruch aller qualitativen Methoden, Übereinkünfte der Befragten mit sich selbst und mit anderen aufzufinden und für diese ein interpretatives Verständnis zu entwickeln. Das setzt eine große *Offenheit* seitens der Befragenden voraus, um keine Aspekte dessen zu übersehen, was wichtig sein könnte um die Befragten zu verstehen.

Qualitative Methoden legen zusätzlich immer großen Wert darauf, dass insbesondere diese Offenheit nicht beeinträchtigt werden darf durch eigene mitgebrachte Vorstellungen der Forschenden. Solche eigenen Vorstellungen können aber nicht einfach ausgeschaltet werden. Die Lösung liegt regelmäßig in der Forderung einer ausgeprägten *Reflexivität*, in der die Forschenden sich ihrer mitgebrachten Vorstellungen und der möglichen Verzerrungen, die sie nach sich ziehen können bewusst werden.

---

[1] Siehe etwa Zeitschriftentitel wie die *Zeitschrift für Qualitative Forschung, Qualitative inquiry* oder *Qualitative sociology*.

10.3 Qualitative Methoden

Neben Fragen des oft hohen Aufwands werden Probleme qualitativ-hermeneutischer Verfahren regelmäßig in der *Replizierbarkeit* ihrer Aussagen verortet. Wie stark generalisierbar sind ihre Aussagen? Welche Reichweite haben sie? Man kann diese Fragen in verschiedener Weise beantworten, eine besteht darin, auf die Arbeitsteilung der Wissenschaft zu verweisen und darauf, dass innerhalb dieser Arbeitsteilung qualitativ-hermeneutische Erhebungen strukturbildende Verfahren sind, die für den Erhalt valider Aussagen durch strukturüberprüfende Verfahren ergänzt werden sollten, also quantitativ mit standardisierten Befragungen, die in einem zweiten Schritt auf der Basis des qualitativ-hermeneutischen Vorgehens entwickelt werden. Für die beteiligten qualitativen Forscher ist dieser Verweis jedoch problematisch: Aus einer Außenperspektive gesehen impliziert er die Bestreitung der alleinigen Deutungshoheit und der Fähigkeit, allein gültige Aussagen zu erzeugen. In einer Innenperspektive wird dabei oft mit der Subjektivität der Befragten argumentiert, der mit standardisierten Instrumenten nicht beizukommen sei, auch nicht etwa im Nachgang zu einem hermeneutischen Vorgehen. Stattdessen besteht die Reaktion auf die Replizierbarkeitsfrage regelmäßig im Versuch der Herstellung von Replizierbarkeit durch genaue Verfahrensanweisungen.

Wir werden im Folgenden in der Behandlung der genannten vier Methoden jeweils insbesondere darauf achten, wie Offenheit, Reflexivität und Replizierbarkeit innerhalb der Methode sichergestellt werden.

Tiefeninterviews sind Gespräche, die alle bedeutsamen Einstellungen und Meinungen der befragten Person erfassen sollen. In einer Tradition, die auf Sigmund Freuds psychoanalytische Studien zurückgeht, wird versucht, auch Motive und Bedeutungsstrukturierungen zu ermitteln, die dem Betroffenen nicht bewusst sind. Es wird dabei angenommen, dass Befragte über Bewusstseinsinhalte verfügen, die ihr Handeln leiten, ohne dass es ihnen ohne Weiteres möglich ist, diese Inhalte zu artikulieren. Der Zugang zu diesen Inhalten wird durch Flexibilität und Emotionalität angestrebt.

- Flexibilität: Das Gespräch wird anhand eines Gesprächsleitfadens geführt, der sicherstellt, dass die für die Befragenden wichtigen Themen angesprochen werden. Darüber hinaus gibt es keine Vorgaben, insbesondere weder vorformulierte Fragen noch bestimmte Antwortvorgaben. So hat der Interviewer die Möglichkeit, auch Themen zu verfolgen, die erst im Gesprächsverlauf auftauchen, und auch der Befragte kann die inhaltlichen Schwerpunkte selbst setzen.

- Emotionalität: Der Interviewer vermittelt eine wertschätzende Haltung und strebt eine entspannte und für beide angenehme Atmosphäre an. Das erleichtert es dem Befragten, eigene Emotionen, unangenehme oder sozial unerwünschte Aspekte anzusprechen.

Die Flexibilität der Methode ermöglicht es, spontane Einfälle und scheinbar abwegige Gedanken im Zusammenhang mit dem Befragungsgegenstand auf ihre verborgene Bedeutung zu durchleuchten, und verspricht, auf diese Weise Zugang auch zu nicht unmittelbar bewussten und schwer verbalisierbaren Haltungen des Befragten zu bekommen. Die Gespräche werden auf Tonband aufgezeichnet, anschließend verschriftlicht und inhaltsanalytisch ausgewertet und interpretiert. Gegenüber der Normalform des Leitfadeninterviews gibt es auch andere Formen, die mehr (etwa mit offenen, aber vorgegebenen Fragen) oder weniger strukturiert sind. Anwendungsgebiete dieser Interviewtechnik sind gemäß ihrem theoretischen Ursprung all jene Themenbereiche, die auf latente Persönlichkeitsstrukturen, Motivationen oder Normabweichungen der Befragten abzielen.

Objektive Hermeneutik Die von dem Berliner Ulrich Oevermann entwickelte Objektive Hermeneutik ist ein weiteres Beispiel. Auch sie geht vom Begriff der sinnstrukturierten Welt aus. In ihrem Verständnis werden diese Sinnstrukturen erzeugt durch bestimmte Regeln, die teils universal (und damit unveränderbar), teils historisch und damit wandelbar sind. Die in Bezug auf das soziale Leben universalen Strukturen umfassen unter anderem die Erwartung der Reziprozität (Wechselseitigkeit) oder allgemeine grammatikalische Regeln. Durch ihre wiederholte Anwendung erzeugen sie Sinnstrukturen, die als objektiv betrachtet werden können.

Ethnomethodologie oder teilnehmende Beobachtung ist ein Verfahren, dass durch die persönliche Teilnahme der Forschenden an den Interaktionen der erforschten Individuen eine besondere Tiefe der Einsicht zu erzielen versucht. Es baut auf der Basisannahme auf, dass für das Verständnis bestimmter Prozesses eine unmittelbare Situationserfahrung notwendig ist und eine Wiedergabe durch die Akteure selbst nicht ausreicht.

Die Ethnomethodologie ist in der Ethnologie entwickelt worden, dem direkten Nachbarfach der Soziologie auf der qualitativen Seite. Die Ethnologie diente zunächst der Beschreibung außereuropäischer „Völker" im Zuge des Kolonialismus und heißt heutzutage aus der Reflexion dieser kolonialistischen Vergangenheit heraus auch i. A. Sozialanthropologie. Sie sah sich der Herausforderung gegenüber, Einsichten in die sozialen Mechanismen von Gemeinschaften zu entwickeln, die gänzlich anders sind als die europäischen. Der Ethnologe Bronislaw Malinowski unternahm während des Ersten Weltkrieges (mit dem die Zeit der Kolonialisierung ja ziemlich zum Ende kam) ausgedehnte Untersuchungen in Ozeanien (u. a. 1915–1918 auf den Trobriand-Inseln, Malinowski 2005) und reflektierte seine Situation als Forscher dabei intensiv.

Er stellte eine unaufhebbare Spannung zwischen Nähe und Fremdheit fest. Nähe ist nötig, um an Informationen zu kommen und sich mitgebrachter Verständnisse entledigen zu können die der Einsicht im Weg stehen mögen Andererseits braucht es auch einen gewissen Rest an Fremdheit, um diese Informationen nicht als selbstverständlich zu nehmen. Die Gefahr der Aufgabe analytischer Distanz wird als „going native" bezeichnet. Nach dem 2. Weltkrieg wurde diese Vorgehensweise von Harold Garfinkel (1917–2011) in die Soziologie und damit in die Untersuchung westlicher Gesellschaften reimportiert.

Entsprechend der einfachen Verfügbarkeit anderweitigen Materials ist die Ethnomethodologie in der Mediensoziologie nicht sehr verbreitet, aber in neuerer Zeit sowohl auf das Fernsehen (Kaderka und Havlik 2010) als auch auf Social media (Housley et al. 2017a, b) mit Erfolg angewandt worden.

Grounded Theory wurde entwickelt von Barney Glaser and Anselm Strauss in der Untersuchung Sterbender und hat sich von der Medizinsoziologie aus weiterentwickelt. Sie zielt darauf ab, neue Konzepte in Freiheit und Unabhängigkeit von bestehender Theoriebildung zu erzeugen. Damit weicht sie vom Schema des wissenschaftlichen Arbeitens (siehe oben S. 189) bewusst ab. An die Stelle der Literaturrezeption, ja mitunter sogar der präzisen Fragestellung, tritt die direkte Konfrontation mit dem empirischen Material. Das Schema von These, Antithese und Synthese wird dafür mehrfach durchlaufen, wobei die Antithese immer in der Konfrontation mit Material besteht.

Das heißt nicht, dass Grounded-Theory-Arbeiten wissenschaftliche Literatur dauerhaft ignorieren würden, aber ihre Rezeption wird zu einem (oder mehreren) der vielen Schritte der Materialsichtung („All is data", Glaser 1998) und steht sicherlich nicht am Anfang. Material wird codiert, indem bedeutungstragende Aspekte in ihm festgehalten und zu Konzepten gruppiert, zu Kategorien aggregiert und schließlich in der entwickelten Theorie zusammengefasst werden. Am Anfang steht dabei das Bemühen, nichts Relevantes auszulassen und allen möglichen Einsichten gegenüber offen zu sein („Open coding"), aber im Verlauf der Forschung wird das Kriterium enger gefasst, indem wiederkehrende Zusammenhänge gruppiert und herausgehoben werden.

Dieser Prozess wird von den Forschenden kontinuierlich in sogenannten Memos reflektiert, in denen Beobachtungen und Einsichten festgehalten werden.

Tab. 10.3 Sicherstellung von Offenheit und Reflexivität in vier qualitativen Methoden

Methode	Sicherstellung von Offenheit	Sicherstellung von Reflexivität und Replizierbarkeit
Tiefeninterviews	Vorgehen anhand eines Leitfadens	Transkription
Objektive Hermeneutik	Sequenzanalyse, Vollständigkeit	Regelorientierte, objektive Methodologie
Ethnomethodologie	Einschluss in Interaktionsprozesse	Ref: erzeugte Fremdheit Rep: Dokumentation
Grounded Theory	Fragen und Theorie aus Material entwickeln	Kontinuierliche Reflexion in Memos

Memos dienen zum Verfeinern und Weiterverfolgen sich entwickelnder Ideen, die Begriffe benennen, in Beziehung zu setzen und diese Beziehungen in Tabellen oder Diagrammen klären. Sie machen aber auch den Ablauf des Theoriebildungsprozesses nachvollziehbar und stellen insofern sowohl Reflexivität als auch ein gewisses Maß an Replikabilität her.

Grounded theory ist in der (v. a. englischsprachigen) Mediensoziologie in letzter Zeit verwendet worden zur Untersuchung von Veränderungen im Journalismus (Raviola und Dubini 2016), der Netz-Nutzung Älterer (Quan-Haase et al. 2016, 2017), der Entstehung medienbasierter Netzwerke (Nardon et al. 2015; Hunt 2017) oder in der Inhaltsanalyse von Reaktionen auf die Cartoon-Zeichnungen des Propheten Mohammed 2005 (Al-Rawi 2015)

Im Überblick sehen wir, wie alle vier betrachteten Methoden ihre eigenen Wege zur Sicherstellung von Offenheit, Reflexivität und Replizierbarkeit gehen, wobei Reflexivität und Replizierbarkeit mit Ausnahme der Ethnomethodologie durchgängig mit demselben Mittel der methodologischen Reflektion angestrebt werden (Tab. 10.3). Für andere qualitative Verfahren ließe sich diese Gegenüberstellung fortsetzen.

10.4 Der Nachweis empirischer Zusammenhänge

Der Nachweis empirischer Zusammenhänge in der Praxis der Soziologie bzw. allgemeiner der empirischen Sozialwissenschaft wird in vielen Lehrbüchern beschrieben. Diese Bücher sind von Spezialisten geschrieben, aber das hat auch einen Nachteil: Sie als Leser bekommen nicht mit, *wie einfach* es im Kern ist,

10.4 Der Nachweis empirischer Zusammenhänge

90 % der fachlichen Kommunikation empirischer Ergebnisse zu lesen. Um sozialwissenschaftliche Statistik wirklich vertieft verstehen und kompetent anwenden zu können, ist eine Ausbildung im Umfang mindestens einer Lehrveranstaltung plus praktischer Übung notwendig. Aber um damit anfangen zu können, Forschungsergebnisse zu lesen, brauchen Sie nur eine Viertelstunde, und die sollten sie auch im Rahmen dieses Kurses in Mediensoziologie investieren.

Im statistischen Arbeiten geht es immer um zweierlei:

- Einerseits darum, Zusammenhänge darzustellen,
- und andererseits darum, zu überprüfen, ob diese Zusammenhänge zufällig entstanden sein können oder ob sie so stark sind, dass ein solches zufälliges Entstehen praktisch auszuschließen ist – was dann im Umkehrschluss bedeutet, dass man es mit einem tatsächlichen Zusammenhang zu tun und diesen auf diese Weise aufgezeigt hat.

Für den ersten Schritt gibt es diverse Verfahren – das fängt an mit der Berechnung von Mittelwerten in Gruppen und wird schnell viel komplizierter, um komplexere Zusammenhänge und Überlegungen angemessen abbilden zu können. Aber es geht immer um Effektgrößen, also die Größe des Effektes einer Variablen auf eine andere: Wie wirkt sich Fernsehkonsum auf prosoziales Verhalten aus? (Negativ: Hooghe und Oser 2015) Was haben Warhols „15 Minuten Ruhm" mit sozialer Klasse zu tun? (Viel: van de Rijt et al. 2013) Wie wirkt sich die Erzählstruktur medial erzählter „Stories" auf umweltbezogenes Problembewusstsein aus? (Stark: Jones 2014) Sind Internetnutzer schöner?

Im Allgemeinen kommen dabei Zahlen heraus, die Differenzen angeben. Ein noch relativ einfaches Beispiel:
- Auf einer Skala, die theoretisch von 1 bis 6 geht, wobei 1 bedeutet, dass man auf elf Fragen zu prosozialem Verhalten im letzten Jahr (z. B. „Haben Sie im ÖV jemandem einen Platz angeboten?") immer „nie" geantwortet und 6 bedeuten würde, dass man auf alle elf Fragen mit „mehr als einmal pro Woche" geantwortet hätte, haben Befragte mit 4 h täglicher Fernsehzeit einen um 0.203 tieferen Wert als solche, die weniger als 2 h fernsehen; dies nach Kontrolle von Drittvariablen, die möglicherweise einen Einfluss sowohl auf den Fernsehkonsum als auch auf das prosoziale Verhalten haben könnten, wie Bildung oder Religiosität (Hooghe und Oser 2015, S. 1186, Tabelle 4, Modell 3).

Dieser Satz ist nicht so einfach, dass ich von Ihnen erwarten würde, nach einer Viertelstunde Lektüre in der Lage zu sein, ihn aufgrund der im Originaltext gegebenen Informationen selbst zu bilden. Dafür sind andere Lehrbücher da.

Aber bevor man sich daran machen kann, diesen schwierigen Satz hinzuschreiben, muss man zunächst etwas Allgemeineres herausfinden: Können wir überhaupt etwas darüber aussagen, ob es zwischen Fernsehkonsum und prosozialem Verhalten einen Zusammenhang gibt? Und die Antwort auf diese Frage ist einfach – wenn man einen zentralen Gedanken verstanden hat.

Dieser zentrale Gedanke ist: In alle Arten von Daten spielen immer unerklärte Einflüsse hinein, und egal wie der gemessene Effekt inhaltlich zu interpretieren ist, er muss immer erst einmal groß genug sein, dass er von einem zufällig entstandenen Effekt unterschieden werden kann.

Schauen wir uns das an einem praktischen Beispiel mit ganz konkreten Daten an: In der deutschen Allbus-Befragung 2012 wurden die Interviewer gebeten, die Befragten ganz subjektiv (und natürlich ohne das offenzulegen) danach einzustufen, wie attraktiv sie sie fanden, auf einer Skala von 1 für unattraktiv bis 11 für attraktiv. Diese Attraktivitätsskala kann man nun verschiedenen Fragen gegenüberstellen, unter anderem zur Mediennutzung.

> **Fallbeispiel 18: Attraktivität und Mediennutzung**
> In einem verkleinerten Datensatz mit 61 Beobachtungen zeigt sich für die Nutzung von Internet und Fernsehen das in Abb. 10.1 dargestellte Bild.
>
> Beide Mediennutzungen hängen offenbar mit der Attraktivität zusammen: Häufige Internetnutzer sind attraktiver, starke Fernsehzuschauer sind weniger attraktiv. Beim Fernsehen ist der Zusammenhang von der Effektgröße her stärker, wie man an der unter die Datenpunkte gelegten Regressionsgerade sehen kann: Wenn man vom minimalen Wert („nie") zum maximalen Wert geht, verändert sich beim Fernsehen der durchschnittliche Attraktivitätswert um ungefähr 2 Stufen (etwa von 8,3 auf 6,3), aber beim Internet nur um etwas mehr als eine Stufe (etwa von 6,4 auf 7,7).
>
> Aber beim Fernsehkonsum, wo (in Deutschland 2012) die meisten Befragten zwischen einer und drei Stunden täglich fernsehen, wird dieser Zusammenhang sehr stark von zwei einzelnen Beobachtungen am linken Rand getragen – wenn die nicht im Datensatz wären, würde der Zusammenhang anders aussehen. Ganz anders bei der Internet-Nutzung, wo die mittleren Kategorien vergleichsweise wenig besetzt sind und der täglichen Nutzung mit 54 % der Befragten vor allem die Kategorie der völligen Netzabstinenz mit 24 % gegenübersteht: Hier ist klar, dass der Verzicht auf einzelne Beobachtungen keinerlei Effekt auf den Zusammenhang hätten.

10.4 Der Nachweis empirischer Zusammenhänge

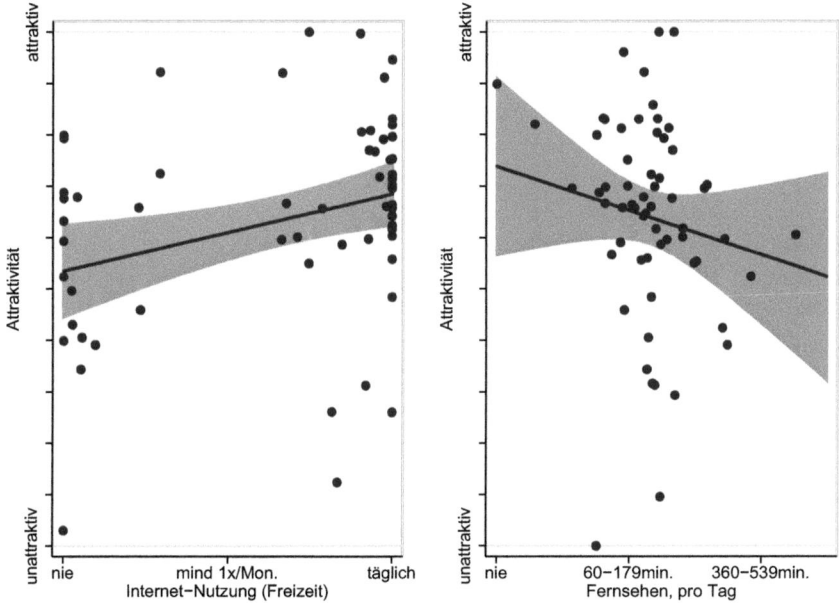

Abb. 10.1 Attraktivität und Mediennutzung (Allbus 2012)

In Abb. 10.1 wird diese Tatsache durch die Angabe des sogenannten *Konfidenzintervalls* ausgedrückt: Die graue Fläche, die unter den Daten und der Regressionsgerade liegt, gibt die Lage aller anderen möglichen Regressionsgeraden an, die mit anders zusammengesetzten Datensätzen auch hätten herauskommen können. In Bezug auf den Zusammenhang von Fernsehen und Attraktivität sieht man, dass die Fläche dieses Konfidenzintervalls auch ein paar Geraden enthält, die waagerecht sind oder sogar eine positive Steigung haben. Beim Zusammenhang mit Internetnutzung hingegen lassen sich nur steigende Geraden in die Fläche hineinlegen.

Wo die Grenze der Konfidenzintervalls liegt, hängt in einer Hinsicht aber von einer Konvention ab, nämlich dem sogenannten *Signifikanzniveau*, d. h. der Größe der Irrtumswahrscheinlichkeit, die man bereit ist zuzulassen. Mit minimaler Wahrscheinlichkeit könnte nämlich jeder noch so starke Zusammenhang auch ein Kind des Zufalls sein. Die klassische Konvention (der auch die hier angegebenen Konfidenzintervalle entsprechen) ist, eine Irrtumswahrscheinlichkeit von 5 % zu akzeptieren. Heutzutage, wo es viele sehr große Datensätze gibt, werden aber oft auch schon 1 % oder sogar 0,1 % als Grenze genommen, oder aber einfach die Irrtumswahrscheinlichkeiten explizit angegeben.

Für die Präzision, mit der sich ein Zusammenhang vorhersagen lässt, gibt es eine Kennzahl, nämlich den sogenannten *Standardfehler des Koeffizienten*. Dieser Standardfehler wird bei der Berechnung von Zusammenhangsmaßen von jedem Statistikprogramm ausgegeben. Und wenn man den berechneten Koeffizienten durch seinen Standardfehler teilt, ergibt sich ein Wert, der immer einer bestimmten Irrtumswahrscheinlichkeit entspricht. Dem konventionellen Signifikanzniveau von 5 % entspricht ein Verhältnis von 1,96 oder einfachheitshalber ungefähr 2, das heißt wenn der Koeffizient mehr als doppelt so groß ist wie der Standardfehler, dann ist der Zusammenhang signifikant.

Mit diesem Wissen können Sie nun die meisten Ergebnistabellen quantitativer Hypothesenüberprüfungen lesen:

- Oft ist die Irrtumswahrscheinlichkeit direkt angegeben, entweder als Wahrscheinlichkeitswert oder (das ist die häufigste Form überhaupt) markiert in der Form von Sternchen, die meist in einer Fußnote zur Ergebnistabelle erklärt werden, zum Beispiel mit einem Sternchen * für Irrtumswahrscheinlichkeiten zwischen 1 % und 5 % und zwei Sternchen ** für Irrtumswahrscheinlichkeiten unter 1 %.
- Oder das Verhältnis zwischen Koeffizient und Standardfehler ist angegeben. Bei der sogenannten linearen Regression nennt man diesen Bruch *t-Wert*, bei den meisten anderen Schätzverfahren *z-Wert*. Für beide gilt die Grenze von 1,96; größere Werte sind besser und entsprechen geringeren Irrtumswahrscheinlichkeiten. (Das bezieht sich auf die Absolutbeträge; da Standardfehler immer positiv sind, sind die t- und z-Statistiken für negative Werte auch negativ, aber die größeren Absolutbeträge sind die besseren.)
- Teilweise kann es sein, dass direkt der Koeffizient und der Standardfehler angegeben sind. Dann bleibt Ihnen nichts anderes übrig, als im Kopf das Doppelte des Standardfehlers auszurechnen und zu schauen, ob der Koeffizient größer oder kleiner als der errechnete Wert ist.
- Langsam verbreitet sich die Praxis, Koeffizienten und Konfidenzintervalle grafisch darzustellen, entweder bivariat wie oben oder (häufiger) als Punkte mit nach oben und unten weisenden Strichen. Dann kommt es darauf an, ob diese Striche in einer Richtung die Nulllinie überschreiten. Wenn ja, wäre der

10.4 Der Nachweis empirischer Zusammenhänge

Tab. 10.4 Attraktivität und Medienkonsum, Regressionstabelle

Abhängige Variable: Attraktivität		Modell 1	Modell 2
Internetnutzung (Kategorien)	Koeffizient	0,37**	
	Standardfehler	0,14	
	t-Statistik	2,67	
	Irrtumswahrsch.	1,0 %	
Fernsehdauer (Kategorien)	Koeffizient		−0,43
	Standardfehler		0,36
	t-Statistik		−1,20
	Irrtumswahrsch.		23,4 %
(Werte für Konstante ausgelassen)			
Erklärte Varianz (r^2)		10,5 %	2,4 %
Korrigierter r^2-Wert		9,0 %	0,7 %
Anzahl Beobachtungen		63	61

* = p<5 %, ** = p<1 %

Befund wiederum insignifikant wie unser Zusammenhang mit dem Fernsehen oben.[2]

Mit diesem Wissen können Sie jetzt aus Ergebnistabellen in Fachzeitschriften die zentralen Ergebnisse herauslesen. Die oben graphisch dargestellten Zusammenhänge würden in einer Fachzeitschrift etwa so wie in Tab. 10.4 dargestellt, allerdings normalerweise nur mit einer der drei hier angegebenen Formen.

Kontrollfragen
1. Für Karl Popper sind „Sätze, die an der Realität scheitern können", sehr wichtig. Wie heißen sie, und wie sind sie definiert?
2. Bei der Analyse einer Regressionstabelle schauen Sie zunächst auf die häufigste Form, in der die Signifikanz von Ergebnissen angegeben wird. Welche ist das und wo wird sie im Allgemeinen erklärt?

---

[2]Der insignifikante Zusammenhang kam hier aber auch nur durch die nassive Verkleinerung des Datensatzes zustande. Im kompletten Datensatz mit 3144 Beobachtungen ist auch der Zusammenhang mit Fernsehen hochsignifikant.

3. Im Vergleich von drei untersuchten Zusammenhängen werden die folgenden Koeffizienten und t-Statistiken angegeben: A) Koeffizient 2,38, t-Statistik 3,67; B) Koeffizient −0,53, t-Statistik −7,67; C) Koeffizient 7,12, t-Statistik 1,67. Welche dieser drei Zusammenhänge sind signifikant? Welcher hat die kleinste Irrtumswahrscheinlichkeit?
4. Bei einem Hypothesentest wird ein Koeffizient von 0,35 und für diesen Koeffizienten ein Standardfehler von 0,19 angegeben. Ist dieses Ergebnis auf dem 5 %-Niveau signifikant?

Literatur

Zentrale Referenzen

Berger, Peter L., und Thomas Luckmann. 1967. *The social construction of reality*. New York: Anchor Books.
Durkheim, Émile. 1897. *Le suicide: Étude de sociologie*. Paris: Félix Alcan.
Durkheim, Émile. 1967. *De la division du travail social*. Paris: Presses Universitaires de France. (Erstveröffentlichung 1893).
Feyerabend, Paul. 1976. *Wider den Methodenzwang*. Frankfurt a. M.: Suhrkamp.
Glaser, Barney G. 1998. *Doing grounded theory: Issues and discussions*. Mill Valley: Sociology Press.
Hegel, Georg Wilhelm Friedrich. 1996. *Phänomenologie des Geistes*. Frankfurt a. M.: Suhrkamp. (Erstveröffentlichung 1807).
Malinowski, Bronislaw. 2005. *Argonauts of the Western Pacific: An account of native enterprise and adventure in the archipelagoes of Melanesian New Guinea*. London: Routledge. (Erstveröffentlichung 1922).
Popper, Karl Raimund. 2005. *Logik der Forschung*. Tübingen: Mohr Siebeck. (Erstveröffentlichung 1935).

Beispiele mediensoziologischer Studien

Al-Rawi, A. 2015. Online reactions to the Muhammad cartoons: Youtube and the virtual Ummah. *Journal for the Scientific Study of Religion* 54:261–276.
Hooghe, M., und J. Oser. 2015. Internet, television and social capital: The effect of ‚screen time' on social capital. *Information Communication & Society* 18:1175–1199.
Housley, W., H. Webb, et al. 2017a. Membership categorisation and antagonistic Twitter formulations. *Discourse & Communication* 11:567–590.
Housley, W., H. Webb, et al. 2017b. Digitizing Sacks? Approaching social media as data. *Qualitative Research* 17:627–644.
Hunt, T.A. 2017. A network of one's own: Young women and the creation of youth-only transnational feminist spaces. *Young* 25:107–123.

Jones, M.D. 2014. Cultural characters and climate change: How heroes shape our perception of climate science. *Social Science Quarterly* 95:1–39.

Kaderka, P., und M. Havlik. 2010. Making television news: Work practices in the system of genre norms. *Sociologicky Casopis-Czech Sociological Review* 46:537–567.

Nardon, L., K. Aten, und D. Gulanowski. 2015. Expatriate adjustment in the digital age: The co-creation of online social support resources through blogging. *International Journal of Intercultural Relations* 47:41–55.

Phillips, David P. 1982. The impact of fictional television stories on U.S. adult fatalities: New evidence on the effect of the mass media on violence. *American Journal of Sociology* 87:1340–1359.

Quan-Haase, A., K. Martin, und K. Schreurs. 2016. Interviews with digital seniors: ICT use in the context of everyday life. *Information Communication & Society* 19:691–707.

Quan-Haase, A., G.Y. Mo, und B. Wellman. 2017. Connected seniors: How older adults in East York exchange social support online and offline. *Information Communication & Society* 20:967–983.

Raviola, E., und P. Dubini. 2016. The logic of practice in the practice of logics: Practicing journalism and its relationship with business in times of technological changes. *Journal of Cultural Economy* 9:197–213.

Van De Rijt, A., E. Shor, et al. 2013. Only 15 minutes? The social stratification of fame in printed media. *American Sociological Review* 78:266–289.

Weitere Referenzen

Carton, G., und P. Mouricou. 2017. Is management research relevant? A systematic analysis of the rigor-relevance debate in top-tier journals (1994–2013). *Management* 20:166–203.

Kieser, A., A. Nicolai, und D. Seidl. 2015. The practical relevance of management research: Turning the debate on relevance into a rigorous scientific research program. *Academy of Management Annals* 9:143–233.

Teil III
Mediale Produktion

Medien produzieren Wahrnehmungen, die von der zugrunde liegenden Realität in spezifischer Weise abweichen, und diese Abweichungen und die aus ihnen sich ergebenden Beeinflussungen sozialen Handelns sind ihr spezifischer Beitrag zur sozialen Realität und damit der zentrale Gegenstand der Mediensoziologie. Anschließend an empirische Debatten der Mediensoziologie teilen wir diesen Bereich in folgende vier Kapitel:

Kap. 11 „Beeinflussung" stellt die Kritische Theorie vor, strukturiert das gesamte Feld dieses Teils und bereitet die folgenden Sitzungen vor mit den theoretischen Beiträgen von Jürgen Habermas zum Kommunikativen Handeln und der Theorie der Öffentlichkeit.

In Kap. 12 „Technik" geht es einerseits um allgemeine Beiträge der soziologischen und speziell mediensoziologischen Theorie zur Rolle allgemein technischer Artefakte und speziell medialer Technologien und andererseits um die Rolle, die die gegenwärtig spezifisch neue mediale Technologie des Internets in der Veränderung und Gestaltung sozialer Beziehungen spielt.

Kap. 13 „Vernetzte Öffentlichkeit" untersucht, wie die Verbreitung der Möglichkeit medialen Produktionshandelns, die das Internet gebracht hat, sich individuell auf Partizipation und Aufmerksamkeit, in der individuellen Schaffung von Öffentlichkeit auf kollektives Handeln und soziale Bewegungen, und in der Summe auf die Form gesellschaftlicher Öffentlichkeit und Öffentlichkeiten auswirkt.

Kap. 14 „Massenmediale Öffentlichkeit" diskutiert zunächst Fragen der Soziologie der Massenmedien, die in der Industriegesellschaft entwickelt wurden, als diese das weitgehende Monopol der Herstellung von Öffentlichkeit hatten, dies einerseits aus Rezipienten- und andererseits (dies der größte Teil des Kapitels) aus Produzentensicht. Abschließend werfen wir einen Blick auf die aktuelle Diskussion über die Zukunft der Massenmedien und ihre Fähigkeit, vertrauenswürdige und Vertrauen genießende Informationen für den Diskurs der Öffentlichkeit zu liefern.

Beeinflussung 11

Überblick
Wie beeinflusst die mediale Produktion die Wahrnehmung von Akteuren und damit ihr Handeln? Die bisherigen Kapitel haben uns das Handwerkszeug geliefert, um nun diese Hauptfrage der Mediensoziologie angehen zu können.

- Abschn. 11.1 stellt die Kritische Theorie vor, eine Theorieschule der Soziologie, die entgegen der sozialen Ausdifferenzierung von Wissenschaft als wertfreiem Empiriegeschäft eine normative Ausrichtung von Soziologie vertritt.
- Abschn. 11.2 untersucht das Verhältnis von medialer Produktion und Beeinflussung sowie positiv-empirischer und normativer Wissenschaft systematisch.
- Die beiden verbleibenden Abschnitte stellen Beiträge des (bereits in Kap. 9 diskutierten) Kritischen Theoretikers der zweiten Generation Jürgen Habermas vor: In Abschn. 11.3 seine Normativität auf der Mikro-Ebene, die sich auf alles mediale Produktionshandeln richtende Theorie des kommunikatives Handelns,
- und Abschn. 11.4 mit seiner Theorie der Öffentlichkeit, die sich mit dem Konzept der Politik als Beschreibung des diskursiven Feldes der durch Medien erzeugten Gemeinsamkeiten überlappt.

11.1 Kritische Theorie

Ein Bereich der Soziologie, der für die Mediensoziologie wichtige Impulse geliefert hat und aus verschiedenen (im nächsten Abschnitt genauer zu diskutierenden) Gründen eine Sonderrolle innerhalb des Faches einnimmt, ist die sogenannte ‚Kritische Theorie'.

Sie beginnt historisch 1930 mit dem *Institut für Sozialforschung* der Universität in Frankfurt am Main und insbesondere den beiden Soziologen Max Horkheimer (Stuttgart 1895–Nürnberg 1973) und Theodor W. Adorno (Frankfurt 1903–Visp 1969). Beide sind so wichtig für die Soziologie, dass sich kurze biografische Notizen lohnen: Sie treffen sich am Institut für Sozialforschung, Horkheimer wird dort 1930 Professor, Adorno über einen Umweg als Pianist, Komponist und Musikkritiker im Jahr 1931 Privatdozent. Beide müssen als sowohl jüdische als auch linke Intellektuelle 1933 aus Deutschland fliehen. Sie treffen sich in New York wieder, wo Horkheimer das Institut als *New School of Social Research* weiterführen kann, mit Adorno als Mitarbeiter; beide ziehen anfangs des Krieges an die Westküste und werden 1948 und 1953 wieder an die Universität Frankfurt zurückgerufen, wo sie bis 1960 und 1968 hochgeachtete Professoren bleiben. Adorno gerät dann allerdings in die Konflikte der Studentenbewegung hinein, mit der er inhaltlich sehr sympathisiert, deren Formen und latente Gewaltneigung er aber klar ablehnt; wenige Tage nach einem Sit-in stirbt er an einem Herzinfarkt.

In den kurzen Anfangsjahren 1930 bis 1933 bauten die Mitarbeiter des Frankfurter Instituts (neben Horkheimer und Adorno etwa Erich Fromm oder Herbert Marcuse) das Konzept der Kritischen Theorie wie folgt auf:

- Kritische Theorie trägt sowohl zur Soziologie als auch zur Philosophie bei, versteht sich als interdisziplinäre Sozialwissenschaft und protestiert insofern gegen die fortschreitende Ausdifferenzierung der Wissenschaft.
- Sie grenzt sich insbesondere ab gegen die werturteilsfreie Soziologie in der Tradition Webers, die sie mit dem Etikett des ‚Positivismus' versieht. Das ist im 20. Jahrhundert und in Deutschland eine polemische Bezeichnung, denn der Begriff des Positivismus verweist auf frühe Vorstellungen etwa des französischen Begründers der Soziologie Auguste Comte, der einerseits einen empirizistischen Wissenschaftsaufbau nach dem Vorbild der Naturwissenschaften forderte, andererseits aber eine „Religion des Positivismus" begründete, und genauso Weber und Popper als Negativfolie zur Abgrenzung diente, die hier nun in ihn subsumiert werden.

- Sie bezieht sich wesentlich auf Karl Marx, grenzt sich aber ab gegen die sowjetische (und allgemein parteikommunistische) Vereinnahmung des Marxsche Erbes.
- Neben Marx bezieht sie sich auch auf Sigmund Freud (und damit auf einen zweiten gerade derjenigen Denker, von denen sich Karl Popper in seinem kritischen Verständnis abgrenzt) und über ihn hinaus auf die Integration eines Verständnisses irrationaler Anteile menschlichen Handelns.

Für die Mediensoziologie ist die Kritische Theorie interessant, weil sie in dem Marxschen Bemühen, Herrschaftsmechanismen aufzudecken, erstmals mediale Phänomene in einem größeren gesellschaftstheoretischen Kontext stellt.

Das geschieht insbesondere in der *Dialektik der Aufklärung* (Horkheimer und Adorno 2013), die heutzutage als Hauptwerk der beiden Autoren gesehen wird. Sie entsteht im amerikanischen Exil in Gesprächen, die zunächst in New York und dann in Los Angeles geführt werden, und denen nicht nur die Auseinandersetzung mit dem Nationalsozialismus, sondern auch mit der als sehr fremd empfundenen neuen amerikanischen Umgebung zugrunde liegt.

Abgesehen von einem unvollendet-skizzenhaften Schlusskapitel kann man die *Dialektik der Aufklärung* grob (und etwas abweichend von der Abfolge) in drei Teile gliedern:

- In den ersten beiden Kapiteln werden Aufklärung und Mythos betrachtet, deren Gegenüberstellung man als riesigen Irrtum sehen kann: Die Aufklärung mit ihrem „Programm der [...] Entzauberung der Welt [...] wollte die Mythen auflösen und Einbildung durch Wissen stürzen" (S. 19), aber „Aufklärung schlägt in Mythologie zurück." (S. 16) Einerseits sind nämlich Mythen selbst Schritte der Aufklärung, wie Kap. 2 am Beispiel von Homers Odyssee zeigt. Vor allem aber ist die Logik einer Aufklärung, die („positivistisch") nur Mess- und Zählbares akzeptiert, eine Logik des Subjekts, die selbst Herrschaft anstrebt, nämlich Naturbeherrschung, und mit dieser Perspektive auch dem Menschen gegenübertritt.
- Im dritten und fünften Kapitel wird die Konsequenz, dass Menschen so zu Objekten werden, am literarischen Beispiel von de Sades *Juliette* und an der historischen (und bei Abfassung des Textes ja noch nicht beendeten) Situation des faschistischen Antisemitismus konkretisiert. Diese beiden Kapitel machen die These konkret, dass die Aufklärung sich gegen sich selbst wendet, was in psychologischen Studien zur Struktur autoritärer Persönlichkeiten weiter verfolgt wurde. (Adorno und Horkheimer 1967)

- Im vierten Kapitel „Kulturindustrie – Aufklärung als Massenbetrug" wird eine Gegenüberstellung vorgenommen, die wir weiter unten in Abschn. 11.4 in der Fassung der Öffentlichkeitstheorie von Jürgen Habermas (dem 1956–1961 gemeinsamen Assistenten von Horkheimer und Adorno und 1964 indirekten Nachfolger Horkheimers) noch genauer untersuchen werden: Nämlich diejenige eines idealisierten frühbürgerlichen Liberalismus mit einem kritisch gesehenen Spätkapitalismus, die Horkheimer und Adorno auf die Produktion von kulturellen Artefakten beziehen.

Der Phase des bürgerlich-liberalen Zeitalters wird hier eine individuelle Kulturproduktion zugeordnet, die sich autonom, d. h. nach kulturspezifischen Werten wie Wahrheit oder Ästhetik entwickelt, der Gegenwart des Spätkapitalismus hingegen eben eine Kulturindustrie, die heteronom, d. h. nach kulturfremden Werten wie vor allem der finanziellen Verwertbarkeit gesteuert ist. Praktische Beispiele kommen hierbei vor allem aus der Gegenüberstellung der klassischen Musik des frühen 19. Jahrhunderts mit den audiovisuellen Medien Film, Radio und Fernsehen der 1940er Jahre – wobei allerdings im Gegensatz zu Habermas' späterer, mit historischem Material angefüllter Studie hier die bessere Alternative weitgehend nur aus der Negation der mit Hohn und Spott dargestellten Gegenwart herauszulesen ist.

„Der todkranke Beethoven, der einen Roman von Walter Scott mit dem Ruf 'Der Kerl schreibt ja für Geld' von sich schleudert, und gleichzeitig noch in der Verwertung der letzten Quartette, der äußersten Absage an den Markt, als überaus erfahrener und hartnäckiger Geschäftsmann sich zeigt, bietet das großartigste Beispiel der Einheit der Gegensätze Markt und Autonomie in der bürgerlichen Kunst. Der Ideologie verfallen gerade jene, die den Widerspruch verdecken, anstatt ihn ins Bewusstsein der eigenen Produktion aufzunehmen wie Beethovens: […] Indem aber der Anspruch der Verwertbarkeit von Kunst total wird, beginnt eine Verschiebung in der Zusammensetzung der Kulturwaren nach Gebrauchs- wert und Tauschwert sich anzukündigen. Der Nutzen nämlich, den die Menschen in der antagonistischen Gesellschaft vom Kunstwerk sich versprechen, ist weithin selber eben das Dasein des Nutzlosen, das doch durch die völlige Subsumtion unter den Nutzen abgeschafft wird. Indem das Kunstwerk ganz dem Bedürfnis sich angleicht, betrügt es die Menschen vorweg um eben die Befreiung vom Prinzip der Nützlichkeit, die es leisten soll. Der Gebrauchswert wird in der Rezeption der Kulturgüter durch den Tauschwert ersetzt, an Stelle des Genusses tritt Dabeisein und Bescheidwissen, Prestigegewinn an Stelle der Kennerschaft." (166 f.)

Man kann diese Gegenüberstellung zusammenfassen wie in Tab. 11.1:

Tab. 11.1 Gegenüberstellung der kulturellen Produktion in Liberalismus und Spätkapitalismus bei Horkheimer/Adorno

Phase	Bürgerlich-liberales Zeitalter	Spätkapitalismus
Kulturproduktion	Individuell	Kulturindustrie
Ausrichtung	Autonom entwickelt, d. h. zweckfrei nach kulturspezifischen Werten: Wahrheit, Ästhetik	Heteronom entwickelt, d. h. nach kulturfremden Werten: Entspannung, Ablenkung, finanzielle Verwertbarkeit

Die zentrale Gegenüberstellung ist hier diejenige zwischen Autonomie und Heteronomie, in der eine autonome, aus kulturspezifischen Werten entwickelte Kultur- und damit auch Medienproduktion einer heteronomen, an den Bedürfnissen des Kapitals und der Kaufbereitschaft der Rezipienten orientierten Produktion normativ klar übergeordnet wird.

Neben der deutschen Kritischen Theorie ist ein zweiter zentraler Bezugspunkt der kritischen Medientheorie eine Schrift Pierre Bourdieus *Über das Fernsehen*. (Bourdieu 1996, 1998) Unabhängig von Horkheimer und Adorno, aber ihnen sehr ähnlich in der nichtdogmatischen Bezugnahme auf marxistische Konzepte untersucht Bourdieu die Produktionsbedingungen von TV-Sendungen und die gesellschaftliche Struktur, in die sie eingebunden sind.

Bourdieus Untersuchung der Produktionsbedingungen im Fernsehen ist methodologisch Gans' Studie bei CBS und NBC durchaus vergleichbar, kommt aber zu völlig anderen Ergebnissen:

- Eigentümer und Redaktionen über eine *unsichtbare Zensur* aus, indem sie Rahmenbedingungen wie Themen oder Sendezeiten setzen; Ziel dieser Zensur ist die Aufrechterhaltung der symbolischen Ordnung.
- Zentrale Ressource ist die Aufmerksamkeit des Publikums. Das führt Medienakteure a) zu einer Konzentration auf Konflikte, Sensationen und die Dramatisierbarkeit von Prozessen, die zur *Zuspitzung und Simplifizierung* führen, b) zu einer gegenseitigen Beobachtung und Bezugnahme, die zur *Homogenisierung* des Dargestellten führt, c) zu einer Fixierung auf Einschaltquoten, die zu *Marktlogik und Zeitdruck* führt: „Das Fernsehen braucht fast-thinker", die schnell, nämlich „in Gemeinplätzen denken." Auch Fernsehdiskussionen seien nur eine Vortäuschung echter Diskussion, denn die Teilnehmer kennen sich gut und wissen, wie sie aufeinander reagieren können. Außerdem bestehen teilweise ungleiche Startbedingungen zwischen Geübten und Ungeübten.
- Analog zu Horkheimer und Adorno fasst Bourdieu diese Probleme im Begriff der *Heteronomie* zusammen, die jetzt das Vorherrschen kommerzieller Zwänge gegenüber journalistischem Ethos bedeutet.

Analog zu seiner eigenen Theorie des sozialen Feldes bettet Bourdieu diese qualitative Analyse ein, indem er ein *journalistisches Feld* beschreibt, in dem sich einzelne Akteure A immer in Beziehungen mit anderen Akteuren (Zuschauer, Werbekunden, Interviewpartner) befinden. Er analysiert auch die historische Entwicklung des Aufstieges des Fernsehens gegenüber der Presse und die (von ihm aber als eher unwissentlich angesehene) Zensur durch Journalisten durch Agenda Setting und Gatekeeping, sowie (wiederum analog zu seinen sozialstrukturellen Arbeit) den journalistischen Habitus, zu dem etwa stereotype Ansichten über Berufskollegen wie die kritische Position von Pressejournalisten gegenüber dem Fernsehen gehören. In seiner Sicht gilt die Kritikperspektive der Heteronomie für den Journalismus sogar mehr als für andere Felder der Kulturproduktion, weil es weniger interne Sanktionsinstanzen gäbe.

11.2 Mediale Produktion und Beeinflussung

Was hat die Kritische Theorie mit medialer Produktion und Beeinflussung zu tun?

In den Anfängen der Sozialwissenschaften bis ins späte 19. Jahrhundert waren empirische und normative Aussagen noch nicht voneinander getrennt. Niemand sprach Karl Marx aufgrund seiner klaren normativen Aussagen die Wissenschaftlichkeit ab.

Anfangs des 20. Jahrhunderts trat hier jedoch eine Ausdifferenzierung der Ansichten ein: Einige Ökonomen beteiligten sich intensiv (und oft widersprüchlich) an dem Projekt, mittels Sozialpolitik die gesellschaftlichen Konflikte insbesondere um die „soziale Frage" der massiven Einkommensungleichheit zu verringern. Sie nahmen Werte nicht als etwas von außen kommendes, sondern als eigenen Gegenstand ihrer wissenschaftlichen Arbeit, aber zerstritten sich über diese Werte, statt sich auf die empirischen Gegebenheiten zu konzentrieren. Demgegenüber formulierte Anfang des 20. Jahrhunderts vor allem Max Weber die Position einer strikten Trennung normativer von erfahrungswissenschaftlichen Aussagen: Er vertrat die

> „Meinung, daß es niemals Aufgabe einer Erfahrungswissenschaft sein kann, bindende Normen und Ideale zu ermitteln, um daraus für die Praxis Rezepte ableiten zu können." (Weber 1988, S. 148)

Zwischen den Ökonomen, die es weiter nötig fanden, eine Sozialpolitik zu entwickeln und auch die dazugehörigen normativen Positionen innerhalb der Wissenschaft zu reflektieren, und Weber und anderen Soziologen, die die Forderung einer werturteilsfreien Wissenschaft erhoben, wurde ein sogenannter

11.2 Mediale Produktion und Beeinflussung

Tab. 11.2 Die Kritische Theorie innerhalb der Soziologie (Burawoy 2005)

		Publikum	
		Akademisch	Außerakademisch
Wissen	Instrumentell	Professionelle Soz.	Policyforschung
(Selbstverständnis)	Reflexiv/Normativ	Kritische Theorie	‚Public sociology'

Werturteilsstreit ausgefochten, der auch praktisch zur Ausdifferenzierung der Sozialwissenschaften führte: Weber und seine Kollegen verließen nämlich aufgrund dieses Streites den „Verein für Socialpolitik", der bis heute die Vereinigung der deutschsprachigen Ökonomen geblieben ist, und gründeten die Deutsche Gesellschaft für Soziologie. Der größte Teil der heutigen Soziologie ist Weber gefolgt, so sehr, dass man die gesamte Profession mit seiner Position verbindet.

Mit ihrem Beharren auf normativer Argumentation weicht die Kritische Theorie von dem Normalfall einer Weber folgend werturteilsfreien Wissenschaft ab. Sie hat damit insofern eine Sonderstellung, die in Tab. 11.2 innerhalb des Wissenschaftssystems eingeordnet wird. Die Tabelle ist aus Michael Burawoys Aufsatz „For public sociology" (Burawoy 2005) entnommen[1]. Die linke obere Ecke des Normalfalls der Soziologie wird von Burawoy als ‚professionelle', das heißt innerunivesitär, aber nach den Standards freier Berufe analog zu Ärzten und Rechtsanwälten auszuübende Soziologie bezeichnet, zu denen eben auch die Werturteilsfreiheit gehört.

Von ihr kann man in sich in zwei Richtungen entfernen: Einerseits indem man auf ein außeruniversitäres Publikum abzielt und dann auch dessen Werte und Normen übernimmt (der verwendete Begriff der Policy zeigt schon, das Burawoy hier v. a. Forschung für staatliche Auftraggeber im Blick hat). Andererseits kann man das wissenschaftliche Selbstverständnis reflexiv auf die wissenschaftliche Anwendung von Wissen selbst richten, und das tut innerakademisch die Kritische Theorie. Ziel des Aufsatzes von Burawoy ist es zu zeigen, dass auch diese reflexive Wissensverwendung sich auf ein außeruniversitäres Publikum richten kann (und hier hat er nun begrifflich gerade eher nicht staatliche Auftraggeber, son-

---

[1] Die Tabelle ist unverändert übersetzt mit einer Ausnahme: Während Burawoy den Terminus ‚critical *sociology*' verwendet, der in der englischen Sprache neben dem interdisziplinär ausgreifenden Begriff der ‚critical theory' verwendet wird, ist er hier mit dem im Deutschen allein geläufigen und feststehenden Ausdruck ‚Kritische Theorie' übersetzt.

dern die Öffentlichkeit im Habermasschen Sinne im Blick), aber diese gehorcht in ihrem Ausgangspunkt dem gleichen reflexiven Selbstverständnis wie die Kritische Theorie und unterscheidet sich eben nur im angestrebten Publikum von ihr (Tab. 11.2).

Aber auch innerhalb der Soziologie, wie wir sie als Beschäftigung mit dem allgemeinen sozialen Handeln und seinen gesellschaftlichen Folgen untersucht haben, kann es durchaus sinnvoll sein, sich aktiv mit Normen zu beschäftigen, statt diese nur als etwas empirisch von außen gegebenes zu nehmen. Schauen wir uns das am Beispiel der beiden normativen Veränderungen an, die wir in Kap. 1 angeschaut haben.

- Am Beispiel der Entstehung der Rationalitätsnorm hält sich Weber ja sehr schön an seine eigene Forderung, indem er beschreibt, wie durch das Vorhandensein von mehr Information (Ressourcen unterschlägt er) die traditionelle Norm, einem Zauber zu gehorchen, mindestens durch die Erlaubnis abgelöst wird, Dinge herauszubekommen.
- Für den zweiten normativen Wandel, denjenigen von der Akzeptanz sozialer Autoritäten zur deliberativen Aushandlung, haben wir uns ebenfalls den zugrunde liegenden empirischen Mechanismus angeschaut, sind also ganz innerhalb von Webers Wertfreiheitsvorstellung geblieben. Aber gleichzeitig haben wir gesehen, dass der Begriff der Deliberation von Jürgen Habermas ursprünglich als normativer Begriff eingeführt worden ist, ohne die Anstrengung einer erfahrungswissenschaftlichen Herleitung zu unternehmen.

In Kap. 2 haben wir festgestellt, dass Konventionen Normen ausbilden. Das gilt aber noch mehr in Situationen von Krisen, in denen etablierte Gleichgewichte nicht mehr funktionieren und es darum geht, ein neues Gleichgewicht zu finden. In solchen Situationen kann Wissenschaft erstens mögliche neue Gleichgewichte einfach beschreiben. Dazu verwendet sie ihr übliches Instrumentarium theoretischer und empirischer Argumentation, bleibt also „positiv" oder „indikativ" und kann auf normative Argumentation verzichten.

Schon dem Hinweis auf alternative Gleichgewichte wohnt eine gewisse Normativität inne, denn man könnte sich ja auch fröhlich im Chaos einrichten. Aber erst recht normativ wird es, wenn man unterschiedliche mögliche Gleichgewichte sieht und es als Wissenschaftler, Mitglied eines Gemeinwesens oder Mensch nötig findet, diese auch im Vergleich zueinander zu diskutieren.

Für eine moderne Gesellschaft, die ein Wissenschaftssystem unterhält, wäre es ein unnötiges Brachliegenlassen von Erkenntnismöglichkeiten, solche Überlegungen

11.2 Mediale Produktion und Beeinflussung

von vornherein aufgrund der von Weber aufgestellten abstrakten Norm der Werturteilsfreiheit generell auszuschließen. Das Spezifikum der Wissenschaft als sozialem System ist die Verbindung von Offenheit in der Wissensgewinnung mit der Verbindung von Wissen untereinander, und auch wenn selbst aufgestellte Normen in einem solchen System ein gewisser Fremdkörper sind und tatsächlich ja der größte Teil der Wissenschaft erfahrungswissenschaftlich und Webers Wertfreiheitspostulat verpflichtet bleibt, gibt es dennoch Ausnahmebereiche, in denen man weiter kommt, wenn man sich zu bestimmten normativen Prämissen bekennt.

- Paradoxerweise ist Webers normative Forderung nach Werturteilsfreiheit ja selbst ein erstes Beispiel hierfür. Weber hatte das Gleichgewicht unter den damaligen Ökonomen vor Augen, die in wüste gegenseitige Beschimpfungen verfielen, statt sich auf die erfahrungswissenschaftlichen Fakten zu beschränken. Ganz analog Poppers Forderung danach, nur falsifizierbare Theorien aufzustellen, oder die Forderung von Robert Merton, der aus dem Widerwillen sowohl gegen qualitative Interaktionsstudien als auch gegen Parsons Strukturfunktionalismus die These ableitete, Soziologen sollten sich nur mit „Theorien mittlerer Reichweite" befassen (Merton 1966). Hier werden Normen für das soziale Handeln innerhalb des Wissenschaftssystems aufgestellt, weil aus innerwissenschaftlicher Perspektive ein bestimmtes Gleichgewicht der Interaktion als produktiver angesehen wird als ein anderes.
- Aber Horkheimer und Adorno hatten sowohl das zu dieser Zeit in Deutschland etablierte nationalsozialistische Gleichgewicht wechselseitiger Erwartungen vor Augen als auch dasjenige, das sie in ihrem amerikanischen Exil beobachteten. Die amerikanischen Institutionen haben sich damals als robuster gegen die totalitäre Versuchung erwiesen, als die beiden Autoren das eingeschätzt haben. Aber man kann ihre Sorgen nachvollziehen, und in der großen Modernisierungskrise des zweiten Weltkriegs und der deutschen Nachkriegszeit war ihr Beitrag ein aus guten Gründen intensiv rezipierter Beitrag zur Suche nach einem neuen gesellschaftlichen Gleichgewicht.

Natürlich lassen sich diese Veränderungen zu einem guten Teil positiv-empirisch beschreiben. Aber wenn es um die Analyse sozialer Probleme wie Cyber-Bullying, soziale Isolation oder die Fragmentierung von Öffentlichkeit geht, kommen doch immer wieder mindestens implizit normative Annahmen mit hinein. Es ist insofern kein Zufall, dass mit Jürgen Habermas der zentrale Schüler von Horkheimer und Adorno ganz wesentliche Impulse zum Verständnis aktuellen Medienwandeln gegeben hat.

Dieses Lehrbuch begann mit dem Eindruck, dass Mediensoziologie gegenwärtig eines der spannendsten Wissenschaftsfelder überhaupt ist, weil Medien eine große Rolle spielen in dem tiefgreifenden Wandel, dem unsere Gesellschaft unterworfen ist – das Kapitel zum sozialen Wandel hat das allgemein eingeordnet. Dieser dritte Teil führt nun ein in die vielen Fragen und bisher gefundenen Antworten, die die Mediensoziologie stellt und gibt. Und dabei gibt es eine ganze Reihe von Fragen, in denen die sozialen und medialen Veränderungen der letzten Jahrzehnte noch nicht verarbeitet sind und in denen die Gesellschaft auf der Suche nach neuen Gleichgewichten ist (Jarren 2019).

Das Feld dieser Veränderungen ist vor allem durch zwei Dimensionen des Medienwandels gekennzeichnet.

- Zum einen kann man „alte" und „neue" mediale Techniken unterscheiden: Einerseits die Massenmedien, bei denen wenige produzierende Akteure mediale Inhalte für sehr viele Rezipienten lieferten und die in der Industriegesellschaft das Zentrum der medialen Beeinflussung bildeten, und andererseits das Internet, das jetzt prinzipiell jedem die Möglichkeit gibt, sich am medialen Produktionshandeln zu beteiligen.
- Zum anderen kann man die Handlungsaspekte unterscheiden, die durch Medien beeinflusst werden. Auf der einen Seite beeinflussen sie die Handlungsmöglichkeiten. Das ist die technische Beeinflussung. Auf der anderen Seite beeinflussen Sie Erwartungen (und damit zusammenhängend auch Motivationen). Das ist die diskursive Beeinflussung der Öffentlichkeit.

In der Überschneidung dieser beiden Dimensionen können wir vier zentrale Problemfelder unterscheiden, denen sich die vier Kapitel dieses Teils zuordnen lassen. Da die Fragen der grundsätzlichen technischen Beeinflussung durch Massenmedien heutzutage nicht mehr ganz so im Zentrum der Forschung stehen wie in früheren Zeiten, ließ sich in diesem Kapitel hier auch noch Platz gewinnen für diesen Gesamtüberblick übernehmen.

Tab. 11.3 stellt diese vier Felder dar. Überlagert eingetragen sind die Impulse, die dabei aus der Tradition der Kritischen Theorie kommen. Horkheimer und Adorno stellten mit als erste die Fragen nach der technischen Beeinflussung durch Massenmedien. Und ihr gemeinsamer Schüler Jürgen Habermas hat das theoretische Verständnis in den aktuell relevanten Problemfeldern bereichert. Auf der Mikroebene stellte er eine Theorie des kommunikativen Handelns auf, das in seinem Sinne ganz wesentlich das heutige mediale Produktionshandeln ist. Und andererseits beschrieb er am wirkungsmächtigsten den Diskurs der Öffentlichkeit, der dasjenige ausmacht, worauf Medienproduktion sich auf der Makroebene auswirkt.

Tab. 11.3 Vier zentrale Problemfelder medialer Produktion, plus die Impulse der Kritischen Theorie

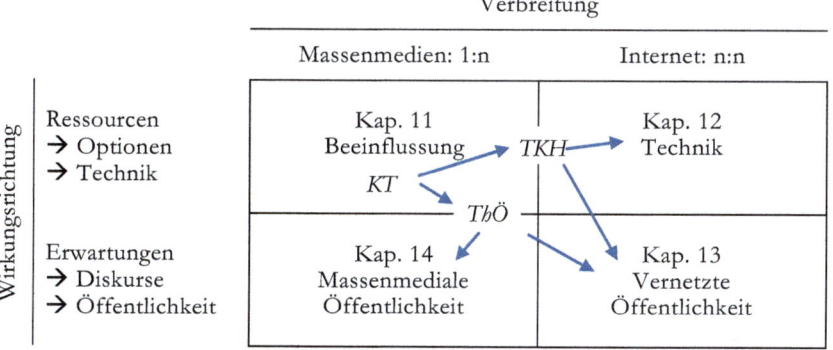

KT: Kritische Theorie; TKH: Theorie des Kommunikativen Handelns; ThÖ: Theorie der Öffentlichkeit

Wenn Sie die vier Kapitel gelesen haben, kommen Sie doch gegebenenfalls noch einmal zu dieser Abbildung zurück.

11.3 Kommunikatives Handeln

Das Grundmodell der Kommunikation haben wir bereits im ersten Kapitel angeschaut – blättern Sie zur Not noch einmal zu Tab. 1.2 zurück, um es sich zu vergegenwärtigen. Kommunikation ist so basal für menschliche Interaktion, dass es eine eigene Kommunikationswissenschaft gibt und trotzdem alle anderen Sozialwissenschaften sich in irgendeiner Weise auch noch mit ihr beschäftigen. Der spezifische Fokus der soziologischen Arbeit zu Kommunikation liegt dabei darin, dass die Interaktionskomponente und soziale Bedingtheit der Positionen von Sender und Empfänger oder die sozial bedingte Veränderung von Kommunikationsprozessen im Fokus stehen:

- Verwendete Codes zum Beispiel, ein großes kommunikationstheoretisches Thema der Informatik, ist für die Soziologie vor allem dann ein Thema, als sie sich sozial unterscheiden (Bourdieu 1979).
- Oder die kommunikationsbezogenen Unterschiede zwischen den Geschlechtern interessieren weniger per se, sondern in ihrer sozialen Bedingtheit und ihren sozialen Konsequenzen.

Unvollständige Kommunikation kann verschiedene Ursachen haben: Sie kann ein Ergebnis sein eines Fehlens des Empfängers, wenn etwa dieser die Signale gar nicht erhalten kann. Sie kann sich ergeben aus einem Versagen der Übertragung oder aus einem Fehlen des Senders, beispielsweise wenn der Empfänger etwas als Kommunikation missversteht, was gar nicht als solche gemeint war, wenn etwa jemand eine nur zufällig erhobene Hand als Gruß oder Meldung versteht. Aus solchen Argumenten ist der Schluss gezogen worden, man könne Kommunikation in einem akteursorientierten Rahmen gar nicht verstehen (Lindemann 2012), aber zwingend erscheint er nicht.

Gelingende Kommunikation benötigt demgegenüber das Funktionieren aller neun Schritte medialen Übermittlung und ist damit insbesondere immer auch durch die beiderseitige Meta-Intention gekennzeichnet, die Kommunikation gelingen zu lassen. Mit dieser Meta-Intention liegt auf beiden Seiten kommunikatives Handeln vor.

Der Begriff des kommunikativen Handelns ist aber vor allem durch die einflussreiche *Theorie des kommunikativen Handelns* von Jürgen Habermas geprägt, eine stark normative Sicht auf Kommunikation (Habermas 1981).

Nach Habermas ist die Gesellschaft in der Sprache begründet (einschließlich nonverbaler Kommunikation), die als zwischenmenschliches Verständigungsmittel soziale Interaktion erst ermöglicht. Durch diese Teilmenge der Kommunikation versuchen Handelnde, sich verständigungsorientiert aufeinander zu beziehen. Diese in der Sprache angenommene kommunikative Rationalität bildet für Habermas die Grundlage sozialen Handelns. Deshalb spricht er den Sender jeweils nur als Sprechenden an, den Empfänger als Interpreten (obwohl die zugrundeliegenden Prozesse schon Teil von Shannons Modell sind).

Die Kommunikation funktioniere jedoch nur dann, wenn sie ihre Prozesse vernunftorientiert organisiert. Sprecher dürfen Interpreten nicht manipulieren, sondern müssen begründbar und kritisierbar kommunizieren. Habermas stellt fest, das Einverständnis des Interpreten könne nur dann vom Sprecher erwartet werden, wenn vier „Geltungsansprüche" erfüllt sind:

- Wahrheit,
- Richtigkeit.,
- Wahrhaftigkeit,
- Verständlichkeit.

Es liegt in der Hand des Interpreten, die Geltungsansprüchen zu akzeptieren oder auf einer Klärung zu bestehen. Mit den vier Geltungsansprüchen spricht er gleichzeitig vier Richtungen soziologischer Theorie an (siehe Tab. 11.4):

Tab. 11.4 Kommuikatives Handeln (Habermas 1981)

Handeln	Zweckrationales	Normenreguliertes	Dramaturgisches	Kommunikatives
Theoretiker	Utilitaristen	Parsons	Goffman	Habermas
Geltungsanspruch	Wahrheit	Richtigkeit	Wahrhaftigkeit	3+Verständlichkeit
Weltbezug	Objektive Welt (Zeugwelt)	Soziale Welt (Solidarwelt)	Subjektive Welt (des Sprechers)	3+Gegenüber
Rolle der Sprache	Einwirken auf andere Sprecher	Überlieferung kultureller Werte	Selbstinszenierung	Verständigung

- Rein an objektiver Wahrheit interessiert sind frühe Handlungstheorien wie die Utilitaristen des 18. Jahrhunderts, die in Habermas' Sicht einer objektiven Weltsicht ohne Einbezug subjektiver Aspekte verhaftet bleiben und andere Individuen nur als Mittel zum Zweck sehen können, denen gegenüber Sprache nur die Rolle des Einwirkens auf sie hat.
- Ein normenreguliertes Verständnis von Handeln, wie es aus Habermas' Sicht Talcott Parsons vertritt, ist an normativer Richtigkeit orientiert. Es ist damit zwar einer Solidarwelt verpflichtet, aber damit nur der sozialen Welt des Kollektivs, ohne das Gegenüber individuell anerkennen zu können.
- Die Sichtweise von Goffmans *Wir alle spielen Theater* (Goffman 1959) beschreibt Habermas als dramaturgisches Handeln, das seine Geltung aus individueller Wahrhaftigkeit bezieht. Hier dient die Kommunikation der Selbstinszenierung, der Weltbezug ist subjektiv, aber nur auf den Sprecher selbst bezogen, normativ in gewisser Hinsicht ein Rückschritt gegenüber den ersten beiden Formen.
- Das kommunikative Handeln integriert auf allen Ebenen die drei Aspekte der vorgenannten Formen (in Tab. 11.4 durch „3+" abgekürzt) und fügt ihnen jeweils einen weiteren eigenen Aspekt hinzu, der jeweils das konkrete Gegenüber einbezieht (und damit die ältere Dialogphilosophie von Martin Buber 1923 fortführt), so dass kommunikatives Handeln sich zusätzlich am Anspruch der Verständlichkeit orientiert, neben der objektiven Realität, Normen und der eigenen Subjektivität auch das Gegenüber einbezieht und Sprache in erster Linie zur Verständigung nutzt.

Nur wenn Ergebnisse von Kommunikation ausschließlich unter Berufung auf diese Geltungsansprüche zustande kommen, sind sie nach Habermas rational. Dafür darf es keine Verzerrung der Kommunikation geben. Habermas fordert im Einzelnen

- gleiche Chancen auf Dialoginitiation und -beteiligung,
- gleiche Chancen der Deutungs- und Argumentationsqualität,
- Herrschaftsfreiheit, d. h. Abwesenheit aller Arten von Zwang, sowie
- keine Täuschung der Sprechintentionen.

Diese Bedingungen ermöglichen Verständigung und einen vernünftigen Diskurs. Dabei ist Habermas sich durchaus bewusst, dass die ideale Sprechaktsituation eben ein Ideal ist und in der Realität unerreicht bleibt. Jedoch fordert er, dass diese Idealisierung zumindest anzustreben sei. Nur so kann es zu dem „eigentümlich zwanglosen Zwang des besseren Argumentes" kommen (Habermas 1981, siehe auch Rosa et al. 2007; Iser und Strecker 2010).

11.4 Öffentlichkeit und Politik

Auf der Makro-Ebene beeinflusst mediale Produktion die Institutionen der Gesellschaft, verstanden in dem allgemeinen Sinn, den wir in Kap. 2 und 3 eingenommen haben. Das sind Öffentlichkeit und Politik: Einerseits allgemein die Übereinkünfte über gemeinsame Sichtweisen, die wir in Kap. 10 als Diskurse kennengelernt haben, und hierin speziell der Diskurs über Dinge, die alle angehen und zu denen alle sich kommunikativ verhalten können, und andererseits formale Institutionen, in denen Gesellschaften sich selbst die Möglichkeit geben, handlungsfähig zu sein und zu diesen gemeinsamen Angelegenheiten auch gemeinsame und für alle verbindliche Entscheidungen treffen zu können. Die beiden Bereiche überlappen sich sehr stark, weisen aber doch gewisse unterschiedliche Ausrichtungen auf – nicht alles Öffentliche ist politisch, und nicht alles politische ist öffentlich.

Beginnen wir mit dem Begriff der Politik: In vielen Interaktionsprozessen gibt es mehr als zwei Beteiligte. Je mehr insbesondere Bevölkerungsdichte steigt, desto weniger können sich Menschen aus dem Weg gehen und desto mehr müssen sie sich miteinander auseinandersetzen. Sie müssen gemeinsame Regelungen finden, nämlich Institutionen, die das Miteinander regeln. Dazu braucht es gemeinsamer, für alle gemeinsam verbindliche Entscheidungen. Die Politik ist das Feld auf dem solche gemeinbindenden Entscheidungen vorbereitet und getroffen werden.

Diese gemeinsamen Entscheidungen beruhen letztlich auf gemeinsamen Bewertungen. Es gibt zwar gemeinsame Entscheidungen, die von Teilen der Beteiligten als ungerecht empfunden und als solche bewusst konserviert werden. Aber ein wesentliches Kriterium an gute politische Institutionen ist die

11.4 Öffentlichkeit und Politik

Fähigkeit, dazu zu führen, dass getroffene Entscheidungen als *legitim*, d. h. im werteorientierten Sinn rechtmäßig und damit für alle akzeptabel wahrgenommen werden. Sobald ein Kollektiv eine Komplexität erreicht hat, in der für politische Entscheidungen Informationen aus der Gesellschaft benötigt werden und nicht mehr einfach aufgrund von außen kommender Informationen optimal zentral entschieden werden, müssen die den Entscheidungen zugrunde liegenden Bewertungen als gemeinsame Bewertungen ausgetauscht werden.

Es muss also eine Übereinkunft darüber geben, dass man sich über alle gemeinsam betreffende Entscheidungen und die diesen zugrunde liegenden Bewertungen austauscht, im Gegensatz eben zu einer Gesellschaft, die für ihre politischen Entscheidungen keine Informationen aus der Gesellschaft benötigt. In Bezug darauf, Politik als etwas zu sehen, was mehr oder minder alle angeht, ist das eine Übereinkunft über eine bestimmte Sichtweise auf Politik.

Die auf dieser Übereinkunft beruhende Interaktion ist also ein Diskurs: der Diskurs der *Öffentlichkeit*. Eine Recherche in Google Books bringt die erste echte Fundstelle für den Begriff der Öffentlichkeit im Jahr 1811. Im 19. und frühen 20. Jahrhundert wird der Begriff zunächst vor allem zum Beispiel für die Öffentlichkeit von Gerichtsverhandlungen verwendet, von wo die Begriffsverwendung langsam ins Politische dreht (Hölscher 1978).

Diese Veränderung wird 1962 von Jürgen Habermas in seiner Habilitationsschrift „Strukturwandel der Öffentlichkeit" beschrieben (Habermas 1999). Habermas definiert zunächst den Begriff der „öffentlichen" Dinge als derjenigen, die alle betreffen und deshalb einer gesellschaftlichen (also politischen) Regelung bedürfen. Habermas verortet die Entstehung des Begriffs in der griechischen Antike, die erstmals die politischen Entscheidungen nicht mehr gewissermaßen als private Angelegenheiten eines Königs fasste, sondern im genannten Sinne als Angelegenheiten aller (Man kann sie allerdings viel früher in allen Jäger- und Sammlergesellschaften verorten, die ein relativ hohes Ausmaß an gemeinsamer Entscheidungsfindung aufwiesen, siehe Lenski 1966, insbes. Kap. 5).

Damit wurde eine Unterscheidung zwischen dem Privaten (*oikos*, Haus) und der Politik (*polis*, Stadt) hergestellt, die aber nach dem Ende der Antike zunächst unterging. Sie wurde erst in der Renaissance wiederaufgegriffen, nun unter den Bedingungen der Monarchie, aber einer Monarchie, die nicht mehr selbstverständlich neben den physischen Zwangsgewalten auch die Kommunikation beherrschte. Damit gehört in Habermas' Sicht zum Begriff der Öffentlichkeit seit der Renaissance eine neuzeitliche Gegenüberstellung von Staat und Gesellschaft anstatt der Vorstellung einer Identität der beiden, wie sie der antiken und tendenziell auch der schweizerischen Konzeption innewohnt (§ 1–3).

Nach dieser in das 15. Jahrhundert zurückreichenden Renaissance des Öffentlichkeitskonzepts kommt es im 16. und 17. Jahrhundert zur Entstehung der bürgerlichen Öffentlichkeit. Es gibt dabei nationale Unterschiede, die man zeitgenössischen Illustrationen gut entnehmen kann: Die ersten Ansätze von Öffentlichkeit entstehen in Großbritannien, als Überbleibsel der republikanischen Phase 1649–1660. Der im Rahmen der Restauration wiedereingesetzte König Charles II. bringt sein Missfallen hierüber deutlich zum Ausdruck:

> „Men have assumed to themselves a liberty, not only in coffeehouses, but in other places or meetings, both public and private, to censure and defame the proceedings of the State." (Proklamation der englischen Krone von 1670, zitiert bei Habermas 1999, S. 59)

Die britische Öffentlichkeit ist standesübergreifend und bindet Männer bis hinunter zu kleinen selbstständigen Handwerkern und Bauern ein, aber keine Frauen. Die erst im 17. und 18. Jahrhundert beginnende französische Öffentlichkeit ist sozial sehr viel exklusiver, beginnt erst beim höheren Bürgertum und schließt die landwirtschaftlich tätige Bevölkerung weitgehend aus, aber dafür stellt sie den ersten Fall dar, in dem Frauen in die Öffentlichkeit eingeschlossen werden. Als Grundlagen der entstehenden Öffentlichkeit und der individuellen Fähigkeit, sich an ihr zu beteiligen, beschreibt Habermas das Privateigentum (§ 5) und die moderne Kleinfamilie (§ 6).

Zur Entstehung der Öffentlichkeit entwickelt Habermas eine auch mediensoziologisch interessante These. Nach seiner Analyse beginnt die öffentliche Diskussion noch nicht mit einem politischen Selbstverständnis. Sie entwickelt sich vielmehr in Austauschzirkeln der „gebildeten Stände" (das „Morgenblatt für die gebildeten Stände" war in der ersten Hälfte des 19. Jahrhunderts die erste und wichtigste deutschsprachige Zeitschrift), die sich zunächst zur Besprechung kultureller Themen, insbesondere neuer Erscheinungen der schönen Literatur versammeln.

Die Funktion der Öffentlichkeit ist in Habermas' Verständnis die Findung geeigneter Lösungen für politische Fragen, unbeeinflusst von Interessen. Der Idee nach sei politische Öffentlichkeit an der „Kraft des besseren Arguments" orientiert. Öffentlichkeit erscheint so als Grundlage (oder platonisch gesprochen als „Idee") „einer Ordnung, in der sich Herrschaft überhaupt auflöst". Dieser Idealvorstellung stellen sich aber die realen materialen Verhältnisse auf zweierlei Weise entgegen:

11.4 Öffentlichkeit und Politik

- Im 18. und frühen 19. Jahrhundert sind Privateigentum und Bildung extrem exklusiv, und dadurch ist auch die bürgerliche Öffentlichkeit nicht nur unvollständig, sondern, wie Habermas kritisch anmerkt, „vielmehr gar keine Öffentlichkeit." (§ 11) Dennoch ist diese frühe Phase für Habermas der normative Höhepunkt der Geschichte der Öffentlichkeit. Denn solange sich die Bürger als gleiche Individuen treffen und der Diskurs von kulturellen Themen und kulturellen Akteuren beherrscht wird, spielen Interessen eine untergeordnete Rolle und die oben beschriebene Idealkonzeption der Findung geeigneter Lösungen orientiert an der Kraft des besseren Arguments kann sich relativ ungehindert entfalten.
- Der titelgebende „Strukturwandel" der Öffentlichkeit setzt in dem Moment ein, als der Druck von Zeitungen mit der Entwicklung des Rotationsdruckes (1843) billiger, aber gleichzeitig auch kapitalintensiver wird. Der Einsatz von ökonomischem Kapital bringt nun Akteure mit anderen Interessen in den öffentlichen Diskurs mit ein. In Habermas' Worten „zerfällt" die bürgerliche Öffentlichkeit durch das Aufkommen der kapitalistischen Medienöffentlichkeit.

Als praktisches Beispiel hierfür kann man das oben genannte „Morgenblatt für die gebildeten Stände" nehmen, das die Entwicklung zum Rotationsdruck (mit der damit einhergehenden Umstellung auf ein breiteres Publikum) nicht mitmacht und 1865 eingestellt wird. Dafür entwickeln sich in der zweiten Hälfte des 19. Jahrhunderts Journalismus und Presse, was Habermas zunächst auch positiv sieht. Aber die öffentliche Auseinandersetzung wird in seiner Sicht von einem Austausch von Argumenten zu einem Kräftemessen zwischen unterschiedlichen Interessen, die ursprüngliche Staatskritik geht verloren, und selbst die literarische Öffentlichkeit wird kommerzialisiert, was Habermas im Heteronomiebegriff zusammenfasst.

Habermas gibt der Mediensoziologie seit 1962 Impulse und hat eine breite Wirkungsgeschichte nach sich gezogen (siehe etwa Lunt und Livingstone 2013 für einen Überblick).

Fallbeispiele 19: Die mediensoziologische Wirkung des Öffentlichkeitskonzepts
- *Fallbeispiel generelles Verständnis von Öffentlichkeit:* Wie verhalten sich zum Beispiel Medienereignisse zur Alltagserfahrung? Und wie also Alltagserfahrung zum Begriff der Öffentlichkeit? Eine Studie untersucht hierzu Emotionen beim Tod einer Medienfigur und findet sie reflektierter als von der („gebildeten") Kritik angenommen, auch wenn in der ‚intimacy at a distance' auf Personen Bezug genommen wird, die nicht zum realen Austausch zur Verfügung stehen (Myers 2000).

- *Fallbeispiel Gegenöffentlichkeit:* Habermas dient als Ausgangspunkt für die theoretische Erforschung alternativer Medien als kritische Medien, gestützt durch Teilpublika mit nicht abgedeckten Darstellungsinteressen. Inhalte zeigen „suppressed possibilities of existence, antagonisms of reality, and potentials for change." Gegenöffentlichkeit „questions domination, expresses standpoints of oppressed groups", „aims at advancing imagination" (Fuchs 2010). Ein Beispiel ist hier die Analyse der „black public sphere" mit eigenen Medien afrikanisch-stämmiger Amerikaner mit ihrer kritischen Beobachtung der Mainstream-Presse, Unterstützung der Sichtbarkeit schwarzer Aktionen innerhalb der allgemeinen (d. h. weiß dominierten) Civil Society, die aber in den 1990er Jahren in eine Krise kommt (Jacobs 1999, siehe auch Browne et al. 2016).
- *Fallbeispiel globale Öffentlichkeit:* Habermas liefert einen zentralen Referenzpunkt für die Erforschung der Entstehung einer kosmopolitischen Öffentlichkeit (Szerszynski und Urry 2002). Ein schönes Beispiel ist hier die Anti-Apartheid-Bewegung als der „perhaps most highly transnationally integrated social movement during the post-war era", die zeigt, dass für die Entstehung einer globalen Zivilgesellschaft das Vorhandensein eines globalen Themas wichtiger ist als die Entstehung des Internet (Thörn 2007).

Zusammenfassung

In diesem Kapitel haben Sie Grundlagen der Untersuchung der Beeinflussung durch mediale Produktion kennengelernt.

- Sie kennen und verstehen jetzt die Kritische Theorie mit ihrem Beharren auf einer normativ orientieren Analyse sowie Grundzügen ihrer Geschichte und ihres zentralen Werkes.
- Sie wissen und verstehen jetzt, in welchen Feldern Beeinflussung durch mediale Produktion sich auswirkt und warum in hier die vom Normalfall wertfreier Wissenschaft abweichende Kritische Theorie wertvolle Impulse zu geben vermochte.
- Sie kennen und verstehen Jürgen Habermas' Theorie des kommunikatives Handelns.
- Und Sie kennen und verstehen die Konzepte von Politik und Öffentlichkeit und die Grundzüge von Habermas' Theorie der Öffentlichkeit.

Kontrollfragen

1. Zu welchen Problemen führt die Bedeutung von Aufmerksamkeit in der Sichtweise von Pierre Bourdieus Studie Über das Fernsehen?
2. Welche beiden Aspekte gehören für Jürgen Habermas zum Begriff der Öffentlichkeit?
3. Inwiefern ist Jürgen Habermas ambivalent in seiner Darstellung der bürgerlichen Öffentlichkeit bis ins frühe 19. Jahrhunderts?
4. Nach welchen beiden Kriterien unterscheiden lassen sich die drei Bereiche der normalen akademischen oder ‚professionellen' Soziologie, der Policyforschung und der sogenannten ‚Public sociology' gegeneinander abgrenzen? Zeichnen Sie die entsprechende Matrix mit ihren beiden Dimensionen! Welche Theorie nimmt das vierte Feld dieser Matrix ein?
5. Nennen Sie drei Unterschiede zwischen Wahrheit und Wahrhaftigkeit in Habermas' Theorie des kommunikativen Handelns!
6. Nennen Sie Gemeinsamkeiten und Unterschiede in dem, wie einerseits Max Horkheimer und Theodor Adorno und andererseits Jürgen Habermas jeweils die Zeit seit dem späten 19. Jahrhundert kritisieren, indem sie ihr das frühe 19. Jahrhundert als positivere Gegenwelt gegenüberstellen.

Literatur

Zentrale Referenzen

Adorno, Theodor W., und Max Horkheimer. 1967. In *The Authoritarian personality: Studies in prejudice*, Hrsg. Samuel H. Flowerman. New York: Science Editions.
Bourdieu, Pierre. 1979. *La distinction: Critique sociale du jugement*. Paris: Minuit.
Bourdieu, Pierre. 1996. *Sur la télévision; Suivi de L'emprise du journalisme*. Paris: Raisons d'Agir.
Bourdieu, Pierre. 1998. *Über das Fernsehen*. Frankfurt a. M.: Suhrkamp.
Buber, Martin. 1923. *Ich und Du*. Leipzig: Insel.
Burawoy, Michael. 2005. For public sociology. *American Sociological Review* 70:4–28.
Goffman, Erving. 1959. *The presentation of self in everyday life*. Harmondsworth: Penguin Books.
Habermas, Jürgen. 1981. *Theorie des kommunikativen Handelns*. Frankfurt a. M.: Suhrkamp.
Habermas, Jürgen. 1999. *Strukturwandel der Öffentlichkeit: Untersuchungen zu einer Kategorie der bürgerlichen Gesellschaft*. Frankfurt a. M.: Suhrkamp. (Erstveröffentlichung 1962).
Hölscher, Lucian. 1978. Öffentlichkeit. In *Geschichtliche Grundbegriffe*, Hrsg. Stuttgart, 413–467. Stuttgart: Klett-Cotta.

Horkheimer, Max, und Theodor W. Adorno. 2013. *Dialektik der Aufklärung: Philosophische Fragmente*. Frankfurt a. M.: Fischer. (Erstveröffentlichung 1944).
Merton, Robert King. 1966. *Social theory and social structure*. New York: Free Press. (Erstveröffentlichung 1942).
Weber, Max. 1988. Die „Objektivität" sozialwissenschaftlicher und sozialpolitischer Erkenntnis. In *Gesammelte Aufsätze zur Wissenschaftslehre*, Hrsg. Johannes Winckelmann, 146–148. Tübingen: Mohr-Siebeck. (Erstveröffentlichung 1904).

Beispiele mediensoziologischer Studien

Browne, I., N.D. Deckard, und C. Rodriguez. 2016. Different game, different frame?: Black counterdiscourses and depictions of immigration in Atlanta's African-American and mainstream press. *Sociological Quarterly* 57:520–543.
Fuchs, Christian. 2010. Alternative media as critical media. *European Journal of Social Theory* 13:173–192.
Jacobs, Ronald N. 1999. Race, media and civil society. *International Sociology* 14:355–372.
Jarren, Otfried. 2019. Fundamentale Institutionalisierung: Social Media als neue globale Kommunikationsinfrastruktur. *Publizistik* 64:163–179.
Lindemann, Gesa. 2012. Die Kontingenz der Grenzen des Sozialen und die Notwendigkeit eines triadischen Kommunikationsbegriffs. *Berliner Journal für Soziologie* 22:317–340.
Lunt, P., und S. Livingstone. 2013. Media studies' fascination with the concept of the public sphere: Critical reflections and emerging debates. *Media, Culture and Society* 35:87–96.
Myers, Greg. 2000. Entitlement and sincerity in broadcast interviews about Princess Diana. *Media, Culture and Society* 22:167–185.
Szerszynski, Bronislaw, und John Urry. 2002. Cultures of cosmopolitanism. *The Sociological Review* 50:461–481.
Thörn, Håkan. 2007. Social movements, the media and the emergence of a global public sphere: From anti-apartheid to global justice. *Current Sociology* 55:896–918.

Lehrbücher

Iser, Mattias, und David Strecker. 2010. *Jürgen Habermas zur Einführung*. Hamburg: Junius.
Rosa, Hartmut, David Strecker, und Andrea Kottmann. 2007. Kritik der Verständigungsverhältnisse. In *Soziologische Theorien*, Hrsg. Jürgen Habermas, 130–150. Konstanz: UVK.

Weitere Referenzen

Lenski, Gerhard E. 1966. *Power and privilege: A theory of social stratification*. New York: McGraw-Hill.

Die Rolle der Technik   12

> **Überblick**
> Sozialer Wandel und der technische Wandel von Medien sind nicht zu trennen – einerseits hat das Internet insbesondere seit den 1990er Jahren massiv zur gesellschaftlichen Veränderung beigetragen, andererseits ist es selbst eine Neukombination von technischen Möglichkeiten, die schon länger da waren und erst durch die Individualisierung und neuen Interaktionsformen seit 1968 zu Nachfrage nach dieser spezifischen medialen Form und ihrem Angebot geführt haben. Und dieser Medienwandel und seine Auswirkungen sind das beherrschende Thema der gegenwärtigen Mediensoziologie. Grundlagen seiner Analyse kommen aus zwei Richtungen:
>
> - Erstens bietet die allgemeinsoziologische und mediensoziologische Theorie spezifische Ansätze, von denen wir die frühen mediensoziologischen Überlegungen der beiden kanadischen Klassiker Harold Innis und Herbert Marshall McLuhan und die in den 1980er Jahren von Bruno Latour, Michael Callon und anderen entwickelte Akteur-Netzwerk-Theorie diskutieren.
> - Andererseits gibt es aktuell verschiedene konkrete Entwicklungen, zu denen wir drei eigene Diskussionen genauer anschauen. Medial produktives Handeln im Internet folgt erstens zu einem großen Teil intrinsischen Produktionsmotivationen, die im sozialen Ergebnis zum neuen Typ der sogenannten „Prosumption" führen. Zweitens kreist eine eigene Diskussion um die individuellen Konsequenzen der Einbindung

und Aktivität im Internet. Und drittens erfolgt Produktionshandeln im Internet oft anonym, ohne Preisgabe der Identität, so dass die Zurechnung von Verantwortung unterbunden wird.

Die Konsequenzen des Internet im öffentlichen Diskurs werden in den kommenden Kapiteln diskutiert.[1]

12.1 Technische Beeinflussung in der (medien-) soziologischen Theorie

Medien sind nicht einfach nur neutrale Vermittler, die eine hinter ihnen stehende „objektive" Realität abbilden würden. Sie leisten vielmehr einfach durch ihr technisches So-sein einen eigenen Beitrag zur sozialen Interaktion und damit zu den in ihr entstehenden sozialen Strukturen. Dieser Gedanke durchzieht in allem Schimpfen über Film und Radio die *Dialektik der Aufklärung*. Wenn Horkheimer und Adorno schreiben, „Das Leben soll […sich] vom Tonfilm nicht mehr sich unterscheiden lassen, [… d]ie Verkümmerung der Vorstellungskraft und Spontaneität des Kulturkonsumenten heute braucht nicht auf psychologische Mechanismen erst reduziert zu werden" (Horkheimer und Adorno 2013, S. 154), so geht es ihnen um die spezifische Einflussnahme des technischen Mediums des Films.

Das sind freilich Gedanken, die den analytischen marxistischen Rahmen der Kritischen Theorie sprengen, in dem die Produktionsverhältnisse sowohl bei Horkheimer/Adorno als auch bei Bourdieu immer der wichtigste Antrieb gesellschaftlicher Verhältnisse sind: Medien haben eigene Effekte jenseits von übertragenen Inhalten, und das gilt nicht völlig, aber doch zu einem großen Stück weit unabhängig von der Gesellschaftsform, in der sie verwendet werden.

---

[1]Es gibt noch weitere aktuelle mediensoziologischen Debatten zum Internet; für die Digital Divide, die soziale Strukturiertheit seiner Nutzung siehe Abschn. 7.5; für die Analyse internetbezogener Phänomene in Bezug auf sozialen Wandel siehe Abschn. 9.5; für das Verhältnis von Internet und sozialen Bewegungen und die Auswirkungen des Internet auf politische Partizipation siehe Kap. 13. Gänzlich ausgelassen ist eine große „Big-Data"-Diskussion zur Nutzung im Internet entstehender prozessproduzierter Daten (siehe z. B. Savage und Burrows 2007; Ruppert et al. 2013), die auf das Internet nicht spezifisch mediensoziologisch, sondern allgemeinsoziologisch instrumentell Bezug nimmt.

Diese Sichtweise auf Medien findet sich nicht nur in der Kritischen Theorie, sondern auch bei Niklas Luhmann (siehe Abschn. 6.3 oben). In die Mediensoziologie eingeführt wird sie aber von zwei Kanadiern, die die Mediensoziologie in diesem allgemeinen Sinn des Wortes (im Vergleich zum Beispiel der Soziologie der Massenmedien, wie sie die Kritische Theorie unternimmt) überhaupt begründen: Harold Innis und Herbert Marshall McLuhan. Ihre Fragestellung richtet sich darauf, welchen eigenen Beitrag Medien zur Beeinflussung sozialer Ergebnisse generieren. Innerhalb der Mediensoziologie wird diese Frage unter dem Begriff der „Generativität" verhandelt.

Harold A. Innis (Hamilton/Ontario 1894–1952 Toronto) ist Professor an der Universität von Toronto. Er beginnt als Wirtschaftshistoriker und schreibt seine Dissertation über die Geschichte der Canadian Pacific Railway (Innis 1923). Danach arbeitet er über wirtschaftshistorische Themen wie den Biberpelzhandel (Innis 1956) und die Kabeljaufischerei und kommt zu Analysen der kanadischen Papier-, Zeitungs- und allgemein Mediensituation (Innis 1949) und darüber zu explizit mediensoziologischen Schriften (Innis 1972, 2004, 2006).

In *Empire and communications* ([1950] 1972) macht er eine Unterscheidung mit einem großen erklärenden Anspruch: Die Verwendung bestimmter Medien soll Aufstiege und Niedergänge ganzer Weltreiche bewirkt haben! Hierzu unterscheidet Innis zunächst zwischen zeitbindenden und raumbindenden Medien. Zeitbindende Medien sind haltbar, wie zum Beispiel Ton- oder Steintafeln, aber auch Bücher. Innis fasst auch persönliche Kommunikation unter die zeitbindenden Medien, weil sie in seiner Sichtweise stabile Kommunikationsbeziehungen voraussetzt (siehe aber interessanterweise neuerdings Small 2013!). Dem gegenüber stellt er raumbindende Medien, die große Räume verbinden, aber dafür kurzlebig sind. Seine Beispiele sind Radio, Fernsehen und Zeitung, und sicher wäre für ihn das Internet noch viel mehr raumbindend und kurzlebig gewesen (Snapchat!), auch wenn es inzwischen sein zeitbindendes Potenzial zu zeigen beginnt.

Mit dieser Unterscheidung verbindet sich die These, dass für die Stabilität von Gesellschaftsordnungen eine Balance der beiden Medienarten notwendig sein bzw. jedenfalls nicht die raumbindenden Medien überhand nehmen dürften. Er untermauert diese These mit einer Untersuchung der Effekte von Kommunikationsmedien auf Aufstieg und Fall antiker Reiche (Ägypten, Mesopotamien, Griechenland, Rom), bei denen er jeweils untersucht, welche Medien Wachstum, Blütezeit und Niedergang begleiten, und daraus die These ableitet, das für den Aufbau und Bestand sozialer Institutionen eine Balance zwischen Medienarten notwendig ist. So setzt etwa der Abstieg Griechenlands mit einem Überhandnehmen raumgerichteter Medien nach der alexandrinischen Expansion ein. Aus dieser Haltung leitet Innis eine kritische Position gegenüber dem Fernsehen anstatt von Büchern ab, und er wäre sicher noch kritischer dem Internet gegenüber gewesen. *Empire and communications* wurde als Geniestreich und fulminanter Ausgangspunkt der Mediensoziologie angesehen, sein jüngerer Kollege Marshall McLuhan beschrieb Innis als „[t]he first person in the Western World to make an exclusive study of the effects of technological innovation and the related disequilibrium in man and society." Aber welche Mechanismen im beschrieben Zusammenhang genau spielen, wird von Innis nicht beschrieben.

Die mediensoziologische Theoriebildung in Toronto wird von besagtem jüngeren Kollegen Herbert Marshall McLuhan fortgeführt (Edmonton 1911–1980 Toronto). McLuhan ist heutzutage vor allem bekannt für die Erfindung der Metapher des ‚globalen Dorfes' (global village) und allgemeiner dafür, dass er in seinem Werk *The Gutenberg Galaxy* bereits 1962 Beschreibungen liefert, die sehr gut auf das Internet passen, das sich erst 30 Jahre später in den von ihm beschriebenen Formen auszubreiten beginnt:

> „Instead of tending towards a vast Alexandrian library the world has become a computer, an electronic brain, exactly as an infantile piece of science fiction. And as our senses have gone outside us, Big Brother goes inside. So, unless aware of this dynamic, we shall at once move into a phase of panic terrors, exactly befitting a small world of tribal drums, total interdependence, and superimposed co-existence. [...] „Terror is the normal state of any oral society, for in it everything affects everything all the time. [...] In our long striving to recover for the Western world a unity of sensibility and of thought and feeling we have no more been prepared to accept the tribal consequences of such unity than we were ready for the fragmentation of the human psyche by print culture." (McLuhan 1962, S. 32)

In *The Gutenberg Galaxy* stellt McLuhan Druckkultur und elektronische Medien einander gegenüber. Die Druckkultur ist für ihn visuell und individualistisch, die Hör- und Sprechkultur der elektronischen Medien hingegen kollektivistisch. McLuhan prognostiziert, dass die elektronischen Medien die Druckkultur verdrängen werden. Daraus folgt seiner Ansicht nach eine durch elektronische Medien hervorgerufene und bestärkte gegenseitige Abhängigkeit. Aus dieser ergibt sich eine kollektive Identität der Menschheit ganz ähnlich der vormodernen Dorfstruktur. Hieraus erklärt sich die Metapher des globalen Dorfes.

McLuhans zweite These zum Thema Generativität ist diejenige der Medieneffekte jenseits von Inhalten. Er entwickelt sie in *Understanding Media* (1964) und repliziert sie in *The medium is the massage* (mit zwei Koautoren, 1967), einem Bestseller, von dem weltweit mehr als eine Million Exemplare verkauft wurden. Das Buch sollte übrigens ursprünglich natürlich „The medium is the message" (mit e) heißen, aber als McLuhan einen ersten Entwurf bekam, in dem

12.1 Technische Beeinflussung in der (medien-)soziologischen Theorie

aus Versehen der Begriff Massage mit a stand, übernahm er diese Schreibweise ganz begeistert, weil sie seine Sichtweise sehr schön auf den Punkt brachte. In beiden Büchern wird die These entwickelt, dass die Charakteristiken eines Mediums individuelle und soziale Auswirkungen haben ganz unabhängig von den übertragenen Inhalten. Der Blick auf technische Medien und ihre Effekte, wie wir sie im ersten Abschnitt beschrieben haben, geht also auf McLuhan zurück:

- Die Glühlampe erzeugt soziale Effekte durch Hellräume im Dunkeln, die zum Beispiel ab den 1880er Jahren auf einmal das Lesen oder ein ausgedehnteres soziales Leben am Abend ermöglicht.
- Das Fernsehen zentriert Familienleben um den Fernseher und führt so zu einer anderen Form von Gemeinsamkeit.
- Zeitbindung: in den 1950ern können Filme nur als Ganzes gesehen werden, aber ein Buch ermöglicht selektives Lesen.

In einer dritten These in denselben Texten thematisiert McLuhan eine bestimmte Art der Unterscheidung zwischen Medienarten, aus denen sich bestimmte eigene Auswirkungen ergeben. Er postuliert eine Unterscheidung in heiße und kalte Medien. Diese Unterscheidung basiert auf zwei definierende Charakteristiken von Medien, die aufeinander bezogen sind: Auflösung und Beteiligung.

- Auflösung, oder anders gesprochen der Informationsgehalt des Medium beschreibt, wie viel Information das Medium liefert.
- Beteiligung, oder die Informationsaktivität des Rezipienten, beschreibt, wie viel Information der Rezipient sich selbst erschließen muss.

Diese beiden Charakteristiken sind komplementär zueinander, Information wird also hier gewissermaßen als Nullsummenspiel gesehen. Auf der Basis dieser Charakteristiken unterscheidet McLuhan ‚heiße' und ‚kalte' Medien: Heiße Medien sind charakterisiert durch hohe Auflösung und geringe Beteiligung, kalte Medien hingegen durch niedrige Auflösung und hohe Beteiligung (Tab. 12.1). Später wird diese Gegenüberstellung eher als Kontinuum denn als Antagonismus aufgefasst, bleibt aber als Unterscheidungsdimension wichtig (Casetti und Somaini 2013).

Oben in Abschn. 6.1 haben wir gesehen, wie sich die mikro-orientierte Analyse in der Soziologie von den 1950er bis zu den 1980er Jahren recht langsam entwickelt hat. In den hier betrachteten vier Arbeiten, die allesamt heute als Klassiker der Mediensoziologie angesehen werden, liegt parallel (und sogar ein wenig früher und schneller) für die Mediensoziologie dieselbe klare Tendenz vor, von einer vollkommen makro-orientierten Analyse bei Innis über eine auch noch sehr

Tab. 12.1 ‚Heiße' und ‚kalte' Medien bei McLuhan

Medium	Auflösung	Beteiligung	Bsp. Audiokommunikation	Bsp. Nachrichten	Bsp. Illustration
Heiß	Hoch	Gering	Radio	Fernsehen	Foto
Kalt	Niedrig	Hoch	Telefon	Zeitung	Cartoon

makro-orientierte, aber schon in Annahmen über Strukturen auf der Mikroebene fundierte These zum Übergang von der Druckkultur zu elektronischen Medien in McLuhans *Gutenberg Galaxy* bis zu sehr viel mehr meso- und mikroorientierten Thesen in *Understanding media* und *The medium is the massage*. Die Mediensoziologie vollzieht also (ohne sich jemals explizit auf jene zu beziehen) eine ganz analoge Entwicklung wie die allgemeine Soziologie von Parsons über Mills zu Coleman.

Aktuell werden solche Fragen zur formalen Beeinflussung durch Medien angesichts der immer noch relativen Neuheit des Internets bzw. inzwischen des mobilen Internets als Medium natürlich vor allem in Bezug auf seine Auswirkungen diskutiert.

Aber auch für die Verhältnisse älterer Medientypen zueinander sind hier noch nicht alle Fragen beantwortet: Welche unterschiedlichen formalen Einflüsse haben unterschiedliche Medien? Persönliche Kommunikation, Bücher, Zeitungen, Radio, Kino, Fernsehen, stationäres und mobiles Internet existieren ja heutzutage alle nebeneinander und erlauben die Untersuchung von Wandlungen in der Mediennutzung gegeneinander. Die Untersuchung der formalen Beeinflussung durch Medien kann man systematisch als einen Spezialfall des sozialen Einflusses von Technologien einordnen, in diesem Sinne wird sie mit Mitteln erforscht, die auch in Bezug auf andere Technologien verwendet werden (siehe z. B. Degele 2002; Häußling 2014).

Ein spezieller Ansatz, der in der allgemeinen Soziologie ein Instrumentarium bietet, technische Artefakte relational analog zu handelnden Akteuren zu betrachten, ist die wesentlich von Bruno Latour und Michel Callon entwickelte Akteur-Netzwerk-Theorie (ANT).

Ihr Name verwendet den Begriff Netzwerk: Die Tatsache, dass binäre Beziehungen zwischen Akteuren bestehen und die meisten Akteure mehr als eine solche Beziehung haben, führt zu der Existenz von Netzwerken. Vollkommen unabhängig von der Struktur der Netzwerke, also auch schon in der einfachen 1:1-Kommunikation stellt sich dabei die Frage, wie man mit Dingen umgeht, die ja keine Akteure sind. Latour und Callon beantworten die Frage damit, dass sie Nicht-Akteure einfach wie Akteure behandeln. Ihre zentrale These lautet: Bei der Analyse von Prozessen der wissenschaftlichen und technischen (also auch medialen) Entwicklung müssen soziale, technische und natürliche Faktoren gleichermaßen als abhängige Variable behandelt werden. Es ist unzulässig, einen dieser Faktoren als gegeben vorauszusetzen, um mit seiner Hilfe die anderen zu erklären.

Die Methode und ihre Begriffe lassen sich an Fallbeispielen aus der ANT-Literatur erklären: (Schulz-Schaeffer 2000; Van House 2004).

Fallbeispiele 20: Beispiele der Akteur-Netzwerk-Theorie
- Michel Callon untersucht ein Projekt in der Normandie, wo traditionell Muscheln geerntet werden, wo aber in den 1980er Jahren durch Überfischung und Umweltverschmutzung die Erträge zurückgehen. Eine Gruppe französischer Forscher lernt in Japan eine Technik kennen, Muscheln zu züchten in sogenannten ‚Kollektoren', speziell für diesen Zweck gestalteten Behältern, in denen sie die ‚Jugend' geschützt verbringen. Es dauert etwas, bis sie ein geeignetes Design für die Kollektoren gefunden haben, das für die spezifischen französischen Kammmuscheln geeignet ist (Callon 1986).
- Bruno Latour untersucht die Rolle des schweren Schlüsselanhängers, der in Hotels oft an den Schlüsseln hängt, damit diese nicht mitgenommen, sondern an der Rezeption abgegeben werden (Latour 1990).
- In einem anderen Text beschreibt er automatische Türschließer, die die frühere Rolle des Portiers in wohlhabenden Häusern übernommen haben, und von verschiedenen ‚Gradienten' von Menschlichkeit in der Verkehrsregelung, von echten Polizisten über fähnchenschwenkende anthropoide Maschinen und Verkehrszeichen bis zur Bodenschwelle (Latour 1992).

Wie Luhmann werfen Latour et al. den alltagssprachlichen und fachdisziplinären Vokabularen vor, mit vom Menschen ausgehenden Vorannahmen über Status und Wirkungsweise solcher Entitäten Einsichten zu verstellen. Wie Luhmann bauen sie daher ein eigenes Vokabular auf, aus dem wir im Folgenden einige Begriffe an beliebten ANT-Beispielen erklären (Tab. 12.1).

Als Vorteile dieser Vorgehensweise führen ANT-Autoren zwei Argumente an:

- Sie sehen es als eine *notwendige Radikalisierung des Konstruktivismus*, bei der Herausarbeitung von Konventionen auch diejenigen Erwartungen miteinzubeziehen, die von nichtmenschlichen Akteuren ausgehen und auf diese wirken.
- Empirisch soll daraus ein *klarerer Blick auf tatsächliche Prozesse* folgen, als wenn man von herkömmlichen Unterscheidungen ausgeht.

Bei den in Tab. 12.2 aufgeführten Beispielen sind die sachlichen Aktanten von den sie einführenden Akteuren sehr bewusst mit ihren Präskriptionen und Inskriptionen gestaltet. Für einige der Anwendungen der ANT in der neueren Mediensoziologie wie zum Beispiel Formulare (Kameo und Whalen 2015), Tsunami-Warnsysteme (Farias 2014) oder 3D-Modelle (Plesner und Horst 2013) ist das auch der Fall.

Andere Beispiele zeigen aber, dass die ANT auch ohne diese Intentionalitätsannahme sinnvoll verwendet werden kann, wie etwa in Bezug auf die Rolle des Radios (Michelsen und Krogh 2017), für technische Medien wie Bilder (Kurasawa 2015), aber auch für die selbstreflexive Frage, wie bestimmte Erhebungsmedien und andere Arbeits„dinge" die Soziologie selbst prägen (Adalet 2015; Guggenheim 2015). Es geht aber auch viel alltagsnäher: Heutzutage haben Organisationen notwendigerweise eine Website. Wenn eine Organisation sich nun in einem Veränderungsprozesses mit ungewissem Ausgang befindet, muss die Website trotzdem gepflegt und damit immer eine bestimmte Form der Außenkommunikation aufrechtzuerhalten werden. Daraus ergeben sich genauso

Tab. 12.2 Einige Begriffe der Akteur-Netzwerk-Theorie

Begriff	Definition		Bsp. Kammmuscheln	Bsp. Schlüssel	Bsp. Türschließer
Übersetzung	(Um-)Definitionen von Identitäten zur Etablierung von Verbindungen		Übertragung der japanischen Technik auf die Spezies der Kammmuscheln	Hinzufügung des Schlüsselanhängers	Ersetzung des Portiers durch einen technischen Türschließer
Aktant	Ding (sachlicher Aktant)		Muscheln, Kollektoren	Schlüsselanhänger	Technischer Türschließer
	Sozialer Akteur		Fischer, Forscher	Hotel, Gäste	Kollektiv, einzelne
Skript	Rolle bzw. Verhaltensweise		Wachsen an Kollektoren	Zurückbringen des Schlüssels	Schließen der Tür
Präskription	Schaffung von Voraussetzungen für Aktantenverhalten		Schaffung / Gestaltung der Kollektoren	Anbringung des Schlüsselanhängers	Anbringung des Türschließers
Inskription	Aktantenfestlegung auf ein Skript		Tatsächliches Wachsen der Muscheln	Gewichtsausübung für Anhänger, Zurückbringen des Schlüssels für Gäste	Türschließung durch Türschließer

sehr bestimmte Präskriptionen und Inskriptionen, die ebenso aus intentionalen wie aus nicht-intentionalen, einfach durch die technische Form des Mediums vorgegebenen Aspekten des „Aktanten" Internet kommen (Lemke 1999).

12.2 Drei Aspekte des Internet

Das Internet ist ein System miteinander vernetzter Computer. Ein Teil von ihnen sind die sogenannten Server, auf die im Prinzip alle Computer des Internets, sowohl die sogenannten Clients als auch andere Server, über die Netzwerkverbindungen zugreifen können. Für jeden abrufenden Computer (Client oder Server) A und dessen Nutzer X gibt es eine große Zahl von inhaltsanbietenden Computern (Servern) B, auf denen Nutzer Y ihre Inhalte abspeichern, für jeden dieser inhaltsanbietende Computer B mit seinen Nutzern Y eine große Zahl von abrufenden Computern A mit Nutzern X. Letzteres ist analog zu den klassischen Massenmedien, ersteres markiert die Differenz. Die Möglichkeiten, selbst mediale Inhalte zu produzieren, sind also das Besondere des Internets. Sie präsentieren den Nutzern neue Handlungsmöglichkeiten, und sie erzeugen neue Muster der Rezeption.

12.2.1 Prosumption/Produsage

Die Server, die es gibt, lassen sich grob aufteilen in Portale, Anbieter eigener Inhalte, Plattformen für Anbieter, das heißt Unternehmen (Business-to-Consumer, B2C und Business-to-Business, B2B), aber auch selbstständig tätige Arbeitnehmer, und Plattformen für Konsumenten (C2C). Wie so oft sind die Grenzen ein Stück weit fließend, und es gibt auch Unternehmen, die mehrere Strategien verfolgen: zum Beispiel ist das Plattformangebot für Unternehmen für Amazon, Ebay oder Linkedin als lukrative Zweitstrategie zum zunächst verfolgten Geschäftsmodell hinzugekommen. Aber als erste Strukturierung des Feldes kann sie hilfreich sein (Tab. 12.3).

All diese Typen von Unternehmen werden in der einen oder anderen Weise von der Mediensoziologie thematisiert. Das schwerpunktmäßig größte Gewicht liegt aber klar auf den Plattformen für Konsumenten, die hier teils (etwa bei der Jobsuche über Linkedin oder dem Verkauf gebrauchter Dinge über Ebay) aus extrinsischen, zum größeren Teil jedoch aus intrinsischen Motiven aktiv sind und

Tab. 12.3 Typen von Internetunternehmen

Typ	Inhaltsquelle	Beispiele	Studien (Beispiele)
Portale	Andere Internetseiten	Google; Yahoo; Bing	Lee (2011) und Mager (2012)
Anbieter eigener Inhalte	Anbieter selbst	Amazon; Medien; Banken; Software-Anbieter	Wayne (2018)
Plattformen für Anbieter (B2C/B2B)	Unternehmen/Arbeitnehmer	Ebay; Uber; Linkedin; Amazon Marketplace; Upwork; Github; Instructure	Chen (2018) und Mackenzie (2018)
Plattformen für Konsumenten (C2C) inkl. sozialer Netzwerke	Konsumenten	Youtube; Facebook; Wikipedia; Twitter; Instagram; Linkedin; Ebay; Pinterest; Yelp; Imgur; Reddit	Siehe im nächsten Abschnitt

dabei durch die Plattformen die Möglichkeit erhalten – und sie auch nutzen – selbst mediale Inhalte zu produzieren. Das wird mit dem Begriff sogenannten Prosumption gefasst, der production und consumption zusammengesetzt ist.

Das Internet hat diesen Begriff und die mit ihm verbundene soziale Tatsache verbreitet, die schon ein gutes Stück älter sind: Den Akteurstypus des Prosumers oder Prosumenten und den durch ihn ausgeübten Handlungstyp der Prosumption. Bereits 1972 beschrieb Marshall McLuhan die Erwartung, dass die klare Trennung der Rollen von Verbraucher und Produzenten ein Ende finden würde (McLuhan und Nevitt 1972). Der Begriff Prosumer wurde durch den Zukunftsforscher Alvin Toffler im Jahr 1980 geprägt (der eine ähnliche Überlegung schon zwei Jahre vor McLuhan angestellt hatte: Toffler 1970, 1980). Toffler argumentierte dabei gar nicht technisch oder gar medial, sondern im Wesentlichen ökonomisch: Er erwartete, dass die Massenproduktion von Standardprodukten ihre Marktsättigung erreichen würde. Als Strategie zur Differenzierung von Mitbewerbern würden Unternehmen dazu greifen, Produkte zu individualisieren und dabei ihre Kunden als Mitgestalter, eben als Prosumenten, notwendigerweise miteinbeziehen müssen.

Diese ökonomischen Strategien werden durch das Internet in einem zuvor ungekannten Maße möglich.

> **Fallbeispiele 21: Beispiele für Prosumption**
> Individuen beteiligen sich zum Beispiel an der Verfassung von Wikipedia-Einträgen, schreiben Buchbesprechungen, die auf Amazon.com anderen Käufern hilfreich sind, oder erleichtern Universitäten in Citizen-Science-Projekten die Arbeit. (Ritzer 2014) Ein großer Teil von Prosumption ist eine Auslagerung von Kosten, wie der Zusammenbau von Ikea-Regalen oder die Direktbuchung von Reiseleistungen über das Internet, anstatt ein Reisebüro dafür in Anspruch zu nehmen, oder eine Vereinfachung, wie die Nutzung eines Geldautomaten oder der Kontoverwaltung via Internet, anstatt die entsprechenden Geschäfte am Bankschalter zu tätigen. Hier übernimmt der Konsument einfach Teile des Leistungsspektrums vor allem im Dienstleistungsbereich, das zuvor vom Produzenten angeboten wurde, und bekommt teils Kostenersparnis und teils Bequemlichkeit dafür.

Aber die Beispiele Wikipedia, Amazon und Citizen Science zeigen, dass hier auch intrinsische Motivationen wirken. Diese werden betont in der Verwendung des alternativen Begriffs Produsage, der durch den australischen Mediensoziologen Axel Bruns geprägt wurde (Bruns 2008). Usage, also Nutzung ist für ihn als Basisbegriff geeigneter als Consumption/Konsum, um auf den kreativen und in diesem Sinne unrestringiert intrinsisch-selbstverwirklichenden Aspekt hinzuweisen.

Der empirische Blick einzelner auf diese Konzepte aufbauenden Studien ist ein durchaus kritischer.

- Das betrifft zum einen die *Prozesskontrolle:* In vielen Fällen sitzen die Anbieter an einem längeren Hebel, der sehr bewusst gesteuert wird. In kollektiven Foren der Nutzer, die sie zur Verfügung stellen, kann sich durchaus Raum für unabhängiges Handeln und Innovation der Nutzer herausbilden. In solchen Fällen bleiben solche prosumptiven Räume verwaltete Communities, in denen Funktionen an die Community oder Drittorganisationen ausgelagert und zu anderen Zeiten auch wieder zurückgezogen werden. Von Visionen einer nahtlosen Integration von Produzenten und Nutzern, die an Tofflers oder noch mehr Bruns' Begriff anschließen, ist dieses Bild weit entfernt (Johnson et al. 2014). Aber es gibt halt auch Fälle wie die als nutzergesteuertes Projekt aufgesetzte Wikipedia oder Online-Spiele, in denen Nutzer sich kreativ einbringen können, die eher Bruns' Vorstellung entsprechen.

- Andererseits fragt die Kritik nach den *Verteilungswirkungen* gerade dieser intrinsisch motivierten Nutzerbeiträge, die ja ins Eigentum des zentralen medialen Anbieters übergehen, und die so als freiwillige und unbezahlte Arbeitsleistung erbracht werden (Fast et al. 2016) und die hierarchische, kapitalgetriebene und gewinnorientierte Struktur der Inhaltsanbieter aus dem Blick nimmt (Fisher 2010).
- Schließlich scheint sich die *Digital Divide* auch in der Prosumption bzw. vor allem der Produsage niederzuschlagen. Selbst unter den Menschen, die das Internet nutzen, ist die Beteiligung an Formen der kreativen Partizipation positiv mit Schicht- oder Statusmerkmalen verknüpft (Schradie 2011). Das deutet darauf hin, dass das Problem der Ausbeutung des Prosumers bzw. Produsers sich weniger stark stellt, aber dafür die nutzergenerierten virtuellen sozialen Realitäten eine klare Verzerrung ‚nach oben', d. h. in Richtung elitärer Positionen aufweisen.

12.2.2 Soziale Netzwerke und Isolation vs. Sozialkapital

Das quantitativ größte Interesse der Mediensoziologie richtet sich innerhalb der Plattformen für Konsumenten auf die sozialen Netzwerke, die einige Probleme lösen und dafür andere, neue, schaffen.

Unter den frühen Analytikern des Internets in den 1990er Jahren gab es die Hoffnung, das Internet würde jedem das mediale Produzieren erlauben. Dabei stellten sich aber dennoch noch folgende Fragen:

- Wie sollte die *Produktion* gehen? Obwohl die finanziellen Kosten gegenüber traditionellen Medien dramatisch reduziert waren, waren immer noch Ressourcen (in allen drei Kapitalsorten, siehe Kap. 4) nötig, die nicht jeder hatte, zum Beispiel das Geld zum Betreiben eigenen Webspaces, Kenntnisse der Internet-Programmiersprache HTML und Zugang zu Menschen, die bei auftretenden Problemen helfen konnten.
- *Auswahl:* Wer sollte was rezipieren? Bei in etwa gleichbleibend knappen Zeitressourcen für die Rezeption steigt mit der Menge des Produzierten die Notwendigkeit der Auswahl.
- *Zugang:* Wer darf etwas rezipieren? Die klassischen Massenmedien hatten eine klare Trennung zwischen Privatsphäre und Öffentlichkeit; alles, was in ihnen weitergegeben wurde, war prinzipiell für alle zugänglich. Diese Dichotomie wurde mit dem Internet obsolet, sodass sich neu die Frage stellt, wem man welche Inhalte zugänglich machen will.

12.2 Drei Aspekte des Internet

- Wie erfährt man *Resonanz*? Bei den klassischen Massenmedien war die Rezeption so breit, dass Produzenten von ihr ausgehen konnten, zudem gab es Leserbriefe und andere definierte Kanäle für Resonanz.

Für alle vier Probleme bieten soziale Netzwerke (social network services, SNS) eine Lösung, deren Erforschung in den mittleren und späten 2000er Jahren in Gang kam (Donath und Boyd 2004; Boyd und Ellison 2007; Ellison et al. 2007; Marwick und Boyd 2011).

- Zum einen erleichtern sie es in maximaler Weise, etwas zu produzieren. Zuerst fiel die Notwendigkeit weg, die Codiersprache von Internetseiten HTML zu beherrschen, und mit einem Smartphone mit Aufnahmefunktion muss man nicht einmal mehr schreiben können, um etwas medial produzieren zu können.
- Für das zweite Problem bieten alle Plattformen Lösungen an. Das zentrale Spezifikum sozialer Netzwerke ist die Möglichkeit der Herstellung, Verwaltung und Nutzung von Beziehungen zu anderen Mitgliedern, die damit als Filter für Inhalte dienen: Was „Freunde" erstellt haben, bekommt man vorzugsweise zur Rezeption angeboten. Mediensoziologisch ist dies das Hauptabgrenzungskriterium für SNS. Youtube zum Beispiel wird zwar so in Branchensicht nicht zum SNS, aber mediensoziologisch in einer analogen Perspektive gesehen.
- Die über die Auswahl hinausgehende Frage der Filterung wird von unterschiedlichen sozialen Netzwerken unterschiedlich gelöst und teils zur Differenzierung, teils auch zur Generierung von Einnahmen verwendet; in jedem Fall bieten die SNS-spezifischen Netzwerkbeziehungen hierfür eine gute Grundlage.
- Weniger spezifisch, aber für den Erfolg der SNS sehr bedeutsam, ist die Möglichkeit zur Herstellung von Resonanz durch Kommentare oder einfache Bekundungen von Zustimmung („Likes").

Tab. 12.4 fasst diese Probleme und Lösungen zusammen.

Tab. 12.4 Probleme vernetzter Produktion und Lösungen durch SNS-Plattformen

Problem	Lösung durch SNS-Plattformen
Produktion	Texteinträge und Datei-Uploads
Auswahl	Netzwerkbeziehungen = Produktionskanäle
Zugang	SNS-spezifisch, meist durch Netzwerkbeziehungen
Resonanz	Likes und Kommentare

Die individuellen Konsequenzen des Engagements in sozialen Netzwerken werden vor allem aus der Richtung einer Fragestellung thematisiert, die wir schon kennen:

Sie lässt sich festmachen an einer 1998 erschienenen sehr pessimistischen Studie. Die These steckte im Titel: „Internet Paradox: A Social Technology That Reduces Social Involvement and Psychological Well-Being?" (Kraut et al. 1998) Zu einem Zeitpunkt, als erst etwa ein Sechstel der amerikanischen Haushalte Internetzugang hatten, untersuchten die Autoren ein Sample von 93 Familien und um die 200 Individuen in verschiedenen Stadtvierteln von Pittsburgh, und konstatierten, dass die Nutzung des Internet zu weniger Kommunikation in der Familie, kleinere Beziehungsnetzwerken sowohl vor Ort als auch insgesamt, und höheren Werten für Depression und Einsamkeit führten. Man erkennt hierin, um zwei Jahre vorweggenommen, unschwer die Mahnung von Robert Putnam in *Bowling Alone* wieder (siehe Kap. 4) vor dem Verlust von Sozialkapital und resultierend sich ausbreitender sozialer Isolation durch die Nutzung technischer Medien. Sie steht in diametralem Gegensatz zu dem Selbstverständnis sozialer Netzwerke, ja gerade Sozialkapital befördern zu wollen.

Nach zwei Dekaden der Forschung scheint es aber so, als könne hier tendenziell Entwarnung gegeben werden. Zwar gibt es in der Tat Anzeichen der Zunahme sozialer Isolation jedenfalls in den USA (Parigi und Henson 2014), aber der Eindruck eines negativen Effekts der sozialen Vernetzung via Internet auf diejenige in der realen Welt scheint eher aus theoretischen Überlegungen (ebd.) oder falscher Einzelfallgeneralisierung abgeleitet zu sein statt aus empirischer Evidenz. Von den empirischen Studien ist zwar keine überschäumend optimistisch, aber entweder wird gar kein belastbarer Effekt gefunden (Matzat und Sadowski 2015) oder aber die Befunde gehen tendenziell in eine positive Richtung: Während Fernsehen wie von Putnam beschrieben offenbar schlecht für die soziale Einbettung in der realen Welt ist (Hooghe und Oser 2015), scheint die Nutzung sozialer Netzwerke sich eher positiv auszuwirken (ebd.; Rosenfeld 2017; Fortunati et al. 2013; Hampton et al. 2011; Hampton und Ling 2013). Manche Forscher verwenden daher schon den Begriff der Moral Panic für die Sorge um das verlorengehende Sozialkapital (Hampton und Wellman 2018).

Noch lange nicht erschöpfend erforscht sind Interaktionen mit Individualeigenschaften, dem Kontext oder spezifischen Strategien innerhalb des Managements der online geführten sozialen Beziehungen:

- So war netzbasierte Kommunikation mit Studienkollegen am Anfang des Studiums für eine Gruppe amerikanischer Studienanfänger, die weit von zu Hause eine neue soziale Heimat finden mussten, viel hilfreicher als für eine parallele

Gruppe flämischer Studienanfänger, die das Studium nicht weit von den heimischen Netzwerken entfernt aufnahmen (Abeele und Roe 2011).
- Die Fähigkeit, überhaupt soziale Beziehungen auf elektronischem Weg zu pflegen, scheint eine persönliche Eigenschaft zu sein, die nicht jedem gegeben ist (Tufekci und Brashears 2014), und natürlich haben auch virtuell gepflegte Kontakte ihre Hochs und Tiefs ganz analog zu Freundschaften in der realen Welt (Binder et al. 2012).
- Insbesondere scheint es sinnvoll zu sein, virtuelle und reale Welt verbunden zu lassen (Goodsell und Williamson 2008; Chew et al. 2011) und auch innerhalb der virtuellen Kontakte vermehrt nicht nur instrumentell zu kommunizieren, sondern Empathie und Unterstützung auszudrücken (Quinn 2016).

12.2.3 Anonymität

Zu den Spezifiken des Internet gehört, dass diese Handlungsmöglichkeiten zu einem großen Teil entweder explizit (zum Beispiel durch entsprechende technische Schutzmaßnahmen) im Schutz von Anonymität geschehen – siehe die klassische Karikatur „On the internet, nobody knows you're a dog" (den ich Sie, falls Sie ihn nicht ohnehin schon kennen, aus urheberrechtlichen Gründen im Internet zu recherchieren bitte) – oder aber die entsprechenden Handlungsbeiträge so klein sind, dass sie den einzelnen nicht zugerechnet werden. Das führt dazu, dass die Zurechnung von Verantwortung und Sanktionen und damit zentrale Mechanismen der Aufrechterhaltung von Normen nicht so greifen wie in der nicht-virtuellen Welt.

Dahinter stehen einerseits Vorstellungen von Datenschutz und Privatsphäre – der englische Begriff „privacy" umfasst beide Bedeutungsinhalte, und soziologisch interessiert mehr der Wert, der der Privatsphäre zugebilligt wird, als der Datenschutz als das juristische Mittel dazu. Jedenfalls geht es darum, wie viel Zugang insbesondere (aber nicht nur) zu Informationen anderer gewährt wird (Anthony et al. 2017).

Wie groß der Wert ist, der der Privatsphäre individuell zugebilligt wird, ist kulturabhängig – in ärmeren Ländern wie Brasilien, Mexiko und Indien mit einem geringen Niveau von Sozialkapital und allgemeinem Vertrauen ist sie wichtiger als in Ländern wie Schweden oder Neuseeland (Reed et al. 2016). Aber als grundsätzlicher Gedanke ist sie in den westlichen Nationen als Abwehrrecht gegen Übergriffe des Staates im öffentlichen Verständnis sogar stärker verankert. Dabei sind viele Menschen sehr sorglos mit der Freigabe persönlicher Information über soziale Netzwerke – paradoxerweise selbst solche, die explizit Sorgen um Eingriffe in die Privatsphäre ausdrücken (Young und Quan-Haase 2013).

Aber wenn wirklich das Interesse daran besteht, gibt es vielfache Möglichkeiten, mediale Inhalte über das Internet anderen zur Rezeption freizugeben, ohne dabei mit der eigenen Identität für etwaige Folgen oder Normverletzungen Verantwortung übernehmen zu müssen.

Diese Möglichkeit des anonymen Verhaltens bietet Verhaltensweisen, die gegen gesellschaftliche Normen verstoßen, im Internet geschützte Räume. Das ist durchaus ambivalent: Im Zuge der gesellschaftlichen Modernisierung sind Normen als kulturbedingt und konstruiert relativiert worden, und die Frage, ob eine Norm so bedeutsam ist, dass der Verstoß gegen sie auch durch das Recht auf Privatsphäre nicht geschützt wird und also umgekehrt dieses Recht eingeschränkt werden kann, um der Norm zur Durchsetzung zu verhelfen, steht gegenwärtig für verschiedene Normen gesellschaftlich zur Klärung an.

Fallbeispiele 22: Das Spannungsfeld zwischen Anonymität und Normgeltung
- Der Extremfall einer Norm, für die im gesellschaftlichen Diskurs heute selbstverständlich ist, dass es für Verstöße gegen sie keine Rechtfertigung gibt, ist der sexuelle Missbrauch von Kindern. Trotz intensiver polizeilicher Verfolgung gibt es weiter einschlägige Foren hierfür, die es den Beteiligten erlauben, ihr Verhalten auszuüben und intern rechtfertigende Normkonstruktionen dafür zu finden (Corriveau 2010) – wobei die mediensoziologische Aufmerksamkeit eher auf den Mechanismen liegt, die dieses Thema in der medialen Öffentlichkeit zur Aufmerksamkeitserzielung nutzen (Meyer 2010; Jewkes und Wykes 2012; Zack et al. 2018).
- Relativ weit am anderen Ende des Spektrums liegt die Selbstverletzung. Sie ist als Verhalten zwar ohne direkte Fremd-, aber mit starker angenommener Selbstschädigung und starker Irritationswirkung für andere zwar nicht strafrechtlich sanktioniert, aber stark pathologisiert. Das Fehlen einer direkten Fremdschädigung aber legt eben nahe, Sichtweisen der Betroffenen, die in Internet-Gruppen ihr Verhalten als freiwillig gewählte deviante Kultur abweichenden Verhaltens zu vollziehen, eine Berechtigung zuzugestehen (Adler und Adler 2007, 2008).
- Eine Zwischenposition nehmen riskante Sexualpraktiken ein. Aus Sicht von Homosexuellen, die mit Interaktionsproblemen wie Vorurteilen, Ablehnung oder Ausgrenzung im täglichen Leben konfrontiert sind, mag die soziale Sanktionierung riskanter Sexualpraktiken in dasselbe

12.2 Drei Aspekte des Internet

kognitive Schema fallen wie solche Vorurteile (Frederick und Perrone 2014); Gesundheitspolitiker, Krankenversicherungen und Bürger, die an die Kosten für HIV-Medikamente denken, mögen das anders sehen.
- Ein letztes Beispiel ist das in Kap. 1 angesprochene Cyber-Bullying, die Ausübung aggressiven Verhaltens von Jugendlichen untereinander via Internet, das oft innerhalb sozialer Netzwerke passiert. Wie traditionelles Bullying ist es selten ein allein auf die Dyade Täter-Opfer bezogenes Problem, sondern dazu gedacht, hergestellte Machtrelationen auch nach außen deutlich zu machen. So werden Zuschauer, die nicht eingreifen, sondern als affirmatives Publikum benutzt werden, zu Mittätern und gleichzeitig Mitopfern. Sogar die ex-post-Diskussion über Extremfälle suizidaler Opfer kann in den Verdacht kommen, jene Diskurse zu stärken, aus denen heraus die Täter ihr Handeln rechtfertigen (Foreman 2015). Angesichts einer Welle der Diskussion, die das Thema in den Medien wie der wissenschaftlichen Literatur mit plötzlicher Intensität aufgenommen hat, es zunächst einmal aber allein auf Individualmerkmale der Täter, Opfer und Eltern reduziert, ist auch die Diagnose einer Moral Panic gestellt worden – was, wie die Autoren hier auch ausdrücklich betonen, ja nicht bedeutet, dass es kein soziales Problem gäbe, aber dass die Auseinandersetzung mit ihm vielleicht noch nicht ganz adäquat ist (Waldron 20 14).

Zusammenfassung

In diesem Kapitel haben Sie Grundlagen der Analyse der Beeinflussung durch die technische Form von Medien und speziell aktuell dem Internet kennengelernt:

- Sie kennen und verstehen jetzt die mediensoziologischen Thesen der kanadischen Klassiker Innis und McLuhan zur technischen Beeinflussung durch Medien, insbesondere
    - Innis' Unterscheidung von zeitbindenden und raumbindenden Medien,
    - McLuhans These der generellen technischen Medieneffekte jenseits von Inhalten und seine Gegenüberstellungen von Druckkultur und elektronischen Medien und von heißen und kalten Medien,
    - sowie die Akteur-Netzwerk-Theorie mit ihren zentralen Begriffen der Übersetzung, des Aktanten, von Skript, Prä- und Inskription.

- Sie kennen und verstehen jetzt aktuelle Forschungen zur technischen Beeinflussung durch das Internet, insbesondere
  - die Begriffe Prosumption und Produsage und die auf Prozesskontrolle, Verteilungswirkungen und Digital Divide gerichtete Kritik an ihr,
  - soziale Netzwerke als Forschungsgegenstand mit ihren vier Leistungen, Krauts kritischer These und der darauf bezogenen empirischen Evidenz,
  - sowie die Begriffe Anonymität und Privatsphäre und die Spannung zwischen ihnen und gesellschaftlichen Normen.

Kontrollfragen
1. Die Begriffe Prosumption (Toffler) und Produsage (Bruns) beschreiben überlappende Phänomene. Auf welchen Aspekt weist Bruns' Produsage-Begriff stärker hin? Geben Sie ein Beispiel alltagsweltlicher Produsage, das Bruns speziell im Blick hat, und eines, das er eher nicht meinte!
2. Als Spezialfall welcher angewandten Soziologie lässt sich die Erforschung der formalen Beeinflussung durch Medien auch darstellen?
3. In einem Text von Casetti und Somaini (2013) wird eine im Kapitel beschriebene Unterscheidung auf die neuere audiovisuelle Kultur angewandt. Dabei werden avantgardistische Filmemacher, die bewusst reduzierte visuelle Informationen bieten, den technischen Entwicklungen zum hochauflösenden Fernsehen gegenübergestellt. Welche Unterscheidung wird hier angewandt, welcher Autor hat sie postuliert, und welches der beiden beschreibenden Medien gehört zu welchem der beiden Pole der Unterscheidung?
4. Beschreiben sie das „Zugangsproblem" medialen Produktionshandelns im Internet und eine häufig verwendete Grundlage seiner Lösung durch Plattformen sozialer Netzwerke!
5. Im Jahr 1998 erschien eine sehr pessimistische Studie über die Wirkungen des Internet. Wie lautete ihre These und was kann man empirisch dazu feststellen?
6. Nennen Sie ein Beispiel einer gesellschaftlichen Norm, die allgemein als höherrangig eingestuft wird als der Schutz der Privatsphäre im Internet derjenigen, die gegen sie verstoßen. Nennen Sie ein Beispiel, bei dem im Alltagsleben im Allgemeinen eine gesellschaftliche Norm gelebt wird, die jedoch allgemein als niedrigrangig eingestuft wird als der Schutz der Privatsphäre im Internet derjenigen, die gegen sie verstoßen!

Literatur

Zentrale Referenzen

Anthony, D., C. Campos-Castillo, und C. Horne. 2017. Toward a sociology of privacy. In *Annual review of sociology*, Bd. 43, Hrsg. K.S. Cook und D.S. Massey, 249–269. Palo Alto: Annual Reviews.

Boyd, Danah M., und Nicole B. Ellison. 2007. Social network sites: Definition, history, and scholarship. *Journal of Computer-Mediated Communication* 13:210–230.

Bruns, Axel. 2008. *Blogs, wikipedia, second life, and beyond: From production to produsage*. New York: Lang.

Callon, Michel. 1986. Some elements of a sociology of translation: Domestication of the scallops and the fishermen of St Brieuc Bay. In *Power, action and belief: A new sociology of knowledge*, Hrsg. John Law, 196–233. London: Routledge & Kegan Paul.

Donath, J., und D. Boyd. 2004. Public displays of connection. *BT Technology Journal* 22:71–82.

Ellison, Nicole B., Charles Steinfield, und Cliff Lampe. 2007. The benefits of facebook „friends:" Social capital and college students' use of online social network sites. *Journal of Computer-Mediated Communication* 12:1143–1168.

Horkheimer, Max, und Theodor W. Adorno. 2013. *Dialektik der Aufklärung: Philosophische Fragmente*. Frankfurt a. M.: Fischer (Erstveröffentlichung 1944).

Innis, Harold Adams. 1949. *The press: A neglected factor in the economic history of the twentieth century*. London: Oxford University Press.

Innis, Harold Adams. 1972. *Empire and communications*. Toronto: University of Toronto Press (Erstveröffentlichung 1950).

Innis, Harold Adams. 2004. *Changing concepts of time*. Lanham: Rowman & Littlefield (Erstveröffentlichung 1952).

Innis, Harold Adams. 2006. *The bias of communication*. Toronto: University of Toronto Press (Erstveröffentlichung 1951).

Kraut, R., M. Patterson, et al. 1998. Internet paradox. A social technology that reduces social involvement and psychological well-being? *American Psychologist* 53:1017–1031.

Latour, Bruno. 1990. Technology is society made durable. *The Sociological Review* 38:103–131.

Latour, Bruno. 1992. Where are the missing masses? The sociology of a few mundane artifacts. In *Shaping technology/building society: Studies in sociotechnical change*, Hrsg. Wiebe E. Bijker und John Law, 225–258. Cambridge: MIT Press.

Mcluhan, Marshall. 1962. *The Gutenberg galaxy: the making of typographic man*. London: Routledge & Kegan Paul.

Mcluhan, Marshall. 1964. *Understanding media: The extensions of man*. New York: McGraw-Hill.

Mcluhan, Marshall, Jerome Agel, und Quentin Fiore. 1967. *The medium is the massage: An inventory of effects*. New York: Bantam Books.

Mcluhan, Marshall, und Barrington Nevitt. 1972. *Take today: The executive as dropout*. New York: Harcourt Brace Jovanovich.

Ritzer, G. 2014. Prosumption: Evolution, revolution, or eternal return of the same? *Journal of Consumer Culture* 14:3–24.
Toffler, Alvin. 1970. *The future shock*. New York: Random House.
Toffler, Alvin. 1980. *The third wave*. New York: Bantam.

Beispiele mediensoziologischer Studien

Abeele, M.V., und K. Roe. 2011. New life, old friends: A cross-cultural comparison of the use of communication technologies in the social life of college freshmen. *Young* 19:219–240.
Adalet, B. 2015. Questions of modernization: Coding speech, regulating attitude in survey research. *Comparative Studies in Society and History* 57:912–941.
Adler, P.A., und P. Adler. 2007. The demedicalization of self-injury – From psychopathology to sociological deviance. *Journal of Contemporary Ethnography* 36:537–570.
Adler, P.A., und P. Adler. 2008. The cyber worlds of self-injurers: Deviant communities, relationships, and selves. *Symbolic Interaction* 31:33–56.
Binder, J.F., A. Howes, und D. Smart. 2012. Harmony and tension on social network sites: Side-effects of increasing online interconnectivity. *Information Communication & Society* 15:1279–1297.
Casetti, F., und A. Somaini. 2013. The conflict between high definition and low definition in contemporary cinema. *Convergence-the International Journal of Research into New Media Technologies* 19:415–422.
Chen, J.Y. 2018. *Technologies of control, communication, and calculation: Taxi drivers' labour in the platform economy*. Basingstoke: Palgrave.
Chew, H.E., R. Larose, et al. 2011. The use of online social networking by rural youth and its effects on community attachment. *Information Communication & Society* 14:726–747.
Corriveau, P. 2010. New paedophile pornography groups: A deviant sub-culture. *Deviance Et Societe* 34:381–400.
Farias, I. 2014. Misrecognizing tsunamis: Ontological politics and cosmopolitical challenges in early warning systems. *Sociological Review* 62:61–87.
Fast, K., H. Ornebring, und M. Karlsson. 2016. Metaphors of free labor: A typology of unpaid work in the media sector. *Media, Culture and Society* 38:963–978.
Fisher, E. 2010. Contemporary technology discourse and the legitimation of capitalism. *European Journal of Social Theory* 13:229–252.
Foreman, V. 2015. Constructing the victim in the bullying narrative: How bullying discourses affirm rather than challenge discriminatory notions of gender and sexuality. *Crime Media Culture* 11:157–176.
Fortunati, L., S. Taipale, und F. De Luca. 2013. What happened to body-to-body sociability? *Social Science Research* 42:893–905.
Frederick, B.J., und D. Perrone. 2014. „Party N Play" on the internet: subcultural formation, craigslist, and escaping from stigma. *Deviant Behavior* 35:859–884.
Goodsell, T.L., und O. Williamson. 2008. The case of the Brick Huggers: The practice of an online community. *City & Community* 7:251–271.
Guggenheim, M. 2015. The media of sociology: Tight or loose translations? *British Journal of Sociology* 66:345–372.

Hampton, K.N., und R. Ling. 2013. Explaining communication displacement and large-scale social change in core networks: A cross-national comparison of why bigger is not better and less can mean more. *Information Communication & Society* 16:561–589.
Hampton, K.N., L.F. Sessions, und E.J. Her. 2011. Core networks, social isolation, and new media: How Internet and mobile phone use is related to network size and diversity. *Information Communication & Society* 14:130–155.
Hampton, K.N., und B. Wellman. 2018. Lost and saved … again: The moral panic about the loss of community takes hold of social media. *Contemporary Sociology – A Journal of Reviews* 47:643–651.
Hooghe, M., und J. Oser. 2015. Internet, television and social capital: The effect of ‚screen time' on social capital. *Information Communication & Society* 18:1175–1199.
House, Van, und A. Nancy. 2004. Science and technology studies and information studies. *Annual Review of Information Science and Technology* 38:1–86.
Jewkes, Y., und M. Wykes. 2012. Reconstructing the sexual abuse of children: ‚Cyber-paeds', panic and power. *Sexualities* 15:934–952.
Johnson, M., H. Mozaffar, et al. 2014. The managed prosumer: Evolving knowledge strategies in the design of information infrastructures. *Information Communication & Society* 17:795–813.
Kameo, N., und J. Whalen. 2015. Organizing documents: Standard forms, person production and organizational action. *Qualitative Sociology* 38:205–229.
Kurasawa, F. 2015. How does humanitarian visuality work? A conceptual toolkit for a sociology of iconic suffering. *Sociologica-Italian Journal of Sociology on Line* 9:1–59.
Lee, M. 2011. Google ads and the blindspot debate. *Media, Culture and Society* 33:433–447.
Lemke, J.L. 1999. Discourse and organizational dynamics: Website communication and institutional change. *Discourse & Society* 10:21–47.
Mackenzie, A. 2018. 48 million configurations and counting: Platform numbers and their capitalization. *Journal of Cultural Economy* 11:36–53.
Mager, A. 2012. Algorithmic ideology: How capitalist society shapes search engines. *Information Communication & Society* 15:769–787.
Marwick, Alice E., und Danah Boyd. 2011. I tweet honestly, I tweet passionately: Twitter users, context collapse, and the imagined audience. *New Media & Society* 13:114–133.
Matzat, U., und M. Sadowski. 2015. Access to specific social resources across different social media: Divergent consequences of the time spent with new contacts. *Information Communication & Society* 18:1139–1157.
Meyer, A. 2010. Evil monsters and cunning perverts: Representing and regulating the dangerous paedophile. In *Popular culture, crime and social control*, Hrsg. M. Deflem, 195–217. Bingley: Emerald Group Publishing Ltd.
Michelsen, M., und M. Krogh. 2017. Music, radio and mediatization. *Media, Culture and Society* 39:520–535.
Parigi, P., und W. Henson. 2014. Social isolation in America. In *Annual review of sociology*, Bd. 40, Hrsg. K.S. Cook und D.S. Massey, 153–171. Palo Alto: Annual Reviews.
Plesner, U., und M. Horst. 2013. Before stabilization: Communication and non-standardization of 3D digital models in the building industry. *Information Communication & Society* 16:1115–1138.
Quinn, K. 2016. Contextual social capital: Linking the contexts of social media use to its outcomes. *Information Communication & Society* 19:582–600.

Reed, P.J., E.S. Spiro, und C.T. Butts. 2016. Thumbs up for privacy?: Differences in online self-disclosure behavior across national cultures. *Social Science Research* 59:155–170.
Rosenfeld, M.J. 2017. Marriage, choice, and couplehood in the age of the internet. *Sociological Science* 4:490–510.
Schradie, J. 2011. The digital production gap: The digital divide and Web 2.0 collide. *Poetics* 39:145–168.
Small, M.L. 2013. Weak ties and the core discussion network: Why people regularly discuss important matters with unimportant alters. *Social Networks* 35:470–483.
Tufekci, Z., und M.E. Brashears. 2014. Are we all equally at home socializing online? Cybersociality and evidence for an unequal distribution of disdain for digitally-mediated sociality. *Information Communication & Society* 17:486–502.
Waldron, L.M. 2014. Cyberbullying: The social construction of a moral panic. In *Communication and information technologies annual: Doing and being digital: Mediated childhoods*, Hrsg. L. Robinson, S.R. Cotten, und J. Schulz, 197–230. Bingley: Emerald Group Publishing Ltd.
Wayne, M.L. 2018. Netflix, Amazon, and branded television content in subscription video on-demand portals. *Media, Culture and Society* 40:725–741.
Young, A.L., und A. Quan-Haase. 2013. Privacy protection strategies on Facebook: The Internet privacy paradox revisited. *Information Communication & Society* 16:479–500.
Zack, E., J.T. Lang, und D. Dirks. 2018. „It must be great being a female pedophile!": The nature of public perceptions about female teacher sex offenders. *Crime Media Culture* 14:61–79.

Lehrbücher

Degele, Nina. 2002. *Einführung in die Techniksoziologie*. München: Fink.
Häußling, Roger. 2014. *Techniksoziologie*. Baden-Baden: Nomos.

Weitere Referenzen

Innis, Harold Adams. 1923. *A history of the Canadian pacific railway*. London: King.
Innis, Harold Adams. 1956. *The fur trade in Canada: An introduction to Canadian economic history*. Toronto: University of Toronto Press.
Ruppert, Evelyn, John Law, und Mike Savage. 2013. Reassembling social science methods: The challenge of digital devices. *Theory, Culture & Society* 30:22–46.
Savage, Mike, und Roger Burrows. 2007. The coming crisis of empirical sociology. *Sociology – The Journal of the British Sociological Association* 41:885–899.
Schulz-Schaeffer, Ingo. 2000. Akteur-Netzwerk-Theorie: Zur Koevolution von Gesellschaft, Natur und Technik. In *Soziale Netzwerke: Konzepte und Methoden der sozialwissenschaftlichen Netzwerkforschung*, Hrsg. Johannes Weyer, 187–210. München: Oldenbourg.

Vernetzte Öffentlichkeit 13

Überblick

Das Internet ermöglicht mediales Produktionshandeln für jeden. In der massenmedialen Öffentlichkeit der Industriegesellschaft machten relativ wenige Medienakteure untereinander und mit anderen Elitenakteuren aus, was die öffentlichen Angelegenheiten waren; der größte Teil der Bevölkerung spielte nur eine Rolle als mehr oder minder passive Rezipienten und Käufer. Das hat sich geändert: Individuelle Produktions- und Weitergabeprozesse wie die im letzten Kapitel betrachteten sind Formen sozialen Handelns mit medialem Aggregationspotenzial. Sie erreichen zwar im normalen Einzelfall nur ein begrenztes Publikum, schaffen aber in der Summe eine neue Art der Öffentlichkeit. Um das zu verstehen, schauen wir es uns auf Mikro-, Meso- und Makroebene an:

- Auf der Mikroebene interessiert vor allem die Frage, was denn erfolgreich weitergegeben wird, aber auch, wie das Internet sich auf Beteiligung auswirkt und wer sich denn wie beteiligt.
- Auf der Mesoebene bekommt die alte politiksoziologische Frage kollektiven Handelns eine neue mediensoziologische Relevanz. Die Entstehung und Entwicklung sozialer Bewegungen war immer schon mit Medienhandeln verbunden, aber dadurch, dass es neu viel weniger darum geht, „in die Zeitung" zu kommen, sondern ein eigenes Publikum direkt anzusprechen, haben sich viele Fragen und Möglichkeiten verändert.
- Auf der Makroebene stellt sich die Frage, wie sich die Öffentlichkeit auf diese Art und Weise entwickelt, speziell ob das Internet zu einer Fragmentierung führt, die gesamtgesellschaftlich die Ausgleichs- und Zivilisierungswirkung politischer Institutionen beschädigt.

13.1 Partizipation und Aufmerksamkeit

Das beherrschende mediensoziologische Thema zur Interaktion von Politik und Medien ist derzeit und sicher noch auf längere Zeit hin das Verhältnis von Politik und Internet.

Das liegt einerseits in der Neuigkeit des Mediums begründet, andererseits in der Tatsache einer allgemein geteilten Einschätzung, dass die Gesellschaft sich auf die Form einer *Netzwerkgesellschaft* hinbewegt, für die das Internet mit seinen vielen und extrem diversen Beziehungsmöglichkeiten die geeignete Medienform ist, während die klassischen one-to-many-Medien allenfalls noch in ärmeren und in Entwicklungsblockaden befindlichen Ländern ihre alte Rolle aufrechterhalten (Castells 1996).

Auf der Mikroebene verfolgt die praktische Erforschung des Internet in seinen Auswirkungen auf die Politik vor allem zwei konkrete Fragestellungen: Die Frage, wie das Netz Information und Kompetenz beeinflusst, und diejenige, welchen Einfluss es auf Ausmaß und Form politischer Partizipation hat.

Die Frage der *Informationskosten* geht von dem Argument aus, dass Bürger durchaus rationale Gründe dafür haben, sich nur unvollkommen zu informieren: weil es Aufwand verursacht (Downs 1957). Im Umkehrschluss heißt das: Wenn der Aufwand sich zu informieren sinkt, sollte es besser informierte Entscheidungen geben. Die Frage ist also: Kann das Internet Informationskosten deutlich senken und also zu bei gleichen sonstigen Rahmenbedingungen zu einer höheren politischen Kompetenz der Bürger führen? Egal wie die empirische Beantwortung dieser Frage ausfallen wird, haben wir es hier mit einer theoretisch gut begründeten *normativ positiven* Erwartung der Auswirkung des Internet auf politische Prozesse zu tun. Kulturell kann man entsprechende Diskussionen beobachten; in dem Diskurs, der zur Berühmtheit von Jane Goody führte, diente die Abgrenzung von ihr ja gerade zur Bestätigung der positiven Konnotation von politisch relevantem Wissen.

Auch wenn es für eine endgültige Beurteilung wohl noch zu früh ist, sind die Ergebnisse jedenfalls gemischt. Einerseits zeigt die finnische National Election Study 2007 ein durchaus positives Bild: Ein wesentlicher Teil der finnischen erwachsenen Bevölkerung ist überhaupt nur über das Internet politisch aktiv, und diese „virtuellen Bürger" sind mindestens so politisch kompetent wie traditionelle Aktivisten, so dass die Forscher den Schluss ziehen, dass für Finnland das Internet eine wichtige Rolle bei der Belebung der Bürgerschaft zu spielen scheint (Christensen und Bengtsson 2011). Andererseits zeigt eine neuere Studie, dass das Internet zumindest solchen, die spät dazukommen, wenig Einfluss auf

13.1 Partizipation und Aufmerksamkeit

politisches Interesse, Effizienz und Wissen hat. Die Praxis eines Umfrageunternehmens, Teilnehmern, die zuvor noch keinen Netzzugang hatten, diesen kostenlos zu gewähren, ermöglicht ein quasi-Experiment, indem sich anschauen lässt, wie sich der freie Internetzugang auswirkt, und es kommt keinerlei Auswirkung auf Interesse oder Kompetenz heraus. Die monetären Zugangskosten stellen in Bezug auf politische Nutzung offenbar heutzutage keine echte Schranke mehr dar (Richey und Zhu 2015).

In der Frage der *Partizipation* liegen zwei konkurrierende Hypothesen vor: Einerseits könnte es sein, dass analog zu den Informationskosten das Internet Partizipation erleichtert und damit unterstützt. Andererseits stellt das Internet aber auch eine potenzielle Ablenkung dar, bei der das Anschauen von Katzenvideos die Zeit für politische Partizipation eher verdrängen könnte. Hier liegen also *normativ positiv und normativ negativ* bewertete Argumente nebeneinander.

Auch in diesem zweiten Aspekt kann noch kein eindeutiges Urteil gefällt werden. Einerseits stellt eine großangelegte Meta-Studie fest, dass in den zugrundeliegenden Einzelstudien die positiven Ergebnisse eindeutig überwiegen: 45 % positiv-signifikante Ergebnisse stehen nur 4 % negativen gegenüber. Kritisch ist allerdings einerseits anzumerken, dass es mit 51 % insignifikanten Ergebnissen noch ein großes Maß an verbleibender Unsicherheit gibt, vor allem aber, dass die Frage der Drittvariablenkontrolle für Bildung hierbei nicht untersucht wurde. Es kann also sein, dass es sich bei den positiven Zusammenhängen jeweils nur darum handeln würde, dass hier die gut gebildeten Teilnehmer sowohl im Sinne der Digital Divide aktiver im Internet als auch stärker politisch engagiert wären (Boulianne 2015). Andererseits ist die Wirkung des Verdrängungsmechanismus jedenfalls auch klar belegt: In einem aktuellen Experiment wurden junge griechische Teilnehmer ohne Facebook-Account rekrutiert und einige von ihnen nach dem Zufallsprinzip darum gebeten, ein Facebook-Konto zu erstellen und für ein Jahr zu pflegen – mit eindeutig negativen Auswirkungen auf das berichtete Ausmaß politischer Partizipation, offline und sogar auch online (Theocharis und Lowe 2016).

Aber wie das vorige Kapitel bereits beschrieben hat, liegt die Bedeutung des Internet für die Öffentlichkeit ja nicht auf dieser einfachen Individualebene der Interaktion zwischen Nutzer und Netz begründet, sondern in der sozialen Interaktion, die es als Brücke zwischen verschiedenen Nutzern ermöglicht, und die über internetvermittelte soziale Netzwerkbeziehungen zu neuen sozialen Phänomenen führen können. Wenn, wie oben ausgeführt, mediales Produktionshandeln für den Großteil der Nutzer im Weitergeben und gelegentlichen Produzieren besteht, ist die Frage, welche Inhalte denn durch dieses Produktionshandeln an sozialer Bedeutung gewinnen, weil sie „viral" eine große Verbreitung finden, und welche nicht. Diese Frage ist von dem amerikanischen Psychologen Jonah Berger untersucht worden, mit Fallstudien aus verschiedenen Bereichen der Weitergabe von Inhalten in vernetzten Strukturen, aber interessant natürlich vor allem durch die Bedeutung des Internet heutzutage (Berger 2013, 2014). In einer für den Sachbuchmarkt geschriebenen Zusammenfassung seiner Ergebnisse (Berger 2013) bringt er diese in das Akronym STEPPS. Inhalte verbreiten sich dann, wenn sie

- *Social Currency* besitzt, nämlich vom Rezipienten dazu genutzt werden kann, in eigenes soziales Handeln umgesetzt zu werden;
- *Triggers* besitzt, nämlich kognitiv zugänglich ist;
- *Emotion,* also gefühlsmäßige Reaktionen auslöst;
- *Public,* also öffentlich sichtbar ist;
- *Practical,* also praktisch ist und für den Weitergebenden in sinnvolles soziales Handeln umgesetzt werden kann;
- *Stories* erzeugen, zunächst einmal ganz im alltagssprachlichen Sinne.

Auch wenn das Akronym schon gut dafür ist, sich diese sechs Aspekte zu merken, ist es systematisch hilfreich, sie den bereits behandelten Kategorien aus Kap. 5 zuzuordnen. Mit einer Zusatzinformation passt sie nämlich perfekt in das in Kap. 5 in der Auseinandersetzung mit Michael Schudsons Kategorien erfolgreicher kultureller Inhalte gewonnene Schema, wenn man dieses einmal auf den Weitergebenden und einmal auf den Rezipienten der Weitergabe und potenziell nächsten Weitergebenden bezieht. Die Zusatzinformation ist, dass eine Story tatsächlich ganz besonders erinnert wird, wenn sie eigene gefühlsmäßige Reaktionen auslöst. Insofern wird das Argument der Kontinuität, das Schudson rational mit dem Begriff „Rhetorical force" erfasste, in Bezug auf Aufnahme und Erinnerung tatsächlich am besten über das Auslösen von Gefühlen erfasst (Tab. 13.1).

Wie in Kap. 5 schon angesprochen, werden Informationen, auch politische, also über intrinsische Mechanismen weitergegeben, die mit ihrem extrinsischen Informationswert herzlich wenig zu tun haben, und das gilt es zu beachten.

Aber wie entstehen auf der Basis solcher individueller Prozesse soziale Phänomene?

Tab. 13.1 Kennzeichen erfolgreich zur Weitergabe animierender Inhalte. (Berger 2013 im Vergleich zu Schudson 1989)

Kategorien	Eigene Rezeption	Weitergabe	Schudson	Erklärung (Wdh.)
Aufnahme	Triggers	Public	Retrievability/ Resonance	Verfügbarkeit/ Anknüpfung an vorhandene Strukturen
Zeitkontinuität	Emotion	Stories	Rhetorical force	Vermittlung der Überzeugung, dass die Story weitergeht
Aktionsfähigkeit	Practical	Social Currency	Resolution/Inst. retention	Potenzial, in konkrete Handlungen umgesetzt zu werden

13.2 Kollektives Handeln

Das spezifische Interaktionsfeld der Politik bringt auch spezielle Akteure hervor. Akteure, die Entscheidungen beeinflussen und Legitimität von Entscheidungen herstellen wollen, müssen dafür das geeignete Bewusstsein herstellen, das heißt sie müssen Informationen und geeignete Sichtweisen auf die Dinge verbreiten, die sie verändern wollen.

Dabei stellt sich aber ein grundsätzliches Problem, dasjenige des sogenannten „kollektiven Handelns": Einflussnahmen auf politische Entscheidungen haben Auswirkungen auf viele Menschen, und bei sehr vielen Entscheidungen gibt es viele, die davon positiv profitieren. Aber eine Entscheidung herbeizuführen bedarf individueller Handlungen, so dass wieder das Problem von negativen Externalitäten vorliegt: Egal, wie drängend ein Problem sein mag, es ist immer einfacher, das Handeln anderen zu überlassen, zu hoffen, dass jemand anderes das Problem angeht und man nachher von der Lösung profitieren kann. Den Begriff „collective action problem" hierfür hat Mancur Olson geprägt. Für die Gefahr dieser Option des sozialen Nichthandelns benutzte Olson die Metapher des „Trittbrettfahrers" (free-riding), des Menschen, der sich auf dem Trittbrett von Tram oder Bus stehend mitnehmen lässt, ohne eine Fahrkarte zu erwerben, sprich eigenes Engagement beizusteuern (Olson 1965). „Latente Gruppe" heißt die Gruppe derjenigen, die an einer spezifischen Veränderung interessiert wären, die aber angesichts des Aufwands eigener Beiträge zunächst einmal darauf verzichten und also in den meisten Fällen Trittbrettfahrer bleiben.

Einerseits gibt es für die Lösung solcher Probleme kollektiven Handelns geeignete Institutionen. Aber nicht immer sind geeignete Institutionen vorhanden oder jedenfalls dafür hinreichend, um Probleme, die von Menschen gesehen werden, einer Lösung zuzuführen. Und manchmal gibt es geeignete Institutionen, die Raum für Organisationen bieten, aber nicht die geeignete Organisation, die sich eines Problems annimmt. Wenn Menschen Probleme sehen, die nicht angemessen aufgenommen werden, dann kommt es zu sozialen Bewegungen:

▶ **Soziale Bewegung** beschreibt als Begriff einerseits die Dynamik, in der Individuen mit einer gemeinsamen Problemwahrnehmung dazu kommen, sich durch interne Institutionen zu organisieren und so kollektiv handlungsfähig zu werden und problemlösende gesellschaftliche Veränderungen zu bewirken, und andererseits die Kollektive und ihre im Werden befindlichen Organisationen, die sich in einer solchen Dynamik befinden.

Dem Begriff der sozialen Bewegung wohnt eine gewisse Informalität inne, die der Dynamik geschuldet ist – wenn eine Bewegung feste und erfolgreich problembewältigende institutionelle Formen gefunden hat, ist sie nach verbreiteter Ansicht *als Bewegung* am Ende, selbst wenn ihre Inhalte sehr erfolgreich weiterleben mögen. Es gibt allerdings Problemlagen, die über lange Zeit oder möglicherweise dauerhaft keine befriedigende institutionelle Lösung finden und zu denen es daher dauerhaft Phänomene der jeweils neuen Herstellung kollektiver Handlungsfähigkeit gibt, wie Diskriminierungen aufgrund von Geschlecht, Hautfarbe oder Behinderung.

Das sozialwissenschaftliche Arbeitsfeld der Erforschung solcher sozialer Bewegungen beschreibt, wie es vom individuellen Blick auf ein soziales Problem zur Schaffung kollektiver Akteure kommt, die auf die Lösung dieser Probleme hinarbeiten. Es umfasst Forschungen aus Soziologie und Politikwissenschaft sowie in geringerem Maße auch Sozialanthropologie, Medienwissenschaft, Ökonomie, Psychologie und anderen Disziplinen. Sie bemühen sich, politische Akteure in einem ganzen Kontinuum von unverbundener Einzelaktion bis zu formal eingebundenen Organisationen zu erfassen.

Die für diesen Forschungsbereich zentrale Konzeption haben die beiden kalifornischen Soziologieprofessoren Doug McAdam und David A. Snow vorgelegt. Aus ihrer Sicht sollte jede Definition einer sozialen Bewegung fünf Elemente enthalten: Zunächst einmal das vorliegende soziale Problem, das heißt das Interesse, etwas zu verändern, dann das Problem des gemeinsamen Handelns, und schließlich drei Dimensionen, in denen sich soziale Bewegungen jeweils über die Zeit entwickeln: in ihrem Organisationsgrad, in ihrer Kontinuität über die Zeit, und in den von ihnen genutzten Aktionsformen (McAdam und Snow 1997). Diese fünf Elemente sind in Tab. 13.2 zusammengefasst.

Tab. 13.2 Definitionsaspekte sozialer Bewegungen bei McAdam/Snow

Aspekt	Definitionsbereich
Interesse, etwas zu verändern	–
Gemeinsames Handeln (Collective Action)	–
Grad an Organisation	Unverbunden bis formal institutionalisiert
Grad an Kontinuität	Über die Zeit: Sporadisch bis kontinuierlich
Genutzte Aktionsarten	Nicht-institutionell (z. B. Demonstrationen) bis institutionell (z. B. Beteiligung an Wahlen)

Der Verlauf der Entwicklung sozialer Bewegungen wurde bereits in den 1970er Jahren beschrieben. Es beginnt immer damit, dass im Anfangsstadium einer sozialen Bewegung verschiedene Individuen eine Sichtweise auf einen sozialen Tatbestand entwickeln, die diesen als „Problem" und damit einer Lösung bedürftig ausweist.

In einer zweiten Stufe stellen diese Individuen den Kontakt zueinander her, finden sich zusammen, bilden individuelle Beziehungen und Institutionen aus, die informell und im kleinen Rahmen anfangen und langsam einerseits leistungsfähiger werden und mehr Menschen einbinden, dabei andererseits aber auch formaler werden. In der Hochphase einer sozialen Bewegung wird das zugrundeliegende Problem durch gesellschaftliche und politische Eliten anerkannt, andererseits stellen die Forschungen der 1970er Jahre für diese Phase auch regelmäßig eine Bürokratisierung in der formalen Organisation der Bewegungen fest, und beobachten gleichzeitig Fragmentierungsentwicklungen, in denen viele erfolgreiche Bewegungen Spaltungen und Abspaltungen erleben. Auch wenn einige historische Bewegungen der Vorstellung anhingen, den Bewegungscharakter auf Dauer erhalten zu können, sind soziale Bewegungen immer etwas zeitlich befristetes und enden früher oder später mit dem Verlust des Bewegungscharakters: Das muss nicht heißen, dass sie gänzlich verschwinden, denn ein wichtiges mögliches positives Ende der Karriere einer sozialen Bewegung kann die Institutionalisierung sein. Aber die Bewegungsforscher Armand Mauss und Charles Tilly bestehen darauf, dass der Charakter der Bewegung als Bewegung dennoch verschwindet (Mauss 1975; Tilly 1978) (Tab. 13.3).

Im 19. Jahrhundert wurden Bewegungen zu Parteien, die jeweils die beteiligten Individuen als Ganze ansprachen und einbanden. In der Schweiz bildete die liberale Bewegung die FDP aus, die katholische Bewegung die CVP, die

Tab. 13.3 Entwicklungsstadien sozialer Bewegungen (Tilly 1978)

Stadium	Entwicklung	Größe	Wachstum
Anfangsstadium	Problem wird durch Individuen erkannt	Sehr klein	Langsam
Gruppenbildung	Gleichgesinnte finden sich zusammen	Klein	Schneller
Hochphase	Problem wird durch Eliten anerkannt; Bürokratisierung; tw. Fragmentierung	Wachsend	Maximal
Endphase	Im Erfolgsfall Institutionalisierung, Verlust des Bewegungscharakters	Auflösend	Negativ

Arbeiterbewegung die SP, und in den meisten europäischen Ländern gab es analoge Entwicklungen.

Im Verlauf des 20. Jahrhunderts haben sich soziale Bewegungen ausgeprägt, die nicht mehr gleichermaßen vollständige Identitäten erfassen, sondern spezifischer ausgeprägt sind. Die letzte Welle, die einigermaßen dauerhaft zur Gründung von Parteien geführt hat, war diejenige der Grünen Parteien in den 1980er Jahren. Aber spätestens seit den 1990er Jahren bilden neue soziale Bewegungen eher NGOs oder „advocacy organizations" aus, die zumeist noch keine institutionelle Einbindung besitzen.

Es hat nun den Anschein, als hätte ein zentrales Argument in der Erforschung sozialer Bewegungen durch elektronische Medien eine starke Veränderung erfahren.

Olsons Trittbrettfahrerproblematik besteht dadurch, dass etwaige Beiträge zu einer sozialen Bewegung für die einzelnen Individuen der latenten Gruppe aufwendig sind und ihnen zunächst einmal nur der kleine Nutzen der Gesamtveränderung gegenübersteht. Zudem sind so ziemlich die wichtigsten Leistungen, die innerhalb einer sozialen Bewegung erbracht werden müssen, die Verbreitung der gemeinsamen Problemsicht und die Vernetzung der in dieser Hinsicht gleichgesinnten „latent" unterstützungsbereiten Individuen. Was nun, wenn durch elektronische Medien der Aufwand speziell für Verbreitung der Problemsicht und Vernetzung fast auf null schrumpft, und dazu womöglich durch intrinsische Motivationen noch eigene Nutzen erzeugt werden?

Wie schon im Fall der Anti-Apartheid-Bewegung sind dies Mechanismen, die durch die technischen Möglichkeiten internetbasierter Medien eine ungeheure Verstärkung ihrer Bedeutung erfahren haben, aber aufgrund gesellschaftlichen Wandels bereits vorher entstanden sind. Ein Beispiel ist die Internationale Kampagne für einen Bann von Landminen (ICBLM).

> **Fallbeispiel 23: Die Internationale Kampagne für einen Bann von Landminen**
> Die Internationale Kampagne für einen Bann von Landminen (ICBLM) schaffte es in nur fünf Jahren nach ihrer Gründung 1992, als treibende zivilgesellschaftliche Kraft zum Abschluss eines internationalen Vertrages zum Verbot von Landminen 1997 beizutragen. Durch den Einsatz neuer Kommunikationstechnologien kam sie auch ohne Internet schon ohne eine zentrale hierarchische Organisation aus:
>
> *„In the early stages of the campaign, activists relied heavily on the fax machine to communicate with potential coalition members, and its relative newness seemed to make faxed messages „exciting," more important, and more deserving of a rapid response [...] Only when the ICBLM broadened its focus from the industrialized states, where land mines were made, to the nations where land mines were used, did they shift to sending less costly e-mail messages. [...]* [Jody] *Williams* [Mitgründerin der Kampagne und Mitlaureatin des Friedensnobelpreises 1999, H.S.] *noted that 'a core strength of the Campaign, which still seems to be ill understood by many, has always been its loose structure. There has been no central secretariat. No central office ... there has never been an overarching bureaucratic campaign structure'."* (Bimber, Flanagin und Stohl 2005)

Mit sozialen Netzwerken hat sich die Wirkung der einfachen Weitergabe noch verstärkt. Die Literatur zu sozialen Bewegungen stellt das Fax mit E-Mail, Mobiltelefonie, sozialen Kommunikationsplattformen wie WhatsApp, aber auch Chatrooms als „Mikromedien" und Blogs oder Websites als „mittlere" Medien (*micromedia* und *middle media,* Donk 2004; Bimber et al. 2005) den klassischen Massenmedien gegenüber. Sie erschließen flexiblen dezentralen Organisationen, Netzwerken oder sogar Einzelpersonen Kommunikationsmöglichkeiten, die vorher formalen Organisationen vorbehalten waren.

Im Ergebnis kommen W. Lance Bennett (Seattle) und Alexandra Segerberg (Stockholm) in einem vielbeachteten Artikel (Bennett und Segerberg 2012) zu einer neuen Typologie der sozialen Bewegung, die sie dem traditionellen kollektiven Handeln *(collective action)* im Sinne Olsons als konnektives, also vernetztes Handeln *(connective action)* gegenüberstellen – das ja trotz dieser begrifflichen Gegenüberstellung immer noch ein kollektives Handeln ist insofern, als es Phänomene erzeugt, die als verbundene „Handlung" eines Kollektivs von Individuen aufgefasst werden kann.

In sechs analytischen Dimensionen grenzen sie einen hybriden und einen selbstorganisierten Typ vernetzten Handelns vom traditionellen, auf den institutionellen Regeln innerhalb formaler Organisationen beruhenden kollektiven Handeln ab. Durch alle sechs Kategorien zieht sich jeweils hindurch, dass die von Olson behauptete und seither theoretisch erwartete und empirisch bestätigte Zentralität formaler Organisation im hybriden Typ weniger wichtig und im voll entwickelten selbstorganisierenden Typ gänzlich verzichtbar wird. Es gibt im Extremfall keine Handlungskoordination, jeder arbeitet mit den persönlichen Kommunikations- und anderen Sozialtechnologien, die Kommunikationsinhalte beziehen sich nicht nur auf das persönliche Handeln, sondern entstehen auch gewissermaßen von selbst aus den Motivationen und Handlungssituationen der Individuen heraus.

Tab. 13.4 ist mit den beiden vorangegangenen (Tab. 13.2 und 13.3) verbunden, denn in allen drei Fällen geht es um die Dynamik über die Zeit, die sozialen Bewegungen ja sowieso zu eigen ist. Die drei Definitionsbereiche in Tab. 13.2 gehen jeweils über die Entwicklung von „jung/anfangs" zu „entwickelt/etabliert", die in Tab. 13.3 genauer beschrieben ist. Und hier geht es nun darum, dass durch elektronische Medien jüngere, weniger entwickelte Bewegungen schon ein Echo insbesondere in den Medien, aber im Beispiel der ICBLM auch in der Politik, finden, das bisher nur viel weiter entwickelten Bewegungen möglich war. „Selbstorganisierte" Bewegungen in Tab. 13.3 sind in dieser Dynamik noch viel mehr am Anfang als „traditionelle" und können es sich leisten, es auch bleiben zu wollen, aber sie sind offenbar trotzdem bereits erfolgreich.

Diese Positionen sind freilich auch kritisiert worden, insbesondere im Kontext der und Nachgang zu den Aufstandsbewegungen des sogenannten Arabischen Frühlings, einer Reihe von Protestbewegungen in Nordafrika und dem Nahen Osten zwischen Dezember 2010 und etwa 2012, die zwar zum Sturz von Regierungen in Tunesien, Ägypten, Libyen und dem Jemen führten, aber mit Ausnahme Tunesiens nirgends nachhaltige Veränderungen zum Besseren brachten.

Bereits im Oktober 2010 hatte Malcolm Gladwell im *New Yorker* lautstark gegen die Euphorie digitaler Bewegungen gewettert. Er argumentierte mit Granovetters Unterscheidung in *weak ties* und *strong ties,* und mit der amerikanischen Bürgerrechtsbewegung als historischer Fallstudie: In dieser sind beim Start der Bewegung starke Beziehungen viel wichtiger als die Informationskanäle. Gladwell illustriert das am Beispiel einer kleinen Gruppe schwarzer Studenten, die sich Anfang 1960 in ein für Weiße reserviertes Café setzen und über Tage und mit wachsendem Medienecho und gegen wachsende Aggression von Weißen darauf warten, bedient zu werden. Hier spielen Freundschaften und andere enge Beziehungen eine wichtige Rolle, ohne die sich viele der Aktivisten nicht in der

Tab. 13.4 Drei Typen kollektiven Handelns. (Nach Bennett und Segerberg 2012)

Analyse-dimensionen	Typen kollektiven Handelns		
	Traditionell	Connective action (1): Hybrid	Connective action (2) Selbstorganisiert
Netzwerke	Organisatorisch vermittelt	Durch Organisation ermöglicht	Selbstorganisierend
Handlungskoordination durch die Organisation	Stark	Lose	Wenig oder keine
Soziale Technologien	Von Organisation genutzt, Beteiligung zu verwalten und Ziele zu koordinieren	Von der Organisation bereitgestellt, persönliche Nutzung	Umfangreicher persönlicher Zugang
Kommunikationsinhalte	Frames des kollektiven Handelns	Frames des persönlichen Handelns	
	Bereitgestellt durch Organisation		Emergent
Soziale Netzwerke	Durch Organisation verwaltet (als Grundlage kollektiven Handelns)	Persönlich, durch Organisation moderiert	Persönlich
Position der formalen Organisation	Zentral sichtbar, um Koalitionen zusammenzuhalten	Im Hintergrund, in lose verbundenen Netzwerken	Beteiligte Gruppen vermeiden formale Organisation

Bürgerrechtsbewegung engagiert hätten. Gladwells Argument ist: Um wirklichen Wandel zu erreichen, muss man Widerstände überwinden. Und das funktioniert nur über die Verbindlichkeit naher Beziehungen, die reine Informationsfunktion von Kontakten über strukturelle Löcher hinweg reicht dafür nicht aus.

Zwischen Dezember 2010 und Sommer 2011 sah es erst einmal so aus, als würde er eines Besseren belehrt. (Tufekci und Wilson 2012) Aber schon für diese Bewegungen gibt es Studien, die argumentieren, dass es einen Kern aus nicht-virtuellen *strong ties* brauchte (Alaimo 2015; Lowrance 2016). Und nachdem der Arabische Frühling und die „Occupy Wallstreet"-Bewegung zu Ende gegangen sind, ohne größere positive Veränderungen hinterlassen zu haben, wurde Wissenschaft und Medien, die sich auf das Bild der technik-induzierten Protestbewegung eingelassen hatten, bald Internetzentriertheit vorgeworfen (Freelon et al. 2015). Im Extrem befindet eine Studie, dass selbst für die Protestmobilisierung im arabischen Frühling die problemlose Einbettung in soziale Netzwerke möglicherweise weniger wichtig war als die kurzzeitige Unterbrechung des online-Seins (Hassanpour 2014). Die Wahrheit liegt wahrscheinlich irgendwo zwischen den Extremen: Das Internet spielte eine erleichternde Rolle (‚facilitator'), aber Leidenserfahrungen, strukturelle Verfügbarkeit und starke Netzwerkverbindungen waren wichtiger als der Einsatz neuer elektronischer Kommunikationsmedien darin, aus sympathisierenden Zuschauern Demonstranten zu machen (Brym et al. 2014).

13.3 Das Framing sozialer Bewegungen

In der Kommunikation ihrer Anliegen, ganz gleich ob intern für tatsächliche und potenzielle Mitstreiter oder nach außen für die Massenmedien, spielen die Frames, die wir in Kap. 4 kennengelernt haben, eine große Rolle. Frames geben vor, welche Aspekte eines Gegenstandes wichtig und welche Perspektiven auf diesen Gegenstand angemessen erscheinen. Sie werden deshalb von sozialen Bewegungen sinnvollerweise aktiv und bewusst bearbeitet.

Die Art, wie diese Frames sind und wie sie sich verändern und wie insbesondere Akteure intentional auf sie Einfluss nehmen, ist ein wichtiger Untersuchungsgegenstand in den breiten Forschungsfeldern der soziologischen Thematisierung von Medien, die sich mit sozialen Bewegungen beschäftigen. Selbst wenn soziale Bewegungen keine formale Struktur besitzen, haben sie doch Charakteristiken von Akteuren und können als Akteure versuchen, darauf Einfluss zu nehmen, wie die Bevölkerung oder andere soziale Akteure (Politiker, Medien, wirtschaftliche Akteure etc.) auf ihre Anliegen reagieren. Sie tun dies durch die gezielte Zuschreibung von Ursachen, Verantwortlichkeit und Lösungen zu kontroversen Sachverhalten, durch wiederholte Thematisierung bestimmter Zusammenhänge, die bestimmte Schemata und somit auch Bewertungen und Gefühle bei den Rezipienten aktivieren. Akteure wie sozialen Bewegungen versuchen, diese Prozesse aktiv zu gestalten.

Snow et al. und mit ihnen viele Erforscher sozialer Bewegungen halten die Anpassung von Frames, gleich von welcher Sorte, für eine notwendige Voraussetzung dafür, Individuen in Bewegungen einzubinden. Vier Prozesse der Anpassung von Frames werden identifiziert und ausgearbeitet (Snow et al. 1986):

- Verstärkung (Frame amplification)
- Verbindung (Frame bridging)
- Erweiterung (Frame extension)
- Grundsätzliche Veränderung (Frame transformation)

13.3 Das Framing sozialer Bewegungen

Eine Verstärkung *(Frame amplification)* liegt vor, wenn bestehende Frames ausgeweitet werden, um ein gewünschtes Ziel zu erreichen. Snow et al. unterscheiden fünf Arten von Erwartungen, die für Mobilisierungs- und Beteiligungsprozesse besonders relevant sind:

1. Bedeutung des fraglichen Problems
2. Kausalität, Verantwortung, Schuld
3. Gegner und Handlungsziele
4. Wahrscheinlichkeit einer Veränderung bzw. Wirksamkeit kollektiver Maßnahmen
5. Notwendigkeit und Angemessenheit kollektiven Handelns

In jedem dieser Bereiche kann die Veränderung von Erwartungen durch Frames zu veränderten resultierenden Handlungen führen, wie sich am Fallbeispiel 6 zeigt:

> **Wdh. Fallbeispiel 6: Frame amplification im Fall Weinstein**
> Im Weinstein-Fall und der medialen Darstellung im *New Yorker* (siehe oben Kap. 4) führte die Präsentation einer Anzahl von Betroffenen, jeweils dargestellt in einer Art, die ihre Integrität betonte, dazu, dass das Problem nicht mehr als unbedeutend abgetan werden konnte (Bedeutung).
>
> Die Beschreibung der Vorfälle nahm die Frauen gegen die Idee von Mitschuld in Schutz und wies die Verantwortung allein Weinstein zu, mit einer Mitverantwortung für das gesamte männlich geprägte Filmsystem (Schuld). Die Darstellung wies zunächst als klares Ziel aus, dass die Betroffenen ihre Version darstellen und Entschädigung fordern können, ohne Vergeltungsmaßnahmen von Weinstein befürchten zu müssen, aber sie war weit darüber hinaus gehend darauf ausgerichtet, generell die Ausbeutung von Frauen durch mächtige Männer zu beenden (Ziele).
>
> Die Notwendigkeit und Angemessenheit kollektiven Handelns einerseits und seine Erfolgsaussichten andererseits wurden nicht in dem Artikel thematisiert, sondern in seiner Folge von Aktivistinnen wie Tarana Burke und Alyssa Milano, die das Hashtag #MeToo erfanden und popularisierten und mit der Aufforderung verbanden, sexuelle Belästigung öffentlich zu machen.
>
> Eine Verbindung von Frames *(Frame bridging)* liegt vor, wenn ein Frame in einem Bereich genutzt wird, der ideologisch naheliegt, aber bisher noch nicht strukturell verbunden war. Beispiele umfassen die Nutzung von Adresslisten befreundeter Organisationen: Wer eine Frauenzeitschrift liest, sollte sich auch für die Anliegen der #MeToo-Bewegung interessieren.

Eine Erweiterung *(Frame extension)* liegt vor, wenn ein Bewegungsakteur ihren Handlungsrahmen erweitert und Dinge tut, die erst einmal nicht direkt aus dem unmittelbaren Handlungsziel ableitbar sind, aber dafür geeignet sind, Unterstützer zu binden. Der Einsatz von Rock-and-Roll- und Punk-Bands, um ansonsten eher uninteressierte Menschen für Kampagnen gegen Rechtsextremismus zu gewinnen, ist hierfür ein Beispiel. Snow et al. nennen aber auch Feinjustierungen an der Formulierung von Zielen, um Gemeinsamkeiten mit Zielen, die anderen Gruppen wichtig sind, herauszustellen: Im Fall der #MeToo-Bewegung ist die Diskussion, wie sie sich zu Fragen von Ausgrenzung und Diskriminierung zu verhalten hat, noch weitgehend ungeklärt.

Eine grundsätzliche Veränderung *(Frame transformation)* liegt vor, wenn infrage gestellt wird, was Menschen als normal ansehen. So hat etwas die Bewegung gegen Rauchen in der Öffentlichkeit großen Schwung genommen, als der Begriff des Passivrauchens erfunden wurde und damit der vorher bedauerliche, aber legitime Akt des Rauchens als potenzieller Selbstschädigung in einen der Schädigung anderer Anwesender umdefiniert wurde. Im Fall von #MeToo versuchte Harvey Weinstein noch, sein Verhalten als bedauerliche „Überreaktion", aber damit noch innerhalb des Bereichs des normalen Umgangs befindlich darzustellen, aber der Artikel im *New Yorker* und die nachfolgende Kampagne entzog dem die Grundlage.

Framing ist aber nicht nur eine Frage von Akteuren, die damit bewusste Intentionen verfolgen. Es wird auch von Medien vorgenommen. Teilweise passiert das durchaus unabhängig von bewussten Absichten, in solchen Fällen bestehen echte Chancen, durch wissenschaftliche Aufklärung Veränderungen herbeizuführen. Teilweise spiegeln die gesetzten Frames auch Konventionen wieder, die als selbstverständlich angesehen oder tatsächlich bewusst aufgrund bestehender Interessen gesetzt werden. Ein Beispiel ist eine Studie über die Darstellung von Krawallen, die im Herbst 2005 in Frankreich stattfanden.

Fallbeispiel 24: Das Framing von Banlieue-Krawallen 2005
Eine Gruppe von Forschern untersuchte inhaltsanalytisch, wie die Ereignisse dargestellt wurden. Eine Hypothese lautete zum Beispiel, „that countries less politically and economically proximate to the riots will be more likely to blame the state for the event. [… and] that the French should blame contextual factors for the riots and other countries should blame the French government itself." (Snow et al. 2007, S. 390).

13.3 Das Framing sozialer Bewegungen

Und wie Abb. 13.1 zeigt, ließen sich diese Hypothesen tatsächlich teilweise bestätigen. Die Zuordnung von Verantwortung als abhängige Variable ist codiert als Anteil der Nennungen von staatlicher Verantwortung an allen Verantwortungszuschreibungen an Akteure des Geschehens und betitelt als ‚State attribution' (Spalte 3). „[C]ountries less politically and economically proximate" sind gemessen anhand der Korrelation des Abstimmungsverhaltens des Landes des berichtenden Mediums in der UN (‚Position government') und anhand der Anteile französischer Exporte an den Importen des Landes (‚Political economic proximity'). Für beide gibt ein hoher Wert eine größere Nähe zu Frankreich an.

Die Ergebnisse finden sich in den beiden Tabellenzellen. Wichtig sind hierbei einerseits die Vorzeichen, die Auskunft darüber geben, in welche Richtung der Zusammenhang geht. Beide Effekte sind negativ, das heißt mit einer größeren Nähe zu Frankreich sinkt die Wahrscheinlichkeit, dass der französische Staat als verantwortlich benannt wird. Andererseits sind die drei bzw. zwei Sternchen an den Koeffizienteneinträgen (−,187*** und −,203**) wichtig. Ausweislich der Fußnote machen diese deutlich, dass die verbleibenden Wahrscheinlichkeiten, solche Effekte aufgrund reinen Zufalls vorzufinden, unter 1 % (für die politische Nähe) beziehungsweise unter 5 % (für die ökonomische Nähe) sind und also als akzeptabel angesehen werden können. Es finden also beide Hypothesen Bestätigung.

Table 7: Ordinary Least Squares Regression of Explanatory Variables on Framing of French Riots

Independent variables	Non-structural diagnosis	State attribution	Short term prognosis	State responsibility	Diagnostic Crystallization	Prognostic Crystallization	Diagnostic framing
Right newspaper		-.024	.049				.059
Position government		-.187***	.21				.025
Political economic proximity		-.203**	.041				.094
Source media	.094	-.03	.066	.195**	-.281***	-.199**	.066
Source state	.068	-.232***	-.016	.126	-.109	-.423***	-.362***
Source Sarkozy	.492***	-.475***	.663***	.332***	.076	-.180*	-.482***
Source opposition	.038	-.049	.083	.196**	.157**	-.099	-.425***
Source international	-.117**	.140**	.048	.164*	.125*	-.133*	-.393***
Source residents/ participants	.169**	.130*	-.009	-.075	-.125*	-.056	.036
Week 1	.480***	.216	.001		-.073		
Week 2	.314***	.048	.082		-.263***		
EU * State				.372***			-.225***
Germany * international actor							-.182***
Left * UK * opposition							-.142***
Week 1* opposition							.254***
Week 2* opposition							.250***
Week 2* international actor							.255***
France * Right newspaper							-.206***
National oriented newspaper		.135*	-.044				.070
Unemployment		.035	-.095				-.031
Migration rate		-.136	.212**				-.078
F-value total model	15.466***	7.081***	7.270***	2.645***	5.596***	2.750***	14.018***
Adjusted R-square	.394	.338	.390	.065	.170	.067	.571
N	179	168	148	143	179	148	187

Note: *p < .10 **p < .05 ***p < .01 (one tailed); reported coefficients are standardized regression coefficients (betas).

Abb. 13.1 Ergebnistabelle aus Snow et al. (2007)

13.4 Fragmentierung und Destabilisierung?

Während in den frühen Tagen des Internet sich einige hochfliegende Hoffnungen auf befreiende und demokratieförderliche Wirkungen des Internets richteten, hat dies inzwischen größerer Skepsis Platz gemacht.

Der englische Begriff der Filter bubbles beschreibt einen negativen Mechanismus, der dabei insbesondere seit der amerikanischen Präsidentenwahl 2016 im Vordergrund steht: Es wird vermutet, dass das Internet die Polarisierung unter den Bürgern und ihr Nebeneinanderherleben in sogenannten Filterblasen befördert. Es geht dabei um die Möglichkeit, dass Internetnutzer auf den von ihnen genutzten Plattformen alle von außerhalb eines homogenen Umfeldes kommenden Informationen ausfiltern können. Damit hängt der Begriff der Echokammer (echo chamber) zusammen, die ein solches homogenes Umfeld beschreibt als eines, in dem man letztlich keine anderen Meinungen mehr, sondern nur noch ein Echo der eigenen Meinung zu hören bekommt. Beide Begriffe stammen von dem Harvard-Rechtsprofessor Cass Sunstein. Er beschrieb als erster die Möglichkeit, dass das Internet zu kleinen Bereichen sozialer Vernetzung führen könne, in denen Individuen nur immer wieder auf Gleichgesinnte stoßen und überhaupt keinen anderslautenden Meinungen mehr ausgesetzt sein würden:

> „Although millions of people are using the Internet to expand their horizons, many people are doing the opposite, creating a Daily Me that is specifically tailored to their own interests and prejudices."

Statt in einer gemeinsam geteilten Öffentlichkeit würden sie sich nur in Echokammern ihrer eigenen Meinung bewegen (Sunstein 2007, siehe auch McCoy, Rahman und Somer 2018). Dies ist eine Frage, die aktuell diskutiert und empirisch untersucht wird und jedenfalls noch nicht entschieden ist.

Einerseits erhält Sunsteins These Unterstützung:

> [Our findings indicate that] „partisan political discussions on social media are segregated by political orientation" (Jacobson, Myung und Johnson 2016)

> „[C]onsumption patterns elicit the emergence of two distinct communities of news outlets. [We find] significant differences in both echo chambers and that polarization influences the perception of topics." (Del Vicario et al. 2017)

Auch eher kultursoziologisch angelegte Studien stützen die These (Lindell und Hovden 2018; Davies 2018).

13.4 Fragmentierung und Destabilisierung?

Andererseits wird ihr auch widersprochen:

„Among the broader population, the evidence seems to suggest that the Internet is associated with more exposure to alternative views rather than less." (Farrell 2012, S. 43)

„[P]eople who use Facebook for news were more likely to view both pro- and counter-attitudinal news [, …] counter-attitudinal news exposure increased over time, which resulted in depolarization." (Beam, Hutchens und Hmielowski 2018)

„The echo chamber is overstated: […We] find that those who are interested in politics and those with diverse media diets tend to avoid echo chambers." (Dubois und Blank 2018)

Es könnte sein, dass hier verschiedene Mechanismen nebeneinander spielen. Eine Studie setzt die Unterstützung von Rechtspopulismus in Beziehung mit der Nachfrage nach einer homogenen Nachrichtenlage und findet, dass aktive Nutzer sozialer Medien eine geringere und passive und „unzivile" Nutzer eine höhere Unterstützungsbereitschaft für den Rechtspopulismus zeigen (Groshek und Koc-Michalska 2017).

Zudem ist in Bezug auf den Austausch über Plattformen sozialer Medien die Frage der Fragmentierung vernetzter Öffentlichkeit eine Frage der verwendeten Algorithmen, und entsprechende Diskussionen über die Notwendigkeit und Form einer „algorithmic governance" haben bereits begonnen (Burri 2016; Just und Latzer 2017; Helberger et al. 2018).

Andererseits ist bald ein Jahrzehnt nach den letztlich wenig erfolgreichen digital unterstützten Protestbewegungen um 2010 zu konstatieren, dass vernetzte Öffentlichkeit nur in wenigen Fällen stabilen sozialen Wandel zum Besseren zu bewirken in der Lage war.

Innerhalb der bestehenden Plattformen sozialer Medien stellt sich hier wiederum die Frage der „algorithmic governance". Um in demokratischen Staaten eine zivilisierte politische Diskussion aufrechtzuerhalten oder wiederherzustellen, werden Praktiken wie Verbote anonymer Beiträge und generell Regulierungen von Communities angewandt, die im nichtdemokratischen Kontext gegen Demokratie-Aktivisten wirken (Youmans und York 2012).

Aber in der Politik wird bereits die Frage gestellt, ob die bestehenden, in einem marktwirtschaftlichen Wettbewerb um die Besetzung natürlicher Monopolpositionen entstandenen Plattformen denn demokratietheoretisch zuträglich sind. Hier nicht das von selbst Entstandene als einzige Möglichkeit gegeben zu akzeptieren, sondern nach einer geeigneten Gestaltung institutioneller Innovation zu suchen, wäre sinnvoll. Der Parallele zur ersten Moderne, in deren Vollendung mit dem UN-System, nationalstaatlichen demokratischen Institutionen und dem öffentlich-rechtlichen Rundfunk eine ganze Reihe von Institutionen geschaffen wurden, die danach mehr als ein halbes Jahrhundert gut funktioniert haben, würde es zumindest entsprechen.

> **Zusammenfassung**
>
> In diesem Kapitel ging es um die vernetzte Öffentlichkeit, die in den letzten 20 Jahren und vor allem durch das Internet entstanden ist.
>
> - Sie kennen und verstehen jetzt die Erwartungen und Ergebnisse auf der Mikro-Ebene, einerseits zur Rolle des Internets zur Information und Partizipation, andererseits zu den Faktoren, die für die Weitergabe von Inhalten in vernetzten Strukturen eine Rolle spielen.
> - Sie kennen und verstehen das grundsätzliche Problem des kollektiven Handelns und einige Fragestellungen, Konzepte und Ergebnisse der an ihm arbeitenden Erforschung sozialer Bewegungen, wie die grundsätzlichen Definitionskriterien und das zeitliche Verlaufsschema sozialer Bewegungen, das Verhältnis von Trittbrettfahrerproblematik, der Notwendigkeit formal-institutioneller Organisation und der Rolle neuer Medien,
> - Sie kennen und verstehen die beiden aktuellen Fragestellungen, einerseits ob diese vernetzte Form der Öffentlichkeit diese fragmentiert und polarisiert, und andererseits, wie und ggf. mit welchen institutionellen Veränderungen soziale Bewegungen über die Initiierung kurzzeitiger Veränderungen hinaus zur Beteiligung an der dauerhaften Selbststeuerung der Gesellschaft mitbeteiligt werden so wie das im institutionellen Umbruch hin zur Industriegesellschaft mit der verantwortlichen Einbindung sozialer Bewegungen als Parteien der Fall gewesen ist.

Kontrollfragen
1. Worin besteht das Problem des kollektiven Handelns? Welche Art von Institutionen sollte es hervorbringen? Was ist dabei das Problem?
2. Beschreiben Sie eine bereits weit fortgeschrittene soziale Bewegung in den Kategorien von McAdam und Snow!
3. Wieso kann man mit Tilly und Mauss für die Bundesrepublik mit dem Godesberger Programm der SPD (das die Revolution verabschiedete) und für die Schweiz in der Einbindung der SP in die Zauberformel 1959 das Ende der Arbeiterbewegung sehen?
4. Nennen und erklären Sie zwei normativ negativ bewertete Thesen zur Auswirkung des Internets auf die Politik!

Literatur

Zentrale Referenzen

Bennett, W.L., und A. Segerberg. 2012. The logic of connective action: Digital media and the personalization of contentious politics. *Information Communication & Society* 15:739–768.
Berger, Jonah. 2013. *Contagious: Why things catch on*. London: Simon & Schuster.
Berger, Jonah. 2014. Word of mouth and interpersonal communication: A review and directions for future research. *Journal of Consumer Psychology* 24:586–607.
Castells, Manuel. 1996. *The rise of the network society, the information age: Economy, society and culture*, vol. I. Cambridge, MA: Blackwell.
Downs, Anthony. 1957. *An economic theory of democracy*. New York: Harper & Row.
Mauss, Armand L. 1975. *Social problems as social movements*. Philadelphia: Lippincott.
Mcadam, Doug, und David A. Snow. 1997. *Social movements: Readings on their emergence, mobilization, and dynamics*. Los Angeles: Roxbury.
Olson, Mancur. 1965. *The logic of collective action. Public goods and the theory of groups*. Cambridge: Harvard UP.
Snow, D.A., S.K. Worden, et al. 1986. Frame alignment processes, micromobilization, and movement participation. *American Sociological Review* 51:464–481.
Sunstein, Cass R. 2007. *Republic.com 2.0*. Princeton: Princeton University Press.
Tilly, Charles. 1978. *From mobilization to revolution*. Reading: Addison-Wesley.

Beispiele mediensoziologischer Studien

Alaimo, K. 2015. How the Facebook Arabic page „we are all Khaled said" helped promote the Egyptian revolution. *Social Media + Society* 1:10.
Beam, M.A., M.J. Hutchens, und J.D. Hmielowski. 2018. Facebook news and (de)polarization: Reinforcing spirals in the 2016 US election. *Information Communication & Society* 21:940–958.
Bimber, Bruce, Andrew J. Flanagin, und Cynthia Stohl. 2005. Reconceptualizing collective action in the contemporary media environment. *Communication Theory* 15:365–388.
Boulianne, S. 2015. Social media use and participation: A meta-analysis of current research. *Information Communication & Society* 18:524–538.
Brym, R., M. Godbout, et al. 2014. Social media in the 2011 Egyptian uprising. *British Journal of Sociology* 65:266–292.
Burri, M. 2016. *Nudging as a tool of media policy understanding and fostering exposure diversity in the age of digital media*. Dordrecht: Springer.
Christensen, H.S., und A. Bengtsson. 2011. The political competence of internet participants: Evidence from Finland. *Information Communication & Society* 14:896–916.
Davies, H.C. 2018. Redefining filter bubbles as (Escapable) socio-technical recursion. *Sociological Research Online* 23:637–654.
Del Vicario, M., F. Zollo, et al. 2017. Mapping social dynamics on Facebook: The Brexit debate. *Social Networks* 50:6–16.

Van De Donk, Wim. 2004. *Cyberprotest: New media, citizens and social movements.* London: Routledge.

Dubois, E., und G. Blank. 2018. The echo chamber is overstated: The moderating effect of political interest and diverse media. *Information Communication & Society* 21:729–745.

Farrell, Henry. 2012. The consequences of the internet for politics. *Annual Review of Political Science* 15:35–52.

Freelon, D., S. Merritt, und T. Jaymes. 2015. Focus on the tech: Internet centrism in global protest coverage. *Digital Journalism* 3:175–191.

Groshek, J., und K. Koc-Michalska. 2017. Helping populism win? Social media use, filter bubbles, and support for populist presidential candidates in the 2016 US election campaign. *Information Communication & Society* 20:1389–1407.

Hassanpour, N. 2014. Media disruption and revolutionary unrest: Evidence from Mubarak's Quasi-experiment. *Political Communication* 31:1–24.

Helberger, N., K. Karppinen, und L. D'acunto. 2018. Exposure diversity as a design principle for recommender systems. *Information Communication & Society* 21:191–207.

Jacobson, S., E. Myung, und S.L. Johnson. 2016. Open media or echo chamber: The use of links in audience discussions on the Facebook Pages of partisan news organizations. *Information Communication & Society* 19:875–891.

Just, N., und M. Latzer. 2017. Governance by algorithms: Reality construction by algorithmic selection on the Internet. *Media, Culture and Society* 39:238–258.

Lindell, J., und J.F. Hovden. 2018. Distinctions in the media welfare state: Audience fragmentation in post-egalitarian Sweden. *Media, Culture and Society* 40:639–655.

Lowrance, S. 2016. Was the revolution tweeted? Social media and the Jasmine revolution in Tunisia. *Digest of Middle East Studies* 25:155–176.

Mccoy, Jennifer, Tahmina Rahman, und Murat Somer. 2018. Polarization and the global crisis of democracy: Common patterns, dynamics, and pernicious consequences for democratic polities. *American Behavioral Scientist* 62:16–42.

Richey, S., und J.Y. Zhu. 2015. Internet access does not improve political interest, efficacy, and knowledge for late adopters. *Political Communication* 32:396–413.

Snow, D.A., R. Vliegenthart, und C. Corrigall-Brown. 2007. Framing the French riots: A comparative study of frame variation. *Social Forces* 86:385–415.

Theocharis, Y., und W. Lowe. 2016. Does Facebook increase political participation? Evidence from a field experiment. *Information Communication & Society* 19:1465–1486.

Tufekci, Z., und C. Wilson. 2012. Social media and the decision to participate in political protest: Observations from Tahrir Square. *Journal of Communication* 62:363–379.

Youmans, W.L., und J.C. York. 2012. Social media and the activist toolkit: User agreements, corporate interests, and the information infrastructure of modern social movements. *Journal of Communication* 62:315–329.

Massenmediale Öffentlichkeit 14

Überblick
Die alten Massenmedien Buch, Zeitung, Radio und Fernsehen vor dem Aufkommen des Internet institutionalisierten Kommunikation in einem industriellen Produktionsmodus – zentrale Produktion durch relativ wenige Sender und Rezeption relativ einheitlicher Produkte durch viele Empfänger. Daraus ergibt sich eine Gegenüberstellung der beiden klar unterschiedenen Akteursgruppen von Produzenten und Konsumenten und der Diskurse in diesen beiden Gruppen.

- Wie beeinflussen also Massenmedien die Diskurse in der Gesellschaft? Zu dieser Frage diskutieren wir die unterschiedlichen Sichtweisen von Kritischer Theorie und Cultural Studies auf die Rolle der Rezipienten und die Fähigkeit der Medien, die Tagesordnung öffentlich diskutierter Probleme zu bestimmen (Agenda-Setting).
- Und anderseits, was für Diskurse werden innerhalb der Massenmedien gepflegt, und was bestimmt diese? Hierzu schauen wir uns empirische Beispiele der inneren Organisation von Medien an, insbesondere die Tradition intensiver qualitativer Studien zu Inhaltsauswahl und Selbstverständnis in Medienorganisationen seit den 1970er Jahren, und einen gesellschaftsvergleichenden Überblick über Mediensysteme um die Jahrtausendwende, und nehmen dies als Grundlage für einen Blick auf die aktuellen Fragen der „Krise des Journalismus" seither.

14.1 Beeinflussung durch Massenmedien

Warum schließt eine Einführung in die Mediensoziologie, schon ein Fünftel ins 21. Jahrhundert hinein, mit der Diskussion der „traditionellen" Massenmedien? Ist nicht die vernetzte Öffentlichkeit der vorläufige Abschluss der Menschheits- und Mediengeschichte?

Die Antwort auf die zweite Frage ist Ja, aber dennoch ist es nicht „so 1970er", mit der Analyse der massenmedialen Öffentlichkeit zu schließen.

Erstens behalten Massenmedien eine Bedeutung, auch wenn sie ihr Monopol verloren haben: Wenn Gesellschaften ihre Probleme lösen und auf diese Problemlösungen eine gemeinsame Perspektive bekommen und so sozialen Frieden herstellen wollen, können sie es nicht bei der Fragmentierung von Öffentlichkeiten bewenden lassen, sondern brauchen gemeinsame Foren der Diskussion. Im Zentrum stehen hier die gemeinsamen politischen Institutionen, die ja auch die gesellschaftliche Weise auf eine bestimmte Art und Weise wahrnehmbar abbilden und insofern ihre eigene Medialität haben, aber in der Frage des Umgangs mit ihnen und ihren Ergebnissen wird es immer wichtig sein, auch über gewisse Gegenstände und Texte breit gemeinsam Öffentlichkeit herzustellen. In einer arbeitsteiligen und funktional differenzierten Gesellschaft wird es für die Herstellung dieser Gemeinsamkeit immer zentrale und in diesem Sinne massenmediale Akteure geben.

Zweitens brauchen wir, gerade weil das Internet zum neuen Leitmedium geworden ist, zum Verständnis der gegenwärtigen Dynamiken und Probleme der Massenmedien das Verständnis der vernetzten Öffentlichkeit mehr als wir umgekehrt das Verständnis der Massenmedien gebraucht hätten, um soziale Netzwerke und vernetzte Öffentlichkeiten verstehen zu können.

Der größte Teil der kritischen Perspektive von Horkheimer und Adorno bezieht sich auf eine Form der Beeinflussung, die wir mit Foucault als *diskursive Beeinflussung* bezeichnen können. Wenn Horkheimer und Adorno schreiben

> „Die Beschreibung der dramatischen Formel durch jene Hausfrau: getting into trouble and out again umspannt die ganze Massenkultur vom schwachsinnigen women serial bis zur Spitzenleistung. Selbst der schlechteste Ausgang, der es einmal besser meinte, bestätigt noch die Ordnung und korrumpiert die Tragik, sei es dass die unvorschriftsmäßig Liebende ihr kurzes Glück mit dem Tod bezahlt, sei es dass das traurige Ende im Bilde die Unverwüstliohkeit des faktischen Lebens desto heller leuchten lässt. Tragisches Lichtspiel wird wirklich zur moralisohen Besserungsanstalt" (Horkheimer und Adorno 2013, 188),

so geht es ihnen um die Vermittlung einer bestimmten Sichtweise auf eine Gesellschaft, die sich selbst als funktionierend begreift, und um Interaktion auf der Basis eines Konsenses über sie, mithin um einen Diskurs.

Die diskursive Beeinflussung durch Medien haben wir insbesondere am Beispiel von Michel Foucault und seinem Machtbegriff angeschaut. Sie ist ein großes Thema der Mediensoziologie, und zwar in großem Maße auch in der normativ kritischen Haltung auf die Gesellschaft und das Wirken von Medien in ihr, das die Dialektik der Aufklärung ebenso kennzeichnet wie die Texte von Michel Foucault oder die oben zitierte Fernsehstudie von Pierre Bourdieu.

Aber diese Perspektive geht ganz industriegesellschaftlich von Rezipienten aus, die Hierarchien und mediale Autorität in ihrem Leben in vormoderner Weise einfach akzeptieren. Der zunehmenden Verbreitung von Rationalität und Deliberation im Alltagsleben seit 1968 entspricht es aber viel mehr, dass Rezipienten auch mit medialen Angeboten selbstbestimmt, kritisch auswählend und relativierend umgehen. (Und auch vor 1968 war Autorität eine Norm, die nicht immer befolgt wurde.)

Das Verdienst, dies zuerst gesehen zu haben, gebührt den sogenannten *Cultural Studies,* für die wir uns hier insbesondere auf Stuart Hall (1932–2014) und John Fiske (*1939) beziehen. Hall ging ebenfalls von marxistischen Positionen aus (und war auf der Linken auch politisch aktiv). Im Gegensatz zu den älteren pessimistischen Positionen räumt er der Aktivität der Medienrezipienten jedoch einen größeren Autonomie- und Gestaltungsspielraum ein. Kodierung und Dekodierung, die wir bereits aus dem allgemeinen Modell der Kommunikation (siehe Abschn. 1.3 oben) kennen, werden hier von technischen zu diskursiven Begriffen – um diese spezielle Nuance besonders hervorzuheben, werden sie auch in deutschsprachigen Texten zum Thema meist mit den englischen Ausdrücken „Encoding" und „Decoding" bezeichnet. Dass Medieninhalte durch Medienproduzenten vorgegeben (Encoding) und von Medienkonsumenten interpretiert (Decoding) werden, entspricht dem Standardmodell, aber die von den Rezipienten für die Dekodierung verwendeten Schlüssel und damit ihre Lesart des Dargebotenen kann durch die Medienproduzenten nicht festgelegt werden:

> „[T]here is no necessary correspondence between encoding and decoding, the former can attempt to ‚pre-fer' but cannot describe or guarantee the latter, which has its own conditions of existence." (Hall 1980; vgl. auch Krotz 2009)

Dieser Gedanke ist von John Fiske (*1939) noch weiter entwickelt worden. Fiske sieht die *Cultural Studies* als eine kritische Theorie, die sich mit der Erzeugung und Zirkulation von Bedeutungen in modernen Gesellschaften beschäftigt mit dem explizit normativen Ziel eines gesellschaftlichen Wandels zu mehr Demokratie und Gerechtigkeit. Für ihn ist Populärkultur eine „Kultur des Konflikts", die „den Kampf einschließt, soziale Bedeutungen zu erzeugen, die im Interesse der Unterdrückten liegen". Kultur wird dabei als „konstante Abfolge sozialer Praktiken" sowie als Prozess gesehen, „sozialer Erfahrung Bedeutungen zuzuschreiben und aus ihr Bedeutungen zu produzieren", und solche Bedeutungen schaffen notwendigerweise eine soziale Identität für die Betroffenen" (Fiske 1993, 2011). Menschen wählen Texte aktiv aus und weisen ihnen Bedeutungen und Relevanz zu.

Und mit dieser aktiven Auswahl haben sie auch einen Einfluss im Kapitalismus: Auf dem Markt werden nur Texte oder allgemeiner Kulturprodukte populär, die Ressourcen enthalten, welche den Rezipienten eigene Deutungen ihrer sozialen Beziehungen und Identitäten erlauben. Im Gegensatz zu Hall, dem er immer noch eine Überbetonung der Klassenzugehörigkeit vorwirft, besteht Fiske auf dem Begriff der Polysemie oder Mehrdeutigkeit. In einer Welt mit unterschiedlichen Kontexten und Lesemomenten erlaubt sie eine aktive Rezeption, die zu verschiedenen sozialen Alltagspraktiken passt.

> „Das Wichtige für mich ist nicht zu verstehen, was der Text ist, sondern wie die Leute ihn benutzen. […] [Texte] sind ein wichtiger Teil der sozialen Zirkulation von Bedeutungen" (Fiske 1993, S. 13).

Die Frage der diskursiven Beeinflussung durch Medien wird angewandt auf medienbezogene Selbstpositionierungen in der gegenwärtigen Struktur neuer sozialer Ungleichheiten (Tyler 2015; Francombe-Webb und Silk 2016), in der Analyse erfolgreicher Strategien (Davies 2016) oder neuer sozialer Phänomene (Campbell 2016; Frith et al. 2013). Im allergrößten Teil der Fälle ist sie jedoch weiter eingebettet in normale Diskursanalysen (Ellis et al. 2013; Lueck et al. 2015; Reed 2015; Bandelli und Porcelli 2016; Mills 2017).

Beeinflussung spielt aber eine Rolle nicht nur im Alltagsleben, sondern auch in der politischen Öffentlichkeit. Man denkt dabei zunächst an bewusste gesteuerte, manipulierte oder einfach inhaltlich falsche Information. Aber in der massenmedialen Realität der entwickelten Industriegesellschaft hat diese tatsächlich eine eher geringe Rolle gespielt, und wir werden unten noch diskutieren, wieso, und wieso das heute wieder mehr der Fall ist. Schon Horkheimer und Adorno thematisieren inhaltliche Beeinflussung eher als Verschleierung denn in der Frage tatsächlicher Falschinformation:

> „Kulturindustrie hat die Tendenz, sich zum Inbegriff von Protokollsätzen zu machen und eben dadurch zum unwiderlegbaren Propheten des Bestehenden. Zwischen den Klippen der nennbaren Fehlinformation und der offenbaren Wahrheit windet sie sich

14.1 Beeinflussung durch Massenmedien

meisterlich hinduroh, indem sie getreu die Erscheinung wiederholt, durch deren Dichte die Einsicht versperrt und die bruchlos allgegenwärtige Erscheinung als Ideal installiert." (156)

Eine ebenfalls diskursive Form der Beeinflussung hat aber als theoretischer Verdacht den Blick auf die Massenmedien fast die gesamte Geschichte der Industriegesellschaft über bestimmt, nämlich das sogenannte *Agenda-Setting*. Zwei Jahre nach der Etablierung der Nachkriegsordnung 1949 kritisiert ein junger Mathematiker namens Kenneth Arrow (1921–2017) den demokratischen Fortschrittsglauben, indem er mit dem von ihm sogenannten „Paradox of Social Choice" 1951 auf ein Problem der demokratischen Entscheidungsfindung hinweist, das auch für die Mediensoziologie eine Rolle spielt (Arrow 1951).

> **Beispiel 25: Einfache zirkuläre Präferenz als Grundlage für Agenda setting**
> In einem einfachen Beispiel mit drei Akteuren A, B und C und drei möglichen Optionen X, Y und Z beschreibt Arrow die Präferenzen wie folgt (Tab. 14.1):
> Wenn man in solch einer Situation die Entscheidung durch eine Folge von zwei binären Abstimmungen herbeiführt, hängt es von der Agenda, der Abfolge der Abstimmungen, ab, welches Ergebnis herauskommt.
>
> - Wenn man zunächst X und Y vergleicht und die in diesem Vergleich siegreiche Option anschließend Z gegenüberstellt, gewinnt erst X (weil sowohl A als auch C die Option X der Option Y vorziehen), und anschließend Z (weil sowohl B als auch C die Option Z der Option X vorziehen).
> - Aber wenn man zunächst Y und Z vergleicht und dann erst X für einen binären Vergleich heranzieht, gewinnt X.
> - Generell gewinnt immer diejenige Option, die erst am Schluss in den Vergleich aufgenommen wird.
>
> Man kommt nie zu einer „objektiv richtigen" Entscheidung, sondern die Abfolge der Abstimmungen bestimmt das Ergebnis.

Tab. 14.1 Rangreihenfolgen in Arrows Paradox of Social Choice

Rangreihenfolgen	A	B	C
1 (bestes)	X	Y	Z
2	Y	Z	X
3 (schlechtestes)	Z	X	Y

Dieses Beispiel zeigt einen Weg für eine indirekte und damit besser zu verschleiernde Strategie zur inhaltlichen Beeinflussung durch Medien auf: Sie können beeinflussen, wann welche Themen diskutiert werden, und damit das Endergebnis beeinflussen.

Um ein Beispiel zu nennen, das die praktische Relevanz dieses zunächst sehr konstruiert wirkenden Beispiels zeigt: Wenn wie in den 1970er Jahren vor einer Abstimmung über ein neues Kernkraftwerk mehrheitlich Themen der wirtschaftlichen Entwicklung und Souveränität diskutiert werden, ist wahrscheinlich, dass ein anderes Ergebnis herauskommt als wenn wie 2011 der Fokus auf Umweltfragen liegt.

Ein anderes Beispiel für den Effekt der medialen Agenda auf politische Ereignisse ist die Bedeutung von Michael Jacksons Tod 2009 für den Iran.

Fallbeispiel 26: #iranianrevolution und der Tod von Michael Jackson
Bereits 2009 gibt es im Iran eine Dynamik ähnlich der in Ägypten drei Jahre später:

- Im Jahr 2009 tritt der konservative Amtsinhaber Muhammad Ahmadinejad zur Wiederwahl als Präsident des Iran an. Umfragen zufolge ist er eher unbeliebt, dennoch verkündet die staatliche Wahlkommission schon bald nach Schließung der Wahllokale am 13.6.09, Ahmadinejad habe mit großem Vorsprung gewonnen. Nicht einmal in ihren Heimatstädten soll es seinen Mitbewerbern gelungen sein, eine Mehrheit von sich zu überzeugen.
- Es beginnen Proteste wegen Wahlbetrug. Am 18.6.09 nehmen über 100.000 Menschen an einer Mahnwache in Teheran teil, am 20.6.09 wird bei den Protesten eine Studentin erschossen, ein Video davon auf Youtube erregt globale Aufmerksamkeit: #iranianrevolution ist der global meistgenutzte Hashtag, und die mediale Weltöffentlichkeit erwartet für den Iran ein Schicksal, wie es drei Jahre später die Autokratien in Tunesien und Ägypten ereilen wird.
- Aber am 25.6.09 stirbt überraschend der amerikanische Musiker und „King of Pop" Michael Jackson, die weltweite Aufmerksamkeit wendet sich ihm und seiner Beerdigung zu und entsprechend vom Iran und der Bewegung dort ab. Vier Tage später wird das Wahlergebnis bestätigt, die Proteste flauen ab, und die Situation im Land bleibt im Wesentlichen, wie sie seit 1979 ist.

Es gibt Verschwörungstheoretiker, die debattieren, ob Jackson möglicherweise vom iranischen Geheimdienst getötet wurde. Aber außer dem „Cui bono"-Argument (lat. für „Wem nützt es?") gab für diese These nie irgendwelche Anhaltspunkte, und sehr wahrscheinlich hieße es, die mediensoziologische Gewitztheit des iranischen Regimes zu überschätzen. Dass hingegen umgekehrt Jacksons Tod zumindest eine weitere Eskalation der Proteste und womöglich einen Umsturz im Iran verhindert hat, ist plausibel und ein Beispiel für Michel Foucaults Sicht, dass Macht nicht nur akteursbezogen sein muss, sondern auch ganz unpersönlich sein kann.

Nach zwei Jahrzehnten seit 1951, in denen der Gedanke der Beeinflussbarkeit des politischen (und allgemeiner öffentlichen) Prozesses durch Agenda-Setting nur von einigen mathematisch interessierten Politikwissenschaftlern und Ökonomen diskutiert worden war, fand er in die Mediensoziologie Eingang mit einem Aufsatz von Maxwell McCombs und Donald Shaw, der den Begriff in der Medienforschung etabliert (McCombs und Shaw 1972). Angeblich wunderte sich McCombs auf einer Reise, dass vor Ort ein aktueller Skandal in der Regierung in der Bevölkerung gar nicht wahrgenommen wurde, stellte fest, dass dieser auch in den lokalen Medien gar nicht vorkam, und entwickelte daraus den Ansatz, die Inhaltsanalyse medialer Themenbehandlung und die Erfragung subjektiv als relevant angesehener Themen einander gegenüberzustellen (Rössler 2016).

Diese erste Studie war trotz einer eher kleinen Datenbasis mit einer Korrelation von 0,97 so beeindruckend und methodologisch so innovativ und einfach replizierbar, dass sie eine breite Literatur nach sich gezogen hat. Diese ist zwar weitgehend in der Kommunikationswissenschaft angesiedelt, aber auch in der Mediensoziologie ist Agenda-Setting ein Thema. Das Medienberichterstattung und öffentliche Problemwahrnehmung zusammenhängen, ist auf der Ebene der bivariaten Korrelation gut etabliert (Dearing und Rogers 1996, insbes. 72–87; McCombs 2005; Rogers und Dearing 2007). Dabei stellt sich natürlich die Frage der Kausalitätsrichtung, denn eine Korrelation kann ja einerseits auf einen Einfluss der Medien hindeuten, genauso gut aber auch darauf, dass sie einfach die Stimmungen aus der Bevölkerung genau aufnehmen. Offenbar ist beides der Fall (Uscinski 2009): Medien reagieren auf die Diskussion in der Bevölkerung, aber sie haben durchaus auch die Möglichkeit, autonom selbst Themen zu setzen (Molotch und Lester 1974).

14.2 Diskurse medialer Produktion

Wenn Medien Diskurse beeinflussen können, gewinnen die Diskurse innerhalb der Medien an Bedeutung. Wie verhalten sich Medienakteure zur sozialen Welt außerhalb, und was bestimmt das?

Ein besonders unrühmliches Beispiel in dieser Hinsicht ist die Medienlandschaft in den deutschen 1920er und 1930er Jahren gewesen.

> **Fallbeispiel 27: Alfred Hugenberg und die Presse der Weimarer Republik**
> Alfred Hugenberg, der als Spitzenmanager des Krupp-Konzerns zu Reichtum gekommen war, kaufte im und nach dem ersten Weltkrieg und besonders nach der großen Geldentwertung 1923 in großem Stil Zeitungen auf, verwendete sie als Propagandainstrument gegen die Demokratie der Weimarer Republik und bereitete so medial den Boden für die Machtübernahme der NSDAP 1933 (Guratzsch 1974; Holzbach 1981; Fulda 2009). Und ab 1933 wurden die damaligen „neuen Medien" des Radios und des Films vom neuen Regime für Zwecke der eigenen Propaganda genutzt, um Volksgemeinschaftsideologie, Antisemitismus und Kriegsbereitschaft zu verbreiten (Kallis 2005).
>
> Neuere Forschung differenziert dieses Bild und stellt etwa fest, dass schon damals das Decoding der Rezipienten eine Rolle spielte: Während die Radio-Propaganda der Nazis ansonsten erfolgreich darin war, antisemitische Handlungen hervorzurufen, wirkte sie sich an Orten mit historisch niedrigem Antisemitismus sogar negativ aus (Adena et al. 2015). Film und Radio vermittelten vor 1933 noch keineswegs ein einheitliches, sondern ein stark sozial und geographisch differenziertes Bild der Welt (Führer 1996). In den Zeitungen findet man trotz Hugenberg vor 1933 auch viel Fortschrittliches (Siemens 2009; Rössler et al. 2012; Hung 2015; Marhoefer 2015). Und das Radio hatte sich vor 1933 weitgehend auf die Sendung klassischer Musik konzentriert – durchaus zur Freude der demokratischen Parteien, aber dennoch so einen Diskurs eines defensiven Verhältnisses zur Moderne aufrechterhaltend, der den Nazis in die Hände spielte (Führer 1997). Keineswegs eine uniforme Verführung also: Aber als einen Hort objektiver Information der Bevölkerung wird man die Massenmedien in Deutschland in dieser Zeit kaum ansehen können.

Das ist völlig anders in den USA, als fünfzig Jahre später Herbert Gans dort die großen Medien untersucht. Gans ist 1927 in Köln geboren, 1940 mit den Eltern in die USA gekommen, 1945 eingebürgert, und nun sitzt er in einer ethnographischen Feldstudie in den Redaktionen von CBS Evening News, NBC Nightly News, Newsweek, and Time. Und er findet, dass hier Objektivität als Wert hochgehalten wird. In der Studie „Deciding what's news" (Gans 1979) beschreibt er, wie die Arbeit von Journalisten auf inhärenten Annahmen über die externe Realität gründet, die er als „fortdauernde Werte" des U.S.-Journalismus beschreibt:

- Objektivität: Wertfreie Berichterstattung wird positiv konnotiert.
- Moderatismus: Ablehnung extremistischer Positionen
- Altruistische Demokratie: Demokratie als beste Regierungsform, mit der Erwartung altruistischen Regierungshandelns und aktiv beteiligter Bürger
- Individualismus: Individuelle Freiheit positiv konnotiert
- Responsible Capitalism: Wachstum positiv konnotiert, Kritik an staatlicher Regulierung oder an Zusammenschlüssen wie Gewerkschaften oder Konsumentenorganisationen
- Ethnozentrismus: USA als das beste Land von allen
- Small-town Pastoralism: Ländliche, anti-urbane und anti-industrielle Werte

„Deciding what's news" gehört in eine Reihe einflussreicher Studien, die in dieser Zeit versuchen zu verstehen, was Massenmedien als Realität darstellen. Gans ist nicht der einzige, der die Methode der Ethographie mit ihrem Bemühen, sich die herrschenden Konventionen aus einer möglichst „fremden" Warte anzuschauen, auf die Arbeit in den Redaktionen der Massenmedien anwendet. In etwas früheren Studien untersucht Gaye Tuchman etwas kleinere Medienakteure, so einen lokalen Fernsehsender, die Presseabteilung der New York City Hall oder die New Yorker Frauenbewegung (Tuchman 1972, 1978). Mit etwas mehr Abstand kommt 1980 von Todd Gitlin eine weitere solche Studie hinzu, die den Fokus mehr auf die sozialen Bewegungen der späten 1960er Jahre richtet und auf den Vergleich zwischen qualitativen Auswertungen ihrer Materialien und Aktionen und dem, was massenmedial daraus wurde, und dies mit qualitativen Interviews mit Medienakteuren eher ergänzt (Gitlin 1980).

Diese Studien begründen eine Tradition, die eifrig weitergeführt wird (z. B. Schudson 1989; Meyers 1994; Clayman und Reisner 1998; Roth 2002; Carlson 2007; Clayman et al. 2007; Sobieraj 2010; Krause 2011; Taylor und Gunby 2016; Gonen 2018), und die aktuell zum Beispiel darauf schaut, wie sich die journalistische Produktion unter den Bedingungen des Internet verändern, zum Beispiel durch die Zunahme visuellen Materials und seiner strategischen Verwendbarkeit durch soziale Bewegungen (Dencik und Allan 2017), durch Plattformen wie Wikileaks oder alternative Plattformen (Rauch 2016; Brevini 2017), oder durch Netzwerke wie Twitter (Enli und Simonsen 2018).

All diese Autoren sehen Nachrichten als das Produkt sozialer Institutionen, insbesondere der Strategien von Reportern, ihre Arbeit strukturiert zu bewältigen. „Nachrichtenwert" ist keine Eigenschaft, die Ereignissen von sich aus innewohnt, sondern ein ausgehandelter sozialer Prozess, in dem Organisationen Ereignisse aus dem täglichen Überangebot auswählen. Tuchman verwendet besonders intensiv den Frame-Begriff:

> „News is a window of the world. Through its frame, American learn of themselves and others, of their institutions, leaders, and life styles, and those of other nations and their peoples [...] But, like any frame that delineates a world, the news frame may be considered problematic. The view through a window depends upon whether the window is large or small, has many panes or few, whether the glass is opaque or clear, whether the window faces a street or a backyard." (Tuchman 1978, S. 1)

Tuchman beschreibt einerseits, wie die Medien sich selbst legitimieren, indem sie durch die Nutzung visueller Codes, narrativer und visueller Konventionen „eine Aura der Repräsentation ausstrahlen" (S. 109), herrschende Institutionen und dominierende Individuen in ihnen legitimieren. Reporter und Redakteure sehen sich und vor allem stellen sich dar als dem Anspruch der Objektivität verpflichtet, aber gleichzeitig schaffen und kontrollieren sie Kontroversen und erheischen damit Aufmerksamkeit (S. 91). Während Tuchmans These der Bewirtschaftung von Kontroversen schon auf den heutigen Konflikt verweist, dass Meldungen eher nach dem Aufregungswert als nach dem tatsächlichen Nachrichtenwert ausgewählt werden, ist Gans' These einem (etwa mit Blick auf den Ethnozentrismus und Anti-Urbanismus) nicht unkritisch gesehenen, aber doch im Großen und Ganzen zufriedenen Blick verpflichtet, in dem Medien ihre Arbeit tun, indem sie recht objektiv über die Welt berichten und sich zumindest klar dieser Werthaltung verpflichtet sehen.

Mit diesen zwei beispielhaften Sichten auf Massenmedien, einmal der hochproblematischen Mediensituation im Deutschland der 1920er und 1930er Jahre und einmal der auch nicht völlig unproblematischen, aber vergleichsweise deutlich entspannteren und objektivitätsorientierteren Mediensituation in den USA der 1970er Jahre sind zwei Extremsituationen beschrieben, die deutlich machen, dass die Massenmedien und die Diskurse innerhalb ihrer medialen Produktion sehr unterschiedlich aussehen können.

14.2 Diskurse medialer Produktion

Während viele Aspekte der Mediensoziologie allgemein oder zumindest für alle Industrienationen ungefähr gleich sind, gibt es in der Verfasstheit der Systeme von Massenmedien charakteristische historische und große nationale Unterschiede. Glücklicherweise muss man aber nicht jedes Land einzeln anschauen, sondern kann die Mediensysteme in den meisten westlichen Industriegesellschaften einem von drei Typen relativ klar zuordnen, wie die amerikanischen Medienwissenschaftler Daniel Hallin und Paolo Mancini festgestellt haben (Hallin und Mancini 2004).

Sie können dabei auf eine breite Literatur zu anderen institutionellen Systemen aufbauen, die für politische Institutionen (Lijphart 1999), diejenigen des Wohlfahrtstaats (Esping-Andersen 1990) oder die der Wirtschaftspolitik (Hall und Soskice 2001) immer wieder ähnliche Typen gefunden haben. Immer wieder stehen sich dabei eine angelsächsische Gruppe mit Großbritannien und seinen früheren abhängigen Gebieten Irland, USA und Kanada (und zumeist auch noch Australien und Neuseeland), eine mitteleuropäische Gruppe mit Deutschland, Österreich, den Niederlanden und Belgien und eine „mediterrane" südeuropäische Gruppe mit Italien, Spanien und Portugal gegenüber, und immer wieder gibt es dabei Anlass, das angelsächsische Modell als liberales und das mitteleuropäische als (demokratisch-[1])korporatistisches Model zu beschreiben, weil im liberalen Modell sehr viele Freiheiten und Eigenverantwortlichkeiten bestehen, während im korporatistischen Modell die verfassten Berufsgruppen eine große Rolle spielen. Die Schweiz ist ein Sonderfall und gehört etwa in der Arbeitsmarktverfassung zum liberalen, politisch aber noch am ehesten zum mitteleuropäischen Modell.

In der von Hall und Mancini festgestellten Typologie der Mediensysteme gibt es aber auch zwei große Abweichungen von der sonstigen Anordnung: Das mitteleuropäisch-korporatische Modell wird einerseits vergrößert durch die Hineinnahme der skandinavischen Länder, die sonst oft eine eigene Gruppe bilden, und andererseits verkleinert um Frankreich, das bei Hallin/Mancini in der mediterranen Gruppe firmiert. Die den Unterschieden des Mediensystems zugrundeliegenden politisch-institutionellen Gemeinsamkeiten funktionieren dennoch: Vor allem haben die liberalen Länder, die schon vor der Industrialisierung Demokratien wurden, ein Mehrheitswahlrecht, dem ein Zweiparteiensystem, ein

---

[1]Zur Präzisierung wird oft der Zusatz „demokratisch"-korporatistisch verwendet, weil der ursprüngliche Korporatismus ein antidemokratisches Modell der Zwischenkriegszeit war. Da es aber nur wenige Jahre existierte und heutzutage keine Option mehr darstellt, meint der Begriff Korporatismus auf Gegenwartsgesellschaften bezogen auch ohne den Zusatz immer diesen demokratischen Korporatismus.

schwacher Wohlfahrtsstaat und wenig Einflussnahme des Staats auf die Wirtschaft korrespondieren, und die mitteleuropäischen Länder, die sich erst als Industrienationen demokratisierten, Verhältniswahlrechte, Mehrparteiensysteme, stärkere Wohlfahrtsstaaten und deutlich mehr staatlichen Einfluss in der Wirtschaft. Die Länder des mediterranen Typs sind (bis auf Frankreich) noch kürzer Demokratien, haben beide Typen von Wahlrecht, Parteiensystem und Wohlfahrtstaat, und noch mehr Staatseinfluss in der Wirtschaft. Als einzige Gruppe haben sie auch eine eher schwache Rechtsstaatlichkeit (Hallin/Mancini verwenden Max Webers Begriff der „rational-legal authority") und einen polarisierten Pluralismus mit tiefen Gräben, wenig Konsens, Infragestellungen der Legitimität des politischen Systems und bedeutsamen Antisystemparteien, während sowohl liberale als auch korporatische Gesellschaften starke Institutionen des Rechtsstaats und einen eher moderaten Pluralismus aufweisen oder zumindest im Berichtszeitraum um 2000 noch aufwiesen.

Neben diesen Unterschieden und auf ihnen basierend stellen Hallin/Mancini in denselben Ländergruppen bestimmte Ausprägungen des Mediensystems fest: (Tab. 14.2)

- Das betrifft zunächst die traditionelle Stellung des Pressewesens. Im liberalen und im korporatistischen System wird bzw. wurde viel Zeitung gelesen (im korporatistischen noch etwas mehr als im liberalen), und entsprechend sprechen in beiden Systemen Zeitungen überwiegend den Massenmarkt an, während in Südeuropa traditionell nur die Elite Zeitung liest und dementsprechend die Auflagen niedriger, aber die zentralen Pressetitel politischer sind.
- Als „Political parallelism" bezeichnen die Autoren ein für sie zentrales Kriterium, nämlich ob Medienorganisationen parteiisch sind, also parallel die politischen Konflikte abbilden (,externer Pluralismus') oder ob sie unparteiisch berichten und intern pluralistisch alle Meinungen zu Wort kommen lassen. Die Presse der liberalen Länder ist überwiegend neutral und intern pluralistisch (mit Ausnahme der Mehrzahl der englischen Zeitungen), während diejenige der mediterranen Länder das Parteienspektrum abbildet. Die kontinentaleuropäisch-korporatistischen Länder haben eine historische Entwicklung hinter sich, die mit dem externen Pluralismus von Parteizeitungen begann und bei neutralen und intern pluralistischen Zeitungen endete.

Es scheint übrigens so (siehe z. B. Petrova 2011; Tucher in Sturm 2018), als hätten die Gesellschaften des liberalen Modells eine vergleichbare Entwicklung hinter sich, nur schon früher, vor dem Einsetzen der Untersuchung von Hallin/Mancini.

Tab. 14.2 Drei Systeme der Massenkommunikation. (Nach Hallin und Mancini 2004)

Modell	Liberales	Demokratisch-korporatistisches	Polarisiert-pluralistisches
Region	Nordatlantisch	Nord-/Mitteleuropa	Mediterran
Länder	GB, USA, CDN, IRL	AT, BE, DK, FI, DE, NL, NO, S, CH	F, GR, IT, PT, SP
Politisches System			
Demokratisierung	Früh	Früh (ausser D/AT)	Spät (ausser F)
Wahlrecht/ Parteiensystem	Majorz Zweiparteiensystem	Proporz Mehrparteiensystem	Uneinheitlich
Wohlfahrtsstaat	Schwach	Stark	
Einflussnahme Staat > Wirtschaft	Schwach	Eher stark	Stark
Pluralismus	Moderat individualisiert	Moderat, korporatistisch organisiert	Polarisiert, organisiert über Parteien
Rechtsstaatlichkeit	Stark	Stark	Schwächer (Klientelismus)
Pressesystem			
Auflagen	Mittel	Hoch	Niedrig
Zeitungswesen	Massenpresse	Massenpresse	Elitär politisch orientiert
‚Political parallelism'			
Pluralismus Presse	Neutral/intern (extern in GB)	Historisch von extern zu intern/neutral	Extern
Regulierung Rundfunk	Professionell	‚Politics-in-broadcasting-System' mit hoher Autonomie	Staatlich (Parlament oder Regierung)
Professionalisierung	Stark	Stark	Schwächer
Selbstregulierung	Nicht-institutionell	Institutionalisiert	Nein/instrumentell
Rolle des Staates			
Staatliche Interventionen im Mediensystem	Keine/Markt (außer öff. Rundfk. GB, IRL)	Stark	Stark
Pressefreiheit	Konstitutionell selbstverständlich	Stark geschützt	Nicht immer (Zensurepisoden)

Heute ist dementsprechend die Regulierung des Rundfunks im liberalen Modell „professionell", das heißt wird unabhängig nach Kriterien professioneller Qualität vorgenommen, diejenige im mediterranen Modell liegt in den Händen des Staates und wird entweder von Parlament oder Regierung, aber jedenfalls tendenziell im Sinne der jeweils herrschenden Partei vorgenommen. In den korporatistischen Ländern ist der politische Pluralismus auf die eine oder andere Weise in eine Repräsentation sozialer Gruppen in der Steuerung der Medien aufgenommen. (Tab. 14.2)

- Dem entsprechen hohe Grade an Professionalisierung und Selbstregulierung im liberalen und korporatistischen im Vergleich zum mediterranen Modell und die Tatsache, dass die Pressefreiheit in den beiden erstgenannten Modellen einen weit besseren Stand hat als dort.
- Die Instrumente, mit denen dies erreicht wird, sind jedoch sehr unterschiedlich: Während das liberale Modell alles den Medienakteuren überlässt, wenden korporatistische Gesellschaften dieselben staatlichen Mittel der Rechtssetzung und Finanzierung an, um (internen) Pluralismus und Pressefreiheit zu schützen, die in mediterranen Gesellschaften von den jeweils am längeren Hebel sitzenden Akteuren angewandt werden, um sich die Medien dienstbar sein zu lassen.

Wie alle Typologien ist auch dies eine Vereinfachung, die gruppeninterne Heterogenität und Veränderungen über die Zeit ebenso verdecken wie transnationale Durchdringungen und sicher nicht geeignet sind zur Übertragung auf Gesellschaften außerhalb ihres Samples. Aber sie zeigen auch in dieser Einfachheit schon grundlegende historische Dynamiken und Probleme der Steuerung von Mediensystemen, mit denen sich die Mediensoziologie auseinandersetzt.

Soziale Systeme werden nicht einfach durch ihre Funktionen strukturiert, wie Talcott Parsons etwas blauäugig annahm. Auf den vorangegangenen Seiten (und schon in der Diskussion von Hallin und Papathanassopoulos 2002 in Kap. 6) konnten wir am Beispiel von Objektivität und Pluralismus sehen, wie sie diese Funktionen in durchaus unterschiedlichem Maße erfüllen können. Im Verlauf der gesamten Geschichte der Industriegesellschaft haben beispielsweise das amerikanische und das deutsche (und in wieder anderer Art auch das schweizerische) Mediensystem in diesen beiden Hinsichten recht positive Entwicklungen durchgemacht. Seit Beginn des 21. Jahrhunderts sind aber in diesen und vielen anderen Gesellschaften negative Entwicklungen zu beobachten, die teils medienunabhängig in der zweiten Modernisierungskrise der westlichen Demokratien begründet liegen und teils sehr medienspezifisch durch das Aufkommen des Internet ausgelöst worden sind.

14.2 Diskurse medialer Produktion

Die Konturen dieser Veränderungen sind Gegenstand laufender mediensoziologischer und allgemein medieninteressiert-sozialwissenschaftlicher Forschung, so dass hier keinesfalls eine wie auch immer geartet abschließende Darstellung möglich ist. Im Gegenteil: Zu den Tatsachen, die Mediensoziologie derzeit so spannend machen, gehört gerade, dass diese Entwicklungen noch lange nicht zu Ende beschrieben und noch längst nicht ausreichend verstanden sind, so dass Sie als Leser dieses Lehrbuches die Chance und Herausforderung haben, sich hier produktiv zu beteiligen.

Beispielhaft aus dieser Krise der Medien und insbesondere des klassischen Qualitätsjournalismus (und hier nochmals seiner gedruckten Form), die vor allem seit 2010 in vielen Beiträgen bearbeitet werden (u. a. Mast und Spachmann 2003; Chyi et al. 2012; Bartelt-Kircher et al. 2010; Lünenborg 2012; Siles und Boczkowski 2012; Mancini 2013; Picard 2013; Alexander 2015; Trappel et al. 2015; Usher 2015; Bruggemann et al. 2016; van der Burg und Van den Bulck 2017; Williams 2017; Curran 2019; Rothmann und Koch 2014) seien nur zwei Aspekte herausgegriffen: Auf der Inputseite liegt unter anderem eine Ressourcenkrise vor, und auf der Outputseite liegt unter anderem eine Vertrauenskrise vor, und die beiden sind miteinander verknüpft.

- Zur Vertrauenskrise: Bereits Gans, Tuchman und Gitlin kritisierten die Elitenorientierung des industriegesellschaftlichen professionellen Modells der Massenmedien. Journalisten sahen sich als der Objektivität und dem Pluralismus verpflichtet, aber das bedeutete, dass sie verschiedene Positionen innerhalb der Elite unparteiisch nebeneinander darstellten, also meistens von Politikern. Dieses Modell funktionierte in der Industriegesellschaft, weil diese Politiker in dieser Zeit als repräsentativ für ihre jeweiligen Wähler angesehen wurden. Aber die Individualisierung hat diese Repräsentativität aufgelöst (Gans 2011), und das Internet mit seiner neuen Vielfalt von Stimmen legt diese Differenz zwischen Medien und Publikum (Boczkowski und Mitchelstein 2017) gnadenlos dadurch offen, dass es auch alle andere Sichtweisen zeigt als die hiervon erfassten. (Barnhurst 2015) Die Rolle von Journalisten als unabhängigen, an Objektivität, Wahrheit und Qualität orientierten, spezialisierten und mit ihrer Spezialisierung qualifizierten Akteuren ist damit nicht obsolet, muss aber gegenüber dem alten Modell neu gefunden werden (Schapals 2018), und dieser Suchprozess ist noch nicht abgeschlossen.
- Zur Ressourcenkrise: Das Internet ermöglicht erstens die Rezeption der medialen Produktion vieler neuer Akteure, die entweder intrinsisch motiviert auf eine Entlohnung verzichten oder ihre Ressourcen aus anderen Quellen beziehen, zweitens hat es von seinen Anfängen her eine „Kostenlos-Kultur"

gepflegt: die Konvention und damit einhergehende Norm, dass Inhalte frei verfügbar zu sein haben und die zur Produktion notwendigen Ressourcen nicht über Beiträge der Rezipienten verdienen dürfen, während drittens die Finanzierung durch Werbung nicht mehr mit der Rezeption journalistischer Inhalte verbunden ist. Zur Lösung dieser Krise werden einerseits staatliche Lösungen diskutiert (Murschetz 2013), in Analogie zur Finanzierung der öffentlich-rechtlichen Funkmedien (Radio und Fernsehen) in der Industriegesellschaft, andererseits verfolgen die interessierten Akteure gespannt, wie sich nutzerfinanzierte Systeme etwa durch Paywalls oder Medienplattformen entwickeln (Ayllon 2015; Gomez und Sandoval-Martin 2016; Rothmann und Koch 2014; Carson 2015), die dann eher die Tradition des erfolgreichen Modells von Objektivität und internem Pluralismus durch kommerziellen Wettbewerb (Pickard und Pickard 2015; Benson 2017) bei den Zeitungsverlegern der Industriegesellschaft fortschreiben würden.

Auch Krisen sind Stories, und deshalb liegt es in der Natur der Medien und auch der Sozialwissenschaften als eines eigenen spezifischen Mediensystems, permanent Krisen auszurufen. (Breese 2015) Wie andere Stories leben aber auch Krisen aus ihrer Entwicklung über die Zeit, und falls sich nichts tut, wird man ihrer irgendwann müde. Und da, wo sie substantiell sind und Akteure von den einer Krise innewohnenden Unsicherheiten so sehr beeinträchtigt werden, dass sie Interessen entwickeln und zur kollektiven Handlungsfähigkeit bringen, sie zu überwinden, da kommen sie auch substantiell an ein Ende. Wie dieses Ende aussehen wird, ist heute noch nicht klar, und es sind unterschiedliche neue institutionelle Gleichgewichte vorstellbar. Wenn dieses Buch Ihnen ein wenig dazu verhilft, sie mitzudenken und auch kritisch-normativ gegeneinander abwägen zu können, dann hat es ein wichtiges Ziel erreicht.

Zusammenfassung

In diesem Kapitel ging es um die scheinbar alten Massenmedien, die auch in einer vernetzten, aber weiterhin sozial differenzierten Welt noch weiter für die Herstellung einer gemeinsamen Öffentlichkeit und damit einer sozial befriedeten Gesellschaft wichtig bleiben.

- Sie kennen und verstehen jetzt in Bezug auf zwei wichtige Mechanismen dafür, wie Massenmedien die Diskurse in der Gesellschaft beeinflussen, wie im Blick auf die Rolle von Rezipienten dem Pessimismus der Kritischen Theorie die entspanntere Sichtweise der Cultural Studies entgegentrat, und wie zum Agenda-Setting das Social Choice- durch das unmittelbar mediensoziologische Argument ergänzt wurde.

- Sie kennen und verstehen jetzt, wie unterschiedlich Massenmedien aufgestellt sein können in Bezug auf ihre inneren Diskurse, die dieser Beeinflussung zugrunde liegen, einerseits als besonders prägnantes Negativbeispiel die Medienlandschaft der Weimarer Republik, andererseits diejenige der US-Medien in den 1970er Jahren als Startpunkt einer intensiven qualitativ-beschreibenden Beforschung. Sie kennen und verstehen die drei Typen, in denen sich die Organisation von Mediensystemen in der westlichen Welt um das Jahr 2000 beschreiben lässt, sowie die Vertrauens- und Ressourcenkrise, die die traditionellen Massenmedien und insbesondere das Zeitungswesen seither erfasst haben.

Kontrollfragen
1. Benennen Sie eine Gemeinsamkeit und einen Unterschied in den mediensoziologischen Positionen von einerseits Michel Foucault und andererseits der Cultural Studies-Richtung (Stuart Hall, John Fiske)!
2. Beschreiben Sie das „Paradox of Social Choice" mit Hilfe der von Kenneth Arrow als Beispiel gegebenen Matrix! Inwiefern beschreibt es die „Agenda-Setting"-Macht der Medien?
3. Benennen Sie einen Bereich, in dem sich die Mediensituation im Zeitungswesen in Deutschland 1930 und in den USA 1970 unterscheidet!
4. Welche Differenz zu Shannons Modell der Kommunikation wird markiert, wenn in den Cultural Studies auch in deutschsprachigen Veröffentlichungen die Begriffe Encoding/Decoding anstatt Kodierung und Dekodierung verwendet werden?
5. Vergleichen Sie das liberale und das korporatistische Modell nach Hallin/Mancini (ohne Sonderfälle einzelner Länder) in den Dimensionen Wohlfahrtsstaat, Zeitungsauflagen, der staatlichen Intervention ins Mediensystem und den Pluralismus der Presse!

Literatur

Zentrale Referenzen

Arrow, Kenneth J. 1951. *Social choice and individual values*. New Haven: Yale UP.
Esping-Andersen, Gṡta. 1990. *The three worlds of welfare capitalism*. Cambridge: Polity Press.

Fiske, John. 1993. *Power plays, power works*. London: Verso.
Fiske, John. 2011. *Television culture*. London: Routledge. (Erstveröffentlichung 1987).
Gans, Herbert J. 1979. *Deciding what's news*. New York: Pantheon Books.
Gitlin, Todd. 1980. *The whole world is watching*. Berkeley: University of California Press.
Hall, Peter A., und David Soskice. 2001. *Varieties of capitalism: The institutional foundations of comparative advantage*. Oxford: Oxford University Press.
Hall, Stuart. 1980. *Culture, media, language: Working papers in cultural studies, 1972–79*. London: Hutchinson.
Hallin, Daniel C., und Paolo Mancini. 2004. *Comparing media systems: Three models of media and politics*. Cambridge: Cambridge University Press.
Hallin, Daniel C., und S. Papathanassopoulos. 2002. Political clientelism and the media: Southern Europe and Latin America in comparative perspective. *Media Culture & Society* 24:175–195.
Horkheimer, Max, und Theodor W. Adorno. 2013. *Dialektik der Aufklärung: philosophische Fragmente*. Frankfurt a. M.: Fischer. (Erstveröffentlichung 1944).
Lijphart, Arend. 1999. *Patterns of democracy. Government forms and performance in Thirty-Six Countries*. New Haven: Yale University Press.
Mccombs, M.E., und D.L. Shaw. 1972. Agenda-setting function of mass media. *Public Opinion Quarterly* 36:176–187.
Molotch, Harvey, und Marilyn Lester. 1974. News as purposive behavior: On the strategic use of routine events, accidents, and scandals. *American Sociological Review* 39:101–112.
Tuchman, Gaye. 1972. Objectivity as strategic ritual – Examination of newsmens notions of objectivity. *American Journal of Sociology* 77:660–679.
Tuchman, Gaye. 1978. *Making news*. New York: Free Press.

Beispiele mediensoziologischer Studien

Adena, Maja, Ruben Enikolopov, et al. 2015. Radio and the rise of the nazis in Prewar Germany. *Quarterly Journal of Economics* 130:1885–1939.
Alexander, J.C. 2015. The crisis of journalism reconsidered: Cultural power. *Fudan Journal of the Humanities and Social Sciences* 8:9–31.
Ayllon, D. 2015. New journalistic network projects. The case of ‚La Marea'. *Index Comunicacion* 5:53–60.
Bandelli, D., und G. Porcelli. 2016. „Femicide in Italy „Femminicidio," Moral Panic and Progressivist Discourse." *Sociologica-Italian Journal of Sociology on Line*:1–34.
Barnhurst, K.G. 2015. Contradictions in news epistemology: How modernism failed mainstream US journalism. *Media, Culture and Society* 37:1244–1253.
Bartelt-Kircher, Gabriele, Hans Bohrmann, et al. 2010. *Krise der Printmedien: eine Krise des Journalismus?* Berlin: De Gruyter.
Benson, R. 2017. Maybe things aren't so bad, or are they? Michael Schudson's ambivalent critique of commercialism. *Journalism Studies* 18:1210–1223.
Boczkowski, P.J., und E. Mitchelstein. 2017. *The gap between the media and the public*. Abingdon: Routledge.

Breese, E.B. 2015. The perpetual crisis of journalism: Cable and digital revolutions. *Fudan Journal of the Humanities and Social Sciences* 8:49–59.
Brevini, B. 2017. WikiLeaks: Between disclosure and whistle-blowing in digital times. *Sociology Compass* 11:11.
Bruggemann, M., E. Humprecht, et al. 2016. Framing the newspaper crisis: How debates on the state of the press are shaped in Finland, France, Germany, Italy, United Kingdom and United States. *Journalism Studies* 17:533–551.
Campbell, E. 2016. Policing paedophilia: Assembling bodies, spaces and things. *Crime Media Culture* 12:345–365.
Carlson, M. 2007. Order versus access: News search engines and the challenge to traditional journalistic roles. *Media Culture & Society* 29:1014–1030.
Carson, A. 2015. Behind the newspaper paywall – lessons in charging for online content: a comparative analysis of why Australian newspapers are stuck in the purgatorial space between digital and print. *Media, Culture and Society* 37:1022–1041.
Chyi, H.I., S.C. Lewis, und N. Zheng. 2012. A matter of life and death? Examining how newspapers covered the newspaper „crisis". *Journalism Studies* 13:305–324.
Clayman, S.E., J. Heritage, et al. 2007. When does the watchdog bark? Conditions of aggressive questioning in presidential news conferences. *American Sociological Review* 72:23–41.
Clayman, S.E., und A. Reisner. 1998. Gatekeeping in action: Editorial conferences and assessments of newsworthiness. *American Sociological Review* 63:178–199.
Curran, J. 2019. Triple crisis of journalism. *Journalism* 20:190–193.
Davies, C. 2016. Smells like teen spirit: Channelling subcultural traditions in contemporary Dr Martens branding. *Journal of Consumer Culture* 16:192–208.
Dearing, James W., und Everett M. Rogers. 1996. *Agenda-setting*. Thousand Oaks: Sage.
Dencik, L., und S. Allan. 2017. In/visible conflicts: NGOs and the visual politics of humanitarian photography. *Media, Culture and Society* 39:1178–1193.
Ellis, A., J. Sloan, und M. Wykes. 2013. ‚Moatifs' of masculinity: The stories told about ‚men' in British newspaper coverage of the Raoul Moat case. *Crime Media Culture* 9:3–21.
Enli, G., und C.A. Simonsen. 2018. ‚Social media logic' meets professional norms: Twitter hashtags usage by journalists and politicians. *Information Communication & Society* 21:1081–1096.
Francombe-Webb, J., und M. Silk. 2016. Young girls' embodied experiences of femininity and social class. *Sociology-the Journal of the British Sociological Association* 50:652–672.
Frith, H., J. Raisborough, und O. Klein. 2013. Making death ‚good': instructional tales for dying in newspaper accounts of Jade Goody's death. *Sociology of Health & Illness* 35:419–433.
Führer, Karl Christian. 1996. Auf dem Weg zur „Massenkultur"? Kino und Rundfunk in der Weimarer Republik. *Historische Zeitschrift* 262:739.
Führer, Karl Christian. 1997. A medium of modernity? Broadcasting in Weimar Germany, 1923–1932. *Journal of Modern History* 69:722–753.
Fulda, Bernhard. 2009. *Press and politics in the Weimar republic*. Oxford: Oxford University Press.
Gans, H.J. 2011. Multiperspectival news revisited: Journalism and representative democracy. *Journalism* 12:3–13.

Gomez, E.F.R., und M.T. Sandoval-Martin. 2016. Interest and willingness to pay for investigative reporting: A solution for the crisis of journalism? *Communication & Society-Spain* 29:1–19.

Gonen, Y. 2018. Journalists-sources relationship in violent conflicts coverage: Shifting dynamics. *Sociology Compass* 12:13.

Guratzsch, Dankwart. 1974. *Macht durch Organisation: die Grundlegung des Hugenbergschen Presseimperiums*. Düsseldorf: Bertelsmann.

Holzbach, Heidrun. 1981. *Das „System Hugenberg". Das Organ bürgerlicher Sammlungspolitik vor dem Aufstieg der NSDAP*. Stuttgart: Deutsche Verlags-Anstalt.

Hung, J. 2015. The Modernized Gretchen: Transformations of the ‚New Woman' in the late Weimar Republic. *German History* 33:52–79.

Kallis, Aristotle A. 2005. *Nazi propaganda and the Second World War*. Basingstoke: Palgrave Macmillan.

Krause, M. 2011. Reporting and the transformations of the journalistic field: US news media, 1890–2000. *Media, Culture and Society* 33:89–104.

Krotz, Friedrich. 2009. Stuart hall: Encoding/Decoding und identität. In *Schlüsselwerke der Cultural Studies*, Hrsg. Andreas Hepp, Friedrich Krotz, und Tanja Thomas, 210–223. Wiesbaden: VS Verlag.

Lueck, K., C. Due, und M. Augoustinos. 2015. Neoliberalism and nationalism: Representations of asylum seekers in the Australian mainstream news media. *Discourse & Society* 26:608–629.

Lünenborg, Margreth. 2012. Die Krise des Journalismus? Die Zukunft der Journalistik! Ein Diskussionsbeitrag zur Reflexivität und Praxisrelevanz von Wissenschaft. *Publizistik* 57:445–461.

Mancini, P. 2013. What scholars can learn from the crisis of Journalism. *International Journal of Communication* 7:127–136.

Marhoefer, L. 2015. „The book was a revelation, I recognized myself in it": Lesbian sexuality, censorship, and the queer press in Weimar-era Germany. *Journal of Womens History* 27:62–86.

Mast, Claudia, und Klaus Spachmann. 2003. „Krise der Zeitungen: Wohin steuert der Journalismus? Ergebnisse einer Umfrage unter Chefredakteuren und Schlussfolgerungen." *Kommunikation & Management* 2:1–34.

Mccombs, Maxwell E. 2005. The agenda-setting function of the press. In *The Press*, Hrsg. G. Overholser und K.H. Jamieson, 121–133. Oxford: Oxford University Press.

Meyers, M. 1994. Defining homosexuality – News coverage of the repeal the ban controversy. *Discourse & Society* 5:321–344.

Mills, C.E. 2017. Framing ferguson: Fox news and the construction of US racism. *Race & Class* 58:39–56.

Murschetz, Paul C., Hrsg. 2013. *State aid for newspapers: Theories, cases, actions*. Berlin: Springer.

Petrova, M. 2011. Newspapers and parties: How advertising revenues created an independent press. *American Political Science Review* 105:790–808.

Picard, R.G. 2013. *State support for news: Why subsidies? Why now? What kinds?* Berlin: Springer.

Pickard, V., und V. Pickard. 2015. *The 1940s newspaper crisis and the birth of the hutchins commission*. Cambridge: Cambridge Univ Press.

Rauch, J. 2016. Are there still alternatives? Relationships between alternative media and mainstream media in a converged environment. *Sociology Compass* 10:756–767.

Reed, I.A. 2015. Deep culture in action: resignification, synecdoche, and metanarrative in the moral panic of the Salem Witch Trials. *Theory and Society* 44:65–94.

Rogers, Everett M., und James W. Dearing. 2007. Agenda-Setting research: Where has it been, where is it going? In *Media power in politics*, Hrsg. D. Graber und G. Matthes, 121–133. Washington, DC: CQ Press.

Rössler, Patrick, Achim Bonte, und Katja Leiskau. 2012. Digitization of popular print media as a source for studies on visual communication: Illustrated magazines of the weimar republic. *Historical Social Research-Historische Sozialforschung* 37:172–188.

Roth, A.L. 2002. Social epistemology in broadcast news interviews. *Language in Society* 31:355–381.

Rothmann, W., und J. Koch. 2014. Creativity in strategic lock-ins: The newspaper industry and the digital revolution. *Technological Forecasting and Social Change* 83:66–83.

Schapals, A.K. 2018. Fake news: Australian and British journalists' role perceptions in an era of „alternative facts". *Journalism Practice* 12:976–985.

Schudson, M. 1989. The sociology of news production. *Media, Culture and Society* 11:263–282.

Siemens, Daniel. 2009. Explaining crime: Berlin newspapers and the construction of the criminal in Weimar Germany. *Journal of European Studies* 39:336–352.

Siles, I., und P.J. Boczkowski. 2012. Making sense of the newspaper crisis: A critical assessment of existing research and an agenda for future work. *New Media & Society* 14:1375–1394.

Sobieraj, S. 2010. Reporting conventions: Journalists, activists, and the thorny struggle for political visibility. *Social Problems* 57:505–528.

Taylor, M., und K. Gunby. 2016. Moving beyond the sound bite: Complicating the relationship between negative television news framing and in-depth reporting on activism. *Sociological Forum* 31:577–598.

Trappel, J., J. Steemers, und B. Thomass. 2015. *European media in crisis: Values, risks and policies*. Abingdon: Routledge.

Tyler, I. 2015. Classificatory struggles: Class, culture and inequality in neoliberal times. *Sociological Review* 63:493–511.

Uscinski, J.E. 2009. When does the public's issue agenda affect the media's issue agenda (and Vice-Versa)? Developing a framework for media-public influence. *Social Science Quarterly* 90:796–815.

Usher, N. 2015. Newsroom moves and the newspaper crisis evaluated: Space, place, and cultural meaning. *Media, Culture and Society* 37:1005–1021.

Van der Burg, M., und H. Van den Bulck. 2017. Why are traditional newspaper publishers still surviving in the digital era? The impact of long-term trends on the Flemish newspaper industry's financing, 1990–2014. *Journal of Media Business Studies* 14:82–115.

Williams, A.T. 2017. Measuring the journalism crisis: Developing new approaches that help the public connect to the issue. *International Journal of Communication* 11:4731–4743.

Lehrbücher

Rössler, Patrick. 2016. The Agenda-Setting Function of Mass Media. In *Schlüsselwerke der Medienwirkungsforschung*, Hrsg. Matthias Potthoff und G. Matthes, 121–133. Wiesbaden: Springer Fachmedien Wiesbaden.

Weitere Referenzen

Sturm, Florian. 2018. „Als die Medien die Objektivität entdeckten [Interview mit Andie Tucher]." *Neue Zürcher Zeitung* 12.5.2018.

Abschluss

Wir sind am Ende ein Einführung in die Mediensoziologie, die Ihnen einen systematischen Überblick über wichtige Konzepte, Begriffe und Methoden vermitteln soll. Am Ende dieses Weges können wir die gewonnenen Einsichten auf dieses Vorhaben selbst anwenden: Denn ich habe für Sie hier etwas produziert, was aus der Realität abgeleitet ist, auf sie verweisen und Sie für den Umgang mit ihr fit machen soll. Als Produktion abgeleiteter Wahrnehmung ist also auch eine solche Einführungsvorlesung natürlich ein Medium.

Als solches produziert es bestimmte Frames auf den Gegenstand, und am Ende steht die Irritation, dass manche Aspekte des Gegenstandes zu den zunächst beschriebenen Frames im Widerspruch zu stehen scheinen: Die hier gewählte Vorgehensweise geht vom handelnden Individuum aus, das zum Akteur verallgemeinert wird – aber ein großer Teil der gegenwärtigen Mediensoziologie kann mit dem Begriff des Akteurs gar nichts anfangen (Schrape 2017).

Der Aufbau von einer handlungstheoretischen Grundlage aus hat zweierlei Gründe gehabt. Der erste ist ein pädagogischer: Argumente der Handlungstheorie brauchen anfangs ein gewisses Abstraktionsvermögen, aber sie ermöglichen es nachher, Begriffe zusammenzusetzen wie aus Bausteinen – denken Sie nur an die in diesem Text verwendete Definition des Diskurses oder die Einbettung der Theoretiker der zweiten Moderne in ein handlungstheoretisch fundiertes Gerüst.

Andererseits hat dieser Aufbau aber auch normative Gründe. Die Auflösung der Soziologie in lauter unterschiedliche Diskurse, die miteinander nichts zu tun haben wollen und nur noch über den Vergleich von Zitationszahlen (bei gleichzeitiger souveräner Verachtung dieses Maßes) miteinander in Beziehung stehen, ist ein Beitrag zur Fragmentierung des allgemeinen gesellschaftlichen Diskurses, wie sie Theorie und Praxis der Postmoderne kennzeichnen. Das Beispiel der Fake

News hat aber gezeigt, dass diese diskursive Freiheit auch ihre problematische Seite hat.

Das Zusammenleben in komplexen Gesellschaften mit mehr und mehr von uns abhängenden Umwelten verlangt von uns, gemeinsame Lösungen zu finden, und dazu ist es notwendig, auch Ansätze zu haben, auf die man alles beziehen kann. Auch wenn ich die Faszination verstehen kann, die sich aus Begriffen wie System oder Netzwerk ergeben, halte ich hierfür das Individuum weiterhin für den besten Ausgangspunkt. Da gehen dann Didaktik und Normativität ineinander über, denn in beiden Fällen liefert die Alltagserfahrung Frames, die einfach aus dem Leben heraus zur Verfügung stehen, und sowohl für das Weiterlernen als auch für die politische Diskussion ist es letztlich doch einfacher, diese Alltagsframes anzureichern, zu präzisieren, zu modifizieren und sich der verbleibenden Unschärfen bewusst zu sein, als neue, künstliche Sprachen zu definieren.

Der Text folgt insofern also der Position von so unterschiedlichen Theoretikern wie Anthony Giddens und Jürgen Habermas, die beide darauf beharren, dass ein gemeinsamer wissenschaftlicher und gesellschaftlicher Diskurs möglich und angesichts der Probleme der Menschheit auch nötig ist. Wenn er Ihnen darüber hinaus zum Lernen das Leben erleichtert hat, freut mich das umso mehr.

Musterlösungen

Lösungen zu Kapitel 1 Einführung

1. Welche drei Untersuchungsrichtungen benennt Webers Definition der Soziologie, und wie beziehen diese sich auf die Mikro- und Makro-Ebene der Gesellschaft?
   a) siehe Abb. 1.1. Dabei bezieht sich „deutend verstehen" auf die Erklärung der Mikro- aus der Makrosituation, „Ablauf" auf die Erklärung von Handeln aus der Situation innerhalb der Mikroebene, und „Wirkungen ursächlich erklären" darauf, wie individuelle Handlungen zu einem strukturellen Ergebnis führen.
2. Inwiefern ist eine Weltkarte ein Medium? Nennen Sie die Definition für ein Medium, recherchieren Sie, was die Mercator-Projektion von der Gall-Peters-Projektion unterscheidet, und begründen Sie, wieso die auf der Mercator-Projektion basierenden Weltkarten als „eurozentrische Medien" kritisiert wurde! (Hinweis: Eine Recherche-Aufgabe würde in der Klausur natürlich nicht gestellt, stattdessen würden in diesem Fall Informationen zu den beiden Projektionsarten zur Verfügung gestellt).
   a) Medien sind Produzenten abgeleiteter Wahrnehmungen.
   b) Die Mercator-Projektion ist winkeltreu, aber Flächen werden umso größer dargestellt, je weiter sie vom Äquator entfernt sind (So erscheinen z. B. Grönland und Afrika etwa gleich groß, obwohl der afrikanische Kontinent tatsächlich etwa 14mal so groß wie Grönland). Auf Weltkarten, die auf der Mercator-Projektion basieren, werden dadurch näher am Äquator gelegene Gegenden wie Afrika oder die islamische Welt relativ sehr viel kleiner und

damit subjektiv unbedeutender dargestellt als der weiter nördlich gelegene Kontinent Europa. Das Medium der Weltkarte produziert insofern eine Wahrnehmung, die von der tatsächlichen Gestalt der Kontinente abgeleitet ist, aber ihre Flächen stark verzerrt.

Lösungen zu Kapitel 2 Handeln und Struktur

1. wahr oder falsch: Konventionen entstehen in Interaktionssituationen mit multiplen Gleichgewichten, Normen entstehen in Interaktionssituationen mit gemischten Gleichgewichten (1 P).
    a) falsch. Der erste Teil ist richtig, aber Normen entstehen in Interaktionssituationen mit negativen Externalitäten.
2. Adam sagt: „Schere-Stein-Papier ist ein Beispiel für eine Spielsituation, in der es kein Gleichgewicht gibt." Bernhard sagt „Aber John Nash hat doch gezeigt, dass es in jedem Spiel ein Gleichgewicht gibt, also gilt das auch für Schere-Stein-Papier." Constantin sagt „In gewisser Hinsicht habt Ihr beide Recht." Erklären Sie, wer warum Recht hat (3 P).
    a) Auf jeden Fall hat Bernhard recht (1 P), denn SSP hat ein Gleichgewicht in gemischten Strategien (1 P).
    b) Aber Adam (und damit Constantin) hat insofern recht, als es *kein Gleichgewicht in reinen Strategien* gibt (1 P).
3. Welche Beziehung besteht zwischen dem Begriff der „sozialen Konstruktion der Realität" (Berger/Luckmann) und dem Konzept der Fokuspunkte (Schelling)? Beschreiben Sie die Beiden zugrunde liegende Interaktionssituation in einer Matrix! (3 P)
    a) Beide beziehen sich auf das Konzept der Konventionen (1 P).
    b) Spielmatrix des Battle of the Sexes siehe oben im Text (2 P).
    c) Falls hier Fehler gemacht werden, kann bis zu 1 P durch eine korrekte Beschreibung dessen, wie sich die beiden Autoren auf das Konzept der Konvention beziehen, ausgeglichen werden.
4. Geben Sie ein Beispiel für mediale Konstruktion, und beschreiben Sie die zugrunde liegende Spielsituation, in der die mediale Konstruktion funktioniert, mithilfe der Spielematrix! (3 P)
    a) Konkrete Fälle aus der Vorlesung sind a) die mediale Konstruktion der Normalisierung von Verkehrsopferzahlen, b) die Konstruktion von Nationalstaaten.
    b) In allen Fällen einigt man sich auf bestimmte Konventionen, zum Beispiel (a), weil Medien diese Kommunikationsstrategien vorgeben. Im Beispiel

(a) wären zum Beispiel entsprechende Kommunikationsstrategien a und A in den 1920er Jahren „Verkehrsopfer sind schrecklich", im Beispiel (b) „Menschen einer bestimmten Konfession gehören zur Nation, solche einer anderen Konfession nicht".

c) Eine einfache Form der Spielmatrix ist

		Spieler 2	
		A	B
Spieler 1	a	(1,1)	(0,0)
	b	(0,0)	(1,1)

(1 P für die Benennung eines passenden Beispiels, 1,5 P für die korrekten Kommunikationsstrategien, 1,5 P für die korrekte Matrix)

Hinweis: Die angegebenen Punktezahlen („1 P" bzw. „3 P") ermöglichen Ihnen die Vergleichbarkeit mit Klausuraufgaben. Für eine Aufgabe mit 3 Punkten haben Sie in der Klausur dreimal so viel Zeit wie für eine mit einem Punkt.

Lösungen zu Kapitel 3 Erwartungen

1. Person A kommt aus einem Haus, geht zu ihrem Auto, das auf einem kostenpflichtigen Parkfeld steht, und will Geld in die Parkuhr nachwerfen. Dabei bemerkt sie die Polizeiangestellte B. A zögert und sieht zu B hinüber. B erwidert den Blick und lächelt, wobei sie ihren Blick über danebenliegende freie Parkplätze schweifen lässt. Daraufhin wirft A das Geld in die Parkuhr ein und verlängert die Parkzeit um eine weitere Stunde.
Welche Art von Information hat A aus dem Lächeln von B herausgelesen? (Hinweis: Das SVG schreibt vor, dass Autos zwischen zwei Aufenthalten auf kostenpflichtigen Parkfeldern in den fließenden Verkehr zu bringen sind).
   a) Vor dem Lächeln war die Wahrscheinlichkeit, dass B rechtskonform nur ein Wegfahren vom Parkplatz akzeptieren würde, mindestens gleich hoch wie die, dass sie ein eigentlich rechtswidriges Nachwerfen von Geld akzeptieren würde.
   b) Das Lächeln interpretiert A als Signal, dass nun die Wahrscheinlichkeit sehr viel größer ist, dass das Nachwerfen akzeptiert wird.
2. Welche Eigenschaft führte dazu, dass Information in der ökonomischen Diskussion eine Zeit lang als sogenanntes „Öffentliches Gut" angesehen wurde,

das analog zu nationaler Sicherheit staatlich bereitgestellt werden muss? Welche Eigenschaft führt dazu, dass man das heute nicht mehr so sieht?
  a) Nicht-Rivalität im Konsum.
  b) Nicht-Ausschließbarkeit.
3. Amos Tversky und Daniel Kahneman (1986) legten Befragten die folgenden Entscheidungsprobleme vor:
Entscheidungssituation 1:
Option A 20 % Wahrscheinlichkeit, direkt zu sterben, und 80 % Wahrscheinlichkeit, noch 30 Jahre normal zu leben [35 %].
Option B 100 % Wahrscheinlichkeit, jetzt zu überleben, mit einer Lebenserwartung von 18 Jahren [65 %].
Entscheidungssituation 2:
Option C 80 % Wahrscheinlichkeit, direkt zu sterben, und 20 % Wahrscheinlichkeit, noch 30 Jahre normal zu leben [68 %].
Option D 75 % Wahrscheinlichkeit, direkt zu sterben, und 25 % Wahrscheinlichkeit, noch 18 Jahre normal zu leben [32 %].
Beachten Sie, dass das zweite Optionenpaar aus dem ersten hergeleitet ist, in dem einfach die Überlebenswahrscheinlichkeit um den Faktor 4 verringert wurde. Also sollten also eigentlich Menschen, die A wählen, auch C wählen, und Menschen, die B wählen, auch D wählen. Trotzdem wählen viel mehr Menschen B als D [Anteile jeweils in eckigen Klammern].
Welcher Fachbegriff wird verwendet, um diesen Effekt zu beschreiben? Welcher Aspekt kommt durch Kahneman und Tversky noch zu den drei aus der Spieltheorie bekannten Aspekten der Handlungssituation hinzu?
  a) Framing.
  b) Aktuelle Wahrnehmungen.
4. Wenden Sie Niklas Luhmanns Begriffe für eine „lose Kopplung von Elementen" und eine „Verdichtung von Abhängigkeitsverhältnissen zwischen Elementen" auf die Sendung *Big Brother* an!
  a) Die „lose Kopplung von Elementen" ist Luhmanns Definition des Mediums, in diesem Fall des Fernsehens.
  b) Die „Verdichtung von Abhängigkeitsverhältnissen zwischen Elementen" ist seine Definition der Form, in diesem Fall des Sendformats *Big Brother,* das bestimmte Elemente wie das abgeschlossene Haus, die Verpflichtung, darinzubleiben, das gegenseitige Abwählen etc. in ein bestimmtes wiederkehrendes Verhältnis oder eben ein „verdichtetes Abhängigkeitsverhältnis" bringt.
5. Person A wird gebeten, die alte Tante B an A's eigenem Geburtstag zu einem Abendtermin zu begleiten. Am Zielort angekommen, wartet dort aber eine

Überraschungsparty. Der Soziologe Erving Goffman hat beschrieben, was hierbei passiert. Nennen Sie einen der beiden Begriffe, die er verwendet, und wenden Sie ihn auf das Beispiel an!
a) Frame oder Definition der Situation.
b) A definiert die Situation erst als Pflichttermin der alten Tante zuliebe (Frame: Interaktion mit Tante), und dann wird sie zu einer Überraschungsparty umdefiniert (Frame: Interaktion mit Partygästen).

Lösungen zu Kapitel 4 Ressourcen

1. Welche im Text angesprochene geldvermittelte Bestandsgröße und analog welche allgemeine Stromgröße werden in der allgemeinen Soziologie thematisiert? Warum spielen sie in der Mediensoziologie keine große (eigene) Rolle?
   a) allgemeine Stromgröße: Zeit; keine spezifische Interaktion mit Medien
   b) geldvermittelte Bestandsgröße: Vermögen; subsumierbar sowohl unter Kapital als auch unter Einkommen
2. Wo entspricht Pierre Bourdieus Begriff des Kulturellen Kapitals dem Begriff des Humankapitals, wo weicht er davon ab?
   a) Entsprechung: vom Individuum aufgebautes und an seine Person gebundenes (d. h. im Gegensatz zu ökonomischem Kapital nicht im Verkauf abgebbares) Kapital
   b) Unterschied: 1. Humankapital fokussiert auf Produktivität, Kulturelles Kapital auf Distinktion; Unterschied 2: Bildungszertifikate werden von Pierre Bourdieu extra als symbolisches Kapital gefasst, zum Humankapitalbegriff gehören sie integral dazu.
3. Inwiefern wird Mark Granovetters These von der „Stärke schwacher Beziehungen" durch die Erforschung sozialer Netzwerke (Ronald Burt) korrigiert?
   a) Ursächlich für die Bedeutung einer sozialen Beziehung ist nicht ihre „Schwäche" (geringe Kontaktintensität), sondern ihr Informationsgehalt. Es ist nur so, dass Beziehungen, die „strukturelle Löcher" überbrücken, allgemein eher schwache Beziehungen sind.
4. wahr oder falsch: „Pierre Bourdieu und Mark Granovetter betonen eher die kollektiven Aspekte von Sozialkapital, Ronald Burt und Robert Putnam eher die individualistischen"
   a) falsch (Man müsste die Namen von Granovetter und Putnam vertauschen, dann würde es stimmen).

5. Welche vier Arten von Sozialkapital unterscheidet James Coleman? Unterscheiden Sie die vier nach der Reichweite der wechselseitigen Erwartungen sowie der sozialen Entfernung!
   a) siehe Tab. 4.4
6. Welche Messgrößen für Sozialkapital verwenden Ronald Burt und Robert Putnam?
   a) Burt: Netzwerkmaße (wie z. B. die Anzahl struktureller Löcher in einem Netzwerk)
   b) Putnam: Vereinsmitgliedschaften
7. Wie unterscheidet Georg Simmel traditionale und moderne Gesellschaften mittels seines Konzeptes sozialer Kreise?
   a) siehe Abb. 4.6

Lösungen zu Kapitel 5 Motivationen

1. Grenzen Sie den Begriff der Motivation gegen denjenigen des Zieles ab!
   a) Der Begriff der Motivation kommt aus der Psychologie und beschreibt das Streben nach Objekten, während der Begriff des Zieles aus der Soziologie stammt und direkt auf die angestrebten Objekte verweist.
2. Zwischen welchen anderen beiden Handlungsformen steht in Max Weber Folge der Rationalitätsbegriffe das affektuelle Handeln? Welche Aspekte der Handlung werden in ihm betrachtet, welche nicht?
   a) zwischen traditionellem und wertrationalem Handeln
   b) betrachtet: Mittel und (neu) Zwecke
   c) nicht betrachtet: Werte und Handlungsfolgen
3. Sind Wertschätzungsbedürfnisse in Ronald Ingleharts Terminologie materialistische oder postmaterialistische Bedürfnisse?
   a) postmaterialistische
4. Beschreiben Sie, inwiefern ein verschultes Universitätssystem die Produktivität des Lernens beschädigen kann. Verwenden Sie dabei die Begriffe von Frederick Herzbergs Zwei-Faktoren-Modell!
   a) Ein verschultes Uni-System motiviert Studierende vor allem durch extrinsische Anreize, zum Beispiel ECTS-Punkte, aber die intrinsische Motivation, eigene Projekte zu finden und das wissenschaftliche Arbeiten an sich spannend zu finden, kann darüber leiden.
5. Ist Melvin Kohns These der sozialen Bedingtheit von Werten eine Aussage über Motivationen oder über Intentionen?

a) über Motivationen, weil es hier in rückblickender Perspektive um die soziale Bedingtheit der Motive geht
6. Um eines seiner fünf Rs zu erklären, zitiert Michael Schudson (1989) eine Studie zur Bedeutung von Homer:

> „The endurance of a classic canonical author such as Homer… owes not to the alleged transcultural or universal value of his works but, on the contrary, to the continuity of their circulation in a particular culture. Repeatedly cited and recited, translated, taught and imitated, and thoroughly enmeshed in the network of intertextuality that continuously constitutes [… high culture…,] ‚Homer' recurrently enters our experience in relation to a large number and variety of our interests and thus can perform a large number of various functions for us and obviously has performed them for many of us over a good bit of the history of our culture." (169)

Um welches der fünf R's geht es hier?
a) Resonanz, bzw. Relevanz, denn es geht ja darum, dass durch die „continuity of circulation" die kognitiven Strukturen zur Anknüpfung bei den Rezipienten vorhanden sind.
7. In welcher beiden Dimensionen, in denen Ronald Inglehart Wertewandel beschreibt, spielt die Akzeptanz von Homosexualität eine Rolle? Wie heißt die andere Dimension? Worum geht es in beiden allgemein gesprochen?
a) Akzeptanz von Homosexualität ist ein Thema bei „Überleben vs. Selbstverwirklichung", d. h. Lösung aus Kategorien, die die Stabilität von Organisationen stärken.
b) Die andere Dimension heißt „Traditionell vs. säkular-rational" und umfasst die Lösung aus traditionell-religiösen Ordnungskategorien.

Lösungen zu Kapitel 6 Soziale Strukturen

1. wahr oder falsch: Webers Erkenntnis, dass aus spezifisch protestantisch veränderten Deutungen Fleiß und Akkumulation als individuelle Vorbedingungen des Kapitalismus folgten, ist ein typisches Beispiel für die Logik der Aggregation im Schema der soziologischen Erklärung.
a) falsch. Die genannte Erkenntnis ist ein typisches Beispiel für die Logik der Selektion.
2. Im Beispiel des Gefangenendilemmas mit Mafia wurde die Todesdrohung mit -9 quantifiziert. Welches ist der kleinste negative Wert, mit dem die Norm noch funktioniert? Welches wäre die kleinste ganze Zahl, die negativ als Wert

der Sanktionsandrohung zu einem Funktionieren der Norm führt, wenn die Werte für die Freilassung mit 0, für die geringe Strafe (beide schweigen) mit −5, für die hohe Strafe (beide schweigen) mit −30 und für die höchste Strafe (für alleiniges Aussagen) mit −40 angesetzt werden?
   a) Mit den zunächst gegebenen Werten reicht es aus, wenn der rechnerische Wert für die Sanktion betragsmäßig etwas größer ist als 1. Bereits bei einem Wert von 1,001 ist der Vorteil von „Aussagen" gegenüber „Schweigen" für beide Handlungsoptionen des anderen Spielers ausgeglichen: $3 - 1{,}001 < 2$ und $1 - 1{,}001 < 0$.
   b) Bei den anderen Werten ist der gesuchte Wert 36: Zwar kann man die Differenz, wenn der andere Spieler schweigt, schon mit einer Veränderung um 31 kippen lassen ($0 - 31 < -30$), aber für den Fall, dass der andere Spieler aussagt, eben nur mit einer Veränderung um 36 ($-5 - 36 < -40$).
3. Betrachten Sie die folgende Aussage: „Man lebt unter anderem deshalb mit seinen Kindern in einem Haushalt zusammen, damit man darum besorgt sein kann, dass sie sich ordentlich benehmen, auch wenn sie den Sinn eines angemessenen Verhaltens noch nicht recht einsehen." Dieser Satz stellt ein Beispiel dar für eine der Theorien zur Frage, warum es Organisationen gibt. Mit welchem Begriff wird sie bezeichnet? Wenden Sie sie auf den Kontext einer Redaktion an! Wie heißt die andere diskutierte Theorie zur Existenz von Organisationen?
   a) Wissensersatz (knowledge substitution)
   b) In einer Redaktion kann angeordnet werden, dass bestimmte Formate einzuhalten sind, ohne dass die Angestellten wissen müssen, wieso diese als sinnvoll erachtet werden.
   c) Transaktionskostentheorie.
4. An welchem der drei Aspekte der Handlungstheorie setzt Webers Protestantismusthese an, d. h. in welchem dieser Aspekte ist die Handlungssituation von Protestanten im 17./18. Jahrhundert seiner Meinung nach anders als die von Katholiken?
   a) Er setzt an den Erwartungen an: Protestanten erwarten, in den Himmel zu kommen oder zumindest von ihren Mitprotestanten als besonders tugendhaft angesehen zu werden, wenn sie wirtschaftlich erfolgreich und sparsam sind.
5. In Kapitel 1 wurden Medien in Medienakteure, technische und systemische Medien unterschieden. Was ist der Unterschied zwischen Fernsehen als technischem Medium und Fernsehen als systemischem Medium? Geben Sie ein Beispiel für den Unterschied!

a) Fernsehen als technisches Medium meint die Technik, die für Produktion, Sendung und Empfang von Fernsehsignalen nötig sind.
b) Fernsehen als systemisches Medium umfasst darüber hinaus das gesamte Sozialsystem, das zum Fernsehen mit dazugehört, einschliesslich zum Beispiel der Medienakteure und der zugehörigen Institutionen.
c) Zum Beispiel war Fernsehen als technisches Medium zwischen den USA, der ehemaligen Sowjetunion und der Schweiz relativ ähnlich, aber Fernsehen als systemisches Medium funktionierte in allen drei Gesellschaften sehr unterschiedlich.

Lösungen zu Kapitel 7 Sozialstruktur/Lebensstile

1. Welche These liegt Karl Marx' Klassenkonzept zugrunde? Die These erwartet das Verschwinden einer ganzen gesellschaftlichen Gruppe. Welcher? Und warum?
   a) Verelendungsthese
   b) Mittelstand
   c) ist der kapitalistischen Konkurrenz nicht gewachsen
2. Ist Marx These eingetreten? Warum nicht?
   a) nein, die sozialen Ungleichheiten haben zumindest zwischen 1945 und 1970 in den Industrienationen abgenommen
   b) Wegen des Aufbaus von Qualifikationen (aus der letzten Sitzung: spezifischem Humankapital), für das bessere Löhne ausgehandelt werden konnten.
3. Woher kommt Max Webers Begriff des „Standes"? Welche zwei Dinge sind aus ihm geworden?
   a) aus der vormodernen Gesellschaftsordnung, in der man in einen Stand hineingeboren wurde und daraus zumeist nicht herauskam.
   b) Sprachlich durch Übersetzung ins Englische der Status
   c) Inhaltlich meint Weber das Prestige, das heutzutage auf den Beruf bezogen auf einer 100er-Skala gemessen wird.
4. Warum hat selbst im relativ einkommensgleichen England der 1960er Jahre das Klassenkonzept nicht ausgedient, wie John Goldthorpe feststellt?
   a) weil es immer noch große Unterschiede in der Autonomie am Arbeitsplatz gibt.
5. Warum sind in Tab. 7.4 ökonomisches und kulturelles Kapital bei Pierre Bourdieu nicht als neue Aspekte aufgeführt?
   a) Weil sie zu nah an Besitz/Einkommen und Qualifikationen dran sind.

6. Was meint und welche These eines einflussreichen Soziologen kritisiert der Begriff der Omnivorousness?
   a) Er meint die These, dass Menschen, die reich an ökonomischen und kognitiven Ressourcen sind, heutzutage tendenziell sehr vielseitig kulturell interessiert sind.
   b) Damit steht er im Gegensatz zur These von Pierre Bourdieu, dass solche Menschen nur Hochkultur konsumieren, um sich damit abzugrenzen.
7. *Wenn Sie die Fernsehprogramme Phoenix, MTV und RTL2 (in der Schweiz: die Radioprogramme SRF1, SRF2 und SRF3) einordnen wollen, ist dann ein Bourdieusches oder ein Schulzesches soziales Feld besser geeignet? Warum?
   a) Schulze ist besser geeignet.
   b) Phoenix ist gegenüber RTL2 (CH: SRF2 gegenüber SRF1) vor allem an Hörer mit mehr kulturellem Kapital bzw. klassischer Bildung gerichtet; diese Dimension ist in beiden Schemata vertreten. Aber MTV (SRF3) ist gegen die beiden anderen dadurch abgegrenzt, dass es sich an jüngere Hörer richtet; diese Dimension ist bei Schulze explizit aufgenommen, bei Bourdieu nicht.

Lösungen zu Kapitel 8 Diskurse

1. Die typischen Fragestellungen der Diskursanalyse lassen sich in fünf Kategorien gruppieren. Welche? Im Modell der Moral Panic wurden von Cohen und anderen vier Aspekte beschrieben, der erste war das Vorliegen eines tatsächlichen normabweichenden Verhaltens als Ausgangspunkt. Benennen Sie die drei übrigen Aspekte. Welchen der oben genannten Fragekategorien der Diskursanalyse lassen sie sich zuordnen?
   a) Akteure, Mittel, Konstruktionen, Effekte, Zeitverlauf
   b) spezifischer *Zeitverlauf* (anfangs heiß diskutiert mit Zuspitzungen in der Darstellung, später rationaler und abflauend); Übertreibung und symbolische Gruppenbildung als *Mittel*.
2. Welchen Begriff führt Michel Foucault für die Konventionen über Frames ein, auf denen Diskurse als Interaktionen beruhen?
   a) Episteme
3. Die Akteur-Network-Theorie von Bruno Latour hat eine Gemeinsamkeit mit der Diskursanalyse von Michel Foucault dahin gehend, dass beide bestimmten Phänomenen ein größeres Interesse schenken als andere, benachbarte (und

außerhalb des französischen Sprachraums entstandene) Theorien wie etwa die deutschsprachige wissenssoziologische Diskursanalyse. Um welche Phänomene handelt es sich?
a) Um sachliche Dinge (wie Schlüssel und Schlüsselanhänger bei ANT, weiße Kittel oder Fragebögen bei Foucault).
4. Welche normative Anforderung in der Diskursethik von Jürgen Habermas hat keine Entsprechung in denjenigen an rationales Kommunikatives Handeln?
a) Rationalität

Lösungen zu Kapitel 9 Sozialer Wandel

1. Ulrich Becks Aussage „Not ist hierarchisch, Smog ist demokratisch" wird einerseits als widerlegt angesehen und weist andererseits auf die beiden Aspekte von Becks des zentralen Konzeptes. Welches ist das Konzept, welches die beiden Aspekte, und inwiefern gilt die These als widerlegt?
   a) Risiko
   b) betrifft sowohl Umweltschutzrisiken als auch soziale Risiken
   c) widerlegt insofern, als Klassenpositionen immer noch und auch in Bezug auf Risiken eine Rolle spielen.
2. Wie positioniert Anthony Giddens sein Konzept der radikalisierten Moderne gegen dasjenige der Postmoderne in Bezug auf das Selbst und sein alltägliches Leben?
   a) Während postmoderne Theoretiker das Selbst (in Giddens Sichtweise) als durch eine Fragmentierung der Erfahrung aufgelöst und zerstückelt betrachten, sieht er es Ergebnis aktiver Prozesse reflexiver Selbstidentität;
   b) während postmoderne Theoretiker das alltägliche Leben als durch das Eindringen abstrakter Systeme „entleert" betrachten, sie er es als einen Prozess der Reaktion auf abstrakte Systeme, bei denen es sowohl zu Verlust als auch zu Aneignung kommt.
3. Vergleichen Sie die Positionen von Ulrich Beck und Zygmunt Bauman in Bezug auf die Frage der Reintegration von aus ihren industriegesellschaftlichen Bindungen freigesetzten Individuen!
   a) Beck erwartet in seiner Individualisierungsthese die Reintegration in neue soziale Zusammenhänge.
   b) Bauman sieht Reintegration als aufgrund der Individualisierung unmöglich an („Keine Betten, nur noch Stühle").
4. Nennen Sie von den im Text behandelten vier Theoretikern einen mit einer dezifiert positiven (wenn auch problembewussten) und einen mit einer dezi-

diert kritischen (wenn auch keinesfalls nostalgischen) Sicht auf die Entwicklungen der sogenannten zweiten Moderne!
a) positiv/problembewusst: Giddens
b) dezidiert kritisch: Bauman
c) Beck und Castells positionieren sich im Vergleich zu Giddens und Bauman weit weniger normativ in der absoluten Wertung der aktuellen Veränderungen.

Lösungen zu Kapitel 10 Methoden

1. Für Karl Popper sind „Sätze, die an der Realität scheitern können", sehr wichtig. Wie heißen sie, und wie sind sie definiert?
   a) Hypothesen
   b) empirisch gehaltvolle Aussagen, die empirisch überprüft werden können
2. Bei der Analyse einer Regressionstabelle schauen Sie zunächst auf die häufigste Form, in der die Signifikanz von Ergebnissen angegeben wird. Welche ist das und wo wird sie im Allgemeinen erklärt?
   a) Die Markierung signifikanter Ergebnisse durch Sternchen
   b) Die Erklärung findet sich im Allgemeinen in einer Fußnote am Ende der Ergebnistabelle
3. Im Vergleich von drei untersuchten Zusammenhängen werden die folgenden Koeffizienten und t-Statistiken angegeben: A) Koeffizient 2,38, t-Statistik 3,67; B) Koeffizient −0,53, t-Statistik −7,67; C) Koeffizient 7,12, t-Statistik 1,67. Welche(r) diese(r) drei Zusammenhänge ist/sind signifikant? Welcher hat die kleinste Irrtumswahrscheinlichkeit?
   a) (A) und (B) sind signifikant (Bei (C) liegt der Wert von 1,67 unter dem Grenzwert von 1,96).
   b) (B)
4. Bei einem Hypothesentest wird ein Koeffizient von 0,35 und für diesen Koeffizienten ein Standardfehler von 0,19 angegeben. Ist dieses Ergebnis auf dem 5 %-Niveau signifikant?
   a) Nein. Nach der Faustregel ist der doppelte Wert des Standardfehlers $2*0,19=0,38$, und der Koeffizient ist nur 0,35 und also kleiner als zweimal der Standardfehler.

Lösungen zu Kapitel 11 Beeinflussung

1. Zu welchen Problemen führt die Bedeutung von Aufmerksamkeit in der Sichtweise von Pierre Bourdieus Studie Über das Fernsehen?
   a) Zuspitzung/Simplifizierung
   b) Homogenisierung
   c) Marktlogik/Zeitdruck
2. Nach welchen beiden Kriterien unterscheidet lassen sich die drei Bereiche der normalen akademischen oder ‚professionellen' Soziologie, der Policyforschung und der sogenannten ‚Public sociology' gegeneinander abgrenzen? Zeichnen Sie die entsprechende Matrix mit ihren beiden Dimensionen! Welche Theorie nimmt das vierte Feld dieser Matrix ein?
   a) Publikum (Akademisch vs. Außerakademisch)
   b) Wissen/Selbstverständnis (Instrumentell vs. Reflexiv/Normativ)
   c) siehe Tab. 11.2.
   d) Kritische Theorie
3. Welche beiden Aspekte gehören für Jürgen Habermas zum Begriff der Öffentlichkeit?
   a) Öffentliche Angelegenheiten betreffen alle
   b) und bedürfen deshalb einer gesellschaftlichen Regelung.
4. Inwiefern ist Jürgen Habermas ambivalent in seiner Darstellung der bürgerlichen Öffentlichkeit bis ins frühe 19. Jahrhunderts?
   a) Einerseits ideal weil noch nicht kapitalistisch korrumpiert
   b) andererseits hochgradig sozial selektiv (und daher eigentlich noch gar keine richtige Öffentlichkeit)
5. Nennen Sie drei Unterschiede zwischen Wahrheit und Wahrhaftigkeit in Habermas' Theorie des kommunikativen Handelns!
   a) Der „Weltbezug" der Wahrheit richtet sich auf die objektive Dingwelt, diejenige der Wahrhaftigkeit auf die subjektive Welt des Sprechers.
   b) Wahrheit bezieht sich auf zweckrationales, Wahrhaftigkeit auf dramaturgisches Handeln.
   c) Wahrheit ist eine Norm, die sich auf das Einwirken auf Andere als Rolle der Sprache bezieht, während Wahrhaftigkeit eine Norm ist, die auf Selbstinszenierung als Rolle der Sprache zielt.
6. Nennen Sie Gemeinsamkeiten und Unterschiede in dem, wie einerseits Max Horkheimer und Theodor Adorno und andererseits Jürgen Habermas jeweils die Zeit seit dem späten 19. Jahrhundert kritisieren, indem sie ihr das frühe 19. Jahrhundert als positivere Gegenwelt gegenüberstellen.

a) Ähnlichkeit: Beide beschreiben für das frühe 19. Jahrhundert eine Autonomie der entsprechenden Sphäre und werten diese positiv, die spätere, in ihrer Sicht von Heteronomie geprägte Zeit des Kapitalismus negativ.

b) Unterschied: Bei Horkheimer/Adorno geht es um Kulturproduktion, bei Habermas um (tendenziell politische) Öffentlichkeit.

Lösungen zu Kapitel 12 Rolle der Technik

1. Die Begriffe Prosumption (Toffler) und Produsage (Bruns) beschreiben überlappende Phänomene. Auf welchen Aspekt weist Bruns' Produsage-Begriff stärker hin? Geben Sie ein Beispiel alltagsweltlicher Produsage, das Bruns speziell im Blick hat, und eines, das er eher nicht meinte!
    a) Produsage verweist speziell auf den kreativen, intrinsisch motivierten Aspekt.
    b) Wikipedia oder Citizen Science
    c) Zusammenbau eines Ikea-Regals oder Buchung einer Reise über das Internet
2. Als Spezialfall welcher angewandten Soziologie lässt sich die Erforschung der formalen Beeinflussung durch Medien auch darstellen?
    a) der Techniksoziologie
3. In einem Text von Casetti und Somaini 2013 wird eine im Kapitel beschriebene Unterscheidung auf die neuere audiovisuelle Kultur angewandt. Dabei werden avantgardistische Filmemacher, die bewusst reduzierte visuelle Informationen bieten, den technischen Entwicklungen zum hochauflösenden Fernsehen gegenübergestellt. Welche Unterscheidung wird hier angewandt, welcher Autor hat sie postuliert, und welches der beiden beschreibenden Medien gehört zu welchem der beiden Pole der Unterscheidung?
    a) Heiße und kalte Medien
    b) McLuhan
    c) Avantgardistische Filmemacher mit reduzierter visueller Information: kalt; hochauflösendes Fernsehen: heiß
4. Beschreiben sie das „Zugangsproblem" medialen Produktionshandelns im Internet und eine häufig verwendete Grundlage seiner Lösung durch Plattformen sozialer Netzwerke!
    a) Wem möchte man als Produzent welche selbstproduzierten Inhalte zugänglich machen?
    b) Netzwerkbeziehungen (z. B. „Freundschaften" auf Facebook)

5. Im Jahr 1998 erschien eine sehr pessimistische Studie über die Wirkungen des Internet. Wie lautete ihre These und was kann man empirisch dazu feststellen? (3 P)
   a) Die These war, dass das Internet Sozialkapital und Wohlbefinden reduzieren würde. (1 P)
   b) Empirisch scheint es so, als würde die These tendenziell nicht stimmen (1 P für die negative Antworttendenz, 1 P für die vorsichtige Formulierung).
6. Nennen Sie ein Beispiel einer gesellschaftlichen Norm, die allgemein als höherrangig eingestuft wird als der Schutz der Privatsphäre im Internet derjenigen, die gegen sie verstoßen, und ein Beispiel, bei dem im Alltagsleben im Allgemeinen eine gesellschaftliche Norm gelebt wird, die jedoch allgemein als niedrigrangig eingestuft wird als der Schutz der Privatsphäre im Internet derjenigen, die gegen sie verstoßen!
   a) höherrangig: Norm, Kinder vor sexuellem Missbrauch zu schützen
   b) niedrigrangig: Norm, sich selbst keine Verletzungen zuzufügen

Lösungen zu Kapitel 13 Vernetzte Öffentlichkeit

1. Worin besteht das Problem des kollektiven Handelns? Welche Art von Institutionen sollte es hervorbringen? Was ist dabei das Problem?
   a) Darin, dass das Angehen sozialer Probleme vielen nützt, aber individuelle Kosten hervorruft.
   b) Da individuelles Nichthandeln ein Problem negativer Externalität ist, sollte es Normen hervorbringen.
   c) Das Problem ist, dass zunächst einmal nicht klar ist, wer das Kollektiv ist, d. h. wer die Sicht des sozialen Problems überhaupt teilt und deshalb auf normentsprechendes Handeln anzusprechen wäre.
2. Beschreiben Sie eine bereits weit fortgeschrittene soziale Bewegung in den Kategorien von McAdam und Snow!
   a) intern formal institutionalisiert
   b) kontinuierlich tätig
   c) extern institutionell eingebunden
3. Wieso kann man mit Tilly und Mauss in der Einbindung der SP in die Zauberformel 1959 das Ende der Arbeiterbewegung sehen?
   a) Weil sie mit dieser endgültigen institutionellen Einbindung den Charakter als Bewegung verlor.

4. Nennen und erklären Sie zwei normativ negativ bewertete Thesen zur Auswirkung des Internets auf die Politik!
   a) Partizipation kann verdrängt werden
   b) Polarisierung: In den „Echokammern" des Internet treffen nur noch Gleichgesinnte aufeinander und bestärken sich in ihren Meinungen.

Lösungen zu Kapitel 14 Massenkommunikation

1. Benennen Sie eine Gemeinsamkeit und einen Unterschied in den mediensoziologischen Positionen von einerseits Michel Foucault und andererseits der Cultural Studies-Richtung (Stuart Hall, John Fiske)!
   a) Gemeinsamkeit: Blick auf Diskurse
   b) Unterschied: Foucault sieht Rezipienten als der Macht der Diskurse unterworfen, Hall/Fiske sehen sie als im ‚Decoding' eigenständig auswählend.
2. Beschreiben Sie das „Paradox of Social Choice" mithilfe der von Kenneth Arrow als Beispiel gegebenen Matrix! Inwiefern beschreibt es die „Agenda-Setting"-Macht der Medien?
   a) Drei Personen oder Personengruppen haben über drei Optionen die Präferenzreihenfolgen wie in der Matrix in Tab. 14.1.
   b) Dann beeinflusst die Reihenfolge der Abstimmungen das Ergebnis: Es verlieren immer die beiden Optionen, die zuerst diskutiert wurden, im Vergleich zu derjenigen, die als letzte dazukommt.
   c) (Massen-)Medien wird die Fähigkeit zugeschrieben, die Reihenfolge bestimmen zu können, in der Entscheidungen getroffen werden. In einem Fall wie dem von Arrow beschriebenen ergibt sich daraus die Fähigkeit, das Endergebnis beeinflussen zu können.
3. Benennen Sie einen Bereich, in dem sich die Mediensituation im Zeitungswesen in Deutschland 1930 und in den USA 1970 unterscheidet!
   a) Bedeutung von Objektivität
   b) in den USA 1970 ein etablierter professioneller Wert
   c) in Deutschland 1930 in vielen Zeitungen praktisch inexistent

4. Welche Differenz zu Shannons Modell der Kommunikation wird markiert, wenn in den Cultural Studies auch in deutschsprachigen Veröffentlichungen die Begriffe Encoding/Decoding anstatt Kodierung und Dekodierung verwendet werden?
   a) Die Begriffe Kodierung und Dekodierung bei Shannon sind *technisch* (und allenfalls individual-kommunikativ) gemeint.
   b) Encoding und Decoding werden aber in den Cultural Studies *diskursiv* verstanden.
5. Vergleichen Sie das liberale und das korporatistische Modell nach Hallin/Mancini (ohne Sonderfälle einzelner Länder) in den Dimensionen Wohlfahrtsstaat, Zeitungsauflagen, der staatlichen Intervention ins Mediensystem und den Pluralismus der Presse!
   a) Wohlfahrtsstaat: im liberalen Modell (LM) schwach, im korporatistischen Modell (KM) stark
   b) Zeitungsauflagen: LM mittel, KM hoch
   c) staatliche Intervention ins Mediensystem: LM keine, alles wird dem Markt überlassen, KM stark
   d) Pluralismus der Presse: um 2000 gleich intern pluralistisch, nach einer Entwicklung vom externen

Literatur

Casetti, F., und A. Somaini. 2013. „The conflict between high definition and low definition in contemporary cinema." *Convergence-the International Journal of Research into New Media Technologies* 19:415–422.

Schudson, Michael. 1989. „The sociology of news production." *Media Culture & Society* 11:263–282.

Tversky, Amos, und Daniel Kahneman. 1986. „Rational Choice and the Framing of Decisions." *Journal of Business* 59:251–278.

Beispiele mediensoziologischer Studien

Schrape, J.F. 2017. Der Akteur: Konstruktion und Dekonstruktion einer Beobachtungskategorie. *Österreichische Zeitschrift für Soziologie* 42:387–405.

Hinweise für Lehrende

Dieses Buch hat 14 inhaltliche Kapitel, entsprechend der häufigsten Anzahl in einem Semester zur Verfügung stehender Sitzungswochen, die ich an schweizerischen und deutschen Universitäten erlebt habe. Wie gehen Sie damit um, wenn bei Ihnen das Semester mehr oder weniger Sitzungen bietet oder Sie am Ende eines vierzehnwöchigen Semesters lieber noch eine Sitzung zur Klausurvorbereitung reservieren? Es gibt verschiedene Möglichkeiten, hierauf zu reagieren:

- Wenn Sie mehr Sitzungen haben, können Sie am Ende des Semesters das kurze Schlusskapitel, dessen Essenz ich immer in der letzten Viertelstunde der letzten inhaltlichen Sitzung zum Abschluss und Abschied referiere, zur Grundlage einer eigenen Sitzung machen, die dann sinnvollerweise unter den genannten Gesichtspunkten gleich den ganzen Text Revue passieren lässt. Oder Sie machen die erwähnte Sitzung zur Klausurvorbereitung.
- Wenn Sie weniger Sitzungen haben, ist es am einfachsten, die Methodensitzung zu streichen, weil sie die größten Überschneidungen hat mit anderen Veranstaltungen, die Ihre Studierenden wahrscheinlich sowieso im Studienplan haben. Es ist auch das kürzeste Kapitel, aber dies deswegen, weil meiner Erfahrung nach für den kurzen Statistikeinblick immer relativ viel Übungsaufwand in der Vorlesungsstunde nötig ist.
- Eine zweite Möglichkeit wäre, Kap. 7 (Sozialstruktur und Lebensstile) in einer Sitzung mit den Ressourcen zu behandeln. Das ist inhaltlich relativ sinnvoll, die Inhalte des Lebensstil-Kapitels sind auf diejenigen des Teileingangskapitels 6 (Soziale Strukturen) nicht angewiesen, und in der vierten Semesterwoche ist die Energie der Studierenden noch groß genug, ihnen ausnahmsweise auch größere Leseportionen zuzumuten. Sie müssen dann aber aus Zeitgründen relativ viel beschleunigen und sogar streichen.

- Ebenfalls ist es machbar, Kap. 6 (Soziale Strukturen) direkt an Kap. 2 (Handeln und Struktur) anzuknüpfen und ggf. im Schnelldurchlauf beide zu verbinden, denn die soziologische Erklärung wurde ja schon in der Einführungssitzung angesprochen und Institutionen und Organisationen (Abschn. 6.2) schließt direkt an die beiden Beispiele von Konventionen und Normen an.
- Eine letzte Möglichkeit wäre noch, Kap. 8 (Diskurse) nach hinten zu verschieben, als Übergang von Teil II zu III zu nehmen, und mit Kap. 11 (Beeinflussung) zu verbinden. Um das Streichen kommen Sie natürlich auch in diesem Fall nicht herum.

MIX
Papier aus verantwortungsvollen Quellen
Paper from responsible sources
FSC® C105338

If you have any concerns about our products,
you can contact us on
ProductSafety@springernature.com

In case Publisher is established outside the EU,
the EU authorized representative is:
**Springer Nature Customer Service Center GmbH
Europaplatz 3, 69115 Heidelberg, Germany**

Printed by Libri Plureos GmbH
in Hamburg, Germany